CULTURA

MARTIN PUCHNER

Cultura
A nossa história, das pinturas rupestres ao K-pop

Tradução
Denise Bottmann

Copyright © 2023 by Martin Puchner

Grafia atualizada segundo o Acordo Ortográfico da Língua Portuguesa de 1990, que entrou em vigor no Brasil em 2009.

Título original
Culture: The Story of Us, From Cave Art to K-Pop

Capa
Victor Burton

Foto de capa
Shutterstock, Adobe Stock, Album/ Fotoarena, Instituto de Artes de Minneapolis, Metropolitan Museum e Fundação Biblioteca Nacional

Preparação
Julia Passos

Índice remissivo
Probo Poletti

Revisão
Ana Maria Barbosa
Érika Nogueira Vieira

Dados Internacionais de Catalogação na Publicação (CIP)
(Câmara Brasileira do Livro, SP, Brasil)

Puchner, Martin
 Cultura : A nossa história, das pinturas rupestres ao K-pop / Martin Puchner ; tradução Denise Bottmann. — 1ª ed. — São Paulo : Companhia das Letras, 2024.

 Título original: Culture : The Story of Us, From Cave Art to K-Pop.
 ISBN 978-85-359-3743-5

 1. Civilização 2. Conhecimento humano 3. Cultura 4. Cultura – Aspectos sociais I. Título.

24-197905   CDD-306

Índice para catálogo sistemático:
1. Cultura : Aspectos sociológicos   306

Eliane de Freitas Leite – Bibliotecária – CRB 8/8415

Todos os direitos desta edição reservados à
EDITORA SCHWARCZ S.A.
Rua Bandeira Paulista, 702, cj. 32
04532-002 — São Paulo — SP
Telefone: (11) 3707-3500
www.companhiadasletras.com.br
www.blogdacompanhia.com.br
facebook.com/companhiadasletras
instagram.com/companhiadasletras
twitter.com/cialetras

À Amanda, minha amada

Sumário

Prefácio: Como opera a cultura 9
Introdução: Dentro da caverna de Chauvet, 35000 a.C. ... 12

1. A rainha Nefertiti e seu deus sem rosto 29
2. Platão queima sua tragédia e inventa uma história 53
3. O rei Ashoka envia uma mensagem ao futuro 68
4. Uma deusa sul-asiática em Pompeia 86
5. Um peregrino budista em busca de vestígios
antigos 105
6. *O livro do travesseiro* e alguns perigos da
diplomacia cultural 124
7. Quando Bagdá se tornou um depósito de
sabedoria 144
8. A rainha da Etiópia acolhe os ladrões da Arca 164
9. Uma mística cristã e os três revivalismos da
Europa 182
10. A capital asteca encara seus inimigos
e admiradores europeus 209

11. Um marinheiro português escreve
uma epopeia mundial 232
12. O Iluminismo em São Domingos e
num *salon* parisiense 255
13. George Eliot promove a ciência do passado 277
14. Uma onda japonesa varre o mundo 299
15. O drama da independência nigeriana 321
Epílogo: Existirão bibliotecas no ano 2114?............. 344

Agradecimentos 363
Notas 367
Índice remissivo 403

Prefácio
Como opera a cultura

Eis aqui uma concepção de cultura: a terra é povoada por grupos de seres humanos, e esses grupos se mantêm unidos por práticas compartilhadas. Cada uma dessas culturas, com suas artes e seus costumes específicos, pertence ao povo que nasce dentro dela, e é preciso defendê-la de interferências externas. Essa concepção supõe que a cultura é uma forma de propriedade que pertence ao povo que vive nela. Uma vantagem desse ponto de vista é que ele incentiva as pessoas a darem valor à sua herança; oferece-lhes também recursos para defendê-la, como quando os museus são pressionados a devolver objetos adquiridos em circunstâncias duvidosas a seus legítimos proprietários. O pressuposto de que a cultura pode ser uma posse conta com uma frente surpreendentemente ampla de defensores, inclusive de nativistas que investem em suas tradições nacionais e os que esperam sustar a apropriação cultural, declarando que a propriedade cultural de um grupo está vedada a forasteiros.

Existe uma segunda concepção de cultura que rejeita a ideia de que ela possa ser dominada. Essa concepção encontra um exemplo em Xuanzang, o viajante chinês que foi até a Índia e voltou com manuscritos budistas. Ela foi adotada por eruditos árabes e persas, que traduziram a filosofia grega. Foi praticada por incontáveis escribas, professores e artistas que encontravam inspiração em regiões muito distantes de sua cultura local. Em nossos dias, esse ponto de vista tem sido endossado por Wole Soyinka e muitos outros artistas que trabalham no rescaldo do colonialismo europeu.

A cultura, para essas figuras, é constituída não só pelos recursos de uma comunidade, mas também pelos contatos com outras culturas. Fundamenta-se a partir não apenas da experiência vivida de indivíduos, mas também de formas e ideias emprestadas, que ajudam as pessoas a entenderem e expressarem suas experiências de maneiras inéditas. Essas figuras, quando vistas pela lente da cultura como propriedade, podiam parecer intrusas, apropriadoras, até ladras. Mas elas faziam seu trabalho com dedicação e humildade porque percebiam que a cultura evolui por meio da circulação; sabiam que as falsas ideias de posse e propriedade impõem limites e restrições, levando ao empobrecimento das formas de expressão.

Este livro não celebra os grandes livros, mas também não é uma defesa do cânone ocidental. A concepção de cultura que dele emerge é mais mesclada e, a meu ver, mais interessante: de influências longínquas, que se uniram pelo contato; de inovações impulsionadas pelo rompimento de tradições, que então são remendadas com os fragmentos recuperados. As figuras que abraçavam essa concepção não costumavam ter reconhecimento, e até hoje algumas continuam desconhecidas, exceto por meia dúzia de especialistas. Eu mesmo não sabia quem eram muitas delas, até o momento em que comecei a olhar para além dos cânones estabelecidos e deixei que os protagonistas deste livro me guiassem por trilhas menos batidas e por atalhos escondidos. O que aprendi foi que, se quisermos reduzir o turismo explorador, evitar usos desrespeitosos de outras culturas e proteger tradições arraigadas, precisamos encontrar uma linguagem que não seja a da posse e da propriedade e que esteja mais de acordo com a forma como a cultura efetivamente opera.

Da atividade desses criadores emerge uma nova história da cultura, uma história de envolvimento mútuo que ultrapassa barreiras temporais e espaciais, de conexões e influências subterrâneas surpreendentes. Nem sempre é uma história bonita, e nem deve ser apresentada como tal, mas é a única que temos: a história da humanidade como espécie produtora de cultura. É a nossa história.

Introdução
Dentro da caverna de Chauvet, 35 000 a.C.

Muito antes de a humanidade aparecer na Terra, a caverna de Chauvet, no Sul da França, era cheia de água. Com o tempo, a água escavou gargantas profundas no calcário quebradiço e escoou, provocando um sistema de cavidades situado acima do rio Ardèche, que começou a atrair visitantes. Durante milhares de anos, famílias de ursos se refugiavam nas câmaras profundas para hibernar. Quando os ursos partiram, veio um lobo, que depois foi embora; certa vez, um íbex adentrou no interior escuro, deu um salto, aterrissou num solo duro e escorregou para uma gruta estreita.[1] Vendo-se num beco sem saída, ficou apavorado, refez depressa seus passos até se ver livre de novo, deu meia-volta e por fim parou.

Depois que os ursos, o lobo e o íbex abandonaram definitivamente a caverna, os humanos se atreveram a entrar nela pela primeira vez.[2] Levaram tochas que iluminavam a rede de câmaras de solo surpreendentemente regular, e do chão e do teto brotavam colunas estranhas, que a água gotejante formara ao longo de milênios.[3] A luz bruxuleante das tochas ainda revelava marcas deixadas pelos habitantes anteriores da caverna. Como coletores e caçadores, aqueles seres com tochas eram especialistas em ler rastros. Os ursos adultos, com seus 350 quilos, tinham formado depressões nos lugares onde dormiam e haviam riscado as paredes com suas garras afiadas. O lobo também tinha deixado rastros, e as desventuras do íbex estavam registradas, a cada passo assustado, no solo de argila macia.

Os humanos não se limitavam a ler as marcas dos animais; a elas somavam suas próprias marcas, iniciando um longo processo de transformar a caverna num novo ambiente.[4] Em alguns casos, faziam o que os ursos haviam feito, riscando a superfície da caverna com o calcário gasto revestido com uma camada de argila, e gravavam cenas e figuras individuais com os dedos ou com instrumentos simples.[5] Traçavam os contornos de ursos, lobos e íbices, como que homenageando os habitantes anteriores da caverna, mas também conjuravam outros animais — leões e panteras, mamutes e auroques, renas e rinocerontes —, sozinhos ou em bandos fugindo de predadores famintos que os perseguiam.

Além das inscrições, os humanos usavam o carvão de suas fogueiras apagadas para traçar cenas e figuras mais elaboradas, às vezes preenchendo os contornos com misturas de argila e cinzas. As paredes das cavernas não eram planas, e os artistas incorporavam a irregularidade delas, surpreendendo os espectadores com um grupo de cavalos que aparecia de repente, galopando numa curva. Alguns artistas se aprimoravam durante uma mesma composição, captando o focinho de um leão ou a crina de um cavalo com precisão sempre maior. Situavam esses desenhos em locais estratégicos ao longo da caverna, muitas vezes no alto das paredes, para um efeito máximo nos humanos portadores de tochas, a quem as pinturas se revelavam uma a uma, conforme avançavam por aqueles espaços pouco iluminados.[6]

Ao contrário dos ursos, os humanos nunca moravam nas

cavernas (nenhum dos locais onde faziam fogo tinham ossos de animais ou qualquer outro sinal de cozimento); as fogueiras eram usadas apenas para iluminar esses espaços e para produzir o carvão com que eram decorados. Começaram esse trabalho cerca de 37 mil anos atrás e nele prosseguiram por milênios, guiados por certa ideia geral quanto à maneira de desenhar determinado animal, fosse um rinoceronte, um íbex ou um mamute.

Então, 34 mil anos atrás, uma parte do lado montanhoso da caverna desmoronou e vedou a entrada.[7] Para os artistas — nenhum dos quais estava na caverna naquele momento —, foi uma catástrofe que os separou para sempre daquela obra multigeracional. Para nós, foi uma sorte, porque preservou a caverna de gerações futuras de animais e humanos que iriam alterá-la ou destruí-la com o uso contínuo.

A caverna de Chauvet mostra a dinâmica central da cultura em ação. Originalmente, pode ser que os humanos tivessem se inspirado nas marcas aleatórias dos ursos para empreender sua obra na caverna, mas, com o tempo, transformaram essas marcas numa atividade artística deliberada, que era transmitida ao longo das gerações com uma continuidade admirável. Esta é a diferença fundamental entre ursos e humanos: os ursos (e os outros animais na caverna) se desenvolveram pelo processo de evolução natural esboçado num primeiro momento por Charles Darwin, processo tão lento que é medido em centenas de milhares ou mesmo milhões de anos.

Os humanos, claro, estão submetidos ao mesmo processo lento, mas, ao contrário de outros animais, desenvolvemos um segundo processo de evolução, baseado na linguagem e em outras técnicas culturais. Este último depende da capacidade de transmitir informações e habilidades de uma geração a outra, sem precisar esperar que ocorram mutações genéticas. É um processo de transmissão que não altera — ou altera apenas o mínimo possível — a constituição biológica dos seres humanos, mas lhes permite acumular, armazenar e partilhar conhecimento. Esse segundo processo é incomensuravelmente mais rápido do que a biologia e permitiu que a espécie humana se tornasse uma das mais difundidas em nosso planeta (com os micróbios e as minhocas, cuja biomassa ultrapassa a dos humanos).

A acumulação e a transmissão cultural exigem que os humanos executem esse trabalho de acumular e de transmitir conhecimentos à geração seguinte por meios que não passam pelo DNA. Para isso, desenvolveram técnicas de memorização, de transmissão do conhecimento através da educação e com o uso de recursos mnemônicos externos. A caverna de Chauvet era um deles, um local ao qual os humanos voltavam, geração após geração, cooperando num projeto que nenhum deles conseguiria realizar sozinho. Cada geração de artistas aprendia técnicas e dava continuidade ao trabalho das gerações anteriores, preservando e aperfeiçoando o que os predecessores haviam feito. Para nós, a ideia de que os humanos pudessem trabalhar num único sistema de cavernas durante milênios é quase inconcebível. Mas esses primeiros humanos tinham grande consciência da importância de armazenar e preservar conhecimentos e de difundir ideias.

O que se transmitia com a colaboração intergeracional em lugares como a caverna de Chauvet? Desde o começo, os humanos disseminavam o know-how, o conhecimento do mundo natural e a maneira de lidar com ele, inclusive a arte de fazer instrumentos e de acender o fogo. Com o tempo, passaram a incluir o cultivo agrícola e, por fim, a tecnologia de base científica. Esse aumento no know-how exigia instituições mais sofisticadas, como templos, bibliotecas, mosteiros e universidades que se dedicassem a preservar e a ensinar esse conhecimento a outros.

Mas o que estava registrado nas paredes da caverna de Chauvet não era o know-how: era algo mais próximo ao que hoje definiríamos como uma mescla entre arte e religião. Numa das câmaras, os artistas da caverna colocaram o crânio de um urso sobre um pedaço de rocha nua como se fosse um altar, remanescente de um ritual realizado ali. Há um desenho mostrando a parte inferior de um corpo feminino enlaçada com uma figura de aparência humana com cabeça de touro. Esse par, claramente associado à fertilidade, não é uma representação do mundo de seus criadores, como no caso de outras pinturas da caverna, com bandos fugindo de seus predadores; ele representa um mito, uma imagem à qual estava ligada uma história de especial importância. Um último grupo de marcas consiste em símbolos abstratos, que talvez também tenham adquirido seu significado a partir de rituais ou histórias, passando a fazer parte de uma ordem simbólica muito diferente do cotidiano fora da caverna.

O crânio, as figuras míticas e os símbolos abstratos sugerem que essa caverna fazia parte de uma experiência especial, que incluía rituais, efeitos de luz e histórias, além de música.[8] Foram encontradas flautas e instrumentos de percussão em cavernas pré-históricas, e algumas das marcas nas paredes poderiam indicar os locais com efeitos acústicos específicos e instruções sobre onde cantores e músicos deviam se posicionar.[9] Os humanos iam a cavernas como Chauvet para criar sua própria versão da realidade e dar sentido à vida no mundo exterior, com sua luta constante contra os predadores também representados nas paredes. O que atraía esses humanos à caverna não era a esperança de aperfeiçoar seu know-how. Era algo que respondia a perguntas fundamentais de sua existência: por que estavam nesta terra; por que se encontravam numa relação especial com outros animais; perguntas sobre o nascimento e a morte, as origens e os fins; por que tinham a capacidade e a necessidade de entender sua relação com o cosmo. A caverna era um local para os humanos criarem sentido. Não era uma questão de como, mas do porquê.

Com o tempo, o que começara nas cavernas com desenhos, símbolos e rituais evoluiu para outras práticas. O know-how crescente permitiu que os humanos construíssem moradas artificiais, algumas usadas como abrigo, enquanto outras se tornavam lugares que eles visitavam apenas em ocasiões especiais, para a realização de rituais (templos e igrejas), apresentações (teatros, salas de concerto) e narração de histórias. Conforme desenvolvíamos mais conhecimento, também aprimorávamos novas maneiras de entender nosso lugar no universo, de conferir sentido à nossa existência.

De nossa perspectiva atual, a história do know-how se refere a ferramentas, à ciência e à tecnologia, à capacidade de entender e lidar com o mundo natural. Refere-se à história da cultura como uma atividade de criar sentido. É o campo das humanidades.

Milênios depois do desmoronamento em Chauvet, um segundo grupo de humanos encontrou por algum tempo uma entrada na caverna, talvez devido a outro deslizamento de terra. Esse segundo grupo era muito diferente dos artistas originais da caverna, separados entre si por milênios. Partindo de uma cultura diferente, com mitos, histórias, rituais, símbolos e maneiras diversas de entender o mundo, esses que chegaram mais tarde provavelmente ficaram tão assombrados quanto nós com as elaboradas pinturas feitas por seus predecessores distantes. Mas algo os atraiu para aquele lugar; devem ter tentado interpretar o que viam, aplicando seu entendimento cultural àqueles remanescentes incompreensíveis do passado distante. É provável que até tenham prosseguido com o trabalho na caverna, acrescentando elementos decorativos próprios aos existentes.

E aí um segundo deslizamento vedou a caverna pelos próximos 28 mil anos, ocultando — mas também preservando — suas riquezas, até que foram descobertas em 1994 por uma equipe de exploradores amadores liderada por Jean-Marie Chauvet, que deu nome à caverna.

    O deslizamento é um alerta que nos ajuda a lembrar a fragilidade da transmissão cultural, que costuma depender de uma linha contínua de comunicação de uma geração a outra. Ao contrário da evolução biológica, que avança devagar, mas preserva as mudanças adaptativas no DNA de maneira mais permanente, a transmissão cultural depende da memória e das técnicas de ensino criadas pelos humanos. Essas técnicas e as instituições nas quais são praticadas podem degenerar com muita facilidade quando as pessoas perdem o interesse por elas, ou podem ser destruídas por forças externas. Se é rompida a linha de transmissão, seja por causa de um deslizamento, de uma mudança climática ou de uma guerra, perde-se o conhecimento. Ele desaparece a menos que *haja* um traço, como as pinturas rupestres, algum remanescente material que ofereça a quem chega mais tarde um vislumbre do que se pretendia outrora transmitir às gerações posteriores. As decorações da caverna são apenas fragmentos de uma cultura maior, fragmentos sem explicação. O que falta é a transmissão de pessoa a pessoa de histórias, apresentações, rituais e mitos que dariam pleno significado a esses vestígios. Mas esses vestígios são melhores do que nada. Permitiram que o segundo grupo de humanos — e um terceiro, nós — vislumbrasse algo de uma época anterior.

    Em alguns casos, os artistas rupestres mergulhavam as mãos no barro ou na tintura e faziam suas marcas nas paredes — talvez lembrando as marcas dos ursos de outrora. Em outros casos, borrifavam em volta da mão encostada na pedra, deixando seu contorno claramente separado do resto. Algumas dessas impressões da mão são tão distintas que podem ser atribuídas a uma única pessoa. Elas expressam algo individual: *Estive aqui. Contribuí para criar esse mundo simbólico. Estou deixando esse traço para o futuro.*

Uma impressão em negativo de uma mão criada por borrifamento dentro da caverna de Chauvet. Traz a assinatura de um indivíduo específico. (Foto: Claude Valette)

A experiência do segundo grupo humano ao descobrir a entrada da caverna de Chauvet aponta para outro aspecto importante da trnsmissão cultural: a recuperação. Desde Chauvet, é incontável a quantidade de cavernas, templos e bibliotecas destruídos, seja por catástrofes naturais ou por ação humana. Com cada ato de destruição, cortou-se uma linha de transmissão cultural, às vezes retomada — se tanto — apenas após uma longa interrupção, o que significa que o tempo e outros humanos passaram por uma experiência similar à do segundo grupo ao visitar a caverna: a de se verem diante dos remanescentes de uma cultura esquecida. Essa experiência se mostrou muito difundida e surpreendentemente fecunda. Boa parte do antigo Egito existiu à sombra das grandes pirâmides erguidas no passado remoto. Os letrados chineses reverenciavam a idade dourada da dinastia Zhou. Os astecas honravam as ruínas dos templos que encontraram na bacia do México. Os italianos da época moderna ficaram fascinados por Pompeia, destruída por um vulcão que também preservou a cidade sob suas cinzas. O exame do passado, na tentativa de entendê-lo e até de revivê-lo, levou muitas vezes a inovações e revoluções espantosas — inclusive a palavra "revolução" significava originalmente "retorno".

Assim surgiram as humanidades como área do conhecimento, a partir do desejo de reviver um passado recém-redescoberto — e mais de uma vez. Na China, o erudito Han Yu (768-824) rejeitou o budismo e defendeu o retorno aos clássicos confucianos, cujo bom exemplo, a seu ver, havia se perdido.[10] Para ele e outros, a tarefa de reviver esses textos antigos significava que era preciso instituir toda uma nova disciplina de comentário, interpretação e ensino. No Oriente Médio, o filósofo Ibn Sina (980-1037) integrou um movimento para traduzir e interpretar textos dos tempos pré-islâmicos, inclusive a filosofia grega, criando uma nova síntese de diferentes formas de conhecimento no contexto islâmico.[11]

Aconteceu algo parecido na Europa, quando um pequeno grupo de poetas e eruditos italianos começou a procurar manuscritos clássicos, alguns dos quais tinham chegado à Itália por meio de críticos árabes. Aos poucos, esses italianos curiosos descobriram um mundo perdido (isto é, perdido para eles), pesquisando e editando manuscritos antigos e usando o que aprendiam para transformar sua própria cultura. Eruditos posteriores marcaram a interrupção ao nomear o período intermediário de Idade Média, quando o conhecimento clássico esteve perdido, à qual se seguiu seu renascimento ou Renascença. O que esses termos ocultam é que a Renascença italiana não foi uma época excepcional de renascimento, mas apenas mais um encontro com fragmentos vagamente entendidos do passado, e que recuperações vinham sendo feitas mesmo na chamada Idade Média ou Idade das Trevas. A história cultural consiste em interrupções e recuperações sem fim.

* * *

    Este livro conta a história da cultura concentrando-se na interação de armazenamento, perda e recuperação, o que, por sua vez, significa se concentrar em locais e instituições especificamente destinados à criação de sentido, desde as primeiras marcas deixadas por humanos em lugares como a caverna de Chauvet a espaços culturais construídos pela mão humana, como as pirâmides egípcias e os teatros gregos, os mosteiros budistas e cristãos, a cidade de Tenochtitlán no México, os *studioli* italianos e os *salons* parisienses, além de coleções, gabinetes de curiosidades e museus que hoje podemos visitar em busca do passado. Todos serviram como instituições que produziam, preservavam, transformavam e transmitiam a arte e o conhecimento humanista para a geração seguinte.
    Essas instituições foram montadas com diferentes técnicas de armazenamento, desde a escultura e a pintura até a narração de histórias, a música e o ritual, bem como a que é provavelmente a mais poderosa delas: a escrita. Com o desenvolvimento de diversas tecnologias de escrita, foram criadas escolas mesopotâmicas e egípcias de escribas, bibliotecas árabes, *scriptoria* ("locais de escrita") medievais, coleções renascentistas, enciclopédias iluministas e a internet. A impressão, originalmente desenvolvida na China e depois reinventada no Norte da Europa, tornou-se um importante veículo para ampliar a disponibilidade de histórias escritas e possibilitou também a ampla disseminação de imagens. Mas, ao lado da escrita e do prelo, as tradições orais e as redes informais de saberes continuaram existindo até nossos dias, oferecendo um segundo e importante método de transmitir o conhecimento para a próxima geração.
    Por melhores que fossem essas técnicas de armazenagem e memória, objetos e práticas culturais continuaram se perdendo,

sendo destruídos ou abandonados, obrigando as gerações subsequentes a darem sentido a expressões culturais que não entendiam mais ou que tinham sido preservadas apenas em parte e de modo inadequado. O resultado inevitável dessa degradação e perda foi um amplo entendimento equivocado, em que cada nova geração desenvolvia crenças errôneas sobre o passado.

Mas as interrupções e os erros na transmissão, embora sem dúvida deploráveis, não tolheram a evolução da cultura. Na verdade, podiam ser bastante produtivos, levando a criações novas e originais. Tal como a adaptação biológica avança por erros (aleatórios) nas sequências genéticas, da mesma forma a adaptação cultural avança por erros de transmissão. É com eles que a cultura faz experiências, permitindo que as novas gerações projetem suas próprias preocupações sobre o passado e imprimam urgência à sua continuidade.

Se um dos dramas da transmissão cultural consiste na preservação, na perda e na recuperação (muitas vezes propensa ao erro), outro drama é a interação entre as culturas. Essas interações foram geradas por guerras e invasões, mas também por comércio e viagens, levando a novas formas de cultura. Algumas das maiores civilizações se desenvolveram tomando empréstimos de outras, como quando um rei indiano importou da Pérsia a arte de erguer pilares; quando os romanos importaram a literatura, o teatro e os deuses da Grécia; quando os chineses foram em busca das escrituras budistas na Índia; quando os diplomatas japoneses atravessaram o mar até a China para aprender sobre textos, estilos arquitetônicos e novas formas de culto; quando os etíopes inventaram uma narrativa de fundação ligada à Bíblia hebraica e cristã; e quando os astecas tomaram emprestado elementos das culturas anteriores que encontraram na baía do México.

Tornando-se evidentes as vantagens da interação intercultural, alguns governantes, mirando o futuro, passaram a incentivá-la de forma deliberada, entre eles os imperadores japoneses que enviaram missões diplomáticas à China e Harun al-Rashid de Bagdá, que incorporou conhecimentos do Mediterrâneo e do Oriente Próximo ao que ele chamava de Casa da Sabedoria. Todos esses exemplos de empréstimos culturais vinham acompanhados de equívocos e mal-entendidos, que muitas vezes eram produtivos, levando a novas formas de conhecimento e dotação de sentido.

O mais preocupante era que os contatos culturais também levavam a destruições, roubos e violências. Foi o que aconteceu em especial na ascensão dos impérios coloniais europeus, que obrigaram diversas partes do mundo a entrar em contato com estrangeiros que pretendiam explorar sua mão de obra e recursos, inclusive culturais. Mas, apesar da violência generalizada que acompanhava de modo rotineiro o contato cultural, as culturas sob ataque desenvolviam espantosas estratégias de resistência e resiliência, demonstrando a grande rapidez da adaptação cultural, em oposição ao curso penosamente vagaroso da evolução biológica.

A história da cultura esboçada nestas páginas nos traz muitas lições atuais. Em certos aspectos, estamos mais ansiosos do que nunca em rastrear e recuperar o conhecimento do passado distante, mesmo que estejam sendo perdidos monumentos importantes com uma frequência cada vez maior devido a forças ambientais, ao descaso ou à destruição deliberada do meio ambiente. Novas tecnologias de armazenamento permitem preservar textos, imagens e música a um custo mínimo, e com redes sociais como o Facebook, o Twitter e o YouTube ficou mais simples compartilhar esse conteúdo armazenado e com uma abrangência melhor do que nunca. Práticas e artefatos culturais produzidos no passado nunca estiveram disponíveis com tamanha facilidade a tanta gente quanto hoje.

Todavia, em meio a essa abundância digital de conteúdo cultural, arquivos, sites e bases inteiras de dados em formatos mais antigos estão se tornando ilegíveis a uma velocidade assustadora, o que nos leva a perguntar se somos de fato muito melhores do que nossos ancestrais em preservar o passado. E, embora as tecnologias de armazenamento e distribuição cultural tenham mudado, as leis que regem como opera a cultura — como é preservada, transmitida, trocada e recuperada — não mudaram. A interação de preservação e destruição, de perda e recuperação, de erro e adaptação se mantém a mesma num mundo que colocou quase todas as culturas humanas em contato constante. Continuamos mais do que nunca a disputar o passado e seu significado, quem possui a cultura e quem tem acesso a ela.

Em nossos debates sobre originalidade e integridade, apropriação e mistura, às vezes esquecemos que a cultura não é um pertence, mas algo que transmitimos para que outros possam usá-la à sua maneira; a cultura é um vasto projeto de reciclagem em que pequenos fragmentos do passado são recuperados para gerar modos novos e surpreendentes de criar sentido. Este livro fala de um sultão que roubou um pilar antigo que se pretendia que fosse encontrado; de um arqueólogo árabe que escavou uma rainha egípcia que se pretendia que fosse apagada da história; de um califa que coletava conhecimentos, quem quer que os tivesse produzido; de um grego que inventou uma história falsa da Grécia e de um romano que inventou uma história falsa de Roma; de uma rainha etíope que usou os Dez Mandamentos para contar uma nova história das origens. Todos esses episódios exemplares da história cultural apresentam humanos que puseram a mão na massa na árdua tarefa de criar sentido. Como devemos relembrá--los e julgá-los?

Com humildade, acima de tudo. Desde a caverna de Chauvet, se tantas coisas foram criadas e tão poucas sobreviveram, foi muitas vezes por causa da arrogância das gerações posteriores, que negligenciaram artefatos e práticas culturais preciosos porque não condiziam com os ideais religiosos, sociais, políticos ou éticos do momento. Será que nos conduziremos melhor? Deixaremos que prospere um maior leque de expressões culturais do que elas deixaram?

A grande lição da históricultural é que precisamos nos envolver com o passado, e uns com os outros, para que as culturas realizem seu pleno potencial, a despeito de erros, incompreensões e destruições que muitas vezes acompanham esse envolvimento. Se divorciarmos as culturas do passado ou umas das outras, vamos privá-las do oxigênio que as mantém vivas.

Todos os criadores depõem sua confiança no futuro porque confiam que o futuro não destruirá suas obras, apesar das diferenças de valor que, eles sabem, surgirão inevitavelmente. *Cultura: A nossa história* quer oferecer aos leitores a espantosa variedade de obras culturais que nós, como espécie, temos realizado, na esperança de transmitir nossa herança humana comum à próxima geração e além.

CULTURA

1. A rainha Nefertiti e seu deus sem rosto

Mohammed es-Senussi foi o primeiro a pousar os olhos nela. Logo depois do intervalo para o almoço, ele e seus operários tinham escavado o busto de um rei, muito deteriorado, e encontraram sinais de outras peças frágeis ali por perto. Tinham, sem dúvida, se deparado com um sítio incomum. Sendo o escavador mais cuidadoso e habilidoso, Es-Senussi dispensou os demais, com receio de que pudessem danificar as delicadas esculturas enterradas ali, e prosseguiu sozinho. O aposento estava tomado por um metro de escombros, que Es-Senussi então removeu com cautela, como já tinha feito muitas vezes, manobrando uma enxada com grande cuidado. Com a usual túnica larga, que um dia havia sido branca, mas agora parecia muito surrada, e um boné que lhe cobria a cabeça grande e o cabelo preto aparado rente, ele avançava devagar para a parede leste do aposento, enquanto encontrava vários fragmentos de escultura espalhados.[1]

Fazia mais de um ano que Es-Senussi e os operários confiados a seus cuidados vinham escavando a área, quando então toparam com os restos de um grande complexo, que se revelou uma verdadeira arca do tesouro, com esculturas, estatuetas e relevos. A saleta onde agora trabalhava Es-Senussi parecia abrigar um número de peças extraordinário, todas densamente agrupadas. Depois de encontrar alguns fragmentos menores sob a areia e a lama seca, ele se deparou com o pescoço de uma escultura em tamanho natural, de cores espantosamente vibrantes.

Es-Senussi pôs de lado a enxada e continuou com as mãos. Não eram mãos delicadas e pertenciam a um homem muito alto e corpulento, mas Es-Senussi pôde perceber o busto de uma mulher de bruços. Ao erguer do solo e virar a escultura, viu seu rosto: a primeira pessoa a fazer isso em cerca de 3244 anos. Numa entrada de seu diário em 6 de dezembro de 1912, consta: "As cores parecem como se tivessem acabado de ser pintadas. Trabalho primoroso. Inútil tentar descrever: é preciso ver".[2]

O que Es-Senussi viu foi um rosto de simetria impressionante, pintado com tom de pele brônzeo, maçãs do rosto salientes, olhos ovais e lábios preenchidos, mas finamente traçados. Havia leves sulcos nas laterais da boca, não o bastante para um sorriso. O busto estava quase que preservado por um milagre, com pequenos danos nas orelhas, e faltava um dos olhos. O busto não trazia nome, mas a coroa real deixava claro que ele estava diante de uma rainha. Numa foto tirada depois que Es-Senussi chamou outras pessoas para inspecionarem o achado, ele aparece com a rainha nos braços, sustentando o peso dela com uma das mãos, enquanto equilibrava com a outra cuidadosamente a cabeça, fitando seu tesouro com ar de profundo orgulho e cautela. A rainha não lhe devolve o olhar, mas fita de modo sereno ao longe, sem se perturbar com a agitação que está provocando e sem saber que é, ou logo virá a ser, o rosto mais famoso da Antiguidade.

A escultura fazia parte de um enigma em andamento. Foi encontrada em Amarna, a igual distância das duas grandes cidades do Egito antigo, Mênfis, ao norte, e Tebas, ao sul. As ruínas passaram muito tempo sem atrair atenção, pois eram insignificantes comparadas às grandes pirâmides de Gizé, perto de Mênfis, ou aos palácios de templos de Tebas. Mas, aos poucos, ao longo do século passado, foram descobertas fundações de edifícios e tumbas, e vários arqueólogos sugeriram que ali existira antigamente uma grande cidade, embora ninguém soubesse como se chamava.[3] Tumbas e esculturas como a escavada por Es-Senussi indicavam que a cidade fora habitada por um rei e uma rainha. Por fim, após anos de pesquisas, encontraram-se inscrições que revelavam um nome. O busto representava a rainha Nefertiti, Dama da Graça, Plena de Louvor, Senhora do Alto Egito e do Baixo Egito e esposa do rei Amenotepe IV. Quem era essa misteriosa rainha?

Os egípcios tinham mantido registros de seus reis e rainhas, mas neles não foi possível identificar devidamente nem Nefertiti nem Amenotepe IV. Conforme prosseguiam as escavações, mais enigmas surgiam. A cidade devia ter sido construída depressa, usando tijolos de barro, e por isso restara tão pouca coisa. Pelo visto, fora abandonada pelas mesmas pessoas que a tinham construído. Outro mistério era que suas esculturas, como o busto de Nefertiti, eram diferentes de tudo o que se encontrara no Egito antigo. E por que faltava um olho em seu rosto que, fora isso, era perfeito? Estabeleceu-se uma recompensa para quem o recuperasse, mas nem Es-Senussi nem ninguém jamais o localizou.

No entanto, algo logo ficou claro. Es-Senussi tinha cavado uma entrada para o depósito de um escultor. Os escultores no Egito antigo não assinavam suas obras, mas a etiqueta com nome numa couraça encontrada nesse complexo identificava o proprietário como um certo Tutemés, convertendo-o numa raridade, um artista da Antiguidade do qual sabemos o nome. A julgar pelo tamanho do complexo, Tutemés era bem estabelecido. O local era todo cercado por um muro, e era possível acessá-lo apenas por um portão, provavelmente com guardas. Dispunha de um pátio

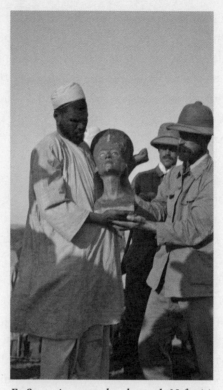

Es-Senussi segurando o busto de Nefertiti, que acabara de escavar no complexo do escultor Tutemés. (Universitäts Archiv, Universität Freiburg)

amplo, que estava ligado a várias construções, inclusive oficinas e alojamentos estreitos para os aprendizes. A área residencial de Tutemés e sua família era impressionante, com vista para um jardim com um grande poço, fundamental naquela terra árida. Ao lado ficava o celeiro, com quatro depósitos para armazenar cevada e trigo. Esses cereais não se limitavam a alimentar os membros da família e das oficinas ao longo do ano. Numa economia sem dinheiro, podiam servir como reserva de riquezas, como o ouro, que podia ser usado em praticamente qualquer transação.[4]

Outro indicador da importância de Tutemés era a localização do complexo, bem distante do rio Nilo e de suas docas movimentadas. Atrás das docas havia áreas de armazenagem para diversos produtos que chegavam de barco, como trigo, cevada, cerveja e cabeças de gado. Então vinha a parte da cidade ocupada basicamente por oficinas, embora o complexo de Tutemés não se situasse ali. Ficava na área residencial mais sossegada, afastada, quase no limite da cidade. Depois de sua oficina, a certa distância, ficavam as vilas dos trabalhadores, aninhadas perto das pedreiras onde se realizava o trabalho pesado de cortar pedra. Visto que foram encontradas outras esculturas de Nefertiti na oficina de Tutemés, ficou claro que ele gozava do patronato especial da rainha. Com o paciente trabalho de escavadores como Es-Senussi, um dos episódios mais incomuns da história egípcia vinha aos poucos aflorando.

Nefertiti e Amenotepe tinham crescido a 320 quilômetros mais ao Sul, em Tebas (a atual Luxor), que na época era uma das maiores cidades do mundo, com cerca de 80 mil habitantes. Ela marcava o centro meridional do interior egípcio, que se estendia por cerca de 1300 quilômetros, subindo o Nilo desde Tebas até sua foz no Norte. Tebas, que outrora era um mero posto comercial com o Sudão, tornara-se a capital muitas gerações antes de Nefertiti, ostentando grandes templos com pilares gigantescos e uma avenida de procissões ladeada por esfinges. Na frente da cidade, do outro lado do rio, ficava o Vale dos Reis, onde faraós e nobres tinham sido sepultados durante séculos. Para Nefertiti e Amenotepe, crescer em Tebas significava estar entre os monumentos do passado, atrasados da história.

Se a história antiga marcava presença por todos os cantos de Tebas, não era nada em comparação ao extremo norte do Egito, em Gizé, onde os reis do Antigo Reino tinham construído suas três pirâmides gigantes, uma delas guardada por uma esfinge enorme, mais de mil anos antes. De fato, quase tudo no Egito fora concebido para fazer sentir o peso do passado. Mais do que qualquer outra cultura, o Egito investira seus enormes recursos em desafiar o tempo. Não só os faraós, mas também os nobres e, na verdade, qualquer um que tivesse dinheiro para isso tinham os olhos postos na eternidade (quanto às aspirações das pessoas comuns, aquelas que construíram os templos e as câmaras sepulcrais, pouco se sabe). As câmaras ocultas no interior de pirâmides e as tumbas cavadas em montanhas eram decoradas com tudo o que pudesse ser útil no futuro, desde alimentos a companhias femininas nuas.[5] Claro que o sepultamento e a memória dos mortos são coisas que todas as sociedades humanas fazem, mas, no Egito, para além disso, os mortos também eram preservados.

Amenotepe III, pai de Amenotepe, era um representante típico desse culto ao passado. Ele herdara um Egito unificado com uma série de Estados vassalos que se estendiam até a Mesopotâmia. Com enormes recursos a seu dispor, Amenotepe III dera início a um ambicioso projeto de construção, que se concentrava no grande e antigo complexo de templos de Karnak.[6] Ele restaurou algumas partes — isso era um das exigências que os monumentos do passado impunham ao presente.[7] Não se contentando com a mera restauração, Amenotepe III reconstruiu outros templos, e em estilo muito mais grandioso, inclusive o antigo templo de Luxor com sua enorme colunata.

Quando Amenotepe III morreu, em 1351 a.C., seu filho Amenotepe IV presidiu a mumificação e os rituais fúnebres do pai, como se requeria, antes de subir ao trono. Então desposou Nefertiti e a designou como esposa principal. Para os faraós, o casamento era política, e no passado muitos deles haviam tornado suas irmãs ou outras parentes esposas principais, além de casamentos secundários com princesas estrangeiras, a fim de firmar alianças proveitosas. Nefertiti não era de linhagem régia, mas foi talvez criada sob a tutela, ou mesmo como filha, do influente escriba e administrador Ay.[8] A corte estava acostumada a mulheres fortes — a mãe de Amenotepe III tinha sido uma eminência e continuou a exercer influência na corte mesmo após a morte do marido. Com a ascensão de Amenotepe IV e seu casamento com Nefertiti, a continuidade da linhagem estava assegurada.

Mas Nefertiti e Amenotepe não estavam interessados na continuidade. Pelo contrário, queriam romper com a tradição, pelo menos no que se refere a construções e instituições. Começaram negligenciando de forma estratégica um dos monumentos de maior visibilidade: o complexo restaurado de templos de Karnak, que era dedicado ao importante deus Amon.[9] Os sacerdotes encarregados de manter o templo de Amon eram igualmente influentes. Descuidar do local de morada desse deus equivalia a tomar como alvo um centro de poder. Para tornar a coisa ainda mais ofensiva, Nefertiti e Amenotepe alçaram um deus relativamente menor, chamado Aton. Em poucos anos, a velha ordem de Tebas, com o deus Amon e seu gigantesco complexo de templos no centro da cidade, foi virada de cabeça para baixo, e o culto ao novo deus ocupou o palco central.

No mundo politeísta do antigo Egito, não era raro que os deuses mudassem. (O próprio Amon fora criado pela fusão de dois deuses anteriores.) Mas essas transformações deviam ser introduzidas aos poucos, com cuidado, e não com aquele tipo de violência que derrubou Amon e alçou Aton à posição suprema. Mas Nefertiti e Amenotepe não se contentaram nem mesmo com essa inversão brusca. Deixaram de lado todos os outros deuses e passaram cada vez mais a ver o Aton deles como o único deus que importava. Claro que todos os interessados na ordem antiga — não só a grande quantidade de sacerdotes de Amon, mas também a maior parte da elite dirigente — ficaram insatisfeitos e revidaram.

Foi no meio dessa luta pelo poder que Nefertiti e Amenotepe tomaram a decisão radical de abandonar tudo: os templos, as tumbas dos ancestrais, a cidade inteira atulhada com monumentos do passado, inclusive muitos dedicados a Amon. Puseram toda a corte, inclusive o escultor Tutemés, em balsas e desceram 320 quilômetros rio abaixo para um recomeço.[10]

Quando Nefertiti e Amenotepe IV chegaram lá pela primeira vez, não havia absolutamente nenhuma habitação, apenas uma área desértica onde de um lado havia o Nilo e do outro, três grandes penhascos.[11] A nova cidade ia ser algo incomum: uma cidade planejada e construída a partir do zero.

Livre dos pesos do passado, concentrada apenas no novo deus que lhe deu nome: Aquetáton, Horizonte do Sol (Aton). (Seu nome atual, Amarna, deriva de uma tribo que se assentou lá mais tarde.) A cidade foi construída em torno de um Grande Templo e de um Pequeno Templo de Aton, entre os quais se situava o Grande Palácio. Todo o resto se orientava em torno dessa linha simbólica. Aquetáton, o Horizonte do Sol, era uma novidade, uma cidade com eixos geométricos precisos, templos e edifícios governamentais dispostos em ângulos retos, oficinas e vilas dos trabalhadores traçadas e planejadas de forma clara. Era evidente que, ao abandonar a velha capital, Nefertiti e o marido não tinham deixado de lado a paixão por enormes projetos de construção: o plano deles de montar uma cidade inteira era, sob todos os aspectos, um empreendimento tão gigantesco quanto as grandes pirâmides de Gizé.

Havia, porém, uma diferença importante: tudo precisava ser realizado bem rápido, e a construção foi feita às pressas, a baixo custo, para uso imediato.[12] Assim, quase tudo foi construído com tijolos de barro, reservando-se a pedra apenas para pilares e templos grandes. Mas isso não significava que faltasse elegância aos palácios. As paredes do palácio real eram decoradas de modo primoroso, inclusive o dormitório do casal. Nefertiti era uma rainha incomum não só por não ser de linhagem real, mas porque ela e o marido, ao que parece, ocupavam o mesmo quarto de dormir; talvez isso fizesse parte da revolução que haviam empreendido e que abalou o país.[13] O palácio deles ficava junto ao rio, de modo que Nefertiti e o marido podiam aproveitar qualquer brisa que chegasse a essa parte árida do Egito. (Nefertiti, como muitas rainhas egípcias, raspava a cabeça, o que era mais fresco no calor do deserto e lhe permitia usar perucas distintas para diferentes ocasiões.)[14] Para completar a revolução, Amenotepe IV deixou o nome de seus ancestrais e passou a se chamar Aquenáton. Nefertiti manteve seu nome, mas incluiu a palavra para sol ou disco (*aton*) como parte de um segundo nome, Neferneferuaton, A Beleza das Beldades de Aton.[15] O casal real jurou nunca deixar a nova cidade, com seus modernos templos dedicados ao novo deus deles.

Como parte de sua ruptura com o passado, Nefertiti e Aquenáton exigiram ser representados num estilo renovado, e é por isso que a nova cidade atraía escultores como Tutemés, ansiosos por receber novas encomendas. Embora a representação visual no Egito antigo não fosse de forma alguma imutável, havia um notável grau de continuidade ao longo dos séculos. Pirâmides, esfinges, obeliscos, a decoração de urnas e câmaras funerárias faziam parte de um repertório transmitido ao longo do tempo. Os faraós apareciam dando um passo em esculturas tridimensionais ou se mostrando de lado em relevos bidimensionais, apresentando seu perfil característico. Os escultores e pintores não eram incentivados a inovar; a originalidade não era um mérito, mas um defeito.

Tudo isso mudou na cidade nova, onde Tutemés e seus colegas rompiam com a tradição e encontravam formas de mostrar aos espectadores que Nefertiti e Aquenáton eram governantes de outra espécie, diferente da dos ancestrais, e por isso requeriam um tipo específico de arte. O novo estilo às vezes parece estranho e exagerado aos observadores de hoje.

Peça experimental de Aquenáton, em calcário, sugerindo cabeças alongadas e rostos em forma de focinho, típicos do período Aquenáton. (Metropolitan Museum of Art, Nova York)

Vistos de perfil, Nefertiti e o marido eram representados com mandíbulas e bocas alongadas, e assim o rosto deles quase parecia o focinho de um cachorro; a cabeça avançava em diagonal sobre um pescoço estranhamente comprido. O mais esquisito era a parte de trás da cabeça, que também parecia bizarramente comprida. Mesmo o busto pintado de Nefertiti, feito por Tutemés e desenterrado por Es-Senussi, trazia sinais dessas características, inclusive a coroa alongada — sabe-se lá que tipo de cabeça se ocultava sob ela — e o pescoço comprido, em ângulo inclinado para a frente. Outra inovação era a representação andrógina de Aquenáton, que muitas vezes aparece com seios e quadris largos; alguns arqueólogos oitocentistas às vezes o tomavam por mulher.[16]

A pintura e a escultura egípcias não eram naturalistas e não há por que pensar que Nefertiti e Aquenáton tivessem de fato essa aparência, assim como não há por que pensar que os egípcios andavam de lado.[17] No Egito antigo, a pintura e a escultura estavam mais próximas da escrita, um sistema altamente abstrato de comunicação visual. Os hieróglifos, afinal, eram imagens padronizadas que representavam ideias e combinações de sons, de modo que os egípcios estavam acostumados a ler pinturas, relevos e estátuas de maneira simbólica. A cabeça alongada e o rosto comprido de Nefertiti e Aquenáton, por exemplo, podiam ser vistos como compatíveis com o formato das coroas, como se esses humanos estivessem predestinados a usá-las. Ou eram representados como se tivessem assumido o formato das suas coroas porque a realeza se tornara uma segunda natureza, dando-lhes uma aparência diferente da dos demais. (Tampouco a cor da pele era naturalista. Os artistas egípcios usavam vários tons, do castanho-claro ao quase preto, mas eles pouco diziam sobre a raça da pessoa representada, em parte porque os egípcios antigos não vinculavam a identidade nacional a um conceito de raça biológica. Era egípcio quem falava egípcio e vivia como egípcio.)[18]

As novas imagens eram significativas também porque estavam ligadas ao novo deus Aton. Os outros deuses costumavam ser vistos como intermediários, mas Nefertiti e Aquenáton, agora estabelecidos de maneira sólida em sua nova cidade, romperam com esse sistema e se apresentavam como os únicos intermediários entre seu deus e todos os outros humanos.[19] Em muitas imagens, eles aparecem se aquecendo sob os raios de Aton, os únicos depositários diretos do poder vital do deus. Muitas dessas imagens também incluem seus filhos, algo bastante incomum, formando intrigantes cenas familiares. Encontradas nas casas de nobres, é provável que muitas fossem usadas como objetos devocionais a que se dedicavam preces e rituais.[20]

A cabeça de Nefertiti feita por Tutemés talvez servisse a uma finalidade semelhante, mas o mais provável é que ele usasse esse busto como modelo para mostrar a seus assistentes e aprendizes como deveriam moldar a rainha — o que explicaria o olho faltante, como ocasião para Tutemés demonstrar sua habilidade. Es-Senussi encontrou muitos outros exemplos de modelos e trabalhos em andamento no complexo de Tutemés, que nos mostram como eram feitas as esculturas de pedra. Primeiro, ele moldava um rosto usando cera ou argila; em seguida, fazia um molde de gesso, talvez para mostrar à própria Nefertiti; só então a escultura era entalhada em pedra.[21]

O uso do busto de Nefertiti como modelo também explica a extrema simetria da estátua, que tem impressionado inúmeros observadores como sinal de suprema beleza, mas que é muito diferente das representações completas de Nefertiti feitas por Tutemés e por outros escultores. Eles usavam um método para medir as proporções com a largura de um dedo, e a estátua de Nefertiti condiz perfeitamente com esse sistema de medição.[22] Isso sugere que o busto é uma espécie de abstração, um modelo demonstrativo do qual foram removidas todas as idiossincrasias e significados simbólicos, o que torna mais difícil entender outras representações da rainha. Seja como for, as novas imagens de Nefertiti e Aquenáton ajudaram a estabelecer Aton não só como o novo deus, mas também como um novo tipo de deus, o que significava que Aton também exigia uma nova forma de representação visual. Aton começara como uma divindade com cabeça de falcão, mas aos poucos assumiu o formato de um disco, como no disco solar. Então os artistas levaram adiante essa ideia, fazendo-o representar a própria luz.

Esse processo de abstração não podia mais ser representado visualmente, e é por isso que a representação suprema do novo deus não se deu na escultura, e sim na escrita: "O grande hino a Aton". Esse hino foi encontrado inscrito numa câmara sepulcral

Relevo entalhado em calcário de Aquenáton, Nefertiti e as três filhas sob os raios do deus-Sol Aton. (Galeria Egípcia, Neues Museum, Berlim. Foto: Gary Todd, WorldHistoryPics.com)

em Aquetáton, que em outras circunstâncias traria trechos do *Livro dos mortos*, para assegurar a passagem do finado para o submundo. (Algumas tumbas particulares em Aquetáton de fato contêm fórmulas encantatórias do capítulo 151 do *Livro dos mortos*.)[23] O hino começa louvando Aton, tal como outros hinos podiam ter louvado um deus Sol anterior, a saber, descrevendo a derrota da escuridão, o espetáculo do alvorecer e a melancolia do crepúsculo. Mas logo a seguir o hino vai muito além, elevando esse deus Aton a sustento de toda a vida na terra, de plantas e animais a seres humanos. Aton é um deus:

> *Que faz a semente brotar nas mulheres,*
> *Que cria as pessoas do esperma;*
> *Que alimenta o filho no ventre materno,*
> *Que o acalma e seca suas lágrimas.*

Protetor no ventre,
Doador do respirar,
Para nutrir tudo o que fez.[24]

É um deus que sustenta o crescimento e, como o princípio que possibilita respirar, a própria vida.

O hino não se encerra com seu trabalho de abstração e concentração. Esse deus não só sustenta toda a vida como também é responsável por ter criado a terra inteira. "Fizeste a terra como querias, tu apenas,/ Todos os povos, manadas e rebanhos." Aton é um deus criador, que fez tudo sozinho, sem a ajuda de nenhum outro deus. Para nós, acostumados ao monoteísmo, é difícil avaliar a natureza radical desse pensamento. Para uma sociedade acostumada a múltiplos deuses, existindo lado a lado e em relações mútuas complexas, deve ter sido um choque quase incompreensível.

O "Grande hino" é às vezes atribuído a Aquenáton, o que faz sentido em vista de sua íntima identificação com esse deus, mas também poderia ter sido escrito por Nefertiti, que era associada ao escriba mais importante do Egito. No passado, as esposas da realeza costumavam desempenhar nos cultos um papel secundário ou, pelo menos, subordinado, mas a função de Nefertiti no culto a Aton era igual à do marido.[25] Um aspecto interessante é que o "Grande hino" se concentra de início no corpo das mulheres, no que nutre e sustenta nelas a vida ainda não nascida. Chega a descrever o processo de dar à luz: "Quando ele sai do ventre para respirar,/ no dia de seu nascimento,/ abres sua boca,/ atendes à sua necessidade". Embora Aton seja um deus cada vez mais transcendente, aqui ele aparece dando à luz em detalhes que atestam a experiência. E o "Grande hino" termina com uma invocação a Nefertiti, "a grande rainha", "A senhora das Duas Terras,/ Nefernefru--Aton Nefertiti, viva por todo o sempre".

A revolução artística ocorrida em Aquetáton indica a relação estreita entre arte e religião, como formas aliadas de construção de significado. Quando nos envolvemos com o passado, temos a tendência de projetar nossas ideias e categorias atuais sobre sociedades que, com quase toda certeza, não as reconheceriam. Uma dessas projeções é a distinção entre arte e religião — que tem por implícito que é possível desvincular uma da outra e vice-versa. A revolução de Aquetáton mostra que, no passado distante e, na verdade, em muitas sociedades atuais, a construção de significado é um exercício de orientação, envolvendo questões fundamentais que cruzam áreas claramente distintas relativas à arte e à crença.

A revolução de Aquetáton se encerrou de modo quase tão abrupto quanto se iniciara. Nefertiti e Aquenáton estavam mais interessados em construir sua nova cidade, em cultuar seu novo deus e em encomendar novas esculturas do que em manter seu império. Cada vez mais aflitos em obter ajuda militar, seus vassalos lhes escreviam de todas as partes da região, muitas vezes em acádio, a língua franca do Oriente Médio na época, e em tabuletas de argila usando a escrita cuneiforme. Velhos inimigos em Tebas devem ter se aproveitado desse desinteresse pelo império.[26]

Além de todas essas pressões, havia doenças. Tuberculose, malária e outras pragas não nomeadas eram endêmicas no Egito, em consequência da concentração urbana. Inclusive se especula que Nefertiti e Aquenáton tinham decidido fundar uma cidade para tentar escapar dessas doenças. Mas elas os acompanharam e logo dominaram a nova cidade.[27] Nefertiti e Aquenáton ainda se mantinham fiéis à promessa de nunca deixarem sua nova cidade, apesar desses flagelos. Quando Aquenáton morreu, foi sepultado de modo cerimonial, e o corpo foi preservado na tumba real, construída com essa finalidade. Sua ruptura com o passado não tinha sido total, e suas ideias sobre a eternidade eram as tradicionais. Talvez ele tenha até imaginado que sua cidade, uma vez estabelecida, seria reconstruída em bases mais permanentes.

Como sempre ocorria após a morte de um faraó, a sucessão era de fundamental importância. Aquenáton foi sucedido por dois faraós com reinados muito efêmeros, cada qual governando menos de um ano, e se especula que um deles talvez tivesse sido Nefertiti. Alcançou-se maior estabilidade apenas quando Tutancáton, filho de Aquenáton, ainda criança, assumiu o trono sob a orientação de Ay, administrador e escriba de alta posição (que depois viria a ocupar ele mesmo o trono).

Mas a estabilidade exigia desfazer tudo o que Nefertiti e Aquenáton haviam criado. Tutancáton mudou seu nome para Tutancâmon, para indicar que estava abandonando o novo credo do pai para voltar ao deus Amon. E, mais importante, levou a corte, com tudo o que fazia parte dela, de volta para Tebas. Tutancâmon não chegou a banir por completo o culto a Aton, e inclusive sua própria tumba, numa descoberta espetacular no começo do século XX, trazia uma representação de Aton, como que em memória à extraordinária experiência de seu pai. Mas, para todos os fins, a era de Aton se encerrara.

Com a saída da corte, havia cada vez menos razões para que alguém continuasse a morar naquele planalto rude e desértico, e assim a cidade de Aquetáton foi aos poucos abandonada. Sem dúvida foi o que se deu com Tutemés, que dependia do patronato real. Não saiu às pressas, mas selecionou cuidadosamente o que levaria e o que deixaria para trás.[28] Os moldes de gesso de seus trabalhos em andamento não tinham mais serventia e não era necessário transportá-los, a custos elevados, para Tebas ou Mênfis. Todas as esculturas e relevos acabados ou inacabados de Aquenáton e de sua divindade agora eram obsoletos; eles também seriam abandonados.

O mesmo se aplicava ao belo busto-modelo de Nefertiti. Tutemés não iria mais ensinar a seus aprendizes o método preciso de medir as proporções com o dedo usando esse busto, nem lhes mostrar como acrescentar um olho ao rosto. Honrando seus anos a serviço do revolucionário casal real, ele pôs todas essas estátuas num depósito e vedou a área com uma parede. A corte podia ter se afastado da cidade e de tudo o que ela representava, mas Tutemés não queria que os remanescentes de seu trabalho fossem conspurcados por saqueadores. E lá ficou o busto no depósito fechado, a salvo de interferências. A certa altura, a prateleira de madeira onde estava o busto de Nefertiti se corroeu e o busto caiu no chão, onde foi sendo aos poucos coberto pela lama trazida pelo Nilo. Felizmente, a lama também o preservou por mais três milênios, até que Es-Senussi, com suas mãozorras cautelosas, removeu a lama, desvirou o busto e o fitou atônito.

Não é fácil se livrar do passado, por mais que se tente. O passado jaz sob o solo, às vezes durante milhares de anos, à espera de ser desenterrado.

NÃO TERÁS OUTROS DEUSES ALÉM DE MIM

Os dirigentes e escribas egípcios não prestavam muita atenção aos que viviam na periferia do império. A recíproca não era verdadeira: os diversos grupos de pastores seminômades sabiam que seu destino estava intimamente ligado ao de seus senhores egípcios. Um desses grupos em particular contava uma história sobre seu próprio povo na qual o Egito desempenhava um papel enorme. Nela um pastor chamado José, filho de Jacó, foi vendido no Egito como mão de obra escrava. Trabalhador diligente e bem-disposto, ele consegue subir na estrutura administrativa do império e acaba ocupando uma das posições mais altas, atraindo a atenção do faraó (de nome não citado) graças à sua cuidadosa administração dos recursos.

O mais impressionante na forma como José estocava produtos é que, de fato, o Egito lucrou muito com uma revolução no armazenamento. Na base dessa revolução estava a agricultura, que permitira aos humanos se assentarem e se aglomerarem em espaços urbanos. O Nilo, que fornecia ao Egito não só água, mas também baixadas ricas em nutrientes, era perfeito para esse novo modo de vida.

Estocar cereais e outros alimentos permitiu um novo tipo de armazenamento, a saber, de riquezas. Os povos nômades, em termos comparativos, haviam sido relativamente igualitários. Tinham seus líderes, mas as diferenças de riqueza se limitavam ao que as pessoas podiam carregar nas costas ou no lombo de cavalos (podiam ter, claro, vários cavalos). Porém agora, com a revolução da armazenagem, as discrepâncias podiam ser, em princípio, infinitas.[29] Os que controlavam a terra e a mão de obra podiam extrair riquezas enormes para ser guardadas em celeiros.

José, segundo essas histórias, percebeu o poder do armazenamento e levou o faraó a estocar cereais durante os anos de boas colheitas, como um seguro contra as calamidades. Quando uma seca atingia a região, ele conseguia alimentar o Egito e ampliar seu poder. Nessa época de carestia, José conduziu sua tribo de pastores de Canaã para o interior egípcio, onde tiveram permissão de se instalar. Ao morrer, José foi embalsamado e sepultado à maneira egípcia, como condizia com seu status.

Após a morte de José e do faraó amistoso, o Egito se voltou contra os estrangeiros. Felizmente, um deles, chamado Moisés, havia sido adotado por um novo faraó e gozava dos privilégios e da educação de um integrante da casa real. Depois de muitos vaivéns, por fim ele conseguiu convencer o faraó a deixar que os pastores voltassem ao seu lar ancestral em Canaã, para onde, guiados por ele, retornaram com sua religião baseada num único deus.

Não há, nem seria de esperar que houvesse, qualquer menção a esses pastores cananeus em nenhuma parte dos amplos registros mantidos pelos escribas egípcios. Povos semipastoris da periferia daquele extenso império iam e vinham sem deixar rastro na memória dos faraós e nos anais de seus negócios de Estado. Sem uma concepção étnica de identidade nacional, os egípcios se casavam com mulheres estrangeiras e compravam escravizados estrangeiros de acordo com suas necessidades. (Existem algumas especulações de que Nefertiti podia ser da Mesopotâmia porque seu nome significa "A bela chegou", sugerindo que viera de fora.) O único registro dessas complexas relações entre pastores e senhores egípcios estaria nos escritos posteriores daquele povo, que passaram a ser conhecidos como a Bíblia hebraica depois de terem se estabelecido em Canaã e fundado um pequeno reino, cujo centro era a cidade de Jerusalém.[30]

Duas figuras importantes desse grupo — Moisés e José — são descritas, segundo seus próprios textos, como administradores e escribas egípcios. Moisés, cujo nome em egípcio significa "filho", foi quem, segundo a tradição, escreveu a história desse povo, trazendo assim a cultura escribal do Egito a um grupo cujo modo de vida não dependia da escrita.

A religião definida na Bíblia hebraica, baseada num deus único, era radicalmente diferente de tudo o que existia na época — salvo uma exceção: o efêmero deus Aton de Nefertiti.[31] Seria coincidência que essas duas culturas, interligadas de forma tão íntima, aparecessem com a novíssima experiência de uma forma de monoteísmo? Os registros egípcios, claro, apagaram Aton. A Bíblia hebraica, por sua vez, podia querer ressaltar a independência de seu povo frente ao Egito (muito embora admitisse o enorme papel do Egito na vida de Moisés e de José) e podia querer evitar referências a modelos egípcios. Se houve um empréstimo, todos os seus vestígios desapareceram.

Desde que a experiência de Aton foi descoberta no final do

século XIX, várias figuras culturais têm se mostrado intrigadas com uma possível conexão entre o culto a Aton e o judaísmo. O romancista Thomas Mann, agraciado com o prêmio Nobel de literatura, passou mais de uma década convertendo a história de José e seus irmãos num romance em quatro volumes, em que coloca José na corte de Aquenáton.[32] Seu contemporâneo Sigmund Freud foi além e sugeriu que Moisés era pura e simplesmente um egípcio, convicto defensor da experiência de Aton que se exilou após a morte de Aquenáton e foi o proselitista do novo credo monoteísta para um grupo de cananeus, que aos poucos se tornou o que conhecemos como judaísmo.[33]

Não creio que seja necessário ir tão longe. Apesar da natureza radical do culto a Aton estabelecido por Nefertiti e Aquenáton — e escultores como Tutemés —, esse culto não tinha nada a ver com o monoteísmo que associamos ao judaísmo e a seus monoteísmos subsequentes, o cristianismo e o islamismo. Nefertiti e Aquenáton deixaram de lado outros deuses, mas não proscreveram o culto a eles, como faz a Bíblia hebraica em seu primeiro mandamento — "Não terás outros deuses diante de mim".[34] Em contraste com o judaísmo, o culto a Aton não era obrigatório para o povo comum, apenas para os cortesãos e para a elite (não foi encontrada nenhuma estátua de Nefertiti e Aquenáton, ou de Aton, nas casas de trabalhadores). Os adoradores de outros deuses egípcios continuaram tendo presença ativa fora da capital recém-construída.

A experiência de Aton tampouco incluía qualquer coisa similar à lei radical contra qualquer representação da divindade no judaísmo e no islamismo (do contrário, os escultores não poderiam ter representado Nefertiti e Aquenáton se aquecendo sob os raios de sua divindade). E, por fim, o judaísmo, o cristianismo e o islamismo se tornaram religiões baseadas num texto: a escritura sagrada. O Egito de fato associava alguns textos ao sagrado, mas o *Livro dos mortos* e o "Grande hino" não tinham nada a ver com a Bíblia hebraica ou com o Corão — a saber, a única fonte e intermediária exclusiva entre um deus e seu povo.[35]

Mesmo assim, permanece o fato curioso de que duas culturas firmemente entrelaçadas desenvolveram versões do que chamamos de monoteísmo, embora, provavelmente, em épocas distantes. A questão da influência, do empréstimo direto, talvez não seja a mais importante. Todo mundo é influenciado por alguém; pode-se remontar qualquer exemplo de originalidade a coisas tomadas de empréstimo a terceiros. Somos todos retardatários desde o momento em que desenvolvemos técnicas de armazenamento cultural que colocam o passado à nossa disposição. O importante não é *o quê*, mas *como* tomamos emprestado, o que fazemos com o que encontramos. O que o grupo de exilados judeus fez com a experiência de Aton, se é que de fato tiveram contato com ela, é totalmente diferente e merece ser lembrado como uma grande realização.

A importância de como tomamos emprestado de terceiros está relacionada com a forma como tomamos emprestado do passado, ou seja, *como* lembramos. No caso de Nefertiti e Aquenáton, eles foram quase esquecidos porque seus nomes foram apagados das listas de reis, das estátuas e de outros registros. Se e quando havia alguma menção a esses dois radicais, era para denunciá-los. Pelos vários milênios subsequentes, Aquenáton era conhecido apenas como "o criminoso de Amarna".[36] Esse apagamento foi de uma eficácia surpreendente e conseguiu eliminar da história Nefertiti, Aquenáton e a experiência de ambos, criando um enigma que só veio a ser solucionado aos poucos nos séculos XIX e XX. Triste ironia: o próprio casal real que fizera tudo para romper com o passado foi apagado do passado.

Se Nefertiti e Aquenáton foram quase esquecidos por causa de sua experiência monoteísta, agora é ela a razão pela qual os relembramos. Importamo-nos tanto com esse breve episódio da história egípcia porque agora vivemos num mundo moldado pelo monoteísmo. Se o mundo tivesse continuado a viver de maneira politeísta, a experiência de Aton não seria muito mais do que uma curiosidade, uma nota de rodapé na história. Levamos nossos valores e experiências ao passado. Foi o futuro, nosso futuro, que fez de Aquenáton não só uma grande rebelião contra o passado, mas também o primeiro vislumbre de algo novo.

O episódio de Aquenáton nos relembra que o passado nunca está apenas ali, para ser descoberto ou ignorado. Estamos constantemente disputando-o. Assim como Nefertiti e Aquenáton abandonaram os templos de Amon e deixaram que desmoronassem, seus sucessores deixaram ruir a nova cidade. Quem é criminoso para um é herói inovador para outro. Ao usar o passado, nós o fazemos e o desfazemos de forma constante, de acordo com nossas necessidades e preconceitos.

De modo paradoxal, o apagamento deliberado de Nefertiti, de Aquenáton e de seu deus e o abandono da cidade deles também ajudaram a preservá-la. Muitas sepulturas, claro, foram devastadas por ladrões de túmulos, e foi por isso que Tutancâmon transferiu a múmia de seu pai para Tebas.[37] Ele sabia que a cidade abandonada estaria desprotegida e indefesa contra os saques.

Mas uma cidade abandonada, mesmo saqueada, é para os arqueólogos posteriores muito mais reveladora do que uma em uso contínuo. Esta tende a ter uma capacidade destrutiva surpreendente, na medida em que se reciclam modelos artísticos e se constroem novos edifícios com os materiais dos antigos. Muito embora não reste muito de Aquetáton, devido aos materiais de construção baratos e pouco duráveis, a cidade, intocada, congelada no tempo, oferece-nos um vislumbre inédito da vida tanto de nobres quanto de plebeus, bem como das técnicas de trabalho de escultores como Tutemés.

Hoje, o busto de Nefertiti se encontra no Neues Museum em

Berlim, abrigado em uma pequena sala própria. A saleta é sombreada, com uma iluminação indireta cuidadosa que realça suas cores brilhantes. A história de sua chegada até lá também remete a uma dinâmica de preservação e destruição. O trabalho das mãos de Es-Senussi foi financiado e supervisionado por arqueólogos prussianos — os últimos de uma série de europeus fascinados com o Egito antigo e ansiosos por escavar seus monumentos.

Uma primeira onda de europeus viera na esteira da invasão napoleônica do Egito, quando Jean-François Champollion conseguiu decifrar a escrita hieroglífica, que passara milênios afastada do conhecimento humano. Muitos egiptólogos europeus, porém, também atuavam, à maneira das potências coloniais, como ladrões de túmulos, transportando de maneira impune seus achados para museus europeus, ao mesmo tempo que se justificavam como preservadores. Só aos poucos o Egito — e outros países visitados por esses cientistas vorazes — instituiu leis que impediam o roubo de objetos culturais. Na época em que Es-Senussi desenterrou Nefertiti, em 1912, já se fizera um acordo sobre a divisão de quaisquer tesouros que se encontrassem nessa escavação financiada pela Prússia, alguns ficando com o Egito e outros com a Alemanha. Nefertiti ficou na pilha alemã.

O século de Nefertiti na Alemanha tem sido tumultuado e perigoso. Os arqueólogos são inevitavelmente destrutivos: depois que removem as camadas de terra que preservam um sítio, deixam-no alterado e exposto para sempre. Apenas a mais meticulosa documentação e os mais cuidadosos procedimentos têm alguma possibilidade de justificar essa busca invasiva do passado. Enquanto isso, objetos frágeis como o busto de Nefertiti, depois de desenterrados, ficam expostos a todos os perigos da vida na superfície da terra, dos rigores do clima à destruição humana. Em Berlim, Nefertiti enfrentou duas guerras mundiais. O Neues Museum foi bombardeado na destruição quase total de Berlim no final da Segunda Guerra Mundial. Felizmente, a maioria dos objetos, entre eles Nefertiti, tinha sido removida e guardada em cofres subterrâneos.

O Neues Museum continuou em ruínas na Berlim Oriental durante toda a existência do Estado comunista e apenas em 2008 foi restaurado cuidadosamente, tratado da mesma forma como agora tratamos estátuas antigas, deixando visível o que é velho e o que é novo. Assim, quando hoje visitamos Nefertiti, temos de atravessar as ruínas de um museu e subir a escada até um pátio que, até pouco tempo, estava exposto ao clima, para chegar à câmara sombreada onde agora reside esse busto sereno, aparentemente sem se perturbar com o tumultuado das eras. De qualquer forma, Nefertiti estava habituada a sublevações e revoluções. Ela foi figura central na construção de uma nova cidade, bem como de um novo deus e uma nova arte, criados praticamente do nada no prazo de poucos anos, numa das experiências mais extraordinárias já feitas pela humanidade, cujo verdadeiro alcance só será apreciado no futuro distante.

2. Platão queima sua tragédia e inventa uma história

"Ó Sólon, Sólon", disseram rindo os sacerdotes da deusa egípcia Ísis ao visitante ateniense, "vocês gregos parecem sempre com umas crianças. Grego velho é uma coisa que não existe." Sólon pediu uma explicação. Os sacerdotes responderam: "Vocês são jovens de alma, todos vocês. Pois por dentro não têm uma única crença que seja antiga e derivada da velha tradição".[1]

Segundo essa história, Sólon, uma das figuras fundadoras da democracia ateniense, fora até Saís, uma imponente cidade situada no delta do Nilo, na esperança de obter alguma sabedoria antiga e sentenciosa. Nos últimos séculos, as cidades-Estado gregas tinham montado postos comerciais e assentamentos em todo o Mediterrâneo oriental, postos avançados de uma cultura grega em ascensão. Os gregos costumavam se sentir superiores a outras culturas, chamando-as de "bárbaras" — termo que na origem significava apenas não falante de grego, mas que adquirira conotações negativas de inferioridade.

Mas o Egito às vezes era eximido da arrogância grega por ser tido, mesmo pelos gregos, como país singularmente antigo, misterioso, dotado de um sistema de escrita sagrado, guardado por sacerdotes, e por isso Sólon tinha ido até lá. Teve o que pediu quando os sacerdotes de Ísis passaram à preleção: o Egito tinha uma tradição cultural contínua muito antiga. Os registros egípcios datavam que aquela cultura havia nascido 8 mil anos antes, e desde então o Egito criara instituições para garantir a continuidade cultural de geração para geração, em especial grandes templos que abrigavam pergaminhos como aquele onde estavam agora (os sacerdotes não mencionaram que às vezes apagavam nomes das listas de reis, como havia ocorrido com Nefertiti). Enquanto culturas menos afortunadas, inclusive a Grécia, eram atingidas por incêndios e inundações, o Egito estava a salvo de ambos, e a enchente periódica do Nilo era bem controlada e, na verdade, benéfica para a agricultura. Agraciado com um ambiente estável, o Egito criou uma cultura de grande longevidade. Comparada a ele, a Grécia, que havia chegado mais tarde, era apenas uma criança.

Os sacerdotes egípcios acertaram num aspecto. A Grécia de Sólon tinha adquirido um sistema de escrita amplamente difundido havia pouco tempo (dois sistemas anteriores, agora chamados de Linear A e Linear B, tinham sido de uso limitado). Durante a maior parte do tempo, a Grécia se baseara em cantores carismáticos que às vezes eram tão famosos quanto os astros do rock atuais; eles recitavam histórias mitológicas acompanhadas de música. Esses cantores treinados rememoravam contos extensos dividindo as histórias em episódios autossuficientes e vinculavam personagens importantes a frases e expressões que podiam ser repetidas durante a recitação. A tradição oral era uma das principais técnicas de armazenamento usadas pelos humanos desde a época em que desenvolveram a linguagem para contar histórias, e ela demonstrara ter uma eficiência admirável. Foi assim que tinham sido transmitidas histórias da Guerra de Troia ao longo das gerações. Mas, pelo menos de acordo com esse relato, os sacerdotes egípcios, como a maioria dos representantes de culturas baseadas na escrita, desdenhavam a transmissão oral por considerá-la fugaz e pouco confiável.

Mercadores da Fenícia (atual Líbano) tinham levado à Grécia um novo sistema de escrita, baseado em sons. Nos séculos subsequentes, esse alfabeto, muito mais fácil de usar do que outros sistemas de escrita, demonstrou-se revolucionário. Enquanto os sistemas anteriores pertenciam ao campo de escribas especializados, com o novo alfabeto ficava muito mais rápido aprender a ler e a escrever, o que levou a uma era amplamente letrada.

Assim, em certo sentido, os sacerdotes egípcios tinham razão: os gregos não possuíam uma tradição letrada contínua e pareciam ter esquecido ou abandonado seus sistemas prévios de escrita apenas para adotar outro, importado. Talvez os sacerdotes também desprezassem a simplicidade da nova escrita alfabética, tão diferente da sua própria, antiga e difícil.

A pessoa que registrou — ou melhor, inventou — a conversa entre Sólon e os sacerdotes egípcios foi o filósofo Platão. Ao narrar a história em seu diálogo *Timeu*, Platão se identificava claramente com os sacerdotes egípcios e suas risadas diante do esquecimento juvenil da Grécia. Mas ele não parou por aí. Fez com que seu sacerdote revelasse ao atônito Sólon que a Grécia, na verdade, era tão antiga quanto o Egito. Ela também tinha uma longa história — mas que fora esquecida. A Grécia estava presa num estado de perpétua juventude, sem consciência de seu grande passado, porque lhe faltavam as instituições e as técnicas culturais capazes de armazenar e transmitir seu passado para o presente. Felizmente, o Egito registrara a história antiga de Atenas, e os sacerdotes de Ísis agora estavam dispostos a revelá-la a Sólon. Platão fez algo muito ousado: inventou uma história gloriosa para a Grécia e colocou-a na boca de sacerdotes egípcios.

Atenas, segundo essa história, fora outrora um Estado poderoso e bem organizado. Tivera seu momento mais heroico ao empreender, junto com o Egito e outros países, uma guerra contra as agressões militares de Atlântida, ilha agora perdida perto da costa da África. Atenas combateu de forma valorosa Atlântida e derrotou esse inimigo comum com árduo esforço. Depois, terremotos e inundações afundaram Atlântida, além de destruir todos os registros atenienses dessas grandes proezas. Foi apenas graças à memória intocada do Egito, à sua escrita antiga e a seus sacerdotes que o conhecimento sobre Atlântida sobreviveu e agora podia ser transmitido a Sólon. Platão se viu diante de um dilema que era o oposto do de Nefertiti. Enquanto ela sentia o peso do passado antigo do Egito, Platão ansiava justamente por um passado desses. Como não havia disponível nenhum passado assim, Platão simplesmente inventou um, alegando que seus registros se encontravam nos arquivos de Saís.

Mas qual era o problema de uma cultura que gozava de uma perpétua juventude? Isso podia ser considerado uma grande vantagem, permitindo que uma cultura inventasse novas artes e novas expressões, livre do peso do passado. Em certo sentido, era exatamente o que havia ocorrido nos duzentos anos entre Sólon e Platão, quando a Grécia passou por um enorme surto de criatividade, gerando, entre outras inovações, uma nova forma de teatro.[2] Mas não era isso o que Platão queria. Ele reverenciava a Antiguidade e inventou a história da guerra de Atenas contra Atlântida com o objetivo de desvalorizar seus contemporâneos, inclusive muitas das coisas que agora celebramos como grandes realizações gregas, como a epopeia homérica, a tragédia grega e a democracia. Muitas vezes Platão é tomado como representante da Grécia clássica. Na verdade, ele era uma anomalia, um admirador do Egito que ansiava por aquele sistema de escrita antigo, seus templos e sacerdotes. Platão usou sua admiração pelo Egito para atacar sua própria cultura.

* * *

Platão nem sempre implicou com a Grécia e suas artes. Quando jovem, estava profundamente imerso nas atividades culturais que depois desdenharia, em particular o teatro ateniense. Segundo seu biógrafo, ele se tornou chefe do coro, que consistia em cerca de duas dúzias de cidadãos que atuavam e dançavam juntos em grupo, representando a comunidade em geral. Ser chefe do coro significava ser responsável por providenciar figurinos, máscaras e alojamentos, com o apoio de um mecenas rico capaz de bancar esses gastos extravagantes. Como o teatro era uma arte eminentemente pública, apresentada ao vivo diante de uma audiência numerosa, o chefe do coro era admirado. Quando jovem, Platão conseguira se estabelecer no centro de uma forma de arte que valorizava a imediaticidade, a arte suprema do presente.[3]

O teatro grego era apresentado durante o festival mais grandioso da cidade. As Grandes Dionísias, realizadas na primavera, quando os mares se tornavam navegáveis outra vez após a estação tempestuosa do inverno, eram dedicadas ao deus Dioniso, padroeiro da folia e do teatro. O festival atraía multidões de visitantes, alguns vindo a pé das vilas próximas, outros em asnos ou mulas, e outros de barco, das ilhas próximas ou de assentamentos e postos comerciais distantes. De onde quer que viessem, os visitantes usavam suas melhores roupas, às vezes até máscaras teatrais, e os mais abastados conduziam carruagens.

O festival incentivava a ampla participação de toda a sociedade ateniense, incluindo não só os cidadãos (apenas homens), mas muito provavelmente também mulheres, *metikoi* (metecos, estrangeiros que realizavam grande parte do trabalho não só manual, mas também qualificado) e *douloi* (escravos que trabalhavam basicamente na agricultura).[4]

Como chefe do coro, Platão desempenhava um papel importante na organização do festival, que se abria com o desfile de uma estátua de Dioniso pelas ruas. As multidões se punham em ambos os lados para assistir ao sacrifício de bodes e carneiros, e então seguiam a estátua morro acima até o grande Teatro de Dioniso, uma arena ao ar livre entalhada na encosta da montanha, rodeada por oliveiras e ciprestes perfumados. De lá, o público via até o porto, a fonte de poder desse império marítimo. Mais acima ficava a antiga cidadela, a Acrópole.

Mas Platão não se contentou em ser chefe do coro; também escreveu uma tragédia e esperava que fosse encenada como parte do festival.[5] Ele viveu a fase final da idade dourada da dramaturgia grega. Em gerações anteriores, os três grandes tragediógrafos, Ésquilo, Sófocles e Eurípides, haviam criado uma nova e poderosa fórmula para a tragédia. Os protagonistas, com frequência reis ou outras figuras que ocupavam uma posição alta, eram interpretados por atores com máscaras que exageravam suas expressões faciais e exaltavam suas vozes. No palco não havia quase nenhum cenário ou acessório, mas um telheiro na parte de trás foi aos poucos sendo adaptado como pano de fundo.[6] Como só dois ou três atores podiam participar, o telheiro (chamado *skene*, origem da nossa palavra "cena") lhes servia de espaço para trocarem de personagem. As cenas violentas nunca eram encenadas no palco, mas ocorriam fora, como na *skene*, de onde então saía empurrado sobre rodas um cadáver que era exibido ao público. Um coro que dançava e declamava, com cerca de quinze homens, como o liderado por Platão, representava o conjunto dos cidadãos e comentava a ação.

Os atenienses podiam ver Agamêmnon, que comandara os gregos contra Troia, voltar para casa após dez anos de confronto implacável. Em outra peça, o público podia assistir à luta entre Creonte, que se tornara governante de Tebas após uma guerra civil sangrenta, e Antígona, que insistia que fosse dada ao irmão uma sepultura decente, muito embora ele tivesse traído a cidade. Ou a audiência podia assistir horrorizada como Medeia, a esposa enganada de Teseu, puniu o marido matando os filhos.[7]

A combinação entre dança e discurso, coro e atores, máscaras e música era bastante envolvente. A multidão reunida nesse local especial observava a atuação de seus concidadãos no coro, mas também observava a si mesma, consciente de sua própria importância. As peças eram às vezes tão convincentes que exasperavam a multidão e causavam agitação pública. O aglomerado de cerca de 17 mil atenienses de diversas classes sociais num mesmo espaço contribuía para uma situação explosiva, que podia estourar instigada por uma atuação demasiado vibrante. Em resposta a isso, as autoridades proibiram temas contemporâneos, com maior probabilidade de causar problemas. Sobrevive apenas uma tragédia ambientada no passado recente: *Os persas*, de Ésquilo (restaram pouquíssimas tragédias gregas em textos integrais; as sobreviventes foram reunidas em bibliotecas e copiadas). *Os persas* também pode ter incitado tumultos. Muito embora a peça apresente uma vitória dos gregos sobre os persas, ela é ambientada na Pérsia e narra a história do ponto de vista dos derrotados. Todas as tragédias posteriores remanescentes são ambientadas no passado mitológico, presumivelmente para evitar que a audiência ateniense se exasperasse. Mas outros tipos de peças, inclusive comédias, continuaram se passando na Atenas da época, e todas as peças, onde quer que fossem ambientadas, eram interpretadas como se as ações estivessem ocorrendo naquele momento.

Os gregos eram incontestavelmente afetados pelo teatro porque viviam numa cultura baseada na atuação. Participavam com frequência de procissões, rituais e recitações de hinos, como os associados às Grandes Dionísias. Mas, embora o teatro grego continuasse a se apresentar no contexto de festas religiosas, os dramaturgos passaram a tratar de temas que pouco tinham a ver com determinado deus ou ritual. Isso indicava que a íntima ligação entre teatro e religião estava se afrouxando, ainda que nunca se tenha desfeito por completo. Essa ligação mais frouxa significava que as peças gregas podiam ser entendidas e apreciadas fora do contexto das Dionisíacas, o que, por sua vez, demonstrava que se tornaram uma forma de arte altamente adaptável e transportável, que depois teria seguidores que pouco sabiam a respeito do culto original a Dioniso, do qual havia surgido o teatro grego.

O impacto da tragédia grega para além da cultura grega é surpreendente sob vários aspectos, visto que a forma artística era muito local, destinada a um teatro e a um público específicos, e normatizada com regras que determinavam com precisão o número de atores que podiam ser usados (dois ou três), o número de integrantes do coro (doze a quinze), o tipo de teatro em que se faria a apresentação (o palco vazio, a não ser pelo telheiro ao fundo), o local onde devia se dar a violência (fora de cena), a forma que a história devia adotar (com base num indivíduo de alta posição que sofre uma queda). Mas, de alguma maneira, essa fórmula específica foi além de sua origem. A escrita ajudou nisso, pois permitiu que as peças, além de encenadas, também fossem lidas. Com a difusão da escrita grega graças ao alfabeto e ainda ao comércio e às conquistas, as peças escritas se difundiram junto com ela e ficaram armazenadas em bibliotecas distantes.

Outras tradições passariam por fases parecidas. O Egito, tão reverenciado por Platão, também tinha uma forma de atuação que combinava dança, canto e narração de histórias em festas religiosas, e algumas dessas atuações tinham sido postas por escrito. Na Ásia Meridional, peças escritas em sânscrito, como *Shakuntala*, de Kalidasa, eram baseadas em histórias épicas, enquanto o teatro nô do Japão, igualmente regido por regras e convenções, desenvolveu um tipo de peça comparável à tragédia grega. Por fim, todas essas peças deixaram seu contexto original, percorreram distâncias cada vez maiores e se entremearam, sobretudo no século XX, quando vários diretores criaram fusões entre a tragédia grega e o teatro nô, e o dramaturgo nigeriano Wole Soyinka vinculou a tragédia grega a tradições iorubás de encenação.

Esses desenvolvimentos estavam no futuro. Se os sacerdotes egípcios de Platão tivessem ouvido falar do teatro grego e de sua tendência de ultrapassar o contexto ritualista, poderiam ter confirmado suas suspeitas de que os gregos não tinham nenhuma noção de história profunda, sentiam-se desonerados dela e decidiram alegremente adaptar suas próprias histórias a novas finalidades.

O profundo envolvimento de Platão com o teatro sofreu um abalo num encontro que mudou sua vida. Deu-se quando ele estava prestes a submeter a avaliação uma tragédia que havia escrito, ocasião em que por acaso topou com um grupo de pessoas empenhadas num acalorado debate com o notório encrenqueiro Sócrates. Sócrates não provinha dos estratos mais altos da sociedade. Era filho de um escultor e de uma parteira, usava roupas excêntricas e às vezes andava descalço. Mas, apesar — ou por causa — dessas peculiaridades, tornara-se parte da paisagem no mercado e na frente do ginásio, onde cidadãos nus faziam exercícios (o verbo grego *gymnazeín*, origem de nossa palavra "ginásio", significa "fazer exercícios nu").[8] Lá, ele atraía gente para conversar, fazendo perguntas simples. Muitas vezes, essas perguntas mostravam que as pessoas se contradiziam ou não percebiam que suas crenças mais caras não faziam sentido.

Sócrates questionava as opiniões não só das pessoas comuns, como também das autoridades culturais mais importantes, sobretudo Homero. As histórias da Guerra de Troia e do difícil retorno ao lar tinham sido narradas por cantores durante muitas gerações, mas também postas por escrito e ordenadas em obras coerentes logo após a introdução da escrita fonética na Grécia. Essas versões eram atribuídas ao nome de Homero, embora existam poucos indícios externos de que algum dia tenha existido tal pessoa. Mas, quem quer que de fato fosse o autor ou os autores das versões escritas dessas histórias, as duas epopeias, a *Ilíada* e a *Odisseia*, haviam se tornado textos fundamentais da cultura grega: todos aprendiam a ler e a escrever estudando esses textos; Homero exercia uma influência maciça em dramaturgos; escultores e pintores com frequência usavam cenas de Homero para decorar templos e objetos do cotidiano, como ânforas, tigelas e taças. Com o tempo, Homero se tornara a mais importante autoridade cultural. Muitas tragédias gregas eram ambientadas no universo homérico.

Mas, declarava Sócrates, não era porque Homero (ou seu escriba) escrevera alguma coisa que ela era necessariamente correta. Todos deviam ter o direito de fazer perguntas, de examinar as suposições, de averiguar as consequências. As pessoas nem sempre agradeciam a Sócrates por seus préstimos; algumas se irritavam e deixavam de falar com ele. Mas Sócrates sempre encontrava novos interlocutores e até conquistou seguidores entre os jovens privilegiados de Atenas. Talvez tenha sido por isso que Platão foi se aproximando, curioso em ouvir o que ele tinha a dizer.

Entre todas as instituições culturais criticadas por Sócrates, o teatro era o mais atacado. Sócrates estava preocupado com o poder do teatro, sobretudo em jovens impressionáveis como Platão. Temia que as grandes audiências fossem facilmente instigadas à violência (posição bastante parecida com a das autoridades anteriores, que haviam proibido temas contemporâneos na tragédia). Desconfiava de atores que com habilidade assumiam papéis diversos, apenas fingindo suas emoções. E, em termos mais fundamentais, ele enxergava o teatro como um espaço de mera ilusão, que dava ao público a impressão de testemunhar fatos reais ao vivo, no momento presente, quando, na verdade, era tudo inventado por dramaturgos ambiciosos, cujo único interesse era ganhar o prêmio de primeiro lugar.

Quanto mais Platão ouvia, mais fascinado ficava por esse estranho mestre e, quando a conversa terminou, ele resolveu se tornar aluno de Sócrates. Só havia um problema: com sua participação no coro e sua tragédia recém-concluída, Platão foi pego em flagrante como um entusiasta do teatro. A escolha agora era: ou o teatro ou a filosofia. De forma brusca, ele pegou sua tragédia, na qual tanto trabalhara, e ateou fogo. Quando a peça se incendiou, ele gritou, como se tivesse realizado um ritual importante: "Vem, ó deus do fogo, Platão precisa de ti!".[9] Escolhera a filosofia.[10] Do fogo nasceu a segunda carreira de Platão, a que lhe traria fama: a carreira de um crítico, de um discordante, de alguém que admirava explicitamente o Egito e inventaria uma história alternativa da Grécia. Foi Sócrates quem virou Platão contra as instituições culturais mais importantes de Atenas.

Em seu novo papel de seguidor de Sócrates, Platão investiu contra o teatro e também contra uma outra instituição grega que se pode considerar relacionada a ele: a democracia. Como o teatro dispunha de ampla participação e como o coro era constituído por cidadãos, o teatro podia se afigurar uma forma de arte especialmente adequada à democracia. (A conexão também funcionava de maneira inversa: assim como apenas os habitantes masculinos privilegiados de Atenas podiam participar do coro, do mesmo modo apenas eles podiam votar.)[11] Por mais sólida que de fato fosse a conexão entre teatro e democracia, uma coisa era inegável: depois de se tornar discípulo de Sócrates, Platão se virou contra ambos. Em anos mais avançados, ele tentou trabalhar como conselheiro de Dioniso I, o tirano de Siracusa, colônia grega na Sicília. A iniciativa não deu certo e, em decorrência disso, segundo algumas fontes, Platão foi vendido como escravo (mais tarde, um amigo comprou sua liberdade).

Platão teve uma razão adicional para se opor à democracia quando o governo democraticamente eleito de Atenas condenou Sócrates à morte, sob as falsas acusações de introduzir novos deuses e corromper a juventude. Os discípulos e seguidores de Sócrates, desesperados, armaram um complô para subornar os guardas da prisão e ajudá-lo a fugir, mas Sócrates se recusou a compactuar. Em vez disso, passou suas horas finais na companhia dos discípulos, alguns dos quais tinham começado a chorar. Sócrates fazia o que sempre havia feito: abstrair de uma situação particular — a morte de uma pessoa — e examinar os princípios em jogo.

Platão, que desistira da carreira de dramaturgo para seguir Sócrates, não estava com ele naquele dia. Talvez não tivesse se sentido capaz de assistir à morte do mestre. Ou talvez já tivesse começado a prantear Sócrates de outra maneira: escrevendo sobre ele. Primeiro escreveu sobre o julgamento e a recusa de Sócrates em participar do jogo dos juízes. Depois escreveu sobre o plano de fuga e as pungentes horas finais de Sócrates. Com o tempo, Platão iria converter Sócrates na personificação da filosofia, sobretudo por meio dos acontecimentos que cercaram sua morte. Como ex-tragediógrafo, ele percebeu que Sócrates, com sua morte, se tornaria o herói trágico da filosofia.[12]

Platão ambientou de forma meticulosa esses diálogos nos locais que Sócrates frequentara, em caminhadas pelo porto movimentado e pela praça do mercado ou fora da cidade, fazendo com que seu mestre ganhasse vida na imaginação dos leitores. Estava passando da dramaturgia para a codificação de algo mais perturbador: o diálogo filosófico.[13] Com o decorrer do tempo, Platão usou suas peças filosóficas para depreciar as realizações culturais da Grécia clássica. Atacou atores; atacou cantores que recitavam cantos homéricos; atacou mestres, que chamava de sofistas.[14] Para ele, esse era o verdadeiro significado da filosofia: uma crítica a tudo.

Essa crítica chegava a incluir a escrita. Platão questionou se a escrita era um bem autêntico, afirmando que, quanto mais confiamos à palavra escrita, mais nossa memória se atrofia. Ao argumentar isso por escrito, Platão sabia que não estava seguindo seu próprio conselho. Como no caso de sua história alternativa da Grécia, ele atribuiu o argumento a um sacerdote egípcio; visto que o Egito tinha uma experiência muito maior com a escrita, também teria uma noção muito melhor de seus inconvenientes.

A crítica filosófica de Platão a tudo por fim se estendeu a toda realidade, levando-o a conceber um mundo de formas puras do qual nosso mundo não passa de uma sombra. O platonismo, como foi chamada essa concepção, foi sua maior visão alternativa. Assim como Atlântida era sua alternativa à história efetiva da Grécia, do mesmo modo seu mundo de formas puras era uma alternativa à realidade. Platão não apenas demoliu; construiu todo um edifício filosófico que, desde então, moldou a filosofia.

Apesar das objeções de Platão ao teatro — o meio mais potente, em sua época, para criar uma realidade simulada — e suas preocupações com o uso generalizado da escrita, seus diálogos filosóficos sobreviveram ao lado de tragédias gregas em bibliotecas e acervos privados, sobretudo na Biblioteca de Alexandria, perto de Saís, onde se dizia ter ocorrido a conversa entre Sólon e o sacerdote egípcio.[15] O que muito contribuiu para a sobrevivência das peças gregas e dos diálogos de Platão foi que o alfabeto grego, muito mais fácil de usar do que os hieróglifos egípcios, levou a índices de alfabetismo muito mais altos, o que permitia uma ampla circulação das peças e dos diálogos filosóficos. (Pela mesma razão, o Egito desenvolveu a escrita demótica, muito mais simples.) A ampla distribuição constituía em um mecanismo de sobrevivência tão eficaz quanto um bastião da sabedoria protegido como um templo egípcio.

Mas havia um outro meio — talvez ainda mais eficaz — que assegurava a sobrevivência da cultura, a saber, a imitação, inspirando novas gerações a manterem vivas as práticas culturais. Esse processo de contato pessoal — podemos chamá-lo de educação — dependia muito menos da pedra ou do alfabeto e apostava no grande número de pessoas. Para isso, Platão criou uma escola filosófica perto de Atenas, num bosque de oliveiras que ficou conhecido como a Academia, e é por isso que o termo passou a ser empregado para designar qualquer tipo de escola filosófica. Um dos alunos era Aristóteles, que procedeu a uma importante revisão da filosofia de seu mestre. (Aristóteles também era mais favorável ao teatro, dando-nos a mais detalhada explicação da tragédia; adaptações dessa obra, a *Poética*, ainda hoje são utilizadas por roteiristas de Hollywood.)

Uma boa parte da obra remanescente de Platão e de Aristóteles se deve ao empenho deles com a educação, à capacidade de ambos em exercer um apelo sobre novas gerações de alunos. Esse legado ensinou uma lição importante aos sacerdotes egípcios e a todos os outros que confiavam na escrita e nos templos: não se fiem apenas no armazenamento cultural, pois templos e bibliotecas podem ser destruídos, e sistemas de escrita podem ser esquecidos, como ocorreu com os hieróglifos egípcios. Mesmo a Biblioteca de Alexandria pegou fogo, destruindo muitos textos gregos, e inúmeros outros pereceram quando os monges cristãos se negaram a copiar materiais da era pré-cristã. Platão sobreviveu em parte porque foi capaz de inspirar uma geração de discípulos que, por sua vez, inspiraram outros, possibilitando que sua filosofia fosse amplamente conhecida e compartilhada.

Graças a essas formas de transmissão, Platão exerce uma influência variada e às vezes inesperada em pensadores e escritores posteriores, tanto dentro quanto fora da filosofia. Visionários empenhados em construir sociedades utópicas se inspiram em seu mito de Atlântida; já autores de ficção científica recorrem a ele para visões alternativas do futuro. Enquanto isso, a crítica de Platão à realidade simulada, nascida originalmente de sua experiência pessoal com o teatro, tem sido atualizada para se adequar aos novos meios de comunicação. Em 1998, o filme *O show de Truman: O show da vida* apresentava um personagem que vivia num subúrbio tipicamente americano e descobria que aquilo que ele tomava por realidade não passava de um elaborado reality show da TV. Um ano depois, *Matrix* abordou a simulação computadorizada, oferecendo a pílula vermelha para os que quisessem reconhecer a realidade simulada pelo que de fato era. Se o Metaverso, recentemente anunciado pelo Facebook, se concretizar, podemos ter certeza de que Platão, dramaturgo e filósofo, inventor de histórias falsas e de futuros alternativos, teria muito a dizer a respeito.

3. O rei Ashoka envia uma mensagem ao futuro

DELHI, 1356 A.C.

Para o sultão Firuz Shah Tughlaq, a caçada era uma atividade festiva, ao mesmo tempo um passatempo e um assunto de Estado, que lhe permitia mostrar sua habilidade, coragem e poder. Ele montava um grande acampamento em algum lugar fora da cidade, com uma legião de servidores que atendiam a todas as suas necessidades, e então enviava batedores para procurar presas. Se localizavam algum dos predadores de maior porte, como um lobo, um leão ou um tigre, o sultão insistia em montar um círculo em torno do animal, posicionando com cuidado os integrantes do grupo de caça, antes de abatê-lo, e assim seguia em busca de animais menores, como gamos ou asnos selvagens.[1] O animal mais impressionante de caçar era o elefante. Uma vez, o sultão matou 73 elefantes, número quase excessivo para ser transportado por uma cordilheira escarpada até Delhi, onde então ele os exibiu com orgulho.[2] A caça o deixava de bom humor, e os súditos sabiam disso. Se alguém quisesse pedir clemência ao sultão, o melhor era procurá-lo durante uma caçada. Se o sujeito tivesse sorte, poderia não só ser perdoado, mas também ganhar de presente um de seus magníficos cavalos árabes.[3] Talvez o sultão fosse tão magnânimo nessas ocasiões por saber que a caçada o conectava a seus predecessores que, montando cavalos velozes, tinham vindo da Ásia Central para conquistar uma grande parte do subcontinente indiano.

Nessa caçada de agora, ele se afastara muito de Delhi, estando 160 quilômetros ao norte, no sopé dos Himalaias. Foi durante essa caçada que o sultão se deparou com um espécime inesperado, perto da aldeia de Topra: não um tigre ou um elefante, mas um pilar enorme. Parecia se erguer quase de forma milagrosa do solo e subir direto ao céu. Era um colosso, com mais de doze metros de altura, feito de arenito, a parte externa com acabamento habilidoso, de surpreendente lisura ao tato. Quem o tinha feito? E como havia ficado de pé?

Mesmo depois de voltar a Delhi, o sultão não conseguiu tirar da cabeça aquele pilar misterioso. Em seu reino havia outras manifestações do passado distante, ruínas de fortalezas e restos de assentamentos que atestavam a existência de uma civilização antes que a Índia tivesse sido conquistada por seus ancestrais muçulmanos. Mas esse pilar parecia diferente de todos esses remanescentes do passado, tão alto, tão autossuficiente, parecendo intocado pelo tempo. O que fazer com ele? Os pilares não faziam parte da arquitetura islâmica.[4] Derrubá-lo para mostrar quem agora mandava nessa terra?

Tal ato de vandalismo ia contra a natureza do sultão Firuz. Algumas partes de seu império tinham se rebelado em época recente, mas ele decidira deixar que essas partes de seu domínio se separassem sem conflito. Em vez da guerra, ele alicerçara seu reinado em projetos de construção e infraestrutura, cavando canais e poços, criando estalagens e jardins, e até fundando cidades inteiras. Depois de avaliar o que faria com o pilar, ele se decidiu por um plano muito mais condizente com essas atividades: resolveu trazê-lo para Delhi e incorporá-lo a seu próprio palácio, colocando-o perto de uma mesquita. O transporte seria uma proeza quase impossível e demonstraria o grau de sua façanha muito melhor do que a derrubada do pilar.[5]

Sendo no fundo um construtor, o sultão Firuz planejou em detalhes a operação, mobilizando centenas de trabalhadores. Primeiro, mandou que firmassem o pilar com cordas de seda, para impedir que caísse. Então os trabalhadores começaram a cavar. Logo descobriram por que o pilar se mantivera ereto por tanto tempo: enterrada no solo, havia uma base de pedra que consistia numa única placa enorme. Depois de escavarem essa base, abaixaram devagar o pilar no solo até ficar apoiado em suportes de algodão construídos especialmente para esse fim. Assim protegeram o pilar com um invólucro de junco e cortiça, içaram-no e o colocaram numa carreta feita sob medida. O pilar estava pronto para partir.

A própria carreta era uma maravilha, tão comprida que precisou de 42 rodas, cada uma presa a uma corda extremamente grossa puxada por duzentos homens, pelo menos segundo o relato de uma testemunha. Movido passo a passo pela força muscular de milhares de trabalhadores, o pilar foi se deslocando em direção ao rio Yamun. Durante todo esse tempo, o sultão Firuz não desgrudou os olhos dele. Uma flotilha de barcos e balsas levou a enorme carga até a nova capital, Firozabad (atual Delhi), onde o pilar entrou arrastado pelos portões do palácio e enfim foi repousar perto da mesquita Jama.

A tarefa final era colocá-lo mais uma vez de pé. Para isso, construiu-se em pedra uma estrutura de apoio, e outro exército de trabalhadores passou a suspender o pilar, centímetro a centímetro, com cordas grossas e polias de madeira, até que por fim ficou de pé outra vez, erguendo-se acima de todas as construções.

Pilar erguido e inscrito por Ashoka em Topra e transportado até sua localidade atual na Kotla (citadela) de Firozabad, na hoje Nova Delhi, por Firuz Shah Tughlaq. (Foto: Varun Shiv Kapur)

O sultão Firuz acrescentou uma cúpula dourada para encimar sua mais recente aquisição. Agora o pilar refletia o sol, sinalizando as glórias do governo benévolo do sultão.

O sultão imaginou que a proeza de transportar e erguer esse pilar garantiria sua fama por toda a eternidade, e ainda hoje, passados oitocentos anos, o pilar se mantém de pé. Está aí uma lição para todos os que querem comungar com o futuro: usar o material mais durável e garantir que ele chame atenção, motivando os futuros governantes a preservá-lo e adotá-lo, despertando a curiosidade das próximas gerações sobre sua proveniência e história.

Enquanto contemplava o futuro, o sultão Firuz também tinha curiosidade pelo passado. O pilar trazia inscrições regulares que pareciam uma escrita, mas num sistema que ele desconhecia.

Intrigado quanto ao sentido da mensagem antiga, ele convidou eruditos versados em diferentes tradições pré-islâmicas, que sabiam o sânscrito e outras línguas do subcontinente, para decifrá-la. Mas nenhum conseguiu ler aquela caligrafia. Desorientados pela escrita, os sábios apresentaram histórias sobre o pilar ter sido usado como cajado por uma figura gigantesca (o personagem Bhima no *Mahabharata*) — pelo menos foi o que todos divulgaram.[6] Existiam outros pilares como esse, e num dos casos o próprio sultão fizera as inscrições, como se quisesse acrescentar palavras à sua mensagem arquitetônica.

O sultão não foi o primeiro a ficar impressionado com esses pilares antigos e suas mensagens misteriosas. Séculos antes, outro homem encontrara um pilar desses: o chinês Xuanzang, que visitara a Índia em busca das origens do budismo. Deparou-se com vários pilares, por volta de meados do século VII, e fez a mesma pergunta que faria o sultão setecentos anos depois: o que diziam aquelas inscrições? Xuanzang afirmou que conseguia lê-las ou mandou traduzi-las, mas essas traduções parecem ter sido bem imprecisas.[7] Tal como o sultão, Xuanzang provavelmente recorreu ao saber popular local para ter informações, e nisso levava vantagem sobre o sultão, por estar temporalmente mais próximo das origens dos pilares. No ano 640, o conhecimento transmitido por via oral tinha outra explicação sobre o homem que deixara aqueles pilares: não um gigante de uma antiga epopeia, mas o grande rei máurio Ashoka.[8]

Se o sultão tivesse como saber da proveniência antiga de seu pilar, ficaria impressionado com a informação de que, naquela sua época, em 1356, o pilar já tinha cerca de 1600 anos. Sobrevivera graças ao peso, à altura enorme e à sólida base de pedra, mas a escrita caíra no esquecimento.

O criador original do pilar, o rei Ashoka, cujo governo se estendeu de *c.* 268 a.C. a *c.* 232 a.C., herdara um grande reino do pai e do avô, os fundadores da dinastia máuria.[9] Seus feitos foram celebrados por monges budistas num texto chamado *Lenda de Ashoka* (que foi como Xuanzang ouviu falar desse rei).[10] A *Lenda* contava a história de uma súbita guinada na vida do rei. Originalmente, Ashoka defendera e ampliara as fronteiras de seu reino por meio da violência, criando fama de rei briguento e cruel, e ficou conhecido como Ashoka, o Feroz.[11] Ele direcionava sua crueldade não só contra os inimigos externos, mas também contra seus súditos; constava que, a certa altura, ele matara quinhentos ministros suspeitos de deslealdade e, em outro momento, matara o mesmo número de mulheres depois de se sentir desrespeitado por uma delas.

Mas, um dia, Ashoka encontrou por acaso um monge budista e se tornou seguidor do Buda. Depois de convencer as pessoas próximas a ele a fazerem o mesmo, Ashoka saiu em peregrinação por vários lugares associados ao Buda, inclusive seu local de nascimento e a figueira-dos-pagodes sob a qual o Buda tivera a iluminação. Segundo a lenda, Ashoka também coletou relíquias do Buda e construiu 84 mil estupas, templos em formato de domo, para abrigá-las. Logo antes de morrer, ele doou a maioria das verbas do Estado para mosteiros budistas. Fiel à doutrina do budismo, a *Lenda* também contava aos leitores as vidas anteriores de Ashoka. Numa de suas encarnações anteriores, o jovem Ashoka conhecera o Buda histórico. Na época um menino muito pobre, ele queria dar algo para aquele ser radiante, mas a única coisa que tinha a oferecer era um punhado de lama. Como era um presente impuro, a lama explicava por que Ashoka era uma mistura de bem e mal, Ashoka, o Feroz e Ashoka, o Virtuoso.[12]

Ainda que não se possa considerar a *Lenda* historicamente precisa e não mencione em específico o pilar, ela lançava um pouco de luz, para quem a conhecesse, sobre as origens do objeto, na medida em que ele se adequava ao programa construtivo de Ashoka, com sua dedicação em marcar e celebrar os locais associados ao Buda.[13] Mas quando a inscrição original do pilar foi decifrada no século XIX, ficou claro que ela refletia não só a devoção de um rei budista, como também uma voz extremamente rara e incomum dos tempos antigos, anunciando uma ideia completamente nova de reinado e de existência no mundo.[14]

Em sua inscrição, Ashoka começa refletindo sobre questões morais, invocando ideias como felicidade, boas ações e verdade. Menciona de forma reiterada o termo *darma*, que os sacerdotes brâmanes tinham usado num primeiro momento para designar os deveres de um rei, mas que, para os budistas, designava os ensinamentos do Buda.[15] Deve-se evitar paixões como a raiva e a crueldade, declara Ashoka, e reduzir o sofrimento em toda parte. A linguagem do rei é reflexiva, filosófica, religiosa — muito diferente de outras declarações públicas no mundo antigo.

Como rei falando aos súditos, Ashoka esboçou um programa de bem-estar social que se estendia dos humanos de todas as classes aos animais e mesmo às plantas, baseado no respeito que se devia a todas as coisas vivas. Era uma ideia extraordinária e radical, que fora poderosamente formulada pelo Buda séculos antes de Ashoka. Essa ideia ia contra tudo o que estava na base da sociedade humana.[16] Os humanos não eram tratados com igualdade, e o próprio Ashoka, pelo menos de acordo com a *Lenda* posterior, matara inimigos, servidores desleais e consortes desobedientes impunemente.[17] Os animais eram tratados de maneira ainda pior, abatidos como alimento ou sacrificados em rituais, e as florestas eram com frequência derrubadas para obter lenha.

Uma coisa era monges budistas ascéticos criticarem essa ordem das coisas; outra muito diferente era um rei fazer o mesmo. Percebendo a natureza extraordinariamente radical de seu novo credo, Ashoka se mostrou disposto a fazer concessões. Especificou no pilar que era o sofrimento *desnecessário*, e não todo e qualquer sofrimento, que se devia evitar, e que apenas *determinados* animais deviam ser poupados à matança. Ele utilizou o precioso espaço no pilar para arrolar grupos aparentemente aleatórios de animais que não deviam ser abatidos, entre eles papagaios, morcegos, formigas-rainhas e arraias, acrescentando "todos os quadrúpedes que não são úteis nem comestíveis".[18] Dá para sentir o suspiro de alívio de seus subalternos. A renda dos sacerdotes brâmanes provinha das contribuições que coletavam por realizar o sacrifício ritual de animais; o sustento das economias locais dependia do uso de florestas e de animais domesticados; sobre esses recursos se erguera toda uma cultura e um modo de vida.[19] Com as concessões permitidas por essa nova versão, havia espaço suficiente para que os súditos conseguissem se virar. Mas, se achavam que esse tom mais leniente de Ashoka significava que desistira de transformar a vida deles de forma drástica, estavam enganados. O pilar de Ashoka não deixava margem de dúvidas de que dispunha todo o poder de Estado por trás de sua nova concepção do darma.[20]

Ashoka tinha a sorte de ter herdado do avô e do pai o primeiro reino centralizado e unificado do subcontinente; se estendia até o Afeganistão. Ansioso para implantar sua concepção do bem-estar universal, Ashoka resolveu criar uma estrutura: uma burocracia imperial com vários tipos de emissários, que tinham poder de submeter os dirigentes locais teimosos. Esses inspetores respondiam apenas a ele, dando-lhe um grau inédito de comando central. O pilar depois encontrado pelo sultão Firuz lembrava a todos o longo alcance do Estado de Ashoka.[21]

A nova concepção de um Estado de bem-estar de Ashoka não se baseava apenas nesse pilar. Ele escrevia declarações em pedras situadas ao longo de estradas muito frequentadas. Mesmo para a maioria do povo que não os lia, esses marcos assinalavam que um dirigente central assumira o controle do território. Mas eram seus pilares que atraíam mais atenção. Colocava-os em lugares estratégicos, marcando a área onde vigorava o novo darma (o sultão Firuz acabou encontrando outro pilar, um pouco menor do que o primeiro, e também o levou para Delhi).

Os pilares de pedra deviam impressionar os súditos de Ashoka, pois, até então, a maioria das construções na Índia era feita de madeira e de tijolos de barro. Esses materiais podiam ser usados para construir casas e palácios elaborados, de vários andares, mas não eram feitos para durar. É por isso que sabemos relativamente pouco sobre as primeiras civilizações e estilos de construção da Índia, apenas alguns indícios de cidades assentadas ao longo do Vale do Indo, no Rajastão e no Gujarate, chegando até Haryana. A decisão de Ashoka de utilizar pedra abria novas possibilidades de duração no tempo, com a chance de considerar como as futuras gerações veriam esses pilares e iriam admirá-los como fruto de suas façanhas construtivas.

Muito provavelmente Ashoka teve a ideia de erguer pilares de pedra com artesãos e viajantes persas.[22] Persépolis, a capital da Pérsia, fora fundada como uma grandiosa cidade cerimonial e era cheia de pilares e colunas, algumas com 22 metros de altura. Costumavam ser encimados com entalhes de cabeças de animais e às vezes traziam inscrições. Os pilares de Ashoka, em sua maioria, caíram ou foram quebrados, mas sabemos que em sua origem traziam animais entalhados que lembravam os modelos persas. Sem tradição de construir em pedra, e muito menos de construir e erguer pilares, talvez Ashoka recorresse a trabalhadores persas para manufaturar seus pilares e entalhar leões sentados no topo. Os pilares chegaram em data tardia a seu reinado, depois de ter proclamado o darma em pedras. Talvez ele achasse que esses primeiros éditos em pedra não estavam sendo seguidos tanto quanto o esperado e que se fazia necessária uma nova forma, mais espetacular, de apresentação, algo que nunca fora visto naquelas paragens.[23] (É possível que Ashoka também soubesse a respeito das colunas gregas e dos obeliscos egípcios.)

Alguns desses éditos entalhados em pedras e pilares discorriam sobre a estrutura administrativa criada por Ashoka para governar o império com maior firmeza. Outros especificavam as instituições que ele criaria para o bem-estar de humanos e animais, pondo os recursos do Estado por trás de seus ideais elevados. Um terceiro grupo insistia na tolerância entre os diversos sistemas de crença do subcontinente, entre eles o jainismo, o budismo e o hinduísmo, além de outros credos como o dos ajivicas, indicando que Ashoka não pretendia que suas ideias radicais criassem um divisionismo. Embora a *Lenda* o apresente como devoto seguidor do Buda, os pilares despontam um espírito independente, uma visão moldada pelo budismo, mas de forma alguma restrita a ele.

O mais surpreendente, talvez, é o tom fortemente pessoal que Ashoka pôs em algumas inscrições, repreendendo a si mesmo pela crueldade que mostrara durante as conquistas na fase anterior de seu reinado — talvez, nesse caso, antecipando a história depois narrada em sua *Lenda*.

> O país Calinga foi conquistado pelo rei Priyadarsi [Ashoka], Amado dos Deuses, no oitavo ano de seu reinado. Cento e cinquenta mil pessoas foram levadas como prisioneiras, 100 mil foram mortas e muitas centenas de milhares morreram. Logo depois da conquista dos calingas, o rei Priyadarsi passou a se devotar intensamente ao estudo do darma, ao amor do darma e ao inculcamento do darma. O Amado dos Deuses, conquistador dos calingas, agora é levado ao remorso. Pois sente profunda dor e pesar porque a conquista de um povo antes inconquistado envolve massacres, mortes e deportações.[24]

Um rei anunciando seu profundo remorso por ter causado sofrimentos durante uma campanha militar vitoriosa — era um modo totalmente novo de um dirigente falar a seus súditos.

Esse tom pessoal fazia parte da mudança que Ashoka queria introduzir na ideia de reinado. Ao conquistar os calingas, Ashoka agira como um rei típico, o tipo de rei que seu pai e seu avô haviam sido, encarnando ideais de reinado expostos num tratado chamado *Asthasastra*.[25] A guerra e a conquista eram consideradas meios legítimos de governo e ampliação de um império. Embora lamentasse a violência ligada a essa conquista, Ashoka não liberou os calingas de seu império; apenas injetou uma nova dimensão moral nos cálculos de guerra.

Ashoka usou o budismo para criar uma coesão entre os súditos, pondo seu vasto e diversificadíssimo império sob uma visão unificadora. O darma não significava apenas o que os sacerdotes brâmanes ou os monges budistas achavam que significasse.[26] As inscrições mostram um novo estilo de governo, permitindo que Ashoka impusesse uma mudança no entendimento do reinado.

Ao contrário de Nefertiti, que mudara apenas o sistema de crenças da classe dirigente, Ashoka desejava mudar os sentimentos e a mentalidade de todos os seus súditos. Tentava de maneira frenética instituir novos modos de pensar, o que já era bem difícil, e além disso novos modos de viver, o que era sempre mais difícil. Para isso, precisava falar diretamente ao povo. Esse uso da escrita pública era muito diferente do praticado pelos sacerdotes egípcios ou das técnicas de armazenamento das grandes bibliotecas. No passado, outros dirigentes tinham erguido monumentos com leis inscritas neles, história que começou com o Código de Hamurábi na Mesopotâmia (em 1754 a.C.). Mas Ashoka usava a ideia do darma e da escrita de uma maneira nova: para marcar território, para fazer com que fosse a terra a proferir as palavras dele, a narrar a mudança de seus sentimentos. Com pilares e pedras, as histórias se inscreveriam diretamente na paisagem.

As inscrições públicas de Ashoka eram sobretudo ousadas porque, até então, a escrita não era de forma alguma generalizada. A mais antiga escrita no subcontinente está envolta em mistério porque a maior parte dela era feita em folhas de palmeira — o papel do mundo antigo —, material altamente perecível.[27] Sobreviveram alguns fragmentos de barro com sinais abstratos, mas até hoje não se sabe se faziam parte de um sistema completo de escrita, e, se faziam, o que diziam.[28]

Na ausência de uma escrita amplamente utilizada, a Índia gerou uma civilização baseada em métodos sofisticados de memorização (como fizera a Grécia antes da chegada da escrita). As histórias mais antigas da criação do mundo, os Vedas, eram ciosamente preservadas geração após geração por meio da transmissão oral. Os iniciados deviam aprender a recitá-los com toda a exatidão, mesmo de trás para a frente. Essas histórias foram preservadas com espantosa precisão, junto com comentários. Um dos primeiros tratados de linguística, explicando a estrutura dos sons e significados, foi composto pelo grande estudioso Panini e transmitido oralmente por várias gerações.[29]

Os ensinamentos do Buda foram decorados por gerações de discípulos que se haviam organizado de forma sistemática para não perder uma única palavra proferida pelo Buda durante a vida. Reuniam-se de tempos em tempos num Grande Conselho, para comparar o que lembravam e para preservar o conjunto de conversas do finado líder. Mas, por fim, surgiram sistemas de escrita, que foram adotados mais amplamente para registrar tudo, dos sutras budistas aos proclamas reais. Um dos alfabetos, o caroste, se baseava em modelos aramaicos, e Ashoka o utilizou em dois de seus éditos em pedra.[30]

* * *

Oitenta anos antes do reinado de Ashoka, os mundos político e cultural da Pérsia e da Índia foram interrompidos por Alexandre, o Grande, e seu incessante avanço a Leste, para Persépolis, em seguida para o atual Afeganistão, até o Noroeste da Índia. Ao criar um império efêmero que se estendia da Grécia à Índia, Alexandre aumentou o contato entre essas culturas díspares.[31] O efeito mais duradouro foi na escrita, com a difusão do alfabeto grego. (Alexandre estudara com Aristóteles e levava consigo uma cópia de Homero, com anotações de seu mestre, em suas conquistas, dormindo ao lado dela todas as noites.)[32] Esse alfabeto provavelmente influenciou o brâmane, o sistema de escrita usado por Ashoka na maioria de seus éditos, inclusive o grande pilar de pedra depois encontrado pelo sultão Firuz.[33]

Em vez de promover apenas o brâmane, Ashoka era pragmático quanto ao sistema de escrita a ser utilizado. Perto de Taxila, uma cidade cosmopolita que incluía muitos gregos, vindos na esteira da conquista de Alexandre, ele colocou um édito em pedra escrito em grego, usando o alfabeto grego.[34] Ashoka, afinal, era herdeiro da dinastia que Alexandre havia abandonado e, portanto, não sentia nenhum pesar em usar uma tecnologia de escrita grega quando bem lhe conviesse. Mas, mesmo com o astucioso e flexível recurso de Ashoka a diversos sistemas de escrita, um problema persistia. Ele sabia que a alfabetização, em qualquer sistema, se restringia a grupos relativamente pequenos. Como alcançar as massas iletradas? Ele solucionou a questão proclamando — por escrito — que seus éditos deviam ser lidos por seus emissários em determinadas ocasiões regulares. De fato, muitos desses éditos estavam situados em locais com espaço para grandes multidões.[35] Com essa nova tecnologia das comunicações, Ashoka podia manter contato com os súditos e esperava influenciar a conduta e as ideias do povo. Usando a crescente rede de intercâmbio cultural inaugurada por Alexandre, o Grande, Ashoka mesclou o passado da Índia com elementos selecionados persas e gregos para criar algo, um uso direcionado e altamente específico de técnicas culturais adaptadas a novas finalidades.

É comum que as culturas se desenvolvam confrontando seu próprio passado distante: rejeitando-o, como fizeram Nefertiti e Aquenáton; inventando-o, como fez Platão no caso da Grécia; ou recuperando-o, entendendo-o de uma nova maneira, adaptando-o a novas circunstâncias. O pilar de Ashoka ilustra outro drama, embora correlato: o encontro de fragmentos de um período anterior, pouco entendido, e seu uso para novas finalidades, como faria o sultão Firuz. Conforme se alastrava o contato cultural entre extensas áreas geográficas, mais e mais pessoas encontravam relíquias de culturas que não compreendiam. Às vezes, elas apenas rejeitavam esses fragmentos e continuavam satisfeitas com o que sabiam (e não sabiam). Mas o mais comum era sentirem curiosidade pelos objetos encontrados, tentando entendê-los da melhor maneira. Às vezes, até decidiam adaptá--los a suas próprias finalidades.

A rede de intercâmbio eurasiana, que se intensificou na esteira de Alexandre e logo se estendeu muito além das fronteiras de seu reino, tornou-se a mais extensa e densamente entrelaçada do mundo antigo.[36] Ela possibilitou o comércio de tudo, desde produtos agrícolas e animais domesticados até tecnologias, formas culturais de expressão e doenças.[37] O Norte da Índia, a Pérsia, a Mesopotâmia e o Oriente Próximo ficavam quase na mesma zona climática, o que significava que as culturas agrícolas e os animais domesticados podiam se adaptar facilmente nessas regiões (mas não todos: os viajantes gregos não comentavam muito sobre o budismo, mas admiravam os reis indianos por causa de seus elefantes).[38] Com isso, algumas das mais antigas civilizações, do Vale do

Indo ao chamado Crescente Fértil, entravam em contato — muitas vezes violento, como está registrado na história da conquista e ocupação, desde Alexandre, o Grande, até o sultão Firuz. Mas isso também facilitava o intercâmbio e os avanços na tecnologia e na cultura, dos pilares de pedra e da escrita a novas concepções de reinado e religião.

Em certos aspectos, a rede de intercâmbio eurasiana oferecia às culturas participantes uma vantagem em relação às culturas de outros continentes, como as Américas e a África, que se estendiam não de leste a oeste, mas de norte a sul, atravessando zonas climáticas diversas.[39] Além disso, também era muito mais difícil, de modo geral, navegar e atravessar a África e as Américas. Claro que os povos que viviam em relativo isolamento também praticavam a agricultura, domesticavam animais e desenvolviam novas tecnologias e práticas culturais. E o contato intercultural em longas distâncias não raro trazia reveses significativos, incluindo não só a violência, mas também a difusão de doenças, o que fazia o isolamento parecer uma bênção.[40] Mas, no longo prazo, o contato cultural desencadeava um processo dinâmico que aumentava a interação e o mútuo proveito humano.

O papel de Ashoka nessa nova rede de intercâmbio não foi apenas o de importador. Depois de adaptar a arte de fazer pilares de pedra e de usar diversos sistemas de escrita para seus objetivos, além de combiná-los com as tradições orais do budismo, ele passou a enviar esse novo pacote cultural para fora de seu reino.[41] As ideias budistas de superar o sofrimento e alcançar a iluminação se adequavam bem à exportação, pois não se dirigiam a um grupo ou a uma classe específicos. Ashoka se tornou o mais importante dos primeiros defensores dessas ideias, colocando o poder de um rei atrás desse movimento missionário com apelo universal.[42] Num édito de pedra, ele se orgulha do apelo geral de sua filosofia:

por toda parte as pessoas estão seguindo as instruções do Amado--dos-Deuses [Ashoka] no darma. Mesmo onde os emissários do Amado-dos-Deuses não estiveram, essas pessoas, ouvindo falar da prática do darma e das ordenações e instruções no darma dadas pelo Amado-dos-Deuses, estão seguindo e continuarão a segui-las. Essa conquista foi feita em toda parte e dá grande alegria — a alegria que apenas a conquista pelo darma pode dar.[43]

Em outro édito, Ashoka declara que levou a nova ideia de reinado, o darma, à Pérsia e à Grécia, justamente as culturas das quais tomou emprestado determinadas técnicas culturais. Embora Ashoka tenha identificado corretamente o budismo como um produto de exportação com potencial de sucesso, ele se enganou quanto à direção que tomaria. No Ocidente, são poucas as fontes que mencionam o budismo e são poucas as indicações de que o darma de Ashoka tenha exercido um impacto duradouro na Mesopotâmia, na Grécia ou no Egito, embora existam tradições budistas na Pérsia.

Enquanto ele olhava a oeste, o maior sucesso para o budismo aguardava a leste. Monges budistas viajaram para a China e depois para a Coreia e o Japão, bem como para o Sudeste Asiático, espalhando a palavra do Buda (e, por fim, atraindo o peregrino Xuanzang à Índia). Essa exportação criou uma segunda rede de intercâmbio atualizada, a Rota da Seda, que acelerou a integração do continente eurasiano.[44]

Ashoka pensava em exercer sua influência não só no espaço, como também no tempo. A possibilidade de projetar seu pensamento no futuro, afinal, era um grande fator de motivação para escrever em pilares de pedra. Em seu magnífico pilar, aquele que o sultão Firuz transportou mais tarde para Delhi, Ashoka proclamava: "Ordenei que este édito sobre o darma fosse inscrito para poder durar para sempre", que ressoará quase literalmente no desejo do sultão Firuz, 1500 anos depois, de que o pilar seja um monumento a ele próprio até o Dia do Juízo.[45] Em outro édito, Ashoka desenvolveu a mesma ideia: "Onde houver pilares ou placas de pedra, que este édito do darma seja gravado para que possa durar por muito tempo".[46] A escrita em pedra criava um novo senso de permanência. Os textos de Ashoka são os registros mais antigos na escrita brâmane e o uso mais antigo remanescente do uso da escrita por um rei indiano.

E, apesar disso, Ashoka superestimou a longevidade da escrita em relação à transmissão oral — coisa não atípica de culturas moldadas pela escrita. (Platão a superestimava, embora também a criticasse.) O que Ashoka não avaliou de forma correta foi não só que a escrita tinha de resistir à corrosão do tempo — problema que podia ser resolvido escrevendo em pedra —, mas que era necessário haver gente capaz de decifrá-la. Se a pessoa queria falar para o futuro, precisava depositar sua confiança na existência de toda uma infraestrutura de escrita, com escolas e outras linhas atuantes de transmissão de uma geração a outra. Os éditos de Ashoka, embora resistissem fisicamente, se tornaram ilegíveis. O que preservou a conexão entre Ashoka e os pilares foi a tradição oral, ao passo que o texto nos pilares se tornou impossível de ser lido.

Por fim, justificando a crença de Ashoka na capacidade de resistência da escrita, seus textos foram decodificados nos anos 1830, como parte de outro violento encontro intercultural. No século XIX, encerrara-se o governo muçulmano no reino de Ashoka, e a Índia era controlada por uma grande empresa britânica, a Companhia das Índias Orientais, que usava o subcontinente para enriquecer seus acionistas numa nova e predatória forma de colonialismo.[47] O controle do território e do povo também exige conhecimento cultural, e é por isso que a Companhia das Índias Orientais começou a estudar o passado distante da Índia, coletando manuscritos e artefatos culturais e levando muitos deles para Londres (assim como o busto de Nefertiti foi levado mais tarde para Berlim). Esse ato de requisição cultural foi acompanhado por tentativas de decifrar a escrita brâmane. James Prinsep, arqueólogo, filólogo e funcionário da Companhia das Índias Orientais, contribuiu de maneira significativa para decodificar esse sistema de escrita,[48] utilizando métodos estatísticos e recorrendo também ao trabalho de um estudioso norueguês, Christian Lassen, que usou uma moeda bilíngue grego-brâmane do reinado do rei indo-grego Agátocles (190-180 a.C.), tal como Jean-François Champollion usou a Pedra de Roseta para decifrar os hieróglifos egípcios. E foi assim que, mais de 2 mil anos após a morte de Ashoka, sua voz, sua ideia de governo e seu empenho em favor do budismo se tornaram mais uma vez legíveis.

Ashoka traz muitas perguntas intrigantes sobre o passado e o contato intercultural. O que acontece quando uma cultura envia missionários a outra? Objetos culturais, como o pilar de Ashoka, deveriam ficar onde foram colocados ou ser removidos para novos locais? Bem, é claro que o sultão Firuz simplesmente pegou o pilar e o utilizou para seus próprios fins; mas, até aí, pode-se argumentar que a intenção era que o pilar fosse encontrado e utilizado no futuro, e que Ashoka o colocara lá exatamente para isso. Cada geração precisa abrir caminho entre o complexo emaranhamento de destruição e criação gerado pelo contato cultural. Em retrospecto, grande parte da cultura envolve interrupções, incompreensões e equívocos, empréstimos e roubos, conforme o passado é escavado, tomado e utilizado para novas finalidades. Ter consciência desses emaranhamentos: tal é a lição a se tirar desse rei extraordinário e de seu pilar, que foi erguido, abandonado, mal compreendido, esquecido, redescoberto, transportado e, por fim, mais uma vez decifrado. Que sua mensagem possa durar para sempre...

4. Uma deusa sul-asiática em Pompeia

A estátua é pequena, tem 24 centímetros de altura e detalhes intrincados, uma figura feminina olhando para a frente numa pose complicada. O pé esquerdo avança de viés sobre o direito, o braço direito se dobra e alcança as costas, e a mão esquerda está levantada. Tem a cabeça levemente voltada para a esquerda. A figura é ladeada por duas pequenas ajudantes, que chegam apenas à altura de sua cintura, uma delas segurando uma caixa de cosméticos. A mulher tem cabelos compridos trançados e traz joias elaboradas, com braceletes nas pernas e nos braços, pérolas no pescoço e um cinto na cintura. Feita com o marfim do elefante asiático, que agora está na lista de espécies ameaçadas, a estátua traz apenas a letra *sri* na escrita caroste, usada no Noroeste da Índia (inclusive por Ashoka em dois de seus éditos em pedra no Norte), indicando a origem da estátua. Isso sugere que a figura pode representar a deusa Lakshmi ou outra figura associada à fertilidade no panteão de deusas e espíritos sul-asiáticos.[1]

Do Noroeste da Ásia Meridional, a estátua iniciou sua viagem para o Oeste. Provavelmente viajou por terra, pela Báctria, até a Pérsia, e de lá para a Mesopotâmia, atravessando grandes cordilheiras e desertos até chegar à atual Turquia. Uma alternativa é que ela tenha escolhido a rota marítima, que incluiria viajar por terra em direção ao sul até o oceano Índico e tomar um barco até o golfo Pérsico ou contornar a península Arábica até o mar Vermelho, enfrentando piratas e os ventos de monção.[2] Lá, teria sido recolhida por comerciantes e trazida pelo deserto oriental até o Nilo, onde teria sido transportada numa balsa plana para Alexandria, a grande cidade portuária fundada por Alexandre, o Grande. Lá, teria sido posta num barco a remo que atravessaria o mar Mediterrâneo até chegar ao coração do Império Romano.[3]

No século I d.C., o Império Romano já se expandira até o Egito e a Palestina ao sul, até a Grécia, a Ásia Menor e a Mesopotâmia ao leste, a Gália ao norte e a península Ibérica a oeste. Era uma ascensão que parecia irresistível e logo alcançaria seu ponto máximo de expansão territorial. O intercâmbio de bens e pessoas no império era intenso, unindo gente a milhares de quilômetros de distância numa mesma rede.

Mas até essa extensa rede não bastava para atender à demanda romana por artigos de luxo, e por isso os mercadores tinham estabelecido relações com locais muito distantes do império, inclusive a Índia. Entre as importações da região estavam algodão cru, pedras preciosas, seda crua e roupas de seda (talvez trazidas originalmente da China), além de especiarias como pimenta, gengibre, cúrcuma e cardamomo, algumas usadas na culinária e outras para fins medicinais.[4] Foram encontradas moedas romanas na Índia, sinal de que Roma tinha poucos produtos para negociar com a Índia e precisava usar dinheiro vivo.[5] As *villas* de Pompeia, com seus mosaicos gregos e artigos de luxo orientais, eram um exemplo perfeito desse desequilíbrio comercial. Os romanos, enquanto pagavam essas mercadorias em moeda, também criavam uma imagem exótica da Índia como a terra das especiarias, dos medicamentos e da magia.[6]

Situada 240 quilômetros ao sul de Roma, Pompeia tinha uma relação complicada com a capital. Graças ao Vesúvio, vulcão localizado ali perto, ela tinha um solo especialmente fértil que, por volta de 800 a.C., atraíra colonos para esses sopés, ao passo que o golfo próximo de Salerno oferecia fácil acesso ao Mediterrâneo. Em 523 a.C., Pompeia se tornara etrusca, quando a civilização dominante da Itália setentrional se expandiu para o Sul. Mas, à medida que Roma ampliava o seu domínio, Pompeia foi aos poucos incorporada ao Império Romano, levando os pompeanos a adotar o estilo de vida romano. Depois de uma guerra civil em que Pompeia se viu derrotada, foi obrigada a renunciar à sua independência e foi formalmente anexada como colônia.

Então, quando a estátua indiana chegou, Pompeia era uma cidade romanizada de grande movimento. Muitas casas exibiam um pátio central coberto com um telhado, ao estilo de átrio, e a parte mais agitada da cidade dispunha de bares e restaurantes, um deles equipado com um elegante bar de mármore (em 2020, foram descobertos novos indícios de uma "lanchonete").[7] Não temos certeza da data exata em que a estátua indiana terminou sua longa viagem até Pompeia, mas sabemos que deve ter chegado antes do outono de 79 d.C., pois foi nesse ano que o vulcão explodiu.

Tudo começou com leves tremores. Deviam servir de alerta conhecido, já que fazia apenas dezessete anos que ocorrera um grande terremoto, causando extensa destruição em Pompeia. Mas talvez os tremores fossem pequenos demais ou não fossem reconhecidos como prenúncio de algo pior. Quando por fim explodiu, o vulcão soltou nuvens densas, às vezes claras, às vezes escuras, dependendo dos materiais de que eram compostas, as nuvens subiam ao ar retas como o tronco de um pinheiro. Depois que essa sinistra árvore de nuvens alcançou extraordinários trinta quilômetros de altura, o tronco lançou ramos que se estendiam por todas as direções, formando um dossel cada vez mais largo que ocultou o sol. O vento soprava do Nordeste, movendo o dossel para o Sul, ao longo da costa. A direção do vento se revelou fatal para Pompeia, que começou a receber uma chuva de cinzas e rochas vulcânicas leves, constituídas por uma espuma de lava rica em gases. Alguns habitantes tentaram se proteger do bombardeio infernal dentro de suas casas. Mas, conforme as cinzas e as pedras começaram a se acumular, muitos fugiram da cidade, levando seus bens mais preciosos, protegendo a cabeça com travesseiros e usando um pano úmido para respirar.

Em meio ao pânico geral, ninguém deu atenção à estátua indiana, que provavelmente integrava alguma peça de mobiliário — há um orifício na superfície traseira que sugere que ela fazia parte de um objeto maior —, o que tornava o transporte impraticável. Ou o dono tinha imediatamente — e sabiamente — fugido, deixando todos os objetos de valor para trás.

A chuva de pedras e cinzas continuava hora após hora, os detritos se acumulando palmo a palmo, mas pela boca do vulcão não saiu nenhuma onda de lava fervente que envolvesse a cidade num rio de fogo. Talvez isso tenha encorajado alguns moradores, que haviam corrido para a costa a fim de fugir de barco, a voltar à cidade ardente para resgatar mais pertences. Isso foi fatal porque, cerca de dezoito horas depois da explosão inicial, começou uma segunda fase, ainda mais letal, quando um dos lados do vulcão soltou um jorro de gás fervente e de fragmentos de lava, que correu pela encosta, queimando tudo pelo caminho a temperaturas de até 260ºC. O gás atingiu primeiro a cidade de Herculaneum, que fora poupada em grande parte da chuva de cinzas e pedras devido a ventos favoráveis, e incinerou tudo o que estava pela frente. A nuvem de gás se movia tão depressa que os habitantes que tinham ficado ou voltado à cidade não tiveram tempo de se abrigar e foram queimados tão logo eram atingidos. As roupas, a pele e a carne ardiam instantaneamente àquelas temperaturas extremas. Os cadáveres ficaram em posições grotescas porque os músculos se contraíram com o calor, antes de queimar e se desprender dos ossos; os cérebros explodiram, e os crânios ficaram parecendo ovos quebrados.

Depois de acabar com Herculaneum, a nuvem de gás passou para Pompeia. Como a cidade ficava a vários quilômetros de distância do vulcão, as temperaturas, quando a nuvem alcançou a cidade, eram um pouco mais baixas, o que levou a outro tipo de morte dos habitantes. Eles se asfixiavam com os gases quentes e caíam mortos no chão, mas as roupas do corpo não se incineravam, os músculos não se contraíam de pronto e os cérebros não explodiam. O vulcão continuava a soltar cinzas que se acumulavam sobre os cadáveres, acabando por sepultá-los sob quase três metros de detritos. Pompeia e Herculaneum tiveram de ser abandonadas e nunca mais foram habitadas.

Houve um elemento de sorte na destruição de Pompeia, uma rara testemunha ocular, com apenas dezessete anos na época, que se tornaria um dos maiores escritores de sua geração: Plínio, o Jovem. Ele observou a erupção de uma distância segura o bastante para garantir sua sobrevivência. Mais tarde, a mando de um historiador, Plínio escreveu sobre o ocorrido, combinando descrições precisas e imagens evocativas. É graças a suas observações que podemos reconstituir as duas fases da erupção que interrompeu de forma abrupta a vida em Pompeia.[8]

Se a pena de Plínio foi um dos meios de preservar a destruição de Pompeia, o outro foi a própria erupção, que vedou a cidade, tudo o que dela restava, sob uma camada protetora de cinzas, dando-nos um rápido instantâneo da vida no Império Romano. Do ponto de vista da preservação histórica, os terremotos, as inundações e as erupções vulcânicas são ruins porque destroem, mas o que mais destrói de forma abrangente é o uso constante dos humanos. Se Pompeia não ficasse sepultada sob cinzas, a vida lá teria continuado, o que significaria que as casas existentes seriam derrubadas e substituídas por novas e, mais cedo ou mais tarde, todos os vestígios artísticos e culturais iriam desaparecer.

Ao longo do tempo, as cinzas serviram como um lacre que protegeu a estátua, e o restante de Pompeia, da ação dos elementos — e dos humanos. A peça de mobiliário a que ela pertencia, fosse qual fosse, queimou-se, mas a deusa de marfim sobreviveu, por um milagre, incólume sob um leito cinéreo. E lá ficou oculta pelos 1800 anos seguintes. Sem o vulcão, por quanto tempo ela teria sobrevivido? Difícil dizer. Muito provavelmente teria se quebrado ou sido descartada em favor de alguma nova moda nos artigos de luxo.

O instantâneo fornecido por Pompeia — como uma cápsula do tempo — é tão incomum que os historiadores falam de um "viés pompeiano": o que sabemos sobre o cotidiano em 79 d.C. se baseia fundamentalmente sobre essa única cidade provincial, e a extrapolação dela para todo o Império Romano pode ser enganosa. Mas Pompeia é uma cápsula do tempo boa demais para ser deixada de lado.

A cidade revela um império que trazia seus artigos e objetos de arte de todo o mundo, mesmo de seus rivais. A estátua indiana não era a única peça artística encontrada na cidade. Um dos primeiros templos escavados era dedicado a uma divindade egípcia, Ísis; suas paredes eram inscritas e pintadas com hieróglifos egípcios, que possivelmente ninguém sabia ler.[9] No mundo politeísta de Roma, não era incomum incorporar deuses estrangeiros. Muitas vezes eles adquiriam novos nomes e atributos adequados a seus novos devotos. Aqui, Ísis e Osíris se fundiram ao filho Hórus, o deus egípcio do céu e da realeza, que costuma ser representado com uma cabeça de falcão, criando uma espécie de trindade. O templo deles ilustra a que ponto Roma era aberta à influência estrangeira, mesmo de sua velha inimiga, Cartago. Talvez a inclusão de deuses estrangeiros no panteão romano fosse até um indicador de vitória militar, embora às vezes essa inclusão também fosse problemática, como mostra a proibição do culto extremamente popular a Dioniso.

A influência egípcia era pequena em comparação à da Grécia. Roma derrotara a Grécia duzentos e poucos anos antes da erupção do Vesúvio, no mesmo ano (146 a.C.) em que enfim conseguira destruir Cartago.[10] Encorajada por sua vitória final sobre Cartago, Roma transferira a atenção para um inimigo menor, mas mesmo assim recalcitrante, a Liga Aqueia, uma aliança de todas as principais cidades-Estado gregas, liderada por Corinto. As legiões romanas, com cerca de 3500 soldados de cavalaria e 23 mil soldados de infantaria, atacaram a partir da Macedônia no Norte, derrotaram a Liga, então marcharam sobre Corinto, situada na península do Peloponeso, e tomaram a cidade. A derrota e a destruição de Cartago tiveram consequências duradouras. Consolidaram o controle romano sobre o Mediterrâneo oriental e levaram ao longo eclipse da Grécia como força política e militar. Para completar a humilhação, os homens coríntios foram na maioria mortos, as mulheres foram escravizadas e a cidade foi totalmente arrasada.

Mas, pelo visto, essa derrota não fez com que os romanos desprezassem a cultura grega. Pelo contrário, uma caminhada por Pompeia, apenas olhando suas pinturas, serviria a qualquer cidadão como um curso intensivo sobre a cultura grega. Numa das casas, ele poderia se entreter com cenas de uma peça de Eurípides, um dos dramaturgos que tanto haviam entusiasmado o público ateniense para o desalento de Sócrates e seu discípulo Platão.[11] As cenas eram pintadas no típico estilo de afresco, em que se aplica tinta ao reboco úmido, para endurecer com ele. Graças a esse estilo de pintura e às camadas protetoras de cinzas, os mosaicos e afrescos de Pompeia, depois de quase 2 mil anos, ainda conservam uma admirável vividez nas cores e expressões.

Uma residência em particular proporcionaria uma ótima introdução a uma das importações gregas mais significativas, o teatro. A casa, que agora se chama Casa de Menandro por conter um retrato incrivelmente bem preservado do comediógrafo grego, exibia um grandioso pátio interno, colunas na entrada e um generoso átrio, muito maior do que o do dono da estátua indiana. Menandro é pintado com os tons ocres que se encontram com frequência em Pompeia, sentado numa cadeira, com um dos cotovelos pousado no encosto da cadeira, sustentando levemente sua cabeça, e com a outra mão segurando um texto, presumivelmente uma peça, e tem a toga jogada de modo informal por cima de um ombro. Além do retrato, essa casa tem colunas com efeitos de ilusão de ótica, arcadas, nichos e janelas que se abrem para paisagens imaginárias.

Menandro não era o único elemento do teatro grego que atraía o interesse dos pompeanos. Assim como os romanos que moravam em outros lugares, eles copiavam os teatros gregos, com suas plateias semicirculares, entradas laterais, uma área de encenação semicircular e uma construção no fundo do palco, embora tenham decidido fechar por completo o palco, para que o público não desviasse os olhos da ação e fitasse a paisagem distante. Durante séculos, os teatros romanos foram de madeira, estruturas temporárias que podiam ser erguidas para os festivais.

Apenas depois — mas antes da erupção do vulcão — passaram a ser construídos em pedra, como os teatros gregos de outrora. Embora Pompeia fosse uma pequena cidade de província, com cerca de 12 mil habitantes, ela dispunha de dois teatros, além do anfiteatro maior construído para os combates de gladiadores, uma genuína invenção romana.[12]

A influência grega sobre Roma se estendia também a outras

Pintura em afresco do comediógrafo grego Menandro, encontrada numa villa particular em Pompeia, agora chamada Casa de Menandro. (Foto: Wolfgang Rieger)

áreas, em especial à educação. Após a vitória militar romana, pedagogos gregos foram para Roma, muitas vezes como professores escravizados, e os pompeanos instruídos podiam completar sua educação na Grécia, o que lhes permitia adotar o grego e citar os autores gregos no original.[13] Muitos afrescos em Pompeia mostram cenas das duas epopeias homéricas, em especial da *Ilíada*, e Homero também constituía uma importante fonte de conhecimento sobre os deuses gregos. Um afresco bem preservado mostra a mais antiga representação existente de Alexandre, o Grande, admirado pelos romanos. Muitos templos em Pompeia eram dedicados a deuses gregos, todos agora com nomes romanos e às vezes com novas funções. (É provável que os donos da estátua indiana a interpretassem como uma versão de Vênus, a adaptação romana da deusa grega Afrodite.)[14]

A paixão romana por tudo o que era grego era surpreendente, visto que os próprios gregos, mesmo no auge do poderio, haviam mostrado um interesse relativamente pequeno por outras culturas (exceto a egípcia, tão admirada por Platão), e raras vezes aprendiam outra língua. A julgar pelas tendências comuns da história, pareceria mais natural que Roma se voltasse aos recursos culturais próprios da península Itálica, como a cultura etrusca, que deixara vestígios em Pompeia e em muitas partes da Itália, inclusive em Roma, onde outrora imperavam governantes etruscos. Mas não foi o que aconteceu; em vez disso, os romanos preferiram enxertar em suas tradições próprias uma cultura produzida em outra língua e baseada numa história diferente.

A escolha da Grécia em vez do passado local também é surpreendente porque parece desafiar a geografia. Existiam, claro, vários assentamentos gregos na península Itálica desde tempos arcaicos, sobretudo na Sicília, com Siracusa sendo fundada em 734 a.C., criando canais por onde a cultura grega chegava desde cedo a Roma. (Mesmo hoje, alguns dos templos gregos mais bem preservados estão na Sicília.) Siracusa por fim sucumbiu a Roma depois da derrota de Cartago, mas conservou seu caráter grego. No entanto a cidade, junto com outros assentamentos gregos, era pequena demais para explicar a imensa influência da Grécia sobre Roma.

Acima de tudo, o uso romano da cultura grega parece subverter nossa intuição quanto ao poder militar e sua relação com as importaçõs culturais. É comum que uma cultura se incruste em outra quando um império amplia seu alcance por meio da

Mosaico encontrado em Pompeia, na Casa do Fauno, representando a Batalha de Isso entre Alexandre, o Grande, e Dario da Pérsia. A pintura era uma cópia de um original helenístico. (Museu Arqueológico Nacional, Nápoles. Foto: Marie-Lan Ngyuen)

conquista e, com isso, leve sua própria cultura para uma terra estrangeira, como Alexandre fez com seus assentamentos gregos na Ásia. A própria Pompeia, há séculos, esteve na ponta receptora dessa forma de imposição, quando ainda era uma cidade etrusca, criando arte etrusca e orando para deuses etruscos antes de ser romanizada pela ascendente cidade-Estado romana. Mas com Roma e a Grécia aconteceu o inverso: a aliança grega em Corinto foi derrotada, e mesmo assim a Grécia conseguiu manter e até ampliar sua influência cultural. Após alcançar uma espantosa e duradoura vitória militar, os romanos decidiram ceder à ex-inimiga em quase todas as áreas culturais, da religião à arte e à literatura.[15] (Os etruscos tinham sido responsáveis por algumas importações gregas iniciais, inclusive as doze divindades do Olimpo.) O poeta romano Horácio, numa carta a Augusto, se referiu de forma espirituosa à surpreendente presença grega em Roma: "A Grécia cativa capturou o conquistador selvagem e trouxe as artes ao rústico Lácio".[16] A história usual da influência grega sobre Roma oculta algo muito mais inusual na história humana: um país enxertando de modo vigoroso e deliberado a cultura de um inimigo vencido em suas próprias práticas e instituições.

O enxerto incluía o teatro, e teve início quando um escritor e ator chamado Lívio Andrônico começou a escrever e encenar peças em estilo grego e baseadas em temas gregos, com títulos como *Aquiles, Egisto, Andrômeda* e *Cavalo de Troia*.[17] Também escreveu comédias, adotando modelos gregos. Lívio Andrônico era provavelmente um grego escravizado que adotou o nome romano de seu senhor, Lívio, ao se tornar um homem livre; sua biografia atesta o entrelaçamento de poder político e influência cultural.[18]

As encenações das peças de Lívio Andrônico atraíram grande atenção, e a ele se seguiram outros escritores, sobretudo Terêncio e Plauto, nenhum deles grego. Terêncio (Públio Terêncio Afro) nasceu no Norte da África, em Cartago, enquanto Plauto nasceu na região que agora é a Itália setentrional. Mas ambos fizeram questão de que o teatro romano absorvesse os modelos gregos, inundando o mercado com peças que, às vezes, eram adaptações de comédias de Menandro, ou mais usualmente peças novas quase inspiradas em modelos gregos (chegaram até nós cerca de 53 títulos de peças atribuídas a Plauto, embora sobrevivam apenas vinte de fato. Uma fonte antiga afirma que Plauto escreveu 130 obras).[19] Terêncio e Plauto tornaram Menandro tão conhecido que o dono da Casa de Menandro em Pompeia decidiu dar ao dramaturgo um lugar de honra em sua residência.[20] É pouco provável que as peças de Menandro fossem encenadas nos teatros de Pompeia; ele era conhecido basicamente por meio de seus devotados seguidores Lívio Andrônico, Plauto e Terêncio. Isso vale para as outras cenas do teatro grego que se encontram em Pompeia: essas cenas e peças eram pontos de referência para a elite cultural. Se o sujeito queria ser um romano culto, precisava conhecer esses nomes, mesmo que não fosse assistir às apresentações. (O teatro romano também recorria às tradições etruscas de danças e encenações.)[21]

O enxerto grego em Roma também incluía Homero. Mais uma vez, foi Lívio Andrônico quem agraciou seu público-alvo com uma tradução da *Odisseia*. Por nossos critérios, era uma tradução livre, que romanizava tudo, desde os nomes de deuses e humanos à métrica: Lívio rejeitou o hexâmetro grego e adotou um metro romano, facilitando dessa forma a chegada da obra a Roma.

A tradução de textos de outra língua e outra cultura nos parece a coisa mais natural do mundo. Afinal, é assim que agora nós, na maioria, lemos a literatura grega e romana. A tradução é a maneira pela qual a literatura circula fora de sua esfera de origem, tornando-se o que hoje chamamos de literatura mundial.[22] Mas traduzir obras de outra cultura era raro no mundo antigo.[23] As exceções mais comuns eram traduções de manuais de conhecimento prático, como agricultura e medicina, e de textos religiosos. Textos budistas foram traduzidos de línguas indianas para o chinês, e judeus falantes de grego que moravam em Alexandria traduziram a Bíblia hebraica para o grego. Mas traduzir o cânone inteiro de outra cultura era algo que nunca havia acontecido; pelo menos, não existem registros de um empreendimento desses. Se atualmente é rotineiro ler a literatura de outra cultura traduzida, estamos fazendo o que os romanos foram os primeiros a fazer na história da humanidade.[24] Era parte de sua extraordinária experiência de enxerto cultural. A ideia equivocada de uma progressão cultural natural de Grécia para Roma se deve ao êxito dessa experiência: o enxerto cultural deu certo.[25]

Isso acarretou consequências inesperadas. Em geral, objetos culturais como peças, epopeias, esculturas e pinturas se desenvolvem junto com a cultura que os produz, adaptando-se às circunstâncias mutáveis de seu público nativo. As coletâneas de histórias orais surgem quando o letramento se difunde, e então as epopeias orais são transformadas em textos escritos, permitindo que as literaturas posteriores se remetam a esses textos anteriores, mas também os considere ultrapassados, produtos de uma época pregressa.

Quando uma cultura adota todo o espectro de artes de outro lugar, essas obras de arte, que em seu contexto original se desenvolveram de maneira gradual ao longo do tempo, agora chegam todas de uma vez só, apresentando à cultura enxertadora um leque deslumbrante e desconcertante de opções. Isso pode parecer uma dádiva maravilhosa, mas também pode ser opressor. Em Roma, é possível ver essas duas reações. Enquanto muitos romanos davam uma acolhida claramente favorável a peças e a obras literárias de inspiração grega, outros sentiam esse influxo como uma perda da inocência, como se não fosse permitido que Roma desenvolvesse uma literatura própria.[26] Alguns, como Catão, o Velho (234-149 a.C.), rejeitaram categoricamente o influxo da cultura grega. Outros reagiram voltando às primeiras histórias da fundação de Roma, o mito dos gêmeos Remo e Rômulo amamentados por uma loba, e ergueram em pleno centro da azafamada Roma a cabana singela que supostamente teria servido de residência a Rômulo muito tempo antes da ascensão de Roma e de sua adoção da cultura grega.[27] Muitos romanos faziam as duas coisas: sentiam nostalgia pelas origens perdidas de sua cidade e, ao mesmo tempo, usufruíam uma atordoante variedade de literatura importada e traduzida, ou recém-produzida com base em modelos estrangeiros.

O enxerto da cultura grega em Roma trazia uma questão fundamental: como os romanos deviam pensar sua própria história em relação à cultura que tinham adotado com tanto entusiasmo? Quem respondeu essa pergunta foi Virgílio. Ele percebeu que Roma precisava de uma história mais completa de suas próprias origens — uma história que explicasse sua estranha relação com a Grécia. O mito de Remo e Rômulo amamentados por uma loba não era suficiente. Virgílio resolveu escrever essa história como um poema épico, aos moldes da *Ilíada* e da *Odisseia*.

O próprio fato de Virgílio poder fazer essa escolha era um efeito da experiência de enxerto cultural, facilitado pelas traduções de Lívio Andrônico. Em geral, as histórias épicas das origens nasciam de histórias orais que aos poucos se tornavam narrativas escritas mais extensas. Foi como as epopeias homéricas tinham surgido séculos antes e como surgiram também outras histórias épicas, da mesopotâmica *Epopeia de Gilgamesh* aos indianos *Mahabharata* e *Ramayana*. Um autor não concebia e escrevia uma epopeia usando como modelo outra obra.

Mas foi exatamente isso que Virgílio decidiu fazer: escrever uma epopeia ao estilo homérico, utilizando uma variedade de lendas locais.[28] Era um tipo completamente novo de epopeia: a epopeia de alguém que chegara mais tarde. Num caso duas vezes estranho, Virgílio chegava mais tarde não a seu passado, mas ao passado de outra cultura, talvez se sentindo um pouco como Platão em relação ao Egito.

Há imensas vantagens em chegar mais tarde. Tem-se à disposição todos os tipos de modelos e escolhas. Virgílio tinha diante de si as duas epopeias homéricas, o que o colocava na posição única de poder pegar e escolher elementos de ambas. Na *Ilíada*, Homero narrava um episódio perto do final da Guerra de Troia, quando Aquiles se retira da batalha por se sentir menosprezado na partilha do saque. Sua recusa em participar do combate coloca os troianos numa posição melhor, e é apenas quando Aquiles se abranda que os gregos recuperam a vantagem, levando à vitória final. Na *Odisseia*, Homero narrava as longas e árduas perambulações de seu herói, no lento retorno ao lar, quando precisava vencer os mais variados obstáculos ao longo do caminho.

Inspirando-se nos dois modelos, Virgílio faz com que seu

herói, o futuro fundador de Roma, passe um período vagueando pelo mar Mediterrâneo, jogado de um lado a outro por temporais e deuses adversos, como na *Odisseia*. No percurso, ele é quase desviado de seu objetivo, sobretudo por Dido, rainha de Cartago, assim como Odisseu quase se esquece de casa quando está na ilha da ninfa Calipso. Mas o herói de Virgílio, quando chega à Itália, precisa lutar contra seus habitantes numa série de batalhas reminiscentes da *Ilíada* e do cerco de Troia ali apresentado. Além de pegar cenas e tramas, Virgílio também tomou emprestado a invocação das musas, as intervenções frequentes dos deuses e os famosos símiles de Homero, extensas metáforas em que um poeta podia se entregar a voos da imaginação.

A fim de explicar e justificar — a posteriori — o enxerto cultural de Roma, Virgílio não se limitou apenas a mesclar as duas epopeias homéricas numa nova epopeia romana. Ele conectou de forma direta o enredo de sua obra ao mundo de Homero. Sua *Eneida* começa, à maneira homérica, no meio da ação, quando Eneias já enxerga a Sicília, mas então recua para o começo cronológico da história, na cidade de Troia em chamas. Era a ambientação perfeita — as ruínas da cidade na descrição de Homero —, permitindo a Virgílio criar um arco que se estende do mundo homérico à Itália, onde os descendentes de Eneias fundarão Roma. Como Platão, Virgílio criou uma falsa história de fundo para sua cultura.

Ao utilizar esse astucioso recurso de enredo, Virgílio tomou uma decisão surpreendente: não escolheu como protagonista um dos heróis gregos, o que poderia parecer a coisa óbvia a se fazer, em vista da importância da cultura grega. Se assim fizesse, Virgílio estaria apontando a seus leitores: vejam, nossas origens, na verdade, não estão no passado etrusco nem na pré-história local da cidade de Roma, mas nesses gregos antigos, um dos quais depois navegou até Roma e fundou nossa linhagem e nosso império. Contudo, não foi esse o caminho adotado por Virgílio. Em vez disso, ele escolheu um dos perdedores: o troiano Eneias. A bem da verdade, Homero não aviltara os troianos. Muito embora escrevesse como grego para uma audiência grega sobre uma grande e dispendiosa guerra que os gregos por fim venceram, em momento algum havia qualquer sugestão de que os troianos fossem fundamentalmente diferentes. A Guerra de Troia não era um conflito cultural ou religioso, tampouco entre sistemas políticos diversos ou entre diferentes grupos étnicos. Na representação de Homero, gregos e troianos falavam a mesma língua, rezavam para os mesmos deuses e se reconheciam de parte a parte como grupos de igual valor. Tudo isso é muito distinto de grande parte da literatura de guerra posterior, sem dúvida nos tempos modernos.

Mesmo assim, parece um pouco surpreendente que Virgílio tenha escolhido Eneias, que, na última vez em que aparece de relance na *Ilíada*, está abandonando a batalha e fugindo de Troia em chamas. Isso não parece recomendá-lo muito como fundador de um império nascente. Por que, digamos, não fazer Odisseu sair de Ítaca, impaciente em casa depois de vinte anos de aventuras, e fundar Roma?

Virgílio não era o primeiro a estabelecer uma relação entre Roma e Eneias. Havia lendas sobre as origens troianas de Roma, e o imperador Augusto, junto com os outros Césares, gostava de remontar suas origens pessoais a Eneias, baseando-se numa questionável etimologia de seu nome. Virgílio pegou essas lendas e genealogias e com elas teceu uma trama completa, que logo se tornou canônica.

A escolha de Eneias também oferecia a Virgílio um elemento precioso: o distanciamento da Grécia. Enquanto costurava a pré-história de Roma à Grécia, também inseriu na trama da história um novo fio, não grego conectando Troia a Roma, deixando os gregos como vencedores, mas também como meros espectadores do drama da fundação de Roma. Em Homero, os gregos se inebriam com a vitória e deixam Eneias escapar; seu papel na história deles se encerra por aí. Mas não para Virgílio, não para Roma. Para Roma, a história está apenas começando e, apesar da tremenda importância da Grécia, apesar de Virgílio contar essa história numa epopeia profundamente inspirada nas duas histórias fundantes gregas, mostra que Roma, afinal, é diferente da Grécia. A escolha de um dos perdedores da Guerra de Troia era sinal não de fraqueza, mas de autoconfiança. Nós, romanos, não estamos apenas imitando a Grécia; estamos usando-a de maneira ativa, deliberada, para contar nossa própria história. Fizeram o mesmo em relação à sua suposta ancestralidade troiana. No final da *Eneida*, os troianos têm de abandonar sua língua e sua cultura e se assimilar à Itália.

A *Eneida* de Virgílio, que se tornou a história fundante de Roma, ilustra as glórias de um enxerto cultural, com suas possibilidades e manobras sutis, e o fato de que ele não é necessariamente um sinal de derrota ou de inferioridade. O mesmo se aplica à cultura romana em outras áreas. Terêncio e Plauto escreveram peças de uma influência que ultrapassou tudo o que fora escrito por dramaturgos gregos durante séculos e mesmo milênios (até que a tragédia grega foi revivida e voltou a ser encenada a partir do século XIX).[29] Arquitetos romanos criaram tipos de edifícios e templos inéditos baseados em modelos gregos, e o mesmo se aplica a pintores e escultores romanos. Plutarco uniu as duas culturas ao escrever um livro de biografias, em que emparelhava uma figura grega e uma romana, mostrando como eram similares.

Pompeia, com seus elaborados afrescos, átrios e teatros, continua sendo o melhor lugar para admirar os resultados do enxerto cultural de Roma. Um grande edifício ao lado do Fórum de Pompeia traz inscrições tomadas de Virgílio, descrevendo as origens mitológicas de Roma no Eneias troiano, assim como a cidade inteira, dos afrescos aos teatros, é um atestado dessa experiência cultural.

Hoje, admiramos Roma por seus avanços na arte de governo, na infraestrutura (de estradas a banhos públicos), na organização militar, na perspicácia política. Mas o legado mais admirável de Roma é a arte do enxerto. De fato, quando culturas histórica e geograficamente distantes, como a dos Estados Unidos, recorreram a Roma como fonte de inspiração, estavam de forma indireta prestando homenagem a esse legado, enxertando sobre longas distâncias a cultura de Roma em suas próprias, tal como Roma fizera outrora com a Grécia.

A estátua sul-asiática, nesse meio-tempo, adotou residência no museu arqueológico de Nápoles, a cidade grande que nascera não longe de Pompeia, com vista para o vulcão, que mais cedo ou mais tarde explodirá outra vez. Se explodir, esperemos que a estátua não seja saqueada ou levada embora, porque isso aumentaria a probabilidade de perdê-la. O ideal seria que, numa futura erupção, ela continuasse exatamente onde está, pronta para ser mais uma vez escavada por arqueólogos.

5. Um peregrino budista em busca de vestígios antigos

Xuanzang (602-64), quando chegou às margens do rio Indo, estava ansioso para voltar para casa.[1] O Indo era um rio agitado, alimentado por glaciares da cordilheira mais alta do mundo, com centenas de metros de largura. Xuanzang sabia que não seria fácil atravessá-lo, mas não havia outra maneira. Se quisesse voltar à China, teria de vadeá-lo para o Passo Khyber, que o levaria ao Indocuche, uma das grandes barreiras do mundo. Lá viraria para o leste e, depois de percorrer milhares de quilômetros entre montanhas e desertos, e se tudo desse certo, chegaria a Xian, a capital da China.

Xuanzang não sabia o que o esperava em casa. O imperador poderia prendê-lo por ter saído em segredo do país, transgredindo um decreto explícito que proibia viagens ao exterior, devido às guerras contínuas entre a China e os nômades e reinos turcos a oeste.[2] Xuanzang já quase fora apanhado ao escapar pelo Portão de Jade e se embrenhar nas terras selvagens além do império, mas um estrangeiro viera em seu auxílio, ajudando-o a começar sua viagem à Índia.[3]

Sua escapada pelo Portão de Jade ocorrera dezesseis anos antes. Dezesseis anos de viagens, basicamente a pé e a cavalo; dezesseis anos e milhares de quilômetros, que o levaram ao subcontinente indiano, de Nashik, no Oeste, a Kanchipuram (no atual Tamil Nadu), no Sudeste e, subindo a costa Leste, a Tamralipta em Bengala, antes de virar a noroeste para cruzar mais uma vez o Indo e tomar o rumo de casa. Talvez suas experiências incomuns, as informações que poderia fornecer sobre terras estrangeiras e o grande fardo de tesouros estrangeiros convencessem o imperador a desconsiderar a falta de autorização para a partida. Ou seja, as sementes, os manuscritos e as estátuas que coletara pacientemente constituíam sua melhor chance de sobrevivência.

Xuanzang pôs seus preciosos bens num barco, que deixou a cargo de uma pessoa de confiança. Ele atravessaria o rio utilizando um método mais respeitável: o lombo de um elefante. Embora o rio fosse agitado, um elefante de bom tamanho costumava conseguir atravessá-lo sem ser varrido pelas águas. O plano deu certo. Xuanzang cruzou a correnteza turbulenta e chegou à outra margem em segurança. Foi uma maneira dramática de alcançar "seu" lado do Indo, o mais perto de casa.

Ao olhar para trás para se certificar de que sua carga também vinha em segurança, Xuanzang viu que uma súbita interseção das correntes havia criado um vagalhão que sacudia com violência o barco. Seus pertences estavam se desequilibrando e alguns começaram a cair pela borda. O próprio encarregado, que tentava proteger a carga, foi varrido para dentro do rio. Por um instante parecia que tudo ia se perder. Mas então o momento de maior perigo passou, outros passageiros conseguiram resgatar o encarregado e o barco enfim chegou à outra margem. O prejuízo foi considerável. Uma quantidade significativa de rolos manuscritos, que Xuanzang coletara e copiara com grande esforço, se perdera no rio. Entre todas as coisas que acumulara, os rolos eram os mais importantes, e Xuanzang sabia que, sem eles, não teria como enfrentar o imperador. Devia voltar e nunca mais ver sua terra natal? Estaria se perguntando por que, afinal, decidira tantos anos atrás violar o decreto imperial e empreender sua longa viagem até a Índia?

Muito mais tarde, depois de ter enfim voltado para casa, Xuanzang registrou essa desastrosa travessia fluvial, junto com muitas outras observações, reflexões e descrições, no *Registro das regiões ocidentais*. Nessa obra, Xuanzang se empenhou em descrever cada região, fornecendo informações geográficas e discorrendo sobre os habitantes, sua cultura, sua língua e seus sistemas de escrita. *Jornada ao oeste* se tornou um clássico, exemplificando um gênero importante da literatura mundial: o relato de viagem. Relatos como o feito por Xuanzang desempenharam um papel enorme na mobilidade da cultura.

Por que Xuanzang se lançou a suas viagens?

Ele crescera numa cultura baseada no estudo de textos. Sua família pertencia à classe dos letrados (*wenren*), uma casta própria da China (que também existia, de outra forma, na Coreia e no Vietnã). O ingresso e a promoção no serviço público dependiam do domínio de um conjunto de textos antigos. Montara-se um amplo sistema de exames para selecionar os que se destacavam nessas artes letradas, submetendo os rapazes (as mulheres estavam excluídas) a vários dias de penosas provações. Se eram aprovados, podiam passar para o próximo conjunto de exames, com os quais eram promovidos do nível local para o provincial e, por fim, ao nível mais alto, o imperial. O sistema fora criado para retirar o poder da classe militar e dos políticos autoritários locais, assegurando que apenas a sofisticação educacional, e não o poder militar bruto, pavimentasse o caminho para cargos governamentais lucrativos. Disso resultou o primeiro sistema de governo baseado na meritocracia educacional — uma meritocracia radicada na literatura.

Os principais textos do exame, os chamados clássicos confucianos, acenavam do passado distante e celebravam esse passado como um ideal: um livro de poemas situados na época da antiga dinastia Zhou, mil anos antes do nascimento de Cristo; um livro de discursos e documentos atribuídos aos antigos governantes Zhou; livros de ritos, detalhando protocolos e cerimônias da corte, bem como formas de comportamento social; o chamado *Livro das mutações*, ou *I Ching*, contendo um sistema divinatório; e um registro histórico do estado de Lu.[4]

Os clássicos confucianos criaram uma cultura baseada no culto do passado. Eram chamados assim porque Confúcio, um sábio que vivera no século v a.C., tinha admiração por eles e mais tarde foi tido como editor desses textos (ele era de Lu, o que fortalecia sua associação com os registros históricos daquele estado). Em termos técnicos, isso não era bem verdade, visto que Confúcio não escreveu nada e ministrava oralmente seus ensinamentos a discípulos (à semelhança de Buda, Jesus e Sócrates).[5] Mas instilara em seus seguidores uma profunda reverência pelo passado, sobretudo pela antiga dinastia Zhou, evocada de forma tão vívida nesses textos. O período Zhou, segundo Confúcio, foi uma época de ordem e harmonia, um exemplo máximo de Estado bem governado, em grande contraste com a época de Confúcio, em que Estados rivais se viam presos numa prolongada fase de conflitos. Para Confúcio, o passado era um ideal nascido do desgosto com o presente.

Não é fácil perceber a que ponto era revolucionária essa atitude em relação ao passado. Estamos muito acostumados à ideia de que as coisas já tinham sido melhores, de que algum tipo de idade dourada de outrora cedeu lugar à nossa era decaída, como o Éden na Bíblia hebraica. Confúcio fez uma coisa diferente: apontou como ideal um período histórico distinto, do qual haviam restado alguns supostos registros. Isso era uma coisa radical. Confúcio era daqueles que, como Platão em outro continente e mais de cem anos depois, olhavam para trás a fim de encontrar defeitos no presente.

A ideia demonstrou uma força assombrosa. Os ensinamentos de Confúcio se difundiram e foram postos por escrito após sua morte, somando-se a livros de textos antigos. O cânone resultante desse processo foi então colocado no centro de um sistema de exames, que orientava uma cultura inteira para o passado, instilando nela um senso de tradição e continuidade.

Para Xuanzang, treinado desde cedo nos clássicos confucianos, o culto desse antigo cânone de textos estava relacionado a um extraordinário florescimento da cultura no presente.[6] Havia pouco tempo estabelecera-se uma nova dinastia, a dinastia Tang (618-907), que reunificara o país. A capital dos Tang, Xian, tornou-se uma das maiores e mais desenvolvidas cidades do mundo. Surgira um novo tipo de poesia que seria vista pelas gerações subsequentes como um ponto alto da literatura chinesa. Enquanto Roma caía, a China era reunificada e vivia uma idade de ouro que, em riqueza e produção cultural, ultrapassava em muito a dinastia Zhou, tão admirada nos clássicos confucianos.

Mas Xuanzang não se contentava nem com os clássicos confucianos, nem com a nova era das letras que vinha adquirindo forma na capital, para onde se mudara. Por intermédio do irmão, foi apresentado a outra corrente de pensamento, que acabaria por levá-lo à Índia: o budismo.[7]

O budismo chegara à China por acaso, na mesma rota que Xuanzang faria mais tarde, passando pelo Indocuche e pelo Afeganistão.[8] Na época, esse tipo de importação cultural era inusitado. Logo ocorreria com mais frequência, quando o cristianismo foi aceito pelo Império Romano e o islamismo, por grande parte do Oriente Médio e do Norte da África. Mas, nos séculos antes do nascimento de Cristo, a mobilidade das crenças religiosas era rara. Poucas religiões pretendiam converter integrantes de outras culturas. O budismo foi uma das primeiras dessas novas religiões proselitistas, coisa que o rei Ashoka logo reconheceu ao tentar exportar o budismo para terras distantes.

Provavelmente a inovação mais importante que o budismo levara à China no século II d.C. foi, não sua doutrina do darma, do renascimento e do nirvana, mas a instituição em que se praticava essa doutrina: a comunidade monástica. Abandonar todos os pertences, fazer voto de pobreza e celibato, raspar a cabeça, viver da caridade alheia: tal modo de vida era desconhecido na China (assim como era novidade na Índia, onde já existiam ascetas vivendo na pobreza, mas nenhuma comunidade monástica de devotos, sendo que as comunidades budistas só surgiram nos séculos posteriores à morte do Buda). De início, houve forte oposição a esse novo modo de vida, que ia contra os preceitos confucianos mais importantes. O confucionismo era voltado para o serviço público do governo, ao passo que o budismo defendia o afastamento do mundo. O confucionismo pregava a estabilidade política, já o budismo considerava os ordenamentos mundanos necessariamente fugazes e instáveis. O confucionismo exigia a reverência aos pais, enquanto o budismo pedia aos convertidos que abandonassem a família e se tornassem celibatários. Apesar das discrepâncias entre budismo e confucionismo, haviam se formado comunidades budistas na China, que se tornaram parte da cultura chinesa, atraindo adeptos até mesmo entre a classe estabelecida dos letrados, a de mais profunda formação confuciana. Talvez tenha sido precisamente essa diferença radical entre budismo e confucionismo que levara letrados como o irmão de Xuanzang a adotar essa nova maneira de viver.

Os budistas divulgavam com entusiasmo sua doutrina e modo de vida, e foi por isso que o irmão de Xuanzang o apresentou ao budismo. Xuanzang foi ordenado aos vinte anos, raspou a cabeça, fez voto de celibato e passou a dedicar um tempo significativo ao estudo de textos budistas.[9] Também aprendeu sânscrito, uma das línguas em que, após gerações de transmissão oral, as conversas do Buda foram postas por escrito.[10] Depois de dominar os clássicos confucianos, Xuanzang agora dominava os clássicos do budismo. Ficou sete anos vivendo como monge budista, devotando a vida à prática da meditação, à renúncia e à recitação que definia o que era ser membro dessa comunidade devocional.

Então ficou inquieto. Ao dedicar seu tempo a seguir os preceitos que Buda orientara, sua mente se voltara para o Oeste, a terra natal daquele homem que alcançara a iluminação. Os textos budistas estudados por Xuanzang giravam em torno dos locais associados ao Buda: onde nascera, onde alcançara a iluminação sentado sob uma figueira-dos-pagodes, onde pregara determinados sutras. Sim, o budismo era de fato um sistema de pensamento transportável que podia ser praticado em qualquer lugar, sobretudo em locais onde haviam sido formadas comunidades budistas. Mas havia uma mística específica associada aos lugares originais da religião, a paisagem celebrada em suas escrituras. Xuanzang começou a sentir o impulso irresistível de ir até lá. A essa altura, seu plano não era necessariamente voltar com uma enorme carga de tesouros — ou sequer voltar. O que ele queria, segundo seu próprio relato, era procurar "vestígios sagrados".[11] Com a vida do Buda ocorrera um evento extraordinário na Índia. Xuanzang queria ver qualquer coisa que tivesse restado daquele evento ocorrido séculos antes.

Xuanzang foi atraído à Índia por uma força inevitavelmente resultante da mobilidade cultural: o fascínio pelas origens distantes de algo importado. Uma preocupação frequente de quem é fascinado por uma importação estrangeira é saber que ela é apenas uma sombra da coisa real, parcial, filtrada e essencialmente alterada por sua travessia no tempo e no espaço. Daí o anseio pela fonte, pelo lugar onde a inovação cultural, qualquer que seja, possa ser usufruída em seu estado original ou, pelo menos, por meio dos eventuais vestígios que tenham restado. Xuanzang precisava adorar o que restara do Buda, tornando-se uma figura que hoje conhecemos: um peregrino.

Xuanzang decidiu percorrer a pé uma parte da Rota da Seda que contornava o deserto de Taklamakan no norte e continuava até o Portão de Jade, assim chamado porque as caravanas que transportavam jade passavam por esse posto avançado da China da era Tang, cujas ruínas ainda hoje são visíveis. Era essa fronteira que ele não deveria atravessar. Mais para a frente ficava a bacia do Tarim, que pouco tempo antes havia sido uma área disputada por diversas tribos turcas em muitas batalhas. A China avançava no território desses grupos, ocasionando conflitos constantes. Quando Xuanzang voltou de suas viagens, dezesseis anos depois, a área já havia sido anexada pela China. (Hoje, é conhecida como a região de Xinjian no Noroeste chinês. A Bacia do Tarim também é identificada como Altishahr, que significa "seis cidades" em uigur.)

Depois de atravessar o Portão de Jade, Xuanzang corria o perigo constante de ser atraído para armadilhas ou de sofrer algum ataque. E ele sabia como estava vulnerável: sozinho, fugitivo, budista devoto. Xuanzang sabia que os budistas podiam ser vítimas de perseguição. Mantendo-se discreto, ele cruzou esse território dilacerado por guerras relativamente ileso. Muitas vezes recebia ajuda de comunidades budistas que tinham surgido em oásis e cidades, e reis e governantes locais lhe forneciam provisões e cartas para outros governantes, alguns dos quais mantinham relações amistosas com os imperadores Tang.

Para Xuanzang, o risco principal eram os salteadores de estrada comuns, que o abordavam não como um intruso chinês potencialmente hostil, mas como alvo fácil. O outro perigo consistia nas dificuldades do terreno. Ele quase morreu no deserto e foi salvo por outros viajantes apenas no último minuto. Assim narrou os eventos, depois de voltar: "Entramos num grande deserto arenoso, onde não há água nem vegetação. A estrada se perde na vastidão erma, que parece sem fim, e só podemos saber que direção tomar olhando para alguma grande montanha e tendo como guia os ossos que jazem espalhados".[12]

Ao se aproximar da Índia, ele começou a analisar o grau de apoio à sua causa, a existência de comunidades budistas e as atitudes dos governantes frente à religião. Entre os sinais mais marcantes de budismo estavam as estátuas. No vale de Bamiyan (no atual Afeganistão), Xuanzang ficou impressionado com uma figura de pedra gigantesca do Buda, que fora entalhada diretamente na encosta da montanha. Emoldurada pelas Montanhas Nevadas, "seus tons dourados cintilam em todas as direções, e seus ornamentos preciosos ofuscam os olhos com seu brilho".[13] A estátua havia sido recortada na montanha de calcário, recebendo acabamento com argila e reboco, enquanto algumas partes, inclusive uma mão estendida, tinham sido pintadas de ouro, e outras partes eram decoradas por gemas cintilando em várias cores. Fazia parte de um grupo de estátuas similares, uma delas com mais de quarenta metros de altura, poderosas, majestosas, atestando a duradoura importância do budismo na região.

Essas estátuas eram tão grandes e sólidas que permaneceram integrando a paisagem cultural mesmo depois que o povo da região se converteu ao islamismo, séculos após a visita de Xuanzang. Alguns as usavam como refúgio e até moravam em caráter permanente nos amplos nichos que tinham sido escavados na encosta. Em 2001, as forças do Talibã utilizaram armas antiaéreas e artilharia pesada para demoli-las, mas nem essas armas modernas conseguiram destruí-las totalmente; as estátuas, cujos contornos ainda são visíveis, assombram esses locais até hoje e fala-se em sua reconstrução.

O Buda "ocidental", uma das duas grandes estátuas do Buda entalhadas numa rocha de calcário no vale de Bamiyan, no atual Afeganistão, como se encontrava em 1940, antes de ser destruída pelo Talibã em março de 2001. (Anne-Marie Schwarzenbach, Biblioteca Nacional da Suíça)

A estátua "ocidental" do Buda no vale de Bamiyan após sua destruição pelo Talibã em março de 2001. (Foto: Squamarabbas)

Xuanzang ficou fascinado com elas não só por suas dimensões extraordinárias, mas porque eram o que mais se aproximava de seu sonho de ver o Buda, de contemplar seu rosto radiante. Os budistas haviam criado diversos estilos de representação visual, de apresentação do Buda como pessoa, desenvolvendo poses e gestos específicos, tidos como adequados a seus ensinamentos, em mais um exemplo da íntima ligação entre religião e arte. Xuanzang absorveu esses desenvolvimentos com a avidez de um peregrino que iniciava sua jornada.

Mas Xuanzang sabia que ainda não estava na Índia propriamente dita e prosseguiu. Depois de atravessar o Passo Shibar e chegar à região da atual Cabul, sentiu que se aproximava da terra central do Buda. Por fim entrou em Gandara (no atual Paquistão), que oitocentos anos antes fizera parte do reino de Ashoka. Xuanzang sabia desse rei lendário por causa do *Ashokavadana*, a *Lenda de Ashoka*, um dos textos budistas que tinham sido traduzidos para o chinês. A *Lenda* louvava Ashoka por ter erguido 84 mil estupas, que são os templos redondos que abrigam supostas relíquias do Buda. Como atento leitor desse texto, Xuanzang agora atribuiu a Ashoka muitas das estupas e dos gigantescos pilares de pedra com que se deparava.[14] Graças a estes e também a estátuas, templos e mosteiros, Xuanzang tinha a sensação de percorrer uma paisagem sagrada. Por fim chegara a seu destino: o local onde o budismo reinava por mais tempo, a terra do Buda.

No entanto, Xuanzang mencionava com grande pesar as incontáveis estruturas decadentes, ruínas de seu antigo esplendor. (Ele também comentou que um rei tentara de forma deliberada apagar inscrições budistas feitas por Ashoka.)[15] O sentimento de decepção e desaprovação ajudou Xuanzang a lembrar uma parte de seu plano original, que não dependia da sobrevivência de estátuas, pilares ou estupas. Criado em duas tradições baseadas em textos, o confucionismo e o budismo, sua intenção era recuperar textos budistas. Na Índia, o mais importante era ir em busca de manuscritos.

Ao longo do tempo, haviam surgido diversas tradições e escolas budistas em várias regiões da Índia, e disso dependiam os ensinamentos que tinham chegado à China: quais monges tinham levado quais manuscritos e de qual maneira haviam sido traduzidos para o chinês. Comparado ao cânone de clássicos confucianos já havia muito estabelecidos, que permaneceram supreendentemente estáveis ao longo do tempo, o novo corpo nascente de textos budistas parecia pouco confiável, eclético, propenso a erros e falhas de entendimento, solto de seu contexto original. O primeiro texto budista a ser traduzido para o chinês, por exemplo, nem existia na Índia, era uma antologia ao estilo "o melhor de", uma compilação de trechos famosos do cânone budista chamado *Mahayana*, o "Grande Veículo". Como no caso de Roma, onde Lívio Andrônico traduziu Homero para o latim, havia um tradutor famoso associado a essa transferência original de textos: Kumarajiva. Ele nascera em Kucha, na bacia do Tarim (por onde Xuanzang passara), mas foi capturado, aprisionado e por fim transportado para a capital chinesa, onde foi homenageado pelo imperador por sua tradução de textos budistas para o chinês (idioma que aprendera na prisão).[16]

Desde a época de Kumarajiva se intensificara o intercâmbio cultural da China com a Índia. Vários séculos antes de Xuanzang, um viajante chamado Fa-Hien partira com o mesmo objetivo: localizar textos budistas sagrados.[17] Na época de Xuanzang, a China já dispunha de uma tradição de traduzir textos budistas que remontava a centenas de anos. Não eram apenas os budistas chineses que se sentiam atraídos para a terra do Buda. Xuanzang sabia de peregrinos vindos do Ceilão em direção ao sul, e, como eram vistos com hostilidade, o rei mandara construir acomodações para eles.[18]

A atração de Xuanzang para o budismo se dera basicamente a partir desse mesmo cânone de textos *mahayanas*, e era por essa perspectiva que ele agora observava as práticas budistas encontradas na Índia. Embora sentisse uma curiosidade geral por todas as formas e manifestações do budismo, Xuanzang ficou surpreso com a quantidade de escolas diferentes, cada qual com seu próprio conjunto de textos sagrados. Preferindo o *Mahayana*, desdenhava outras escolas, inclusive o chamado "Pequeno Veículo", ou *Hinayana*. Desprezava ainda mais outras práticas religiosas com as quais se deparou, sobretudo as dos brâmanes hinduístas, que considerava como inimigos do budismo. Apesar de tudo isso, Xuanzang foi bem acolhido em todos os lugares onde esteve. Um viajante da China em busca de manuscritos budistas era incomum e, assim, ele era tratado sobretudo com muito respeito.

Depois de visitar a maioria dos locais associados ao budismo, de estudar com estudiosos budistas famosos e de reunir preciosos manuscritos, estátuas e outros objetos, como sementes, Xuanzang começou a se perguntar o que faria. Ficaria na Índia ou voltaria para casa? Seus anfitriões indianos não entendiam por que ele iria querer voltar para a China. Não percorrera toda aquela distância para viver no centro do budismo? O que havia para ele na China, tão longe da paisagem sagrada que amava?[19]

A resposta de Xuanzang a todos esses rogos bem-intencionados é um dos momentos mais dramáticos em seu relato de viagem, por mostrá-lo ainda como um confuciano. A China, explicava a seus anfitriões perplexos, era um país extremamente bem organizado, governado por imperadores virtuosos, com filhos que reverenciavam os pais. Os astrônomos chineses tinham concebido um calendário sofisticado, os músicos tocavam músicas delicadas, e por toda parte as pessoas buscavam o equilíbrio entre o yin e o yang. Seus anfitriões indianos devem ter sentido dificuldade para entender esse discurso, baseado em valores e termos desconhecidos a eles, embora pudessem pensar que eles também tivessem músicas delicadas e filhos obedientes.[20]

Como intermediário cultural, Xuanzang não podia apenas elogiar uma cultura estrangeira; devia também elogiar a cultura do público a que visava, na China. Mas havia outra questão por trás dessa virada: depois de ter absorvido o máximo possível daquela cultura estrangeira, agora ele se voltava para dentro de si mesmo, refletindo a respeito de sua experiência e percebendo que, apesar de toda a sua dedicação ao budismo indiano, tinha sido sua formação pessoal, acima de tudo, que moldara sua experiência de viagem e o relato que faria ao voltar à sua terra natal. Ao explicar nos registros de viagem seu desejo de oferecer versões mais precisas das escrituras budistas, ele cita Confúcio sobre a importância de ter os nomes corretos.[21] A busca por versões melhores e mais autênticas dos textos fundadores e de traduções mais exatas tem sido, desde então, uma preocupação central para o campo das humanidades, fazendo de Xuanzang uma figura essencial na formação da tradição chinesa na área das humanidades.

A reflexão de Xuanzang sobre sua formação pessoal confuciana também o levou a enxergar suas viagens sob uma nova perspectiva. Concordava com os seus anfitriões de que a Índia tinha a sorte de ser o local de nascimento do Buda. Afinal, era por isso que ele tanto se empenhara em ir até lá. Mas não significava que o budismo devia ficar para sempre preso à Índia. Embora tivesse dedicado os melhores anos de sua vida à procura das origens, partiu então com a convicção de que as origens, na forma de textos e pequenas estátuas budistas, podiam ser transplantadas.

Assim Xuanzang empreendeu o retorno à China, atravessando o Indo montado em seu elefante enquanto via sua preciosa carga, fruto de dezesseis anos de viagem, cair do barco e se afundar no rio. Como a premissa de seu novo entendimento do budismo consistia na capacidade de transportar manuscritos e objetos devocionais para sua terra, a perda da carga foi duplamente dolorosa. A carga era importante para aplacar o imperador, mas também para alicerçar seu novo entendimento do budismo, substituindo a adoração de locais sagrados pela de objetos portáteis e de textos traduzíveis e, em última análise, por seu próprio relato de viagem.

Com a perda irrecuperável de uma parte de sua carga, Xuanzang interrompeu a viagem e enviou mensageiros a alguns dos mosteiros que antes lhe haviam fornecido manuscritos, rogando que enviassem novos. Nos vários meses seguintes, conseguiu reunir um tesouro considerável de rolos e estatuetas. Embora não conseguisse repor tudo o que tinha perdido, era suficiente.[22]

Com sua nova coleção menor de textos e estátuas, Xuanzang enfim podia empreender a travessia do Indocuche. Preparando-se para essa jornada, ele escreveu pedindo ajuda e recebeu cavalos e camelos para transportar os bens restantes.[23] No extremo do Passo Khyber, alterou sua rota anterior e contornou o deserto Taklamakan pelo Sul, o que o levou a Khotan, um reino majoritariamente budista construído em torno de um oásis com luxuriantes pomares de amoreiras, a um centro de produção da seda (localizado bem na Rota da Seda) e às cavernas de Dunhuang, um local de importância fundamental para o budismo, marcado com uma estupa imponente.[24] Dunhuang também ficava perto da Grande Muralha e do Portão de Jade que Xuanzang atravessara dezesseis anos antes. Esgueirando-se mais uma vez por esse portão de fronteira, ele se viu de volta à China.

Ainda precisava ir até a capital e enfrentar o imperador. Felizmente, um novo imperador ocupara o trono durante a ausência de Xuanzang e estava disposto não só a ignorar a transgressão dele, que dezesseis anos antes violara as restrições a viagens, mas também a nomeá-lo a um cargo no governo. A prévia formação confuciana de Xuanzang o preparara para esse emprego, mas a imersão no budismo e os anos passados na Índia lhe haviam incutido um maior senso de missão. Ele declinou a nomeação e pediu autorização para ingressar num mosteiro budista, na esperança de passar seus anos restantes traduzindo os textos que reunira no exterior.[25]

Xuanzang se tornou para os budistas chineses uma figura quase mítica, um viajante e peregrino que conseguiu corrigir, aprimorar e ampliar o cânone budista disponível em chinês. Como os tradutores costumam ser vistos com certa apreensão — existe um trocadilho em italiano com base na semelhança sonora entre tradutor e traidor, *traduttore, traditore* —, há a tendência de esquecer o trabalho pioneiro que realizam. (Todo mundo conhece Homero e Virgílio, mas poucos se lembram de Lívio Andrônico.) Mesmo hoje, muitas vezes o nome dos tradutores é omitido na capa dos livros, quase como se quiséssemos crer que sempre temos acesso ao original e que os livros são criados por gênios individuais, sem a ajuda de intermediários culturais. Essa atitude é ainda mais surpreendente por vivermos num mundo em que se multiplicam os tradutores, e todas as culturas dependem desse trabalho ao qual muitas vezes não se dá o devido valor. No mundo antigo, a tradução como um todo era quase inexistente. Ao lado das traduções latinas da literatura grega, a importação chinesa de textos budistas foi uma das grandes exceções.[26] É um imenso mérito da China da era Tang não só se basear em tradutores e viajantes como Xuanzang, mas também convertê-los em heróis culturais.

Ainda mais importante do que o trabalho de Xuanzang como tradutor era o que ele representava: alguém que acompanhou até sua fonte uma importação cultural (assim como, mais tarde, cristãos viajariam à Terra Santa). As importações culturais criam campos de força complexos em que uma origem distante promete acesso à fonte de um movimento ou de um credo, mesmo quando a importação cultural já foi há muito tempo assimilada por uma cultura hospedeira. Os budistas chineses se sentiam atraídos pela Índia, mas poucos ousaram enfrentar a viagem perigosa e proibida para o oeste. Xuanzang o fez em nome de todos eles. Mais importante, voltou com a notícia de que era superestimado visitar a paisagem sagrada. Graças aos textos e objetos, às observações e experiências com que retornou, o budismo chinês pôde florescer sem precisar se sentir inferior ao da terra original do Buda. Xuanzang foi um peregrino que assegurou aos budistas chineses que não havia nenhum problema em ficar em casa.

Como as viagens de Xuanzang são tão densas de significado, tornou-se fundamental para ele registrar toda a sua experiência, o que resultou no *Registro das regiões ocidentais*. Essa obra moldaria a imagem chinesa da Índia e se tornou um clássico da mobilidade cultural. É também um bom exemplo da natureza complexa dos encontros culturais. Como os tradutores, os viajantes são figuras que atravessam fronteiras culturais e muitas vezes são acusados de abrigar lealdades distintas. Em tempos de guerra, tanto tradutores quanto viajantes são submetidos a um escrutínio detalhado e, muitas vezes, tidos como espiões (essa suspeita também recaiu sobre Xuanzang). Em tempos mais recentes, os viajantes tendem a ser acusados de projetar sua cultura natal sobre terras estrangeiras. E é verdade: formados pela criação que tiveram, viajantes e autores de relatos de viagem entendem muitas coisas de maneira equivocada. Xuanzang não foi exceção. Ele abordou a Índia com sua formação confuciana e com as lentes do tipo distinto de budismo que surgira na China. Também atribuiu muitos monumentos a Ashoka de maneira errônea.

Mas, mesmo entendendo errado, eles também percebem coisas que os locais não notam, muitas vezes por causa da simples familiaridade com elas. Como viajante, Xuanzang se deu ao trabalho de descrever em seu relato de viagem muitas coisas que escritores indianos não registravam por considerar já sabidas, inclusive estupas, mosteiros e estátuas budistas. Para as pessoas que viviam entre esses monumentos, era desnecessário detalhá-los por escrito. Para um viajante como Xuanzang, eram fascinantes e, portanto, ocupavam o centro de seu relato.

Sem perceber, Xuanzang produziu uma apresentação da Índia que ganhou importância não só para seus contemporâneos, como também para toda a posteridade. Muitas das edificações e estátuas descritas por ele desapareceriam sem deixar vestígios — se não fosse seu relato, jamais saberíamos de sua existência. Graças a ele, temos uma ideia muito melhor da arquitetura e da escultura na Índia do que de muitos outros lugares da época. Suas descrições de estátuas budistas se tornaram ainda mais relevantes do que as estátuas que ele conseguiu salvar do barco no rio Indo e carregar por montanhas e desertos até a capital chinesa. Suas descrições sobreviveram. As estátuas em si, não.

A transferência do budismo de uma cultura para outra, facilitada por tradutores e viajantes, se revelou fundamental para a preservação do pensamento budista, que entrou em declínio na Índia nos séculos posteriores a Xuanzang. Os brâmanes tradicionais conseguiram reformar seu credo hinduísta e conquistar novos adeptos, extraindo e drenando o apoio do budismo. Depois, grande parte da Índia foi invadida e governada por várias sucessões de governantes muçulmanos, inclusive os ancestrais do sultão Firuz. Não proibiram o budismo nem outros credos e práticas locais, mas tampouco lhes deram apoio. Xuanzang lamentara as várias ruínas de templos e mosteiros na Índia; nos séculos posteriores à sua visita, um número muito maior de mosteiros e comunidades budistas desapareceu.

Enquanto diminuía na Índia, o budismo florescia no Oriente, não só no Oeste da China, mas em todo o Império Chinês, chegando à península coreana e ao Japão, longe dos vestígios sagrados que o Buda deixara. Esse impacto de longa distância foi o legado mais importante de Xuanzang.

O status dele aumentou nos séculos seguintes à sua morte, com base em seus textos de viagem e no enorme trabalho de tradução que realizou ao retornar. Sua fama ganhou um grande impulso adicional no século XVI, quando outro gênero literário entrou em cena: o romance em prosa. *Jornada ao oeste*, atribuído ao autor Wu Cheng'en, floreia a viagem de Xuanzang com encontros fantásticos e um grupo de companheiros divertidos, entre eles um macaco; tornou-se um precoce sucesso na história do romance, e desde então continua a ser o clássico mais popular da China, com inúmeras adaptações que vão de peças de teatro a filmes e desenhos animados.

Como viajante que se tornou uma figura mítica, Xuanzang é um lembrete de que a cultura chinesa, cuja Grande Muralha é às vezes entendida como sinal de sua tendência a se isolar do mundo, constitui, na verdade, um grande exemplo de importação cultural. Ao honrar Xuanzang, a China tomou um tradutor e viajante que partira numa jornada secreta e o converteu num herói da mobilidade cultural.

6. O *livro do travesseiro* e alguns perigos da diplomacia cultural

Era uma vez um imperador da China que desafiou o governante do Japão para um duelo de inteligências. Primeiro, ele enviou um tronco de madeira que parecia totalmente simétrico e perguntou: "Qual é a parte de cima e qual é a parte de baixo?". Um jovem capitão japonês, depois de consultar seu engenhoso pai, propôs que atirassem o tronco num rio e observassem qual lado se virava a jusante. Feita a experiência, eles mandaram o tronco de volta para a China, devidamente marcado. Em seguida, o imperador enviou duas cobras idênticas e perguntou qual era macho e qual era fêmea. Mais uma vez, o jovem capitão, com a ajuda do pai, propôs uma solução: se segurassem um graveto perto da cauda delas, a fêmea reagiria e o macho, não. Satisfeitos com o resultado da experiência, os japoneses devolveram as cobras.

Por fim, o imperador da China enviou uma joia intrincada com sete curvas e uma passagem minúscula entre elas, pedindo que os japoneses passassem um fio por esse caminho labiríntico, e acrescentou que todo mundo na China fazia aquilo com a maior facilidade. Nessa ocasião, parecia que os japoneses não iriam conseguir enfrentar o desafio, mas o pai do capitão veio novamente em socorro, recomendando que amarrassem um fio a duas formigas graúdas e as fizessem percorrer a passagem sinuosa. Diante do sucesso deles, o imperador da China concluiu que os japoneses eram mais inteligentes do que havia imaginado e parou de ameaçá-los.[1]

Essa história está em *O livro do travesseiro* de Sei Shōnagon e aborda as relações complicadas entre o Japão e a China. *O livro do travesseiro* é um registro único da vida na corte Heian no século x, e Sei Shōnagon estava na situação perfeita para escrevê-lo. Como dama de companhia na corte do Japão, inclusive de uma imperatriz, ela passava a maior parte do tempo no mundo exclusivo da capital, a atual Kyoto. Sei Shōnagon só saía desse enclave para breves visitas a templos e santuários afastados. (A história contada aqui decorre de uma visita a um santuário chamado Duas Formigas, dedicado à vitória japonesa sobre o imperador chinês.)

Além de reunir histórias como essa do arrogante imperador chinês, Sei Shōnagon registrava as minúcias da vida na corte, anotando qual de suas colegas damas de companhia caíra nas graças de uma imperatriz, as idas e vindas de altos funcionários do governo e as intrigas na disputa por cargos. Mas os mexericos da corte eram apenas uma pequena parte do diário. Sei Shōnagon criou listas de itens que admirava, desde vaga-lumes dançando no escuro a determinadas roupas, como "o quimono de uma moça, branco sobre branco por cima de um cinza arroxeado pálido".[2] Assim como capta momentos de refinada beleza natural e de beleza criada por mão humana, Sei Shōnagon também comenta as graças sociais e os momentos agradáveis da vida na corte: como um amante deve sair (relutante) de manhã; como uma jovem deve se vestir (com certa informalidade, sem as calças largas rigidamente formais);[3] como deve ser uma expedição até um santuário (conforme o protocolo rigoroso). Enquanto outras mulheres em sua posição se voltavam para dentro, mantendo diários sobre seus sentimentos e lutas internas, Sei Shōnagon observava além de si mesma, descrevendo o mundo à sua volta, mas nunca como espectadora neutra. Rápida em julgar, ela nos apresenta o mundo visto por seu espírito crítico.

Na corte Heain, tal como é representada em *O livro do travesseiro*, a China está onipresente. Muitos tipos de roupas e biombos eram inspirados em modelos chineses — Sei Shōnagon admira em particular o papel e os leques de requintado estilo chinês —, mas a influência da China é maior na poesia. Na corte, escrevem-se e recitam-se poemas várias vezes ao dia, para marcar os primeiros flocos de neve ou o início da primavera, além de outros eventos de menor e maior importância.[4] Às vezes, uma imperatriz pede que várias de suas acompanhantes componham breves poemas de improviso e julga qual deles é o melhor, como um ensaio geral para competições poéticas mais formais.[5] Os poemas também são usados em outras ocasiões, como para resolver uma situação difícil. Sei Shōnagon conta que, certa vez, o imperador foi bruscamente despertado por um galo que estava sendo perseguido por um cachorro, criando a maior algazarra. Um integrante da corte interveio "declamando alto as palavras do poema chinês 'O monarca prudente desperta do sono'". "Meus olhos pesavam de sono", prossegue Sei Shōnagon, "mas a forma magnífica com a qual ele recitou os versos me fez abri-los por completo. Suas Majestades se deleitaram e elogiaram o conselheiro pela hábil citação".[6]

Os poemas, acima de tudo, eram sociais. Muitas vezes eram dirigidos e enviados por um mensageiro a determinadas pessoas, que então, esperava-se, responderiam na mesma moeda. A habilidade consistia em comunicar de forma indireta, citando ou aludindo sutilmente a poemas chineses clássicos e então acrescentando um curto verso de comentário para dar uma nova perspectiva ao poema citado. Essas trocas, não muito diferentes das mensagens de texto atuais, se davam entre amigos, entre damas da corte e seus superiores, e entre amantes. Sei Shōnagon conta que foi conquistada por um belo poema e concordou em passar a noite com o homem, que então se esperava que compusesse um poema "da manhã seguinte", de preferência com a mesma habilidade anterior.[7] *O livro do travesseiro* dedica muitas páginas a essas trocas e encontros, que eram comuns no mundo permissivo da corte, ainda que altamente regulamentado, uma sociedade demasiado patriarcal em que o único aspecto relevante era a proximidade com o imperador.

A poesia chinesa era importante para essa prática de se comunicar por meio de poemas curtos, porque o Japão adaptara o cânone chinês não só dos registros rituais e históricos, como também da poesia como base para sua cultura escrita. Na corte heian, os documentos oficiais eram redigidos em caracteres derivados da China e organizados em formatos chineses, o que significava que todos os integrantes da corte deviam conhecer o sistema de escrita e as tradições literárias da China. A história de Sei Shōnagon sobre o imperador chinês que desafia o Japão numa batalha de engenhosidade era uma resposta à onipresença da cultura chinesa, expressa na arrogância do imperador chinês, bem como no desejo dos japoneses de demonstrar sua superioridade.

O predomínio da cultura chinesa no Japão resultava de séculos de uma deliberada diplomacia cultural entre os dois países. O intercâmbio começara no século 1 d.C. e se acelerara durante as dinastias Sui e Tang, quando as conversas diplomáticas se tornaram uma instituição. Essas missões culturais são uma estratégia incomum de transferência cultural. Ao lado da relação entre Roma e Grécia, a relação entre Japão e China é o outro grande exemplo de uma importação cultural completa não movida pela conquista da cultura importadora. Embora a China, na história de Sei Shōnagon, seja vista como opressiva e potencialmente ameaçadora, na verdade ela nunca tentou invadir o Japão. Pelo contrário, o Japão realizou de forma intencional missões diplomáticas incumbidas de trazer da China objetos culturais e novos conhecimentos.

À diferença de Roma em relação à Grécia, o Japão como cultura importadora não dominou a China do ponto de vista militar. E, enquanto em Roma a importação da cultura grega foi obra de indivíduos, ainda que influentes, no Japão foi o próprio Estado, representado pelo imperador, que organizou a transferência cultural. No Japão, a importação cultural era política governamental.

Existe uma pessoa que captou como o Japão executava sua política de diplomacia cultural, pois, como Sei Shōnagon, mantinha um diário de suas experiências: um monge chamado Ennin. As viagens de Ennin (838-47) permitem vislumbrar os riscos presentes nas missões interculturais que moldaram o Japão durante séculos, até e além da época de Sei Shōnagon.

A missão de Ennin era típica, no sentido de ter sido planejada com anos de antecedência, envolver mecanismos complexos para selecionar quem seria autorizado a ir e exigir o trabalho de mais de cem pessoas, incluindo marinheiros, soldados, trabalhadores braçais, artesãos, eruditos e monges.[8] Os preparativos começaram com a construção de barcos invulgarmente grandes e se estenderam a uma cuidadosa escolha de presentes, como lâminas ornamentais, cristais de rocha, pincéis e conchas espiraladas.[9]

Então veio a travessia arriscada do mar Amarelo. A bússola ainda não era conhecida no Japão, mas os marinheiros japoneses tinham aos poucos adquirido experiência suficiente para se aventurar por entre o arquipélago de Okinawa e então por 680 quilômetros de oceano aberto, rota que os levava a Suzhou, o centro meridional do poder (perto da atual Shanghai).[10] Na missão de Ennin, os barcos encalharam nas duas primeiras tentativas e foram obrigados a voltar. Apenas na terceira vez, e a duras penas, alcançaram seu destino. Uma tempestade jogou o barco de Ennin de um lado para o outro, até encalhar. Tiveram de cobrir o mastro e a âncora, de modo que não era mais possível guiar a embarcação, que ficou à mercê das ondas e do vento. Felizmente, outro barco da mesma frota veio em socorro, permitindo que a tripulação e a carga chegassem sãs e salvas à costa oriental da China.

O problema posterior foi a comunicação. Nenhum dos japoneses falava chinês e vice-versa. Em algumas ocasiões, alguns coreanos, que tinham mais contato com as duas culturas, atuavam como intermediários, mas, de modo geral, Ennin e os companheiros de viagem recorriam a uma forma específica de comunicação. Embora a língua falada no Japão não tivesse parentesco com o chinês, os caracteres chineses formavam a base do sistema de escrita japonês, de modo que o chinês era a língua franca, e os clássicos chineses constituíam um ponto de referência em comum.[11] O sistema de escrita em comum permitia que os diplomatas japoneses se comunicassem com os anfitriões chineses escrevendo os sinais chineses no papel, ainda que fossem pronunciados de maneira mutuamente incompreensível, mais ou menos como os falantes de duas línguas diferentes conseguem negociar preços escrevendo os números num pedaço de papel. Como escreviam com pincéis, essa forma de comunicação, que é impossível em sistemas de escrita baseados em alfabetos fonéticos, era chamada de "conversa por pincel".[12]

Ennin anotou uma de suas primeiras conversas por pincel, que se deu ao chegar à China: "Nós, monges japoneses, agora encontramos vocês monges porque no passado tínhamos afinidades importantes. Sabemos que vivemos no vazio que é a natureza da Lei. Nosso encontro é muito afortunado".[13] Essa conversa, uma espécie de apresentação da missão, revela que, embora as missões imperiais na China estivessem interessadas em todos os tipos de desenvolvimentos culturais, o interesse específico de Ennin era o budismo, aqui mencionado apenas como "a Lei".

O budismo era outra importação da China. Como monge budista, Ennin queria ficar a par das formas mais recentes de culto e arte devocional e levá-las para o Japão. Para ele, o budismo era mais do que uma doutrina religiosa. Era um modo de vida e fonte de inúmeras obras de arte, visto que o desenvolvimento cultural tanto da China quanto do Japão estava relacionado de forma indissociável a esse credo. (O budismo, em especial a recitação do Sutra do Lótus, estava onipresente em *O livro do travesseiro* de Sei Shōnagon, que também menciona muitas pinturas, estátuas e festivais budistas.)

A fim de se inteirar dos desenvolvimentos mais recentes no budismo chinês, Ennin pretendia ir aos mosteiros no monte Tiantai, que acreditava serem o centro do aprendizado budista. Logo ficou claro que precisava obter a permissão de diversos funcionários. Assim se iniciou a grande guerra de papéis de Ennin com a máquina burocrática chinesa, resultado colateral do sistema de exames e da cultura escrita na China. Ele perseguiu seu objetivo com determinação, escalando lentamente na hierarquia ao enviar inúmeras cartas pedindo permissão. Depois de muitos meses, enfim veio a resposta: permissão negada.[14] Decepcionado, Ennin passou o tempo restante da missão coletando manuscritos, objetos devocionais e pinturas, enquanto os demais membros da delegação cumpriam o trabalho diplomático.

Quando chegou a hora de voltar para casa, Ennin empacotou as coisas, junto com os companheiros. Levou a bordo uma caixa de bambu repleta de pergaminhos e duas mandalas, mapas geométricos que representavam o cosmo, usados na meditação budista. Para garantir maior segurança, colocou esses tesouros numa caixa chinesa de couro que adquirira expressamente para esse fim.[15]

Quando os barcos partiram com suas bagagens pesadas, três visitantes japoneses permaneceram clandestinamente em terra: Ennin e dois discípulos seus. Depois de travar e perder uma guerra de papéis contra o sistema administrativo imperial, Ennin decidira se virar por conta própria.

Até aquele momento, a experiência chinesa de Ennin era a habitual nas missões culturais enviadas pelo Japão, ainda que tivesse um interesse maior pelo budismo do que por outros aspectos da cultura chinesa. Mas, ao decidir ficar em terra, Ennin ia contra a lei; ele e seus discípulos estavam sozinhos. Depois de algum tempo, um barco se aproximou e perguntou o que estavam fazendo. Estavam perdidos? Tinham naufragado? Surpreendido, Ennin murmurou que eram coreanos. Num gesto amistoso, foram encaminhados à próxima aldeia, percorrendo uma trilha árdua pelas montanhas. Lá foram apresentados aos locais, inclusive a um funcionário do governo, que logo viu que os três monges não eram coreanos. Constrangido, Ennin mudou sua história, agora admitindo que tinha feito parte de uma missão japonesa, mas disse que o haviam abandonado por problemas de saúde. Por fim, gaguejando, reconheceu que era apenas um monge japonês em busca da sabedoria do budismo chinês.

O que fazer com esses estrangeiros suspeitos? Depois de passar um inverno num mosteiro local, Ennin foi autorizado a ir até um centro de aprendizado budista no monte Wutai, no Norte da China. Cravejado de pagodes, templos, salões e mosteiros, o monte Wutai tinha esse nome por causa de suas cinco plataformas terraceadas, uma em cada direção, e uma plataforma central, a que se chegava por trilhas íngremes pela montanha. Os cumes planos passavam grande parte do ano cobertos de neve e se erguiam majestosos por sobre densas florestas de pinheiros, abetos, choupos e salgueiros.

Ennin e os dois discípulos ficariam num mosteiro para ser

instruídos, estudar pergaminhos e aprender novas práticas rituais antes de passar para o próximo. Num dos templos que visitou, Ennin ficou especialmente impressionado com uma figura de mais de cinco metros de altura do Buda histórico, que o mostrava no momento em que morria e alcançava o nirvana. Normalmente, nas figuras do Buda alcançando o nirvana, ele aparecia deitado de costas. Mas, nesse caso, o Buda estava deitado de lado, "seu lado direito sob um par de árvores". A escultura também incluía sua mãe, "desmaiando e caindo no chão de angústia", além de inúmeros semideuses e santos menores, alguns erguendo as mãos e chorando desconsolados, alguns de olhos fechados em posição contemplativa".[16] Era tudo de um ineditismo desconcertante, justamente o tipo de inovação que Ennin fora observar.

A questão da forma como se deveria representar o Buda e os bodhisattvas famosos — aqueles na via da iluminação — fora debatida durante séculos e se revelou fundamental no desenvolvimento das artes na Ásia. Como em tantas outras culturas, sobretudo no mundo antigo, as questões religiosas e artísticas estavam intimamente entrelaçadas. No começo, os artistas budistas não queriam fazer nenhum tipo de representação do Buda e se limitaram a representar a figueira-dos-pagodes sob a qual o Buda recebera a iluminação, a roda do darma e as estupas redondas simbolizando o ingresso no nirvana.[17] Mas logo se desenvolveu um sistema elaborado retratando o Buda, com variações locais significativas. Os pintores e escultores simplesmente não resistiram a criar imagens do Buda em várias fases de sua vida, conforme descritas nas escrituras. Visto que a chegada ao nirvana estava associada à meditação, ao desejo de dissolver o ego e seus apegos mundanos, as imagens e esculturas do Buda ressaltavam a imobilidade, representando-o em poses de serenidade distante. Muitas vezes ele está sentado na posição de lótus, mas, mesmo quando está de pé, aparece com a mínima atividade. O movimento ou qualquer tipo de drama e agitação está reservado, se tanto, aos seres inferiores e alunos que diversas vezes aparecem apinhados em volta do Buda ou do bodhisattva, como na escultura admirada por Ennin.[18]

Enquanto se empenhavam em figurar a serenidade perfeita, os artistas budistas desenvolveram um refinado sistema de representar o rosto, as posições e outras características do Buda. O objetivo não era captar detalhes anatômicos, mas sim expressar visualmente o desprendimento tão fundamental na doutrina. Para expressar a imobilidade, o Buda era quase sempre representado de frente, com total simetria, e o tronco e os membros eram moldados com uma suave rotundidade, indicando repouso, sem qualquer sinal de contração ou movimento dos músculos ou tendões. Não havia nenhuma razão para que os artistas se preocupassem com a anatomia humana e, muito menos, com a dissecação de cadáveres, como alguns pintores europeus começariam a fazer dali a alguns séculos. Qualquer tentativa realista contrariava tudo em que os budistas acreditavam: ela concentraria o foco do espectador no particular, no chamativo, no inusitado; enfatizaria a individualidade e peculiaridades físicas. A escultura budista, pelo contrário, tentava captar o significado do Buda: uma filosofia do vazio.[19]

Isso também se aplicava a seu rosto. Os olhos azul-escuros do Buda fitavam diretamente o observador, sob uma fronte larga, com um tufo de cabelo branco entre as sobrancelhas, simbolizando o terceiro "olho da sabedoria". O Buda usava uma túnica de monge modesta e desadornada. Apenas as mãos adotavam poses marcantes, codificadas por muras, os gestos manuais ou "ioga das mãos" que permitem ao artista indicar determinada atitude interior.[20] Tudo carregava algum aspecto da filosofia budista.

Enquanto Ennin estava absorvido em seus estudos do budismo, o clima na China mudou. Em 840, um novo imperador, Wuzong da dinastia Tang, assumiu o trono. Ao contrário do predecessor, Wuzong era favorável ao taoismo, a filosofia chinesa baseada no livro *Daodejing* (ou *Tao Te Ching*), do sábio Lao Tsé, que criara raízes séculos antes. Com o tempo, os seguidores do Tao (ou Caminho) tinham incorporado rituais populares e elementos da astrologia e medicina, bem como do budismo, mesclando filosofia e religião. Menos numerosos e menos abastados do que os budistas, os taoistas tendiam a vê-los como rivais e se ressentiam com seu acesso ao poder e ao privilégio, sobretudo na capital. A ascensão de Wuzong oferecia uma oportunidade para acertar velhas contas e mágoas e para obter mais recursos.

Além dos taoistas agora fortalecidos, os confucianos permaneciam hostis ao budismo. Seu sistema de crenças, baseado no serviço ao Estado e na devoção filial, tendia a olhar com desconfiança o budismo, com sua ênfase na iluminação individual. Além disso, mosteiros budistas como os existentes na capital e no monte Wutai tinham adquirido consideráveis riquezas. Os administradores confucianos agora estavam esperançosos para confiscar e redirecionar uma parte dessas riquezas, com o apoio do novo imperador.

Os budistas, claro, tinham seus defensores, inclusive eunucos, que ocupavam posições importantes na corte, mas foi ficando cada vez mais evidente que o budismo estava na defensiva. Embora estivesse na China fazia séculos, tanto confucianos quanto taoistas o rotulavam de importação estrangeira.

Em 842, foram aprovados os primeiros decretos antibudistas, impondo o fechamento de mosteiros, o confisco de bens e a queima de escrituras. Ennin registrou em seu diário a perseguição aos colegas monges sem demonstrar muita emoção. Às vezes até culpava as vítimas, como quando desaprovou alguns escribas budistas, tolos a ponto de presentear o imperador com escrituras budistas, mesmo sabendo muito bem a que ponto ele era contrário à doutrina budista.[21] A estratégia de Ennin foi manter a discrição, lançar-se a seus estudos e torcer para que em algum momento a maré antibudista recuasse.

Aconteceu o contrário. Em 844, as perseguições evoluíram para uma fase mais radical, com a destruição total de templos menores, o confisco de todas as riquezas mantidas pelos mosteiros, a cassação em massa dos monges e a destruição de esculturas e de imagens budistas. Os preciosos sinos dos mosteiros budistas foram removidos e doados a templos taoistas. Foi só aos poucos que Ennin despertou para essa nova realidade, admitindo a si mesmo que o novo imperador claramente amava o taoismo e odiava o budismo.[22] A destruição da arte budista lhe foi em particular penosa: "Além disso, removeram a camada de ouro dos Budas e esmagaram os Budas de bronze e ferro, registrando o peso deles. Que dó! Que limite havia para os Budas de bronze, ferro e ouro da terra? No entanto, em conformidade com o decreto imperial, todos foram destruídos e transformados em lixo".[23] O mundo da arte budista que Ennin viera observar ruía diante de seus olhos. (Os cristãos também foram perseguidos, com efeitos devastadores.)

Era meramente uma questão de tempo até que a campanha antibudista chegasse a esse monge japonês escondido na capital. Ennin foi cassado e deportado. Ele deixou a capital de mãos vazias. Nos oito anos desde a sua chegada, reunira muitas escrituras e objetos de arte para levar para o Japão, mas viu que teria de deixar tudo para trás. O budismo fora oficialmente abolido, e ele não poderia ser encontrado na estrada carregado de imagens e de pergaminhos. A única alternativa era levar o que havia armazenado mentalmente. Ao partir, um cidadão chinês solidário, administrador-chefe, se despediu com uma reflexão pesarosa: "O budismo não existe mais nesta terra. Mas o budismo flui para o Leste. Assim se diz desde os tempos antigos".[24]

Ennin ainda estava na China quando, em 846, o imperador Wuzong morreu, encerrando assim a fase mais severa das perseguições. Ao contrário da sinistra avaliação do administrador-chefe, o budismo na China sobreviveu à grande perseguição de 845, embora nunca tenha recuperado o poder e a importância que tivera sob os imperadores Tang anteriores. O monte Wutai foi vastamente destruído. O diário de Ennin se tornou o registro mais detalhado desse extraordinário amálgama de montanhas e mosteiros, de natureza e arte. (Nos séculos seguintes, alguns mosteiros foram reconstruídos com base no diário, e agora o local faz parte do Patrimônio Mundial da Unesco.) Como no caso de Xuanzang, um visitante estrangeiro havia registrado uma arte e uma cultura de maneira mais abrangente, mais minuciosa, do que um nativo se sentiria motivado a fazer, deixando não só para seus leitores japoneses, mas para toda a posteridade um registro único daquele local mágico.

Como o administrador-chefe previra, o budismo continuou a fluir para o Leste. Surgido na Índia, lá ele perdeu terreno aos poucos, foi adotado nas regiões montanhosas do atual Afeganistão, no Tibete e então na China, passando para a Coreia e o Japão, e de lá para o resto do mundo. O que o administrador-chefe não disse, mas sugeriu de forma implícita, é que quem viabilizou esse fluxo foram viajantes como Xuanzang e Ennin, pessoas que tinham ido para o oeste com a intenção de levar o budismo para o leste.

A missão de Ennin foi a última missão imperial japonesa enviada à China da era Tang. Alguns anos depois, planejou-se outra, porém foi abandonada, em parte por causa dos perigos da viagem por mar, mas também pelas incertezas da situação na China. Na época em que Sei Shōnagon escreveu seu diário, o período de diplomacia cultural e a importação da cultura chinesa para o Japão, da poesia ao budismo, essas questões já pertenciam ao passado.

Nos séculos de entremeio, o Japão passou a ver cada vez mais a independência cultural como motivo de orgulho. Para isso, desenvolveu uma nova escrita, o kana, um silabário fonético que não se baseia nos caracteres chineses e é ajustado à língua japonesa. (Dizem que o kana foi desenvolvido por um sacerdote budista, que trouxera a ideia da Índia, inspirando-se em seu alfabeto fonético.) O kana ampliou o letramento no Japão. Enquanto o letramento na China estava basicamente restrito aos homens, a nova escrita japonesa permitiu o ingresso de um número maior de mulheres no mundo literário. Entre elas estão cortesãs como Sei Shōnagon, que escreveu diários, e sua contemporânea mais jovem, Murasaki Shikibu, que escreveu o primeiro grande romance da história mundial, *O conto de Genji*.[25] Embora tida no princípio como menos sofisticada, a nova escrita acabou dando origem a obras mais originais e relevantes, em parte porque criava um espaço para que mulheres escritoras inovassem para além das restrições da literatura masculina, de orientação chinesa, com seu cânone e suas convenções literárias estabelecidas. (Ela também deu origem à primeira antologia de poesia japonesa aprovada pela corte, o *Kokinshü*.) Os diários majoritariamente femininos escritos em kana tinham tanto vigor e conheceram tanto sucesso que os escritores homens passaram a imitá-los.

Apesar dessa independência recém-conquistada, a cultura chinesa continuou a ser um ponto de referência de enorme importância no Japão. *O conto de Genji* de Murasaki, por exemplo, traz quase oitocentos poemas em estilo chinês e faz frequentes referências à literatura chinesa.[26] Murasaki é também uma das poucas figuras da época a escrever sobre Sei Shōnagon, a quem via como rival: "Sei Shōnagon tem o mais extraordinário ar de autossatisfação. Mas, se pararmos para examinar aqueles caracteres chineses que ela espalha de forma tão presunçosa pelo local, veremos que são cheios de imperfeições". Mesmo depois de se passarem séculos desde o fim das missões imperiais à China e do florescimento da escrita kana, a melhor maneira de atacar uma rival era criticar suas falhas ao escrever em chinês.

Tem-se a expressão mais clara do novo espírito de independência num outro relato de uma missão imperial, feito com considerável visão retrospectiva, mais ou menos na mesma época de *O livro do travesseiro* e comparável à sua história dos testes a que o imperador chinês submeteu os japoneses. É um pergaminho com texto e imagens que narram as viagens de um certo Kibi no Makibi, um lendário ministro que foi à China numa missão imperial.

Segundo outras fontes, o Kibi histórico dominava treze áreas do conhecimento chinês, incluindo os cinco clássicos confucianos, a história, o yin-yang, os calendários, a astronomia e a adivinhação, além do jogo de Go.[27] Esse extenso conhecimento da cultura chinesa lhe veio muito bem a calhar, pois o pergaminho conta que a missão à China foi um tremendo malogro. De início, tudo parece correr bem: a travessia do mar entre o Japão e a China é tranquila, o barco que leva os visitantes japoneses chega à costa e de lá um barco menor os leva à terra, onde são recebidos de forma amigável. Mas então começam os problemas. Kibi é conduzido a uma torre e é aprisionado. Avisado por um fantasma de sua morte iminente, Kibi sabe que, para sobreviver, terá de impressionar os anfitriões sanguinários, que o submetem a vários testes e suplícios.

Primeiro, testam seu conhecimento de uma antologia de literatura chinesa. Felizmente Kibi sabe voar, e assim ele e o solícito fantasma alçam voo para espiar seus captores chineses preparando o teste literário. Depois de passar na prova, Kibi precisa mostrar sua habilidade numa partida de Go, o que faz engolindo uma peça de importância fundamental. Os anfitriões ficam desconfiados e pretendem provar o que aconteceu inspecionando, após um intervalo apropriado, os excrementos de Kibi. O artista nos apresenta um grupo de inspetores fitando atentamente o solo, mas a imagem é de discrição suficiente para não mostrar o objeto de inspeção. No caso, os chineses não sabem que um dos admiráveis talentos de Kibi é o controle total que ele tem sobre seus movimentos intestinais, que lhe permite reter a peça de Go. Com esses e outros expedientes similares, Kibi impressiona a tal ponto os chineses que eles passam a ter medo dele; quando Kibi ameaça destruir o Sol e a Lua, acabam por libertá-lo.[28]

O pergaminho, apesar do tom humorado, pinta uma imagem constantemente negativa da China e alerta os visitantes japoneses sobre os perigos que podem encontrar por lá, inclusive uma disputa mortal de intelectos, muito parecida com a que Sei Shōnagon registrou em seu diário. Essa imagem negativa da China é notável, visto que não há nenhuma indicação de que o Kibi histórico tenha ficado preso numa torre ou quase tenha morrido de fome.

Em vez de apresentar eventos históricos, o pergaminho, com suas desconfianças em relação aos chineses, indica a que ponto a importação cultural pode vir carregada de tensões. As importações culturais tendem a entrelaçar duas culturas numa operação complicada de empréstimos e influências, muitas vezes criando problemas de superioridade e dependência. O que significa tomar emprestado a tecnologia, a cultura e a arte de outro país? O que acontece quando isso ocorre com o cânone literário de outro lugar?

O caso do Japão — como o de Roma — mostra que recorrer a empréstimos pode ser muito valioso, enriquecendo uma cultura que de forma voluntária toma elementos de outra. Ao mesmo tempo, é quase inevitável que esses empréstimos criem um sentimento de rivalidade, de epigonismo, de ter de provar seu próprio valor. Talvez esse sentimento de competição seja especialmente forte quando a cultura importada não provém de um inimigo militar derrotado, como foi o caso da Grécia em relação a Roma, criando uma forte reação contrária ao medo de ser dominado por outro. O diário de Ennin registra a reação da China contra a importação do budismo, embora seu próprio diário tenha ficado de forma indireta sujeito a uma reação contrária do Japão às importações chinesas.

A preocupação com a imposição cultural era amplamente difundida, mas também equivocada. Sim, é verdade que o diário de Ennin mudou a imagem do budismo no Japão, em parte por fortalecer a escola Tendai, mas essa influência, baseada em seus escritos originais e nos pergaminhos que enviou para a sua terra natal, se desenvolveram e adquiriram novas formas no Japão. Com o tempo, o budismo japonês geraria outros tipos de budismo, em especial o zen-budismo — nome derivado do chinês *chan*, que significa meditação —, que criou suas próprias formas de culto e arte.

O próprio pergaminho de Kibi é, em si, uma obra bastante original. Muito embora a prática de criar pergaminhos narrativos e ilustrados, combinando caligrafia e desenhos a tinta, tenha se originado na China, lá não existe nada que se assemelhe a ele, e os pergaminhos com figuras se tornaram uma forma artística especificamente japonesa. Com a habilidosa alternância entre texto e imagens, ele evoca por toda parte movimento: barcos chegando e sendo recebidos por uma multidão de gente; visitantes sendo transportados numa carroça, acompanhados por cavalos; o viajante e o fantasma voando, o vento soprando seus cabelos para trás. Nas cenas de multidão, todos estão fazendo algo, seja segurar uma sombrinha, curvar-se, conduzir um búfalo pelas rédeas, seguir a galope para um palácio, subir a escada íngreme de uma torre ou ler um pergaminho. Mesmo quem parece estar dormindo ou à espera está em poses dramáticas, encurvadas em escadas ou apoiadas em lanças, prontas para entrar em ação a qualquer instante.

Trechos do pergaminho representando as aventuras do ministro Kibi na China (Kibi Daijin Nittō Emaki), *do século XII.* (*Museu de Belas-Artes de Boston, Boston*)

O pergaminho foi feito na oficina de Tokiwa Mitsunaga, que aperfeiçoou a arte de fluência cinética conferindo ao formato do pergaminho um impulso adicional, uma sensação de movimento que antecipa os mangás, as HQs criadas no Japão que no século XX inundaram o mundo.

O diário de Ennin e o pergaminho de Kibi, embora se preocupem com as importações culturais, demonstram que não havia nada de derivativo no Japão, nem em literatura, pintura, escultura e arquitetura, nem em suas formas de budismo e de arte budista. Como no caso de Roma, a importação voluntária contribuiu para o desenvolvimento de uma cultura original e distinta, de importância duradoura.

Entre essas criações inéditas, *O livro do travesseiro*, de Sei Shōnagon, se manteve como uma das mais importantes, assegurando à sua autora uma posição sólida na literatura mundial. Perto do final do diário, ela conta aos leitores como o livro teve início.

Um dia, o ministro do palácio Korechika apresentou à imperatriz um amontoado de papéis.

"O que você acha que podemos escrever neles?", perguntou Sua Majestade. "Estão copiando *Registros do historiador* na corte de Sua Majestade, o imperador."

"Daria para fazer um 'travesseiro'", sugeri eu.

"Muito bem, é seu", declarou Sua Majestade, e o entregou a mim.

Comecei a trabalhar com essa pilha enorme de papel, para enchê-lo até a última folha com uma variedade de coisas estranhas, e por isso sem dúvida há muitos elementos nessas páginas que não fazem sentido.

De modo geral, escolhi escrever sobre o que as pessoas acham agradáveis ou impressionantes.[29]

O episódio registra a importância do papel (uma invenção chinesa). Explica-nos que o papel está disponível porque o imperador não precisa mais dele para copiar *Os registros do historiador*, um dos documentos centrais do cânone chinês, que permanece claramente relevante, embora as missões imperiais tivessem cessado muito tempo antes. No início destinado a um clássico chinês, o papel acabou ficando por acaso nas mãos de Sei Shōnagon e foi usado para criar um tipo de registro histórico totalmente distinto, não de armas e batalhas, mas de cultura e arte, de trocas de poemas, de ideais estéticos e decoro social, de aromas, sons e imagens, de observações do cotidiano e listas de eventos agradáveis (e desagradáveis). É um registro escrito não por um homem chinês, mas por uma mulher japonesa, redigido não em caracteres chineses, mas num silabário japonês, oferecendo-nos um raro vislumbre de um mundo oculto inacessível a todos, exceto a pouquíssimos contemporâneos, e que teria desaparecido da história se não fosse pela ousadia e engenhosidade dessa arguta observadora e extraordinária escritora.

Ao avaliar a cultura, temos a tendência de enfatizar demais a originalidade: quando e onde algo foi inventado. Com frequência invoca-se a origem para sustentar alegações duvidosas de propriedade e superioridade, que de forma oportuna esquecem que tudo surge de algum lugar, é desenterrado, tomado de empréstimo, transportado, comprado, roubado, registrado, copiado e com frequência mal-entendido. Significativamente mais importante do que o local onde algo foi originado é o que fazemos com isso. A cultura é um enorme projeto de reciclagem, e somos apenas os intermediários que preservam seus vestígios para outro propósito. Ninguém possui a cultura; apenas a passamos para a próxima geração.

7. Quando Bagdá se tornou um depósito de sabedoria

Uma noite, o califa al-Ma'mun teve um sonho. Viu um homem de testa alta, sobrancelhas espessas, calvo, de olhos azul-escuros e traços bem-feitos. O tom de pele era branco avermelhado. O sonhador contou que ficou impressionado diante da aparição e perguntou: "Quem é você?". A aparição respondeu: "Sou Aristóteles". O califa contou que ficou encantado e, antes de acordar, passou a fazer perguntas de todo tipo ao filósofo.[1]

O califa teve esse sonho durante seu reinado de vinte anos, de 813 a 833, na cidade de Bagdá. Considerou-o importante o suficiente para contá-lo a seus criados, mas não parecia em nada abalado por ter recebido a visita de um filósofo grego. Pelo contrário, segundo ele mesmo disse, a aparição lhe agradou muito. Al-Ma'mun estava familiarizado com Aristóteles e sabia como lidar com ele, mesmo em sonhos.

Por que um califa de Bagdá iria sonhar com um filósofo grego que estava morto fazia 1200 anos?

A ascensão de al-Ma'mun ao poder foi rápida e brutal. Recebera o nome de Abu al-Abbas Abdallah ibn Harun al-Rashid: filho, como indicava a parte final de seu nome, de Harun al-Rashid, o lendário dirigente que havia consolidado o Império Árabe em rápido crescimento. Harun al-Rashid legou aos filhos a península Arábica, bem como o Egito e o Norte da África a oeste e o que hoje corresponde à Síria, ao Iraque e ao Irã a leste. Mas, embora al-Ma'mun fosse o primogênito de Harun al-Rashid, o pai decidiu pôr o reino, cujo centro ficava em Bagdá, a cargo de seu meio--irmão mais jovem, deixando a al-Ma'mun apenas a Pérsia central. Seguiu-se o inevitável. Al-Ma'mun acabou invadindo Bagdá, decapitou o irmão e assumiu o título de califa. Para coroar o sucesso da campanha, ele adotou seu novo nome régio em 813.

Desde a morte do profeta Maomé, menos de duzentos anos antes, as forças árabes haviam conquistado oásis após oásis, cidade após cidade, com uma rapidez assombrosa. Com uma invulgar mobilidade decorrente do modo de vida seminômade e da experiência no comércio de longa distância, elas logo assumiram o controle das rotas comerciais, o que desencadeou uma sucessão de vitórias, dificultando a resistência dos dirigentes locais. Muitos também reconheceram as vantagens de fazer parte de um império baseado no comércio e se renderam de bom grado.

Conforme o império se expandia a oeste, ao longo da costa Norte da África, e a leste na direção da Mesopotâmia e da Pérsia, foi ficando cada vez mais claro que os aspectos responsáveis por esse sucesso espantoso — forças a cavalo de grande capacidade, organizadas em linhas tribais ou regionais, sem comando central — não eram adequados como sistema de governo para aquele que se tornava um império mundial. Era necessária uma nova organização política para consolidar as mudanças ocorridas em campo. A resposta para esse problema, nas gerações anteriores a al-Ma'mun, foi Bagdá.

A fundação de uma cidade nova é o sonho dos arquitetos (e dos governantes). Em vez de acompanhar o contorno natural da paisagem, Bagdá foi fundada pelo segundo califa abássida, al-Mansur, seguindo um princípio totalmente distinto: a geometria. A cidade foi construída como um círculo perfeito, simbolizando o poder crescente da Arábia num único centro.[2] Isso inaugurou uma nova fase na jovem história do império. Começar do zero tinha a vantagem de que a cidade recentemente estabelecida não precisava competir com um traçado arquitetônico antigo nem com uma classe dirigente em vigor. Seu governante podia conceber um novo tipo de centro, projetado sobretudo para controlar um novo tipo de império, concentrando num único ponto focal o poder político e material.[3] (Não era muito diferente do que Nefertiti e Aquenáton haviam feito ao transferir a corte para a nova Aquetáton, do que o Brasil faria em 1960 ao fundar Brasília e do que Mianmar faz desde 2002 ao estabelecer uma nova capital, Naipidau.)

A atual cidade circular representava uma ambição maior: a concentração do conhecimento. Em Bagdá, os governantes presidiriam a um ambicioso empreendimento de reunir informações de todo o reino em rápido crescimento, e mesmo das terras para além de suas fronteiras. O acúmulo inédito de textos de diversas culturas exigia modernos métodos de classificação de tipos heterogêneos de conhecimento, levando a um novo gênero: a *summa*, ou suma de todo o conhecimento. Aristóteles tinha um papel central nessa empreitada.

Ao fundar uma cidade para consolidar um império, os antepassados de al-Ma'mun tinham escolhido o local certo. Bagdá se situava no rio Tigre, nas férteis baixadas da Mesopotâmia, perto da antiga cidade da Babilônia. Fora lá que as primeiras cidades haviam surgido, cerca de 5 mil anos antes, alimentadas pelas águas abundantes, feitas de barro, material (o mesmo usado para construir Aquetáton) de construção disponível e de baixo custo.[4]

Foi o início de uma nova fase na história humana: a revolução urbana.

A técnica mais importante por trás dessa revolução era a agricultura intensiva. Para sustentar uma cidade, era necessário transportar alimentos da área em volta em quantidade suficiente para alimentar uma população numerosa que estava fixa no lugar, sem poder seguir um rebanho ou se mudar para outras áreas de caça. O urbanismo não se baseava na conquista militar, mas na capacidade de plantar alimentos.

No entanto, o plantio de alimentos não bastava. Fazia-se necessária outra técnica: o armazenamento. O melhor armazenamento era o de cereais (como sabia Tutemés, o escultor do busto de Nefertiti — seu complexo incluía armazéns para cereais). Colhido o cereal, ele podia ser preservado por um longo período. Logo ficou claro que a armazenagem de cereais não se limitava a oferecer segurança contra secas e pestes. As pessoas que controlavam esse processo ganharam um enorme poder, criando estruturas sociais hierárquicas, permitindo que indivíduos ou grupos de indivíduos possuíssem riquezas que eram limitadas apenas pelas dimensões da estocagem e pela capacidade de controlá-las pela força.[5] O surgimento de um Estado centralizado no Egito foi uma consequência inicial da revolução do armazenamento.

Ao fundarem Bagdá, os antepassados de al-Ma'mun se basearam na antiga revolução do armazenamento não só para o controle dos cereais, como também da informação. A Mesopotâmia dera origem ao primeiro sistema completo de escrita, um sistema de sinais capazes de capturar a linguagem, permitindo que histórias e outras formas de conhecimento de transmissão oral fossem armazenadas. Uma das primeiras bibliotecas do mundo foi criada pelo rei assírio Assurbanípal na cidade de Nínive (também construída do zero para facilitar seu reinado).[6] Assim, não admira que a nova cidade de Bagdá incluísse uma ambiciosa biblioteca palaciana cujo objetivo era preservar o registro escrito do passado: a Casa da Sabedoria. Era o local onde o conhecimento seria armazenado, mas também organizado, com o auxílio de um novo sistema para classificar os diferentes tipos de informação.

O que os novos governantes de Bagdá queriam armazenar? No início, registros do passado, de uma época anterior ao nascimento de Maomé e do islamismo. Isso correspondia basicamente a textos escritos em persa, visto que a Mesopotâmia fora por muito tempo influenciada pela Pérsia, cuja literatura incluía a *Kalila wa-Dimna*, uma coletânea divertida e instrutiva de fábulas de animais. Quando os árabes tomaram a Mesopotâmia e a Pérsia, esse passado persa foi traduzido para o árabe.[7] A tradução era, além de um gesto de homenagem por parte dos novos dirigentes árabes, também um passo habilidoso que lhes permitia aproveitar os recursos culturais da região conquistada. Logo as traduções do persa se tornaram os tijolos de uma nova literatura árabe, sobretudo *As mil e uma noites*, que eclipsou seu antecedente persa muito menor e se tornou um clássico da literatura mundial. Ao mesmo tempo, imortalizou o pai de al-Ma'mun, Harun al-Rashid, que aparece em muitas das histórias ambientadas em Bagdá.

Harun al-Rashid desempenhou um papel fundamental ao facilitar outra importação do Leste, dessa vez da China: o papel. Não só a Casa da Sabedoria, mas toda a burocracia em expansão, concentrada em Bagdá, aumentou a demanda por materiais de escrita. O mais difundido era feito de papiro, folhas cortadas de uma planta que crescia exatamente em áreas pantanosas como as do delta do Nilo — uma das razões pelas quais a Biblioteca de Alexandria ficava lá —, mas muito menos presente na Pérsia e na Mesopotâmia.

O papel não dependia do papiro, planta difícil de ser cultivada fora do Egito, mas de todo um conjunto de fibras vegetais que eram transformadas em pasta, misturadas com água e pressionadas numa tela para criar um material de escrita macio e flexível.

Harun al-Rashid logo percebeu as vantagens do papel e converteu Bagdá num centro de fabricação do material.[8]

A Casa da Sabedoria, além de se dedicar ao passado local (persa e árabe), abrangia também um leque muito maior de influências culturais. O que contribuía para esse horizonte intelectual mais amplo era sua localização na Rota da Seda, que havia muito tempo conectava a Mesopotâmia à Ásia. Algumas das histórias incluídas nas duas coletâneas persas vinham, por exemplo, da Índia. A Casa também continha tratados indianos sobre astronomia, inclusive o *Sury Siddhanta*, que descrevia modos de calcular as órbitas de vários objetos celestes, traduzidos do sânscrito para o árabe.[9] Um dos predecessores de al-Ma'mun criou um instituto de astronomia em Bagdá, demonstrando a que ponto a nova cidade pretendia reunir e armazenar conhecimento.

Embora muitos textos chegassem a Bagdá vindos do Leste, alguns provinham da direção oposta, incluindo os *Elementos* de Euclides, com sua famosa definição do círculo como um conjunto de linhas de mesmo comprimento partindo de um mesmo ponto. Os moradores de Bagdá decerto entendiam e gostavam da definição euclidiana do círculo, pois a cidade também procurava ser o ponto central de onde todas as linhas da mesma forma irradiavam, e não só em termos arquitetônicos.[10] Os eruditos da cidade almejavam reunir conhecimentos de todos os lugares e trazê-los ao que Euclides chamaria de "o ponto", que definia como "o centro do círculo".

De início, Euclides foi o único autor grego a ser homenageado, mas logo o número de traduções do grego para o árabe, às vezes passando pelo persa, começou a aumentar — sobretudo com as obras de Aristóteles (em quem Euclides também havia se baseado). Em parte, graças a essas traduções, Aristóteles ficou conhecido apenas como o Filósofo.[11] O maior entusiasta em promover esse projeto de tradução cada vez mais amplo era al-Ma'mun.

O tipo de conhecimento acumulado em Bagdá abrangia ciência, tecnologia, engenharia e matemática, além das humanidades, lembrando-nos que nosso sistema atual não é a única maneira de organizar o conhecimento. Em Bagdá, a astronomia, a matemática, bem como os tratados de medicina eram transmitidos ao lado de textos de literatura e história. Os eruditos consideravam essas áreas de conhecimento interligadas. Uma coisa era clara: os governantes e eruditos de Bagdá haviam concluído que diversos conteúdos produzidos no passado seriam úteis no presente.

O predomínio crescente de textos gregos nesse projeto de tradução não surpreendia, visto que a conquista árabe se expandira depressa para o Leste, incorporando a Pérsia e a Báctria (atual Afeganistão), e por fim alcançando a Índia. Ao conectar a Índia ao Oriente Médio, esse novo Império Muçulmano reconstituía o extenso território por onde Alexandre, o Grande, difundira assentamentos gregos, a língua grega e o aprendizado do grego.[12] Depois da morte de Alexandre, seu império se fragmentou em diversas partes, cada qual comandada por um general distinto, mas com isso a língua grega — e, portanto, o aprendizado do idioma — foi no longo prazo compartilhada numa extensa região (levando Ashoka a colocar num de seus pilares uma inscrição no idioma). O centro do mundo grego de Alexandre era a Biblioteca de Alexandria, que agora fora incorporada ao mundo árabe.[13] Ao beber da cultura grega, os dirigentes árabes não precisavam ir além das fronteiras de seu reino, bastando-lhes ir ao passado: seu novo império se erguia sobre uma série de reinos já existentes. Em vez de erradicar o que tinha vindo antes, preservaram-no, traduziram-no e incorporaram-no à sua concepção de mundo.

O novo mundo árabe também se apoiou sobre o Império Romano. A parte ocidental do império havia entrado em declínio, invadida pelos godos da Europa central. Apenas a parte oriental, com seu centro em Bizâncio, sobrevivia, embora grande parte de seu território estivesse nas mãos dos árabes.[14] Em seu estado reduzido, Bizâncio se fechou em si mesma e perdeu o interesse de preservar o corpo completo do pensamento grego. Em parte, o problema era que a cidade se via como a última defensora da cristandade no Leste, o que significava que passara a desconfiar cada vez mais de seu próprio passado pré-cristão. Em 529, o imperador Justiniano proibiu que os pagãos ensinassem, inclusive eruditos mergulhados em textos remanescentes do passado pagão, como os de Euclides, Ptolomeu e Aristóteles — precisamente os pensadores que a seguir seriam traduzidos para o árabe.[15] Ou seja, os textos pagãos teriam de ser traduzidos por eruditos cristãos, se tanto. (Não era apenas o conhecimento do cânone pré-cristão que se perdera; Bizâncio também perdeu a arte de erguer grandes colunas de pedra, elementos centrais na construção de praças do mercado e templos gregos, e de fundir em bronze, à medida que diminuíam as ambições econômicas e artísticas da cidade.[16])

Felizmente, a Casa da Sabedoria de Bagdá assumiu a tarefa de preservar o mundo clássico numa época em que o Sacro Império Romano do Oriente parecia abandoná-lo. Não era uma situação muito diferente da do budismo, que perdeu terreno na Índia, mas floresceu traduzido na China e, depois, quando o budismo passou a ser perseguido ali, prosseguiu no Japão. Assim Bagdá cresceu em conhecimento, traduzindo e armazenando seu aprendizado de culturas diferentes em seu centro do poder, de onde quer que viesse esse conteúdo. Ao buscar o conhecimento de locais distantes, os eruditos em Bagdá adotavam uma famosa declaração atribuída ao profeta Maomé: "Buscai o conhecimento, mesmo que seja [tão distante quanto] a China, pois a busca do conhecimento é um dever religioso de todos os muçulmanos".[17]

Apesar das vantagens do projeto de Bagdá em montar um acervo, o influxo de textos estrangeiros resultou numa reação contrária. O imperador Justiniano, com seus éditos contra o ensino pagão, não era o único que se preocupava com a existência de tradições pagãs; os eruditos islâmicos também o faziam, e por razões semelhantes: o problema era como reconciliar o monoteísmo e o conhecimento pagão. O islamismo agora era dominante num amplo território e estava ansioso por fazer novas conversões. Seus adeptos não viam muitos problemas em obras como a geometria de Euclides ou os métodos indianos de calcular os movimentos dos corpos celestes. Mas Aristóteles criara um sistema de pensamento que incluía concepções fundamentais sobre a natureza do universo, uma explicação das razões pelas quais as circunstâncias eram como eram, que poderiam ser consideradas conflitantes com postulados básicos do islamismo (ou talvez fossem apenas outra versão do conflito de Sócrates com sua própria cidade, por ter introduzido novos deuses). Foi nesse ponto de contato que a diferença entre formas mais técnicas de conhecimento e crenças fundamentais, entre o como e o porquê, ocupou o primeiro plano.

Os promotores do projeto de tradução de Bagdá não se demoveram, em parte porque perceberam que o islamismo não se enfraquecia ao aproximarem o conhecimento grego do Império Árabe. Harun al-Rashid e seu filho viram que o islamismo, na disputa entre religiões e filosofias diversas, precisava de ferramentas mais aguçadas, e estavam dispostos a encontrá-las, fosse em terras distantes ou nos remanescentes intelectuais do passado. Havia uma disputa entre diferentes tradições relativas aos porquês; a força e a sofisticação da cultura corrente aumentariam com o conhecimento do que haviam produzido as culturas pregressas. Além disso, havia muitos aspectos técnicos na busca dos porquês — formas de argumentação, consistência lógica, técnicas de reflexão e escrita — que podiam ser transferidos de uma cultura para outra. As ferramentas de reflexão, disponíveis graças ao projeto de tradução, ajudavam governantes e religiosos islâmicos a debater com os representantes de outras religiões.

Bizâncio era um exemplo claro de como a interiorização e o encerramento das possibilidades intelectuais acompanham — e às vezes aceleram — o declínio. Harun al-Rashid e al-Ma'mun percebiam que, se quisessem criar um império mundial, não podiam se isolar do mundo. (Bizâncio, alguns séculos depois do édito de Justiniano, renovou o interesse por textos da Antiguidade clássica, incentivado pela imperatriz Irene, que assumiu o poder em 780 e chamou de volta os eruditos exilados. Ademais, era possível faturar com a venda de cópias de textos clássicos a colecionadores de Bagdá.)[18]

O projeto de tradução de Bagdá foi uma demonstração de um princípio importante na história cultural: tomar emprestado produtos culturais pode ser uma enorme fonte de poder. Em vez de enfraquecer a cultura, é possível fortalecê-la, fornecendo-lhe recursos culturais, percepções e qualificações que se perdem para os que se preocupam com a proveniência, a propriedade ou a pureza ideológica.[19]

Foi essa abertura mental que contribuiu para converter Aristóteles numa figura que podia visitar al-Ma'mun em sonho. Ao relatar o que havia sonhado, fosse verídico ou inventado, o califa indicou que Aristóteles fora expulso de Bizâncio e encontrara refúgio em Bagdá, e que os árabes eram os verdadeiros herdeiros da Grécia antiga.

Ibn Sina (980-1037) nunca relatou nenhum sonho, mas devia sonhar com frequência com Aristóteles, visto que dedicou toda a sua vida ao Filósofo. Mais conhecido no Ocidente pela versão latina de seu nome, Avicena, ele cresceu na cidade de Bukhara no Nordeste da Pérsia (atual Uzbequistão), região que al-Ma'mun recebera do pai.[20] Como a maioria dos habitantes daquela região, Ibn Sina falava persa, mas se adaptou aos novos dirigentes e escrevia sobretudo em árabe. Sua educação e a obra de sua vida ilustravam os resultados do projeto de tradução de Bagdá e demonstravam o que se podia fazer com o conhecimento acumulado por meio desse projeto. Pois não bastava preservar a sabedoria da Grécia antiga, da Índia e de outras tradições: essa sabedoria devia ser processada e adaptada a novas circunstâncias. Devia ser utilizada.

De início, Ibn Sina estudou o Corão, o que, segundo o método de ensino dominante, consistia em decorar trechos. Aos dez anos, ele sabia recitar o texto inteiro, o que lhe forneceu uma base para depois escrever em árabe. O passo seguinte em sua educação se deu graças a um mercador indiano, que lhe ensinou aritmética. Então, teve a sorte e o privilégio de ter um professor que o apresentou a outro fruto do projeto de tradução de Bagdá, conhecido na época em árabe como *falsafa*, uma adaptação da palavra grega *philosophia*.[21] O adolescente Ibn Sina, absorvendo essas tradições e essas formas de conhecimento extremamente diversas, sentia-se empolgado, mas também um tanto confuso. Ele tinha questões nomeadamente com a metafísica de Aristóteles, cujos argumentos abstratos sobre causas e efeitos lhe pareciam interessantes, mas difíceis de compreender. Por sorte, encontrou um mascate de livros vendendo um tratado de al-Farabi, um dos primeiros eruditos islâmicos a se declarar estudioso de *falsafa*, que explicava Aristóteles para seus ouvintes falantes de árabe.[22]

Como erudito em formação, Ibn Sina teve outra oportunidade feliz ao obter acesso à biblioteca do sultão local. As autoridades locais do mundo árabe, inclusive as de Bukhara, imitavam Bagdá, com sua concentração de manuscritos e eruditos. O projeto de tradução se irradiara, alcançando estudantes em diversas partes do império.

O projeto de tradução de Bagdá criou não só condições para o aprendizado de pessoas como Ibn Sina, como também um mercado para explicar em que consistia todo esse novo saber. Um mercador que Ibn Sina conhecia e que sempre tivera curiosidade em relação à *falsafa* encomendou a ele um resumo e uma explicação. Essa tarefa o tocou num talento específico: mostrar como tradições e diferentes formas de compreensão podiam se compatibilizar. Ao longo das várias décadas seguintes, ele se tornou um grande sintetizador do conhecimento. Com isso, desenvolveu uma nova forma de pensamento.

No momento em que Ibn Sina entregava aquela primeira encomenda, o mundo à sua volta — o acesso à biblioteca do sultão, a rede de professores em Bukhara — começava a se desfazer. Por causa de conflitos entre dirigentes locais, ele precisou fugir. Passou o resto da vida basicamente como um apátrida, procurando novos patronos que lhe fizessem encomendas e lhe dessem acesso a livros. Havia períodos de relativa estabilidade, como quando pôde morar e trabalhar em Isfahan, mas, no geral, sua vida foi marcada por fugas e prisões e por uma busca desesperada por segurança. Em idade mais avançada, foi afetado por uma doença debilitante que lhe dificultava escrever à mão.[23] Ibn Sina registrou essas experiências numa curta autobiografia, em que também apresentava sua formação, mas não quis se deter sobre seus problemas. "A necessidade me guiou": foi apenas o que disse sobre ter sido perseguido de cidade em cidade, às vezes escapando no último instante.[24] Eram coisas que não podiam ser evitadas, mas não valia a pena se demorar sobre elas. A única coisa que importava era a *falsafa*.

Ao longo de toda a sua vida volátil, Ibn Sina nunca parou de ler, ensinar e escrever. Aquela primeira encomenda nortearia seu intelecto para refletir sobre as possibilidades de conjugar tradições e ramos diversos de conhecimento. Para essa tarefa, o guia perfeito era Aristóteles, porque era isso, em certo sentido, que ele havia feito, era essa a razão pela qual o chamavam de o Filósofo; ele tinha criado um sistema de pensamento — que já era trabalhado por eruditos em Alexandria antes de chegar a Ibn Sina. Era exatamente desse sistema que a concentração de conhecimento na Casa da Sabedoria precisava, uma maneira de classificar e integrar algo que, de outro modo, não passaria de um amontoado sortido de curiosidades históricas.

Para Ibn Sina, o conhecimento se enquadrava nas seguintes categorias, criadas por Aristóteles, mas agora usadas de maneira mais sistemática:[25]

1. LÓGICA. Essa área de conhecimento é a espinha dorsal da arte de raciocinar, desenvolvida no início por Aristóteles. Ela inclui outras formas de organizar o pensamento por meio da linguagem, incluindo os livros de Aristóteles sobre retórica e poética, bem como seu tratado sobre a tragédia grega. (A *Poética* de Aristóteles era difícil para a maioria dos críticos árabes, visto que não havia nada equivalente ao teatro grego no mundo árabe.)

2. MATEMÁTICA. Aqui, Ibn Sina não se limitava a Aristóteles, mas incluía a astronomia, a óptica e a teoria musical, entendidas como a relação entre escalas, muitas vezes expressas como frações matemáticas. Logo os matemáticos árabes iriam liderar o mundo nesse campo, entre outras coisas, por utilizarem o valor do zero — razão pela qual os numerais arábicos são hoje usados na maior parte do mundo.

3. FÍSICA. Baseada em Aristóteles e outros, essa área se referia à parte observável do universo, o que chamaríamos de natureza, inclusive a natureza dos corpos, tanto animados quanto inanimados, seu movimento e comportamento, diversos tipos de causas, mudanças e continuidades, mas também a natureza do universo em geral, a noção de tempo e a eternidade.

4. METAFÍSICA. Essa área de conhecimento foi no princípio chamada de metafísica porque os livros de Aristóteles sobre o assunto eram colocados depois (*meta*) dos de física. Incluíam grande parte

do que, desde então, veio a ser conhecido como filosofia — ou *falsafa*, em árabe —, a saber, reflexões (o que às vezes chamamos de metarreflexões) sobre a existência, o conhecimento e a razão. Essa parte da filosofia de Aristóteles era também uma resposta a seu mestre Platão e sua teoria das formas eternas.

A divisão em quatro ramos era apenas um esquema simplificado. Ibn Sina também precisava incluir formas mais práticas de conhecimento, como a medicina, que tinha um papel importante em sua obra e, de modo mais geral, no projeto de tradução de Bagdá. Por fim, Aristóteles escrevera sobre ética, os princípios regendo a conduta humana em relação a outros humanos, o que também incluía a política, a ciência do governo e a economia, palavra derivada do grego *oikos*, casa.

Alguns aspectos desse esquema podem parecer familiares, mas outros, como a inclusão da música como parte da matemática, não. Isso serve para nos lembrar que a filosofia, tal como foi concebida por Aristóteles e adaptada por Ibn Sina, é mais uma disciplina que passou por mudanças significativas antes de acabar na área de humanidades, como no sistema universitário atual. Para Aristóteles e Ibn Sina, ela abrangia muitas partes do que hoje chamamos de ciências naturais e ciências sociais, que se desprenderam da filosofia ao longo dos séculos XVI e XVII, sob o rótulo de "filosofia natural". Já outras partes, como a lógica e a matemática, acabaram ficando entre ciência, tecnologia, engenharia e matemática atuais. E, embora as pesquisas universitárias de hoje se orgulhem de desenvolver um trabalho interdisciplinar, não incentivam a criação de um sistema unificado de conhecimento, como Aristóteles e Ibn Sina haviam feito.

Ibn Sina, apesar de sempre reconhecer Aristóteles como o criador desse sistema, não estava nem achava que estivesse apenas repetindo ou popularizando o sistema de Aristóteles; pelo contrário, desenvolveu-o, expandiu-o e incorporou nele outras fontes de conhecimento.[26] E, mais importante, Ibn Sina refletiu sobre diversos tipos de conhecimento, indagando também como, em primeiro lugar, podemos conhecer as coisas. Ele concluiu que todos os seres humanos, e apenas estes, são dotados da capacidade de pensamento racional, que pode ser elaborado pelas regras da lógica, o que Aristóteles chamara de alma racional.

Acima de tudo, Ibn Sina precisava tratar da questão que perseguia todos que participavam do projeto de tradução de Bagdá: como tal sistema se relacionava com o islamismo e sua concepção de um Deus criador, assim como se revelara ao profeta Maomé, se transmitira aos escribas e fora escrito no Corão sagrado? Ora, o islamismo, tal como fora elaborado por eruditos devotados ao *kalam*, a teologia islâmica, conferia alto valor ao conhecimento (*'ilm*), o que tornava o pensamento desses estudiosos compatível com o que Ibn Sina propunha (é possível que a importância do conhecimento para a teologia islâmica fosse, ela mesma, consequência indireta do projeto de tradução de Bagdá).[27] Para aproximar ainda mais Aristóteles e o islamismo, Ibn Sina se deteve na ênfase de Aristóteles sobre as causas e propôs que Deus era a causa última de todas elas. Por isso o universo podia ser conhecido de forma racional, por meio, por exemplo, das regras da lógica. Mas Deus, a causa última, não.[28]

Apesar de toda sua admiração pelo Filósofo, Ibn Sina não o obedecia cegamente. E essa era toda a questão de ser racionalista: examinava-se um argumento e, se necessário, faziam-se ajustes ou mudanças nele. Ao fim e ao cabo, Aristóteles era importante não por ser uma autoridade, mas porque aparecera com um método de raciocínio incrivelmente útil, que podia — e devia — ser adaptado ao aqui e agora. Ibn Sina teve o talento de colocar cada ciência dentro de um esquema maior. Suas obras se tornaram modelos para o que a Idade Média latina chamaria de *summa*, a soma do conhecimento.

Escrever uma *summa* não era uma simples questão de explicar o pensamento de outra pessoa. Embora Ibn Sina se permitisse uma liberdade cada vez maior para se afastar de Aristóteles, ainda assim sentia necessidade de justificar esses afastamentos. Às vezes, explicava que Aristóteles se calara de forma deliberada sobre certas questões, temendo que sua obra caísse em mãos erradas. Só agora os críticos podiam trazer à luz essas dimensões ocultas. Outras vezes, reclamava que não dispunha dos livros adequados para consulta — desculpa plausível em vista de sua vida caótica — e, portanto, poderia estar se afastando do Filósofo mais do que gostaria.[29] Mas nunca desistiu do objetivo da *summa*, o maior desafio intelectual para alguém que crescera em meio à compilação do conhecimento realizada pela Casa da Sabedoria de Bagdá.[30]

A obra de Ibn Sina é um bom exemplo dos poderes criativos liberados pelo comentário e pela interpretação. Ao usar Aristóteles, ele não estava apenas homenageando um filósofo antigo; era um processo ativo que envolvia muito trabalho original. Com efeito, a questão não era que Aristóteles tinha ocultado partes importantes de sua obra para que intérpretes posteriores, como Ibn Sina, as descobrissem; era Ibn Sina que disfarçava seu próprio pensamento original, ao fingir que se limitava apenas a destacar pontos originalmente apresentados por Aristóteles.

Ao criar uma síntese abrangente do conhecimento disponível, Ibn Sina formou os moldes com que se praticaria a filosofia pelos vários séculos seguintes. Mesmo hoje, uma boa parte do trabalho nas humanidades consiste em comentar um cânone (Ibn Sina importou o termo para o árabe como *qanun*), ainda que seja um cânone em mudança constante. É um modo de fazer filosofia que mostra o desejo de preservar o passado, mas também de usá-lo de forma ativa no presente; nasce de nossa capacidade de armazenar pensamentos e argumentos e de traduzi-los para o presente e entre as culturas. É um modo de conduzir a pesquisa humanista que valoriza acima de tudo a coleta, a preservação, a combinação e a concentração de recursos intelectuais de tempos e lugares distintos, como o caminho mais provável para alcançar os desafios do presente.

A *summa* era um modo de administrar as informações que nascera da sensação de que existiam obras importantes que deviam ser coletadas e preservadas para serem usadas a posteriori. Essa sensibilidade é, talvez, muito explícita para nós, que conhecemos não apenas a importância de armazenar, como também da pesquisa, das coleções e dos metadados, e sabemos como é se sentir empolgado e sobrecarregado com o excesso de informações. Temos acesso a uma variedade muito grande de recursos, mas nem sempre sabemos o que procurar e o que fazer com o que encontramos.

É coerente que essa sensibilidade tenha sido desenvolvida por alguém que morava na Rota da Seda, vivia num império que conectava a Índia à Grécia, valorizava o armazenamento da cultura como um ideal e enxergava a transferência e a tradução de textos antigos e estrangeiros não como ameaça, mas como enriquecimento — ainda que exigisse novos jeitos de administrar as informações.

Para alguém cujo modo de filosofar dependia da coleta de textos que tinham sido preservados desde uma época muito distante, Ibn Sina era muito ruim em coletar e preservar sua própria obra. Mas, de maneira geral, não por culpa sua. Mesmo nas melhores circunstâncias, a manutenção do registro de toda uma carreira antes da invenção do prelo não era algo fácil. Alguns dos primeiros sumários de Ibn Sina, por exemplo, foram encomendados por patronos específicos, que pagariam depois de receber um texto manuscrito em exemplar único. Se Ibn Sina quisesse manter uma cópia para si, precisaria escrevê-la ou contratar alguém para isso, o que significava que poderia haver no mundo dois exemplares de qualquer texto seu. Seria fácil perder a cópia adicional entre as diversas fugas e partidas súbitas que Ibn Sina fora obrigado a realizar ao longo da vida. Se perdesse sua única cópia, teria de localizar seu ex-patrono ou seus descendentes, o que costumava ser impossível devido à agitação política. Numa situação dessas, poderia tentar recriar a obra de memória, mas por que faria isso? Não seria melhor remodelar tudo de outro modo, talvez com alguns aprimoramentos, e escrever o que seria em essência uma nova obra? Essa reescrita caracterizou vários tratados de Ibn Sina.

As pessoas que deviam pôr ordem nessa confusão, fazer cópias dos trabalhos de Ibn Sina e procurar os textos extraviados eram seus estudantes.[31] Ibn Sina comenta em sua autobiografia as noites que passava debatendo com um grupo inteiro de estudantes, enquanto bebiam vinho (pelo visto, tido como compatível com o islamismo). Mas cita o nome de apenas um deles, al-Juzjani, incumbido de coletar e copiar o trabalho do mestre. Aumentando a fama de Ibn Sina, surgiu um novo problema: a falsa atribuição de alguns textos a ele. Com isso, al-Juzjani precisava frequentemente autenticar a autoria dos trabalhos, como escritos ou reescritos por Ibn Sina. Por fim, o próprio al-Juzjani passou a incentivar Ibn Sina a escrever novos trabalhos ou a recriar os perdidos, e muitas vezes ele mesmo anotava o que era ditado.

Foi graças ao empenho de al-Juzjani que algumas obras sobreviveram, e conhecemos outras por meio de bibliógrafos posteriores. (A idade de ouro das letras árabes deu origem a extensas bibliografias, em mais uma tentativa de coletar e catalogar diversas formas de conhecimento.) Outros estudantes trabalhavam basicamente escrevendo seus próprios sumários e comentários da obra de Ibn Sina, inclusive Bahmanyar, um possível zoroastrista, Ibn Zayla, que comentou as obras de sentido mais escorregadio de Aristóteles, e al-Lawkari, cuja *summa* contribuiu muito para divulgar o método da argumentação racional, central na obra de Ibn Sina.[32] Dessa maneira, o pensamento de Ibn Sina sobreviveu por vias semelhantes ao trabalho que fora desenvolvido no projeto de tradução de Bagdá — isto é, resumindo e sintetizando.

A Bagdá medieval, centro da idade de ouro das letras árabes, com sua produção de papel, sua Casa da Sabedoria e sua concentração de tradutores, críticos e estudiosos, não sobreviveu às devastações do tempo. O problema, mais uma vez, era o material com o qual foi construída, tijolos de barro, que eram abundantes e permitiram o surgimento dos primeiríssimos espaços urbanos, mas que não duravam mais do que umas poucas gerações. Em contraste com, digamos, a Aquetáton de Nefertiti, que foi abandonada, Bagdá teve o infortúnio — do ponto de vista da preservação — de ser continuamente ocupada desde sua fundação pelos antepassados de al-Ma'mun, o que significava que a cidade vivia em permanente reconstrução. Com isso, todos os vestígios de sua arquitetura original foram destruídos de modo irreversível, e assim não fazemos a menor ideia da aparência da Casa da Sabedoria ou mesmo se era num edifício específico.

Felizmente, podemos ver essa casa pela marca que imprimiu. A marca foi enorme, convertendo não só Bagdá, mas todo o Império Árabe num centro de saber, o lugar onde se desenvolviam novas formas de preservação e produção de conhecimento. De todo modo, talvez nunca tenha sido uma casa, e sim uma ideia de coletar, traduzir e sintetizar o conhecimento, algo que, afinal, nem dependia de um lugar específico, mas se alicerçava numa certa postura em relação ao passado e aos produtos de outras culturas. Ibn Sina não tinha o luxo de trabalhar num local só ou de sequer manter a posse de seu próprio trabalho, e mesmo assim sua obra se revelou fundamental.

Graças ao Império Árabe, o projeto de tradução iniciado em Bagdá e realizado por Ibn Sina se irradiou até os cantos remotos de uma área cada vez mais gigantesca. Em Delhi, cujo controle logo foi assumido por dinastias islâmicas, um sultão ouviu falar da *summa* mais influente de Ibn Sina, intitulada *A cura*, e encomendou uma refinada cópia para si mesmo.[33] O sultão era Muhammad ibn Tughlaq, cujo filho tanto se interessaria pelo pilar de Ashoka: talvez a cópia que o pai tinha de Ibn Sina tivesse atiçado o interesse do sultão Firuz pelo passado distante.

Ao mesmo tempo, a Casa da Sabedoria projetava sua influência a oeste, estendendo-se até a península Ibérica, onde as forças árabes haviam estabelecido a maior província islâmica na Europa. Foi por essa rota que a obra de Ibn Sina e outros frutos do projeto de tradução de Bagdá alcançaram a Europa Ocidental. Disso resultou um ato de empréstimo cultural que foi falsamente chamado de Renascimento.

8. A rainha da Etiópia acolhe os ladrões da Arca

A antiga igreja de Santa Maria de Sião, em Aksum, na Etiópia. (Foto: Sailko)

A cidade de Aksum, no planalto de Tigré, na Etiópia, abriga a igreja de Maryam Syon, ou Santa Maria de Sião. Centro do cristianismo etíope, a igreja foi reconstruída muitas vezes. Sua versão mais recente é de 1965, quando o imperador Haile Selassie construiu uma estrutura em forma de domo, moderna e arejada, sustentada por grandes arcos e vitrais.[1] Essa construção está perto de outra mais antiga, que também tem ogivas em arco, mas num edifício retangular, menor e mais escuro datado do século

xvii. Mas mesmo essa igreja ocupou o lugar de várias outras mais antigas, remontando até o século iv, quando o cristianismo chegou à Etiópia.

Ao longo da volátil história de destruição e reconstrução dessa igreja em diversos estilos e materiais, uma coisa se manteve: ela contém um *tabot*, que designa tanto as tábuas de pedra em que foram escritos os Dez Mandamentos quanto a Arca da Aliança, isto é, a caixa onde elas estão.[2] Com efeito, o nome da igreja vem desse *tabot*, visto que Syon (ou Sião) aqui designa a Arca, e não o monte Sião em Jerusalém.[3] Todas as igrejas etíopes contêm um *tabot* simbólico, mas se dizia que o que está na igreja de Maryam Syon era a Arca original, com os Dez Mandamentos originais.[4] Como esse objeto sagrado do povo judeu foi parar numa igreja etíope?

De acordo com a Bíblia hebraica, Moisés construiu a Arca da Aliança segundo as especificações que Deus lhe dera no monte Sinai. A Arca era um baú de madeira revestido de ouro, para abrigar as duas tábuas de pedra nas quais Moisés escreveu os Dez Mandamentos, tal como lhe foram ditados por Deus.[5] Aonde quer que os israelitas fossem, a Arca era transportada sobre duas longas varas, oculta aos olhos sob densos cortinados feitos de pano e couro, formando uma tenda ou tabernáculo. Era o mais próximo de um ídolo que os israelitas tinham e era mantida sob vigilância. Certa vez, a Arca foi capturada pelos filisteus, mas ela lhes acarretou tantas pragas que eles a devolveram depressa, aliviados por se livrar daquele objeto misterioso. O rei Davi levou a Arca para Jerusalém, onde o rei Salomão construiu um templo para lhe dar um lar permanente.

A Arca permaneceu em segurança no templo até 587 a.C., quando a cidade foi destruída por Nabucodonosor, momento em que a Bíblia hebraica perde os rastros dessa caixa preciosa. Não há menção a ela entre os objetos que o povo judeu trouxe em seu retorno do exílio babilônico, para reconstruir sua cidade e seu templo.[6] Outras fontes são igualmente imprecisas a respeito de seu destino. O general romano Tito Vespasiano, ao saquear Jerusalém no ano 70 d.C., destruiu o templo e levou para Roma seus objetos mais valiosos, incluindo um candelabro de ouro, mas a Arca não estava no meio deles. Em algum momento entre a primeira e a segunda destruição do templo, perdeu-se a santíssima Arca da Aliança entre Deus e o povo judeu. Quem foi o responsável?

Encontra-se uma solução para esse enigma num intrigante texto escrito em gueês, a antiga língua dos escribas da Etiópia. Chamado *Kebra Nagast*, o texto revela que a Arca foi roubada na época do rei Salomão. Quanto ao culpado, o texto aponta com orgulho a Etiópia, governada por uma rainha lendária.

A Bíblia hebraica descreve a rainha de Sabá em sua visita ao rei Salomão, chegando com grande séquito e uma cáfila de camelos carregados de especiarias, ouro e pedras preciosas como presentes diplomáticos. Antes de lhe dar esses valiosos presentes, ela o interrogou até se convencer de que o rei Salomão era de fato tão sábio quanto diziam. O rei, decerto lisonjeado com esse julgamento, retribuiu a generosidade da rainha lhe ofertando muitos presentes. Antes que ela partisse de volta ao seu país, o rei também lhe mostrou o palácio e o templo, pelos quais sentia um justificado orgulho.[7]

O *Kebra Nagast* conta uma história diferente. Diz que se tratava de uma rainha etíope que se permitiu enlaçar pelo rei Salomão e, quando voltou à sua terra, levava um filho dele. Quando o filho de ambos, Menelik, atingiu a maioridade, a rainha o enviou a Jerusalém, com um anel que o rei Salomão dera a ela, para que Menelik fosse identificado pelo pai. Fiel à sua celebrada sabedoria, o rei Salomão reconheceu Menelik, acolheu-o como filho e até o declarou como seu primogênito oficial, o que significava que Menelik acabaria herdando o reino e governando os israelitas.

Mas Menelik não queria governar em Jerusalém; queria voltar para casa, para perto da mãe. Relutante, Salomão deixou que o filho partisse e providenciou um grupo de rapazes para acompanhá-lo, uma espécie de guarda de honra composta pelos filhos das famílias mais nobres de Jerusalém. Os filhos se sentiram um tanto ambivalentes por ter de partir e, talvez por ressentimento ou para levar algo de casa com eles, armaram um plano para roubar a Arca.

Depois de alguns dias da partida de Menelik e seus acompanhantes, Salomão constatou o roubo e decretou que seus soldados fossem atrás deles. Mas era tarde demais. A Arca dera asas a Menelik e aos companheiros, permitindo-lhes chegar em segurança à Etiópia, onde Menelik foi coroado rei. Tudo isso explicaria por que a Arca não estava no templo quando Jerusalém foi destruída primeiro por Nabucodonosor e depois por Tito. Ela estivera tranquilamente assentada em Aksum, a capital da Etiópia, durante séculos.[8]

Quem teria escrito um texto tão engenhoso e atípico? A versão remanescente do texto foi usada e promovida pelo rei Amda Seyon, ou Pilar do Sião (1314-44), mas muito provavelmente se baseava em versões e materiais anteriores.[9] Ao contrário de predecessores mais distantes, Amda Seyon dizia ser descendente do rei Salomão, e reforçava essa sua linhagem por meio do *Kebra Nagast*. Mas o texto ia muito além da mera confirmação de sua ascendência real. Ele fornecia às diferentes tribos e grupos linguísticos que ocupavam os planaltos da Etiópia o senso de um passado em comum; *kebra nagasta* significa "grandeza de reis", mas sua finalidade era estabelecer a grandeza da Etiópia. O sucesso da dinastia salomônica da Etiópia ilustra bem a força de se ter uma mesma história fundacional, coisa que os compiladores desse texto podem ter aprendido com seu próprio texto-fonte, a Bíblia hebraica.

Ao contar a história do roubo da Arca, a Etiópia se associava a uma dinastia judaica, declarando-se sua descendente direta — apoiada numa história de sucessão dinástica, muito mais concreta do que em meras traduções de textos ou importações de artefatos. O *Kebra Nagast* não é o único a buscar esse tipo de transferência ou enxerto cultural: Virgílio declarou que o fundador de Roma tinha sido o troiano Eneias, enquanto o *Livro dos reis* persa afirma que Alexandre, o Grande, era o filho secreto de uma princesa persa e, portanto, devia ser celebrado como um rei persa chamado Iskandar. O *Kebra Nagast* apenas dá um passo a mais, ao vincular a descendência dinástica ao roubo da Arca. Com isso, ele permite à Etiópia não só invocar suas origens bíblicas, mas também transferir o centro de gravidade religioso de Jerusalém para Aksum. O *Kebra Nagast* é um exemplo fascinante do que poderíamos chamar de empréstimo estratégico, disfarçado de roubo.

O outro aspecto notável nessa história é que o *Kebra Nagast* não foi usado por judeus etíopes, que podiam ter um compreensível interesse em invocar uma relação íntima com Jerusalém. Ele foi usado por cristãos etíopes. A Arca roubada é a fundação sobre a qual se ergue o cristianismo etíope.

O *Kebra Nagast* é uma boa lembrança de que o empréstimo cultural se dá em todos os campos de criação de sentido, da filosofia e da literatura sapiencial à arte e à religião. Isso se manifesta com a máxima clareza no caso do próprio cristianismo. Originalmente, o cristianismo era uma ramificação do judaísmo, fruto de uma onda de judaísmo messiânico que tinha em Jesus de Nazaré um de seus vários exemplos. Jesus aprendera a ler a Bíblia hebraica e, à luz desse texto antigo, viu a si mesmo como o Messias anunciado pelos profetas.[10] No século após sua morte, os seguidores de Jesus foram se afastando aos poucos da corrente dominante do judaísmo e, por fim, romperam com ele, tendo Paulo como guia, dando origem a uma nova religião.[11] Mas não foi uma ruptura definitiva. Jesus, afinal, considerara que sua própria vida era o cumprimento da Bíblia hebraica. Nunca lhe passaria pela cabeça criar uma escritura que servisse de texto fundacional para uma nova religião. Com efeito, ele não escreveu uma única palavra.[12] Só depois da sua morte é que seus seguidores escreveram histórias sobre sua vida, às quais se acrescentaram epístolas e outros textos de pessoas que nunca tinham conhecido o Jesus histórico em pessoa. Por fim, esses textos acabaram se tornando uma nova escritura.

Enquanto a Bíblia hebraica era uma colcha de retalhos com textos reunidos por escribas ao longo de séculos e escritos em hebraico, esses novos relatos sobre Jesus foram compostos num período muito mais curto e em grego.[13] O problema não se resumia à diferença de estilo. Entre os novos relatos sobre Jesus, muitos não eram de testemunhas oculares e vários divergiam sobre pontos essenciais. Os eruditos cristãos tentaram resolver esses problemas em diversos encontros, chamados concílios, que se realizavam em todo o Oriente Médio e durante os quais decidiam quais textos sobre Jesus deviam ser considerados autênticos e quais eram inautênticos ou apócrifos, como deviam ser ordenados e interpretados (à semelhança dos conselhos formados pelos seguidores do Buda após sua morte). Os eruditos nem sempre concordavam, o que levava a profundas divisões e até a seitas dissidentes. Diversos concílios procuravam julgar essas disputas e costurar as divisões, nem sempre com êxito.

Outro problema era a relação que esse novo cânone de textos devia estabelecer com o antigo cânone. A solução foi renomear a Bíblia hebraica como Antigo Testamento, e o cânone cristão como Novo Testamento. Apesar das diferenças de idade e de estilo, era preciso fazer uma costura que juntasse esses dois grupos de textos, de modo que os cristãos ainda pudessem se sentir associados à fé do Jesus histórico e à sua Bíblia hebraica, e mesmo assim sabendo que essa Bíblia era apenas a base sobre a qual tinham construído uma religião distinta.

O trabalho de costurar os dois textos foi empreendido por críticos, que examinavam a Bíblia hebraica em busca de figuras e imagens que pudessem ser vistas como uma antecipação do cristianismo. O trabalho deu certo, para a satisfação dos cristãos, graças à engenhosidade desses intérpretes que moravam não só em locais como Alexandria, Jerusalém e Antioquia, como também mais a leste (incluindo o mosteiro nestoriano ao sul de Bagdá, onde depois os monges traduziriam textos gregos para o árabe).

Foi sob esse contexto que o cristianismo chegou à Etiópia, em algum momento do século IV, provavelmente passando pela Síria. Esse ramo específico do cristianismo se chamava miafisita, cujos adeptos acreditavam que o humano e o divino formavam uma natureza una em Cristo, ao passo que os cristãos ortodoxos insistiam em mantê-los como duas naturezas distintas.[14] O *Kebra Nagast* é um texto miafisita, mas não é essa a principal razão de sua importância. Sua engenhosidade consiste em ter utilizado um método diferente, e em muitos aspectos melhor, de relacionar o Antigo e o Novo Testamentos.

O *Kebra Nagast* transita num vai e vem entre histórias do Antigo e do Novo Testamentos, costurando de maneira mais cerrada os dois textos ao usar algumas das interpretações feitas por críticos de todo o Oriente Próximo. O *Kebra Nagast* estabelece essas correlações não por meio de comentários, mas narrando histórias. Adão é apresentado como rei, o monarca original de quem descendem todos os futuros reis, inclusive o rei Salomão. Salomão é tido como uma figura similar a Cristo, e muitos episódios da Bíblia hebraica são caracterizados em termos cristãos, como a saída de Daniel da cova dos leões, apresentada como uma espécie de ressurreição. Outras figuras da Bíblia hebraica vistas sob uma luz claramente cristã são Noé, Sansão e Moisés. Dessa forma, o *Kebra Nagast* transita constantemente entre episódios baseados no Antigo e no Novo Testamentos, usando este como lente para aquele.[15]

Essa estratégia constitui o alicerce da história central do roubo da Arca, que se tornou o vínculo mais relevante entre o Antigo Testamento e o cristianismo etíope. Como a Arca e os Mandamentos eram importantes tanto para o judaísmo quanto para o cristianismo, os autores do *Kebra Nagast* podiam sustentar que sua prática do cristianismo, que era menosprezada como seita estrangeira, era, na verdade, uma forma mais antiga e mais autêntica de cristianismo, fazendo da Etiópia uma das primeiríssimas nações cristãs.[16]

No entanto, apesar de toda a vontade de reivindicar sua descendência direta do rei Salomão, o *Kebra Nagast* se vira contra o rei sábio, ao apresentá-lo como um pecador que ludibria a rainha de Sabá para induzi-la à união sexual. Essas fissuras — agravadas pelo roubo da Arca — acabarão por se converter numa guerra efetiva entre a Etiópia e o povo judaico. Em outras palavras, o *Kebra Nagast* quer afirmar uma ligação íntima com uma dinastia judaica e, ao mesmo tempo, denuncia o judaísmo como uma religião equivocada e os judeus como um povo que deve ser combatido.[17] Essa é mais uma consequência do empréstimo estratégico: muitas vezes quem toma emprestado tentará provar sua independência, virando-se contra a cultura da qual fez empréstimos.

Embora o *Kebra Nagast* seja às vezes descartado como um amálgama excêntrico, quando lido, ele é um exemplo irretocável da dinâmica que move o empréstimo religioso e cultural. Pode-se explicar o *Kebra Nagast* como um empréstimo que se vira contra a fonte (a Bíblia hebraica) a que recorreu, criando ao mesmo tempo uma continuidade e uma ruptura, admitindo ser derivado de uma cultura (o judaísmo) à qual então se diz superior — não muito diferente do pergaminho japonês de Kibi e sua sátira de uma missão cultural na China. O *Kebra Nagast* é também uma versão literal do que o cristianismo fez com o judaísmo: alega descender dele e, ao mesmo tempo, disputa com ele a posse de seu passado sagrado (e, de forma reiterada, com as pessoas que se ativeram à tradição original). Descendência e roubo: o *Kebra Nagast* conferiu forma palpável a essas duas operações de empréstimo cultural por meio de sua história sobre o filho etíope de Salomão e o roubo da Arca. Longe de ser algo excêntrico, é assim que as pessoas que chegam mais tarde lidam com o medo de ser derivativas — ao fim e ao cabo, todos chegamos mais tarde ao mundo da cultura, sempre nos deparando com algo que veio antes e com o qual agora precisamos instaurar uma relação dotada de sentido.

Como todas as histórias fundacionais, o *Kebra Nagast* é seletivo e deixa de fora uma variedade de elementos, inclusive o islamismo. Isso é ainda mais surpreendente, pois uma nota anexada ao mais antigo manuscrito existente afirma que, embora estivesse escrito originalmente em copta, derivado do egípcio antigo, ele fora então traduzido para o árabe e só depois, no século XIII, para o gueês etíope. Amda Seyon, em cujo reinado o *Kebra Nagast* adquiriu sua forma definitiva, havia conquistado territórios muçulmanos, e assim a omissão do islamismo no texto é ainda mais notável.

A ausência do islamismo no *Kebra Nagast* pode significar duas coisas: o texto (ou pelo menos as histórias das quais ele derivou) afinal podia ter sido escrito muito tempo antes, numa época em que a Etiópia fora recém-cristianizada e estava tentando definir sua relação com outros centros cristãos, como Bizâncio e Alexandria (onde o copta era uma língua bastante difundida). Nesse cenário, as partes mais antigas do *Kebra Nagast* teriam sido produzidas antes do surgimento do islamismo no século VII.[18] Outra hipótese, e mais provável, é a de que uma versão do texto foi composta em árabe e então traduzida e adaptada em gueês, num momento em que a Etiópia se sentia assediada pelo islamismo e queria criar para si uma história que não tivesse nada a ver com a nova religião (muitos estudiosos agora duvidam que tenha existido uma versão copta).[19] Mas, em qualquer um dos casos, o papel do árabe é central para a história da transmissão porque a versão em gueês, a única que temos, traz uma série de palavras e construções gramaticais que provêm do árabe. O *Kebra Nagast* parece um exemplo incomum do projeto de tradução do árabe, mesmo que seus editores cristãos tenham tentado apagar esse legado.[20]

Em relação ao posicionamento geográfico, a Etiópia sempre esteve intimamente ligada à península Arábica, da qual está separada pelo mar Vermelho, uma via marítima fácil de ser navegada cujo ponto mais estreito mal chega a ter 25 quilômetros de largura.[21] Com efeito, é possível que algumas formas iniciais de cristianismo tivessem chegado à Etiópia passando pelo Sul da Arábia, onde havia fortes influências judaicas e cristãs iniciais.[22] O centro etíope, porém, não ficava na costa, mas num planalto de acesso mais difícil, uma posição que permitia aos habitantes criarem e defenderem um império independente, conectado tanto ao Egito, pelo vale do Nilo, quanto à Arábia, pelo mar Vermelho. A independência geográfica também se expressava em independência linguística. Os dois Testamentos, o Antigo e o Novo, foram traduzidos para o gueês, e o *Kebra Nagast* usa essas traduções como fontes.[23]

A posição do centro etíope se mostrou fundamental durante o período da expansão islâmica, iniciada no século VII. A influência muçulmana veio do Leste, passando pelo mar Vermelho, por meio de uma rede de portos e comerciantes árabes. Mais tarde, a influência árabe veio também pelo Norte, através do Egito, com

O Parque das Estelas em Aksum, na Etiópia. É possível ver ao fundo os restos do Grande Obelisco. (Foto: Sailko)

o qual a Etiópia sempre mantivera laços econômicos e culturais (Aksum era uma cidade de obeliscos em estilo egípcio, alguns dos quais permanecem até hoje). Uma das razões para essa conexão ao norte era o comércio de escravos, visto que o Egito usava etíopes escravizados para suprir seu exército.[24] Outra influência profunda sobre os intelectuais etíopes eram os eruditos que trabalhavam em Alexandria, com suas significativas tradições escribais que remontam à Antiguidade.

O surgimento e a expansão do islamismo podem ser tidos como uma experiência paralela de transferência religiosa e fusão seletiva. Mesmo que o profeta Maomé nunca tenha sido adepto da Bíblia hebraica, sua profecia, ditada a escribas que a converteram no Corão, recorreu de forma sutil a seus materiais, tomando emprestado várias histórias e figuras. Embora seja muito mais distante da Bíblia hebraica do que o cristianismo, o islamismo ainda assim pode ser visto como um projeto de transferência seletiva, uma religião que considerava a escritura mais antiga como um recurso narrativo. Esse empréstimo seletivo incluía a história da rainha de Sabá e sua visita a Salomão (mas não a união sexual entre eles nem o roubo da Arca, que são exclusivos do *Kebra Nagast*).[25]

Os cristãos etíopes coexistiam com os muçulmanos mesmo quando o islamismo se expandiu para o oeste, atravessando a costa Norte da África e entrando na Espanha, e para o leste, em direção a Mesopotâmia, Pérsia e Índia. Os etíopes se mantiveram no cristianismo avançando mais para o interior, cedendo o controle da costa a mercadores árabes.[26] Essa retirada se transformou quase inevitavelmente numa sensação, fosse real ou imaginária, de estarem sitiados, e o *Kebra Nagast* ajudou os etíopes a conservarem uma identidade cultural distinta. O texto toma emprestado (supostamente rouba) de uma cultura, o judaísmo, enquanto mantém distância de outra, o islamismo.

Em 1450, um monarca etíope expressou em termos inequívocos a sensação de uma catástrofe iminente: "Nosso país Etiópia [está cercado por] pagãos e muçulmanos".[27] A catástrofe veio por meio de Ahmad ibn Ibrahim al-Ghazi, um dirigente local aliado aos árabes, que derrotou o imperador etíope Lebna Dengel com uma tropa composta por turcos otomanos, árabes e várias forças africanas.[28] Nos anos 1530, ele conquistou Aksum e destruiu a igreja central, Santa Maria de Sião, guardiã da Arca. Dengel e a classe dirigente fugiram para as montanhas, onde o imperador morreu em 1540. A improvável história da Etiópia parecia ter terminado.

Mas estava ocorrendo outro grande desenvolvimento geopolítico: o navegador português Vasco da Gama conseguira contornar a África e subir pela costa oriental do continente. Seu objetivo era atravessar o oceano Índico e criar uma rota marítima para o lucrativo comércio de especiarias indianas, agora que a rota terrestre, com a ascensão do Império Árabe, se tornara mais difícil e mais onerosa. Além dessa motivação comercial, ele também era levado por histórias: narrativas a respeito de um fabuloso reino cristão na África

Oriental. Soldados que voltavam das Cruzadas no século XII tinham trazido notícias de um rei cristão chamado Preste João (uma expedição terrestre fizera contato com ele em 1490).[29] Enquanto Gama subia pela costa, ouviu de mercadores muçulmanos a confirmação de que o tal reino de fato existia mais ao norte, penetrando no interior pelo Corno da África. Gama não parou para explorar a região, pois estava ansioso para atravessar o mar até a Índia, mas, na esteira de sua viagem, vieram outros navios portugueses, que estabeleceram contatos na África Oriental.

Foi a um grupo desses portugueses que a corte etíope pediu socorro, que veio com Cristóvão da Gama, filho de Vasco da Gama. Auxiliado por quatrocentos homens armados de mosquetes, ele libertou a corte de seu retiro na montanha, resgatou a esposa de Dengel e conseguiu derrotar Ahmad ibn Ibrahim al-Ghazi.[30] Cristóvão deu sua vida pela causa: foi capturado e decapitado em 1542. Mas conseguira instituir uma aliança etíope-portuguesa.

A derrota das forças muçulmanas ajudou a Etiópia a manter sua orientação cristã (embora os jesuítas portugueses ficassem chocados com a forma específica do cristianismo etíope, tão diferente do catolicismo europeu).[31] Os portugueses foram os primeiros a traduzir a história contada no *Kebra Nagast* para uma língua europeia, no século XVII. Na Europa, a história foi tomada como prova adicional de que as lendas sobre o Preste João, que haviam por tanto tempo alimentado a imaginação europeia, eram verídicas.

A Etiópia se deparou com outro adversário: o Império Britânico. Em 1868, forças britânicas lançaram uma missão "punitiva" em resposta às notícias de que a Etiópia havia aprisionado vários missionários numa fortaleza nas montanhas. A rainha Vitória enviou o general Robert Napier, cujo exército conseguiu tomar a fortaleza; a derrota levou o imperador Tewodros II ao suicídio.[32] Seguindo seus procedimentos habituais, os britânicos passaram um pente-fino na antiga cidade de Aksum, para pegar tesouros culturais e levá-los para a Inglaterra, enquanto instalavam outro governante no poder, o imperador Yohannis. Entre os tesouros roubados estavam duas cópias do *Kebra Nagast*. Ao descobrir o furto, Yohannis escreveu a Londres:

> Há um livro chamado *Kivera Negust* que contém a Lei de toda a Etiópia, e os nomes dos *Shums* [Chefes], das igrejas e das províncias estão nesse livro. Peço-lhe que encontre quem está com ele e o despache a mim, pois em meu país meu povo não obedecerá às minhas ordens sem ele.[33]

Sem esse texto de fundação, não era possível governar a Etiópia. Os britânicos devolveram as duas cópias, num raro exemplo de que os europeus renunciavam ao saque cultural.

A história extraordinária do *Kebra Nagast* e como ele moldou os destinos da Etiópia tem, de modo geral, recebido pouca atenção. A forma etíope de cristianismo se tornou periférica em relação tanto ao credo ortodoxo grego quanto ao catolicismo propagado por Roma. Mas a falta de interesse pelo *Kebra Nagast* se devia também a uma desatenção mais geral pela história cultural africana que começou na Antiguidade e persiste até hoje. Em Homero, os etíopes são descritos como os *eschatoi andron*, os homens mais remotos.[34] Nem mesmo a história bíblica da rainha de Sabá e os rumores sobre Preste João e um reino cristão na África desfizeram a ideia europeia de que aquele era um continente sem história, sem literatura ou sem civilização, e de certo modo desvinculado do intercâmbio cultural que reunia diversas partes do mundo numa rede de trocas cada vez mais densa. Ao representar o encontro entre Salomão e a rainha de Sabá, o pintor renascentista Piero della Francesca, tal como outros artistas europeus, pintou-a com pele de tons claros.

Piero della Francesca, O encontro entre a rainha de Sabá e o rei Salomão (c. 1452-66). A pintura apresenta a missão da rainha de Sabá ao rei Salomão, descrita na Bíblia latina, 1 Reis 10. (Basílica de São Francisco, Arezzo)

Existe uma exceção ao desinteresse geral pelo *Kebra Nagast*, a meio mundo de distância da Etiópia: na Jamaica. Como ocorreu com outras ilhas do Caribe, a população nativa da Jamaica, após a chegada dos colonos europeus, foi dizimada pela escravização nas fazendas canavieiras e pela falta de imunidade à varíola. Para compensar a escassez de mão de obra, os europeus trouxeram escravizados da costa ocidental da África, das atuais Gana e Nigéria. Apesar das condições brutais de vida — piores até do que as vigentes no continente americano —, esses africanos escravizados preservaram suas expressões e memórias culturais.

Após o fim formal da escravidão em 1838, prosseguiu o empenho em criar uma identidade cultural. Como os descendentes dos africanos escravizados se relacionariam com o continente de onde seus antepassados tinham sido arrebatados? Enquanto o ensino implantado pelos colonizadores europeus promovia a superioridade de sua cultura europeia, alguns jamaicanos recorreram à África como base de fonte de sua identidade.

Um deles foi Marcus Garvey, sindicalista, impressor, editor e orador que fundou a Associação Universal para o Progresso Negro; ele passou vários anos nos Estados Unidos e montou uma sucursal da associação no Harlem, em Nova York. Com o tempo, esse se tornou o movimento pan-africano mais importante das décadas iniciais do século XX.[35] Garvey nunca tinha pisado em solo africano, mas ouvira relatos intrigantes que contradiziam a desqualificação generalizada da África propagada pela maioria dos educadores coloniais. A Etiópia, com sua história antiga e tradição escribal, se tornou um ponto de referência importante para ele. Claro que pouquíssimos habitantes da Jamaica tinham antepassados provenientes especificamente da Etiópia, que ficava longe da costa onde os navios negreiros recolhiam cativos africanos para o comércio escravista no Atlântico, mas Garvey encontrou na história da Etiópia uma tradição que punha a África no centro de alguns dos mais importantes desenvolvimentos culturais e religiosos do mundo e que poderia servir como modelo histórico do cristianismo negro.[36] (Garvey também criou uma empresa de navegação para facilitar o contato renovado entre a África e a Jamaica.)

Na época, a Etiópia era governada por um rei chamado Lij Tafari Makonnen, que conferia legitimidade ao seu governo, como haviam feito seus vários predecessores, com o *Kebra Nagast*, alegando descender da rainha de Sabá. Quando subiu ao trono, adotou o título de Ras Tafari e, ao ser declarado imperador, usou seu nome guêês, Haile Salassie.[37] Para Garvey e muitos outros, Ras Tafari era um representante de uma cultura africana antiga, um imperador africano que podia reivindicar uma tradição cultural que remontava à Antiguidade.[38] Quando a Etiópia foi atacada pela Itália em sua tentativa brutal de ampliar suas colônias africanas em 1935, Garvey e outros se uniram em defesa do país (embora Garvey também tivesse críticas a Haile Selassie): a história antiga se tornara uma forma de resistência ao colonialismo europeu, unindo o Caribe e a África Oriental.[39]

Na Jamaica, o fascínio pela Etiópia acabou por levar à criação de um movimento chamado Rastafári, com base no nome de Ras Tafari. Além de sua devoção à distância a Ras Tafari, os rastafáris muitas vezes são naturistas, plantando vegetais e maconha. (O sucesso internacional de Bob Marley criou, para muitos, um vínculo estreito entre o rastafarismo e o reggae feito por ele.) Os *dreadlocks*, penteado próprio de muitos rastafáris, às vezes são considerados originários do cristianismo etíope, por intermédio da menção bíblica aos nazireus, que, além de não cortarem o cabelo, abstêm-se de vinho.[40] Os rastafáris também celebram o Natal etíope.[41] Graças a esse movimento, o *Kebra Nagast* ganhou uma segunda vida na Jamaica.[42]

Tal como o cristianismo etíope, o rastafarismo às vezes é visto como uma mistura, um amontoado de práticas, mas, como a Etiópia antiga, deveria ser tido como um ótimo exemplo de transferência e fusão cultural. Os descendentes dos escravizados africanos precisavam criar um passado que lhes prometesse um futuro distinto daquilo que os colonizadores europeus tinham a oferecer. Embora ficasse distante, a Etiópia oferecia recursos culturais que atendiam às suas necessidades, um exemplo de empréstimo estratégico semelhante, em muitos aspectos, àquele que o próprio *Kebra Nagast* fizera. Os rastafáris identificaram algo incomum naquele país longínquo, uma oportunidade de reescrever sua própria história cultural ao atravessar grandes distâncias no tempo e no espaço. O resultado foi algo muito diferente de um simples retorno à África ou à história africana; foi algo extremamente original, mesclando um texto etíope antigo com a experiência jamaicana, incluindo sua música própria e outras tradições. Respondia à violência do tráfico escravista transatlântico e da exploração colonial com uma mescla de lendas antigas e ideias do começo do século XX sobre a identidade específica dos jamaicanos negros e seus descendentes. Desde então, os rastafáris têm inspirado outros movimentos de independência cultural e política, inclusive os Panteras Negras. Por meio desses e de outros leitores e intermediários, o *Kebra Nagast* permanece fazendo seu trabalho e atraindo novos leitores para sua órbita. Está mais do que na hora de ser reconhecido como um texto fundamental do cânone da cultura mundial.

9. Uma mística cristã e os três revivalismos da Europa

A coroação de Carlos Magno, *pintada na oficina de Rafael* (*Raffaello Sanzio da Urbino*). (*Salas de Rafael, Palácio Pontifical do Vaticano*)

A coroação de Carlos Magno foi pintada por Rafael e por integrantes de sua oficina para decorar várias salas do Vaticano no auge do Renscimento italiano, no começo do século XVI. Mas a cena representada no afresco se dera cerca de sete séculos antes, no ano 800. Naquele ano, Carlos Magno percorrera 1600 quilômetros de Aix-la-Chapelle até Roma, a fim de prestar auxílio militar ao papa Leão III, que fora ameaçado por uma revolta interna. Em troca,

Carlos Magno seria caroado imperador dos romanos, o primeiro dirigente a receber tal distinção desde 476, incluindo-o na cobiçada linhagem de imperadores romanos.[1] A coroação indicava que o Império Romano, após um período de declínio, se reerguia.

Essa descrição surpreenderia a maioria dos que viveram nessa época do declínio e da queda de Roma (assim como se surpreenderiam com os termos Idade Média ou Idade das Trevas). Os acontecimentos históricos costumam ocorrer devagar, quase de modo imperceptível. Um morador de Roma que vivesse na época dos ataques dos visigodos saberia que uma nova classe dirigente chegara à capital, mas, para a maioria dos habitantes, isso significava apenas mais uma mudança num mundo marcado por altos e baixos constantes, trazidos por boas e más colheitas, por fomes e inundações periódicas, por bons e maus imperadores. Sim, é verdade que a população da Cidade Eterna tinha reduzido do pico de 1 milhão (número que só voltou a ser alcançado no século XVIII) para 50 mil habitantes no século VI.[2] Mas os romanos que viviam em outras partes do império só seriam afetados de maneira indireta por essas ditas transformações históricas.

Talvez o sinal mais claro e revelador de que teria ocorrido um declínio no passado seja a tentativa de fazê-lo reviver, de voltar aos antigos dias de glória, sejam reais ou imaginários. Foi esse o caso com Carlos Magno, que consolidara seu domínio sobre a maior parte do que hoje constitui a França, a Itália, a Alemanha, a Áustria, a República Tcheca e a Croácia e que gostava de conceber seu reino como herdeiro do Império Romano do Ocidente. Embora Carlos Magno tivesse sua corte longe de Roma, em Aix-la-Chapelle, seu sinete imperial proclamava a *Renovatio imperii Romanorum* [a renovação do Império Romano].[3] O projeto de Carlos Magno não se resumia a coroas e sinetes. Ele também queria "renovar a produção literária, que por negligência de nossos antepassados está agora quase esquecida".[4]

Carlos Magno contava uma história, uma história revivalista. Mas todas as narrativas são seletivas e acabam escolhendo os eventos preferidos, dispondo-os num enredo ordenado. As narrativas revivalistas não escapam à regra. Carlos Magno não se referia à idade precedente como "média" ou "das trevas" — esses termos foram inventados no século XVIII —, mas lançou as bases para isso ao sustentar que seus antepassados tinham negligenciado a produção literária, de forma que agora era preciso restaurá-la com seu brilho anterior.

Para Carlos Magno, fazer reviver a produção literária não era uma tarefa fácil, pois ele mesmo não sabia escrever, coisa que teria sido impensável para os imperadores romanos do passado (e para os imperadores chineses ou para os sultões árabes que governavam na época).[5] Ele sabia que o fato de não ser capaz de escrever o apartava de uma importante tradição e tecnologia cultural, que fora outrora muito mais difundida.

Ou seja, se Carlos Magno queria fazer reviver a literatura, ele precisava começar por si mesmo. Passou laboriosamente pelo processo de aprender a escrever. Frustrado por não conseguir avançar muito, ele guardava as plaquetas e folhas de pergaminho debaixo do travesseiro, para poder praticar. Infelizmente, como observou seu biógrafo Einhard, Carlos Magno nunca conseguiu adquirir essa habilidade por ter começado tarde demais.[6] Mas é provável que tenha aprendido a ler, o que significava basicamente ler em latim, e assim teria tido pelo menos um acesso parcial ao mundo da instrução que criou. Também era usual que fossem lidos textos em voz alta e em público, e sabemos que Carlos Magno gostava dessas leituras.[7] Ele também fez questão de que sua filha Rotrude aprendesse a ler e a escrever com o estudioso italiano Paulo, o Diácono, que também lhe ensinou habilidades literárias mais elevadas.[8]

A experiência de não dominar a escrita ensinou a Carlos Magno a que ponto era difícil o acesso à literatura e o quanto dependia de instituições de ensino e de toda uma infraestrutura de produção literária. Para criar essa infraestrutura, ele montou uma enorme biblioteca na corte (na mesma época em que era criada a Casa da Sabedoria em Bagdá), que continha não só a literatura cristã, mas também textos pré-cristãos, inclusive Aristóteles e literatura romana.[9] Ele sabia por experiência própria que não bastava apenas colecionar livros. Eles precisavam ser estudados, copiados, ilustrados com iluminuras e corrigidos dos erros acidentais cometidos por escribas desatentos. Frente a isso, Carlos Magno converteu sua corte num centro de atividade literária, atraindo eruditos e escritores do estrangeiro, entre eles o erudito inglês Alcuíno, além de lhes fornecer todos os recursos de que precisavam para acessar o conhecimento contido nos grandes volumes de seu tesouro literário. (Antes disso, Alcuíno já se beneficiara com um influxo de textos vindos da Espanha, quando os cristãos fugiram dos invasores árabes, levando junto seus textos.)

Havia um outro problema, que Carlos Magno também percebeu em primeira mão: muitas vezes os livros e manuscritos que estavam sendo trazidos para a corte eram difíceis de ser decifrados. Os escribas que trabalhavam em diversas partes da Europa usavam estilos, abreviaturas e caligrafias radicalmente diferentes. Com isso, Carlos Magno e seus conselheiros concluíram que o necessário era uma cultura escrita totalmente nova, e isso significava uma nova caligrafia. Isso aumentaria a legibilidade, asseguraria que os escribas de todo o reino de Carlos Magno decifrassem entre si seus textos e permitiria que os estudantes progredissem mais rápido.[10] A nova caligrafia ficou conhecida como minúscula carolíngia.[11] (Estou digitando essas linhas numa fonte chamada Times New Roman, que é a versão mais recente da minúscula carolíngia, nome apropriado para uma caligrafia criada por um novo imperador romano, cuja reforma na escrita pretendia criar uma nova cultura escrita romana.)

Esse revivalismo literário se irradiou para cortes menores que tentavam imitar o que se fazia em Aix-la-Chapelle. Carlos Magno incentivou outras cortes a adotarem a nova caligrafia e a colaborarem com sua corte no cultivo das artes literárias. Embora a cultura escrita ocupasse o centro dessa renascença, Carlos Magno também promoveu as artes visuais e a arquitetura de acordo com o que era considerado o estilo romano e que hoje é conhecido como estilo românico.

O programa de revivalismo cultural promovido por Carlos Magno, que também incluía reformas políticas e sociais, foi tão importante que hoje é muitas vezes chamado de Renascimento Carolíngio. Examinado mais de perto, não é um renascimento, mas uma decisão estratégica de Carlos Magno vincular seu reino à história do Império Romano. Seu revivalismo também se baseou, em parte, em tomar empréstimos da Andaluzia, na Espanha ocupada pelos árabes, para onde fora levado o conhecimento pré-cristão proveniente de lugares como a Casa da Sabedoria em Bagdá.[12]

Entre as instituições promovidas por Carlos Magno havia uma que não existia no auge do Império Romano: o mosteiro. O movimento monástico surgiu nos anos de declínio do Império Romano e se tornou uma instituição central para o armazenamento e para a transmissão da cultura por mais de mil anos. Era em mosteiros que se copiavam a maioria das obras de literatura, assim preservadas para a geração seguinte. Nem mesmo a corte altamente literária de Carlos Magno dispunha de um scriptorium, ou local de escrita, próprio. Para o trabalho concreto de transcrição, ele dependia dos mosteiros. As freiras que trabalhavam em conventos também desempenhavam um papel importante, inclusive a irmã de Carlos Magno, que era abadessa no Convento de Notre-Dame em Chelles.[13]

Um exemplo do papel significativo dos mosteiros na esteira das reformas de Carlos Magno é uma de suas figuras mais marcantes: Hildegard de Bingen (1098-1179). Nascida trezentos anos depois da coroação de Carlos Magno em Aix-la-Chapelle, ela liberou todo o potencial do scriptorium ao usá-lo não só como instituição para copiar livros antigos, como também para produzir novos conhecimentos. Claro que os mosteiros sempre haviam combinado preservação e inovação, mas o que Hildegard faria com essa instituição era de fato excepcional.

Os primeiros oito anos de vida de Hildegard faziam inveja à maioria de seus contemporâneos. Nascera numa família aristocrática, com extensas propriedades no Sul da Alemanha e uma imponente mansão residencial. Devido à posição privilegiada de seus pais, eles não estavam submetidos a ninguém, exceto à Sua Majestade, o imperador do Sacro Império Romano — sucessor de Carlos Magno.[14]

A vida de Hildegard mudou radicalmente aos oito anos, quando seus pais decidiram oferecer a filha caçula a Deus, como uma espécie de dízimo.[15] Com isso, a menina Hildegard foi legalmente doada à Igreja e destinada a uma vida num mosteiro. Essa oblação foi acompanhada por uma doação em dinheiro, e qualquer herança que pudesse depois caber a Hildegard seria automaticamente direcionada para o mosteiro.[16] Ela deixara de ser a filha de aristocratas livres e se tornara posse da Igreja.

De início, a menina ficou aos cuidados de uma noviça, Jutta von Sponheim. Por volta dos catorze anos, quando, segundo a lei medieval, se ingressava na idade adulta, Hildegard foi formalmente instalada, "confinada", como se dizia, num pequeno "recinto" feminino junto a um mosteiro.[17] Agora era integrante de uma nova comunidade beneditina, Disibodenberg, o que significava que estava oficialmente casada com Deus. Hildegard passou o resto dos seus dias dentro dos limites da vida monástica.

A vida de Hildegard no mosteiro estava sujeita a regulamentações rigorosas. Regras formuladas com precisão lhe diziam quando devia se levantar, quando devia comer, quando devia rezar, que preces devia orar e que cânticos devia cantar. A vida monástica não oferecia nenhum instante livre, visto que tais regras tinham como objetivo impedir o ócio.[18] Essas normas haviam sido estabelecidas no final do Império Romano por Bento de Núrsia (480-550), na chamada *regula Sancti Benedicti*. Elas determinavam os ritmos do cotidiano, mas também a organização do mosteiro, que era controlado por um abade. (A promoção da *regula Sancti Benedicti* fizera parte da renovação do saber por Carlos Magno.)

Na época de Bento, a vida monástica era relativamente nova para o cristianismo, embora estivesse bem estabelecida em outros lugares. O budismo, em particular, nascera de um movimento monástico que se iniciou nos últimos séculos antes do nascimento de Cristo, em que os seguidores do Buda abandonavam sua vida anterior e faziam um voto de pobreza.[19] Em termos estritos, apenas os monges que viviam numa comunidade dessas podiam de fato se dizer budistas; todos os outros, inclusive o rei Ashoka, eram meros leigos cujo objetivo era dar sustento aos budistas monásticos.[20] Nem o judaísmo, nem o cristianismo inicial se baseavam numa vida monástica ou exigiam que as pessoas adotassem esse tipo de restrição para que fossem consideradas judias ou cristãs. Se houve influência budista no monasticismo cristão, foi indireta, talvez por intermédio de eremitas no Egito e em outros locais do Oriente Próximo, cujas práticas ascéticas chegaram à Europa cristã com o desmoronamento da parte ocidental do Império Romano. Seja como for, foi Bento, que morava perto da atual Perúgia na Itália, que deu a essas práticas os moldes de uma instituição específica.

Para ele, o mosteiro reunia várias finalidades numa só. A mais importante era permitir uma vida exclusivamente dedicada a Deus, em oposição a finalidades terrenas. Mas o que significava dedicar a vida a Deus? Um dos componentes era a oração (*orare*), que incluía realizar a liturgia e orar pela comunidade mais ampla. De igual importância era trabalhar (*laborare*), o que dependia da localização e do tamanho do mosteiro. Muitas vezes, os mosteiros forneciam acomodações seguras para os viajantes, numa época em que as estradas eram perigosas, ofereciam alimentos aos pobres e procuravam instruir membros da população. Bento percebeu que, para reunir esses diversos propósitos, precisaria formular regras que gerassem um tipo inédito de entidade cultural. Ele teve um êxito que ultrapassou todos os seus sonhos, conforme aumentava o número de mosteiros e conventos que adotavam a *regula Benedicti*, criando uma instituição que iria moldar a Europa cristã.

Os mosteiros e conventos beneditinos iam muito além de oferecer um espaço para que os cristãos devotos dedicassem a vida à oração e à prática de boas ações. Eram também locais de preservação, modificação e transmissão do conhecimento. O pavor dos beneditinos ao ócio podia ser canalizado para um regime estrito de trabalho físico, sobretudo em mosteiros com extensas atividades agrícolas, mas o trabalho também podia consistir em ler e escrever. Enquanto as velhas instituições de letramento no Império Romano, como escolas e bibliotecas particulares, entravam em declínio, os mosteiros surgiram como uma nova alternativa. Ciente desse papel, a *regula Benedicti* teve grande cuidado em especificar como os livros deviam circular, como podiam ser emprestados e quando deviam ser devolvidos, fazendo da biblioteca o coração pulsante do mosteiro beneditino ou, pelo menos, um de seus aposentos.

Ao lado da biblioteca ficava o scriptorium, o local onde os monges e as freiras faziam seu trabalho obrigatório sob a forma de escrita. Antes do uso generalizado do prelo, a preservação do conhecimento dependia de longas horas dedicadas a copiar livros à mão. Havia sempre livros demais para ser preservados e sempre tempo de menos para copiar todos eles, o que levava a um processo implacável de seleção. Nem todos os monges e as freiras que trabalhavam num scriptorium copiavam livros. Outros acrescentavam a eles comentários. Embora se destinassem de forma ostensiva a esclarecer um texto importante, muitas vezes os comentários eram usados para expressar novas ideias, disfarçadas de maneira tênue de observações sobre ideias já existentes. Um terceiro grupo de monges acrescentava iluminuras, convertendo as letras maiúsculas no começo dos capítulos em mundos visuais inteiros, e espalhavam outras ilustrações, em geral cenas e figuras minúsculas, nas margens dos textos. Os livros produzidos nos mosteiros eram criações em multimídia e múltiplas camadas.

Mas que tipos de livros eram selecionados para a sobrevivência? Uma questão especialmente difícil era se os mosteiros beneditinos deviam ou não preservar a literatura grega e romana. De um ponto de vista cristão, tudo o que precedia Jesus, exceto o judaísmo, era pagão e, portanto, falho, quando não francamente equivocado e deplorável. (Dante iria colocar os escritores pré-cristãos, inclusive Homero e Virgílio, no primeiro círculo do inferno, o Limbo, não porque tivessem cometido pecados específicos, mas apenas porque tinham vivido antes de Cristo e, assim, não tiveram acesso ao privilégio de ser cristãos.) Ao mesmo tempo, o pensamento grego e romano moldara os primeiros escritores cristãos, a começar pelo Evangelho segundo João, bem como os escritos dos ditos Pais da Igreja, como o bispo norte-africano Santo Agostinho, que nutria especial admiração por Platão. Por meio da influência clássica sobre as obras desses primeiros escritores cristãos, quantidades substanciais do conhecimento clássico foram preservadas, copiadas e comentadas em bibliotecas e scriptoria dos mosteiros beneditinos — além, é claro, do Antigo e do Novo Testamentos em tradução latina.

Busto da rainha Nefertiti (século XIV a.C.), escavado por Mohammad es-Senussi em 1912 em Amarna, no Egito. O busto se tornou desde então o rosto mais famoso da Antiguidade. (Neues Museum, Berlim. Foto: Giovanni, Florença, Itália)

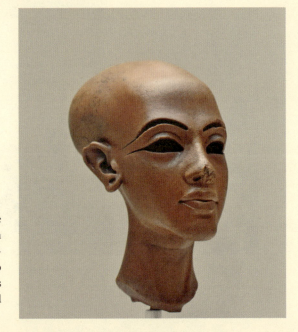

Cabeça de uma princesa de Aquetáton (século XIV a.C.), com a cabeça alongada típica dos trabalhos executados na oficina do escultor Tutemés. (Ägyptisches Museum, Berlim. Foto: Richard Mortel)

Esse mosaico (100 a.C.-79 d.C.) encontrado em Pompeia, representando a Academia de Platão, é um exemplo da adaptação romana da cultura grega como se fosse sua. (Museu Arqueológico Nacional de Nápoles)

Um concerto de 2017 no antigo teatro romano de Taormina, Sicília (século III a.C.), é apenas um exemplo das múltiplas formas de como os italianos contemporâneos reutilizam as ruínas romanas. (Cúpula do G7 na Itália, 2017)

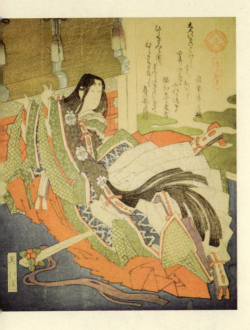

Gravura colorida (1840) de Hokkei Totoya mostrando Sei Shōnagon, autora de *O livro do travesseiro*, que abordava a vida na corte Heian. (Coleções Digitais, Biblioteca Pública de Nova York)

Gravura colorida do gravurista Suzuki Harunobu (1725-70) mostrando Murasaki Shikibu, autora de *O conto de Genji* (*c.* 1000), o primeiro grande romance da literatura mundial. (Instituto de Arte de Chicago)

Uma biblioteca com estudantes, pintada pelo ilustrador Yahyá al-Wastiti numa obra de 1237 do poeta árabe al-Hariri de Basra. A imagem é um resquício da Casa da Sabedoria em Bagdá. (Biblioteca Nacional da França)

Raban Maur (esq.), apoiando-se em Alcuíno (centro), entrega sua obra ao arcebispo Otgar de Mainz. Alcuíno foi um dos eruditos mais importantes que Carlos Magno atraiu para a corte como parte de seu programa de revivalismo cultural. A ilustração está em *De laudibus Sanctae crucis* (Em louvor da Santa Cruz), obra de Maur, do século IX. (Biblioteca Nacional da Áustria)

Ilustração do *Liber Divinorum Operum* (Livro de obras divinas), de Hildegard de Bingen, composto entre 1163-74, no qual ela descrevia suas visões. (Biblioteca do Congresso)

Página do Códex Bórgia (séc. XIII-XV), com o deus Sol Tonatiuh. O Códex Bórgia é um exemplo da escrita pictórica asteca, altamente complexa, ainda hoje em processo de decifração e interpretação. (Biblioteca Vaticana, Roma)

Mapa-múndi do geógrafo árabe Muhammad al-Idrisi, de 1154, apresentando a Ásia, o Norte da África e a Europa "de ponta-cabeça", com o Sul na parte de cima. O mapa mostra a extensa rede mercantil árabe antes da circum-navegação da África pelos portugueses. (Biblioteca do Congresso)

A Crônica de Nuremberg por Hartmann Schedel, impressa em 1493. Mostra a Ásia, a Europa e a África de uma maneira que veta a possibilidade de circum-navegar a África e entrar de navio no mar Arábico, como Vasco da Gama logo depois faria.

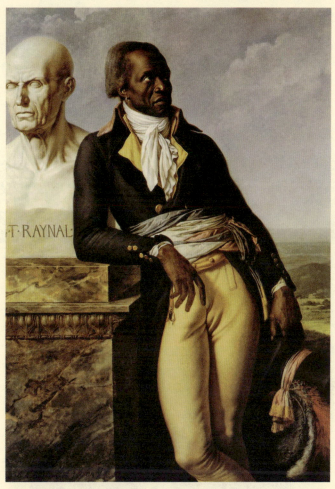

Anne-Louis Girodet de Roussy-Trioson, *Retrato de J. B. Belley, delegado por São Domingos*, 1797. O busto de mármore de Raynal perde muito em contraste com a paleta de cores vivas da pintura. Belley usa os trajes típicos da Revolução Francesa. (Palácio de Versalhes)

Máscara nô de Oji, o Velho, do período Edo (1603-1868), de madeira pintada. O teatro nô valorizava a estilização, com gestos e movimentos altamente codificados que complementavam o uso das máscaras, pintadas em diversas cores. (Museu Guimet. Crédito da foto: Marie-Lan Ngyuen)

Frontispício de Edmund Dulac para a edição de *At the Hawk's Well*, a peça de inspiração nô de William Butler Yeats, 1921. (Edmond Dulac, Macmillan and Co.)

Kim Tae-Hyung (V) apresentando "Singularity", sua faixa solo de 2018. V se apresenta com máscaras para enfatizar os papéis públicos que os artistas de K-pop devem enfrentar. O teatro nô usava máscaras brancas para representar moças ou seres sobrenaturais, transmitindo uma beleza inocente. Na Coreia, as máscaras eram apresentadas em peças com danças regionais. (Fotograma do vídeo musical "Singularity" (2018) por V, integrante do BTS)

Muitos outros autores da Antiguidade grega e romana sobreviveram apenas em citações. Entre a extensa obra de Platão, apenas um diálogo, *Timeu* (em que Platão lamentava a juventude da Grécia e criava uma história alternativa de Atlântida), estava disponível em tradução latina, embora houvesse bem mais de Aristóteles e de outros escritores, muitas vezes por meio de tradutores romanos. Afinal, o mosteiro beneditino se destinava a promover o cristianismo, não a preservar o leque mais amplo possível do conhecimento (nesse aspecto, era muito diferente da Casa da Sabedoria em Bagdá). O que sobreviveu da Antiguidade pré-cristã foi muitas vezes de modo indireto ou fortuito, havendo inclusive casos de textos cristãos escritos sobre preciosos pergaminhos em que já estavam registradas obras da Antiguidade. O material reutilizado, que se chamava palimpsesto, não raro trazia vestígios da escrita original, permitindo que gerações posteriores redescobrissem e instilassem vida nova a obras mais antigas.

Na época em que Hildegard foi conduzida à vida monástica, muitos séculos depois da criação e da expansão do movimento monástico com Carlos Magno, havia uma rede com alguns milhares de mosteiros que seguiam a regra de Bento, organizados dentro da poderosa Ordem Beneditina. Com o tempo, Hildegard dominou todas essas regras e o modo de vida por elas criado, e aos 38 anos se tornou Magistra, a superiora do grupo de freiras associadas ao mosteiro de Disibodenberg.[21]

As freiras costumavam ficar sob o controle de uma abadessa, mas Disibodenberg era um mosteiro duplo, com seções separadas para freiras e monges, e assim as freiras respondiam a um abade. Essa posição subserviente não agradava a Hildegard. Ela entrava em constante conflito com o abade de Disibodenberg devido à interpretação de determinadas regras e advogava o abrandamento das mais draconianas; chegou a escrever um comentário sobre a *regula Benedicti* em que expunha seu parecer sobre a maneira de dirigir um mosteiro com maior leniência.[22] Depois de anos enviando petições às autoridades, Hildegard enfim foi autorizada a fundar seu próprio claustro em Rupertsberg, perto de Bingen, por volta de 1150, quando contava já com cinquenta e poucos anos.[23] Após passar quase a vida toda num local que não havia sido criado por ela, agora por fim podia recriar essa instituição à sua maneira.

Hildegard prezava muito o mosteiro enquanto instituição de armazenamento e transmissão cultural, mas tinha clara consciência de que não era um fim em si mesmo, permitindo que fosse usado para a produção de novos conhecimentos e percepções. Embora boa parte do que podia ler tivesse passado por uma pré-seleção do cristianismo, filtrada pelo sistema bibliotecário beneditino, havia outros tipos de conhecimento que haviam se instalado nos mosteiros, inclusive a medicina. Como centros de saber, os mosteiros atraíam pessoas com doenças graves ou raras, na esperança de que o conhecimento reunido nessas instituições pudesse oferecer uma cura. Tratados de medicina tinham sido copiados com dedicação por monges e freiras, pois não se considerava que fossem obras muito capazes de interferir nas crenças cristãs. Os mosteiros também reuniam informações sobre tratamentos eficazes, que eram transmitidas para a geração seguinte, e assim seus livros de medicina eram objetos altamente valorizados. Hildegard bebia nessa fonte de conhecimento.

A medicina era diferente, pois não se baseava apenas na aprendizagem pela leitura, mas na experiência prática. Muitos mosteiros mantinham hortas de ervas medicinais e atraíam monges e freiras que sabiam como utilizá-las. O conhecimento prático era muitas vezes transmitido de forma oral, sobretudo entre populações com dificuldade em ter acesso à alfabetização, incluindo mulheres.[24] Uma parte da obra escrita de Hildegard, que lhe trazia uma fama crescente, era sobre medicina, mesclando a experiência prática adquirida na horta medicinal e na cura dos pacientes com o conhecimento adquirido em livros.

Mas não foi por causa de seus escritos sobre medicina, apesar de sua influência, que Hildegard se tornou uma das mulheres mais amplamente conhecidas de sua época; essa fama vinha de suas visões. Desde relativamente jovem, Hildegard tinha visões que indicavam uma concepção distinta do mundo, da história e do modo de viver. (Mesmo seus escritos sobre medicina estão inseridos em uma perspectiva mais ampla do cosmo.)[25] Mais tarde, perto do fim da vida, ela explicou como eram essas visões:

> No ano 1141 da encarnação de Jesus Cristo, o Filho de Deus, quando eu estava com 42 anos e sete meses, uma luz forte, que brilhava de forma intensa, desceu da abóbada aberta do céu e inundou o meu cérebro. Como uma chama que é quente sem queimar, ela acendeu todo o meu coração e o meu seio, assim como o sol aquece tudo em que seus raios recaem. E de súbito entendi o que livros como o Saltério, o Evangelho e os outros volumes católicos do Antigo e do Novo Testamentos realmente apresentam; mas não conseguia interpretar as palavras do texto, nem dividir as sílabas, nem fazia nenhuma ideia dos casos de declinação ou dos tempos verbais.[26]

O que eram essas visões? Poderiam ser interpretadas em termos religiosos, como visões oferecidas por Deus a Hildegard. Poderiam ser interpretadas em termos psicológicos, como resultantes de uma vida transcorrida na religiosidade exacerbada de uma comunidade enclausurada ou, como alguns sugeriram, como enxaquecas fortíssimas. Mas minha sugestão é abordá-las de outra maneira: como um tipo específico de projeto cultural (essas abordagens não se excluem mutuamente). Embora pareçam chegar de forma direta a Hildegard, essas visões eram, na verdade, moldadas pela biblioteca e pelo scriptorium, o núcleo central do mosteiro beneditino. As visões ofereciam a ela o modo de usar o scriptorium para uma finalidade completamente nova.

Algumas das imagens relatadas por ela se originavam das longas tradições do cristianismo apocalíptico, incluindo Deus como uma chuva de luz ou o Espírito Santo dando à luz a alma, mas outras eram de sua própria invenção, algumas elaboradas e barrocas, outras de admirável simplicidade: "A alma no corpo é como a seiva na árvore".[27] Havia visões da criação cósmica e da salvação da humanidade por meio de Cristo, mas também da luta entre o bem e o mal e da gestação de monstros. As visões de Hildegard culminavam em cenários sobre o fim dos tempos, inspirados pelo Livro das Revelações.

Apresentadas como mensagens divinas, as visões de Hildegard surgiam com riscos enormes: tinham de ser autenticadas pela Igreja, do contrário seriam denunciadas como falsas ou até heréticas. Com seus encargos administrativos, Hildegard sabia o que precisava fazer, então começou uma cuidadosa campanha para que suas visões fossem autorizadas.[28] Suas cartas às autoridades, inclusive a Bernard de Clairvaux, o intelectual eclesiástico mais importante da época, eram verdadeiras obras-primas de diplomacia, com a mesma habilidade que usaria ao pedir autorização para fundar seu próprio convento. Conseguiu até que o papa Eugênio II, durante uma visita a Trier, aprovasse suas visões.[29] Dessa forma, fez com que a autenticidade delas fosse reconhecida.

A obtenção do reconhecimento para além das grossas paredes do mosteiro era fundamental também por outra razão: permitia que Hildegard viajasse, aceitasse convites para apresentar suas ideias e visões, se encontrasse com eruditos da Igreja e mantivesse uma correspondência ampla. Com tudo isso, ela podia ampliar o que já aprendera dentro dos limites da biblioteca e do scriptorium, expandindo seu horizonte intelectual e sua esfera de influência.

Visões como essas de Hildegard também eram um assunto delicado por ser muito diferentes do tipo de saber que costumava ser produzido pelos mosteiros, concentrados em copiar a escritura e escrever comentários. Ao contrário desses comentários, as visões não utilizavam citações de outros textos, pelo menos não de forma explícita. Pela mesma razão, não reivindicavam autoridade literária, exercida basicamente por homens. Hildegard, embora proviesse de uma família aristocrática e, assim, tivesse tido acesso a recursos educacionais, como a maioria das freiras de seu convento, nunca se sentira plenamente imersa no mundo da escrita e dos estudos, mais acessível aos colegas homens — pelo menos era o que dizia. Tinha a tendência de minimizar sua cultura e suas fontes literárias.

Essa humildade exige muito cuidado. Talvez ela achasse que era isso o que seus superiores masculinos desejavam ouvir; talvez de fato sentisse dificuldade em aspectos mais sutis da gramática latina. Resumia essas falhas como "ignorância" sua, mas o que isso significava? Não se sabe bem a que ponto ela era instruída nas chamadas sete artes liberais, o currículo básico que se dividia entre as três artes fundamentais (o trivium) — retórica, gramática e lógica — de lidar com a linguagem e o pensamento, e as quatro artes (o quadrivium) da aritmética, geometria, música e astronomia. Essas sete eram chamadas de artes *liberais* porque se destinavam a educar pessoas livres, em oposição a criados, servos, escravizados e outros considerados como dependentes (inclusive a maioria das mulheres). Eram chamadas de *artes* no sentido de "áreas de conhecimento", sem nenhuma relação com o que entendemos por obras de arte criativa. Mesmo a música, como era ensinada no quadrivium, era vista como um ramo da matemática que travava de proporções e harmonias que podiam ser expressas em números, e não como composição ou execução de obras de arte musicais. Embora Hildegard fosse filha de aristocratas, vivera quase toda a vida no mosteiro, onde a ênfase incidia mais sobre o trivium das artes liberais — a retórica, a gramática e a lógica.

Independentemente do que sua educação formal incluía ou deixava de incluir, Hildegard lia e sabia muito mais do que admitia, inclusive, é claro, sobre a Bíblia latina e as obras de Bento, mas também sobre os escritos de outros críticos cristãos, como Santo Agostinho.[30] Se ela estava ciente de que não era tão instruída quanto a maioria dos homens cultos de sua época, mesmo assim o que havia em sua professa ignorância não era mera submissão. Esquivando-se à questão de seu grau de estudos ou do quanto lia, ela desenvolveu outra fonte de autoridade por meio de suas visões, que não dependiam da habilidade de desfiar uma profusão de citações nem de outras técnicas de argumentação.

As visões, pelo menos em forma escrita, eram ainda assim produzidas no scriptorium. Hildegard pode tê-las anotado pessoalmente, mas é provável que tenha ditado a escribas, inclusive Volmar, seu assistente, que supervisionou com zelo o processo de produção das visões, obra de tamanho e complexidade enormes. A maioria de suas visões era evocada em descrições verbais, mas algumas também eram captadas visualmente em iluminuras, que incluíam símbolos cósmicos e figuras religiosas, usando as técnicas desenvolvidas por monges e freiras escribas para as letras maiúsculas e as margens.[31] O scriptorium beneditino não era concebido para anotar extensas visões de tal escopo e ineditismo, mas Hildegard usava a instituição para seus próprios fins.

Ademais, além da natureza intensamente visual das experiências de Hildegard, havia um componente auditivo que devia ser captado. Como forma de arte efêmera, a música desaparece, muitas vezes sem deixar vestígios. Da música produzida por humanos, só sobreviveu uma parcela ínfima, e dos últimos dois milênios apenas, desde que os humanos desenvolveram formas de notação musical que nos permitem pelo menos vislumbrar como soaria a música do passado. Isso não significa que não saibamos nada sobre a música antes da notação musical. Às vezes sobrevivem fragmentos ou imagens de alguns instrumentos, como as flautas usadas pelos humanos das cavernas e imagens de tocadores de alaúde egípcios, o que nos transmite pequenos indícios da cultura musical de determinada sociedade. Quando os discursos eram postos por escrito, sobretudo em contextos cerimoniais, às vezes eram encontradas indicações sobre a execução. Mais tarde, numa florescente cultura escrita, seriam encontradas descrições de eventos musicais.

Felizmente, Hildegard vivia numa época em que já se desenvolvera a notação musical, permitindo-lhe registrar as canções que acompanhavam suas visões. Muitas são em cantochão, com apenas uma voz. Em sua obra musical há 77 desses cantos litúrgicos, entoados em dias festivos específicos, e um drama litúrgico a ser encenado por um grupo de freiras, escrito por ocasião da fundação da nova comunidade em Rupertsberg. (Apenas o diabo não consegue cantar e tem de se contentar com a fala comum.)[32] Seu cantochão se distingue pela variedade, inclusive em extraordinário alcance melódico.

Depois de Hildegard, a notação musical levaria ao florescimento de composições complexas e formas cada vez mais refinadas de harmonia e polifonia, a expressão simultânea de vozes distintas. Em comparação a elas, as composições de Hildegard podiam parecer simples, mas eram incomuns, desviando-se do repertório convencional. No entanto, o que elas têm de menos normal é o fato de que todas chegaram a nós, foram postas por escrito e associadas a determinada pessoa. Hildegard está entre os primeiros compositores cujo nome conhecemos.[33]

A sua dedicação à escrita adotou mais uma forma incomum: ela criou uma língua secreta, inclusive com um alfabeto inteiro. Talvez tendo começado o projeto por capricho, passou a desenvolvê-lo a sério ao longo da vida. Em conformidade com suas recorrentes alegações de ignorância, deu-lhe o nome de *lingua ignota*. A expressão costuma ser traduzida como "língua ignorada", mas também pode significar língua de ignorante.[34] Ela nos lembra que Hildegard atribuía um valor positivo ao desconhecimento e a que ponto refletia sobre diversas técnicas de escrita, desde o alfabeto latino corrente e a notação musical até sua língua secreta.

Pode-se comparar o caráter abrangente da obra de Hildegard a outro gênero da época: a *summa*, um resumo ou sumário de todo o conhecimento, desenvolvida por Ibn Sina ao integrar diversas formas de conhecimento de todo o vasto Império Árabe e para além dele. Nem o revivalismo carolíngio, nem os mosteiros beneditinos tinham se concentrado especialmente em recuperar a filosofia grega. Aristóteles era lido, interpretado e utilizado por eruditos árabes e persas como Ibn Sina, mas se mantinha menos popular na Europa cristã, salvo pouquíssimos textos, em geral sobre a linguagem e a lógica.

Tudo isso mudou ao longo da vida de Hildegard, graças ao crescente contato entre a Europa cristã e o Império Árabe. Eles, claro, nunca tinham ficado isolados totalmente entre si. Afinal, uma parte da península Ibérica estava sob domínio árabe — uma semente ideal para a produção cultural, estimulada pelo contato frequente entre a erudição, a escrita e a arte islâmicas, judaicas e cristãs. Estudiosos de toda a Europa iam até a Espanha e retornavam com informações e até manuscritos dessa extraordinária mescla de tradições.

No século anterior à vida de Hildegard, surgira uma outra forma de contato: as Cruzadas. Essas missões militares tinham como objetivo libertar Jerusalém do domínio muçulmano, mas nunca alcançaram sua meta de modo definitivo. Os soldados cristãos conseguiram montar bastiões temporários, mas, no final do século XII, a maioria já tinha caído. Ao longo do processo, as Cruzadas causaram grandes sofrimentos e destruições; apesar da missão professamente cristã, não pouparam Constantinopla, ainda cristã na época, que foi saqueada de maneira terrível pela Quarta Cruzada em 1204, pouco depois da morte de Hildegard.

Como ocorre com grande frequência na história da cultura, as forças de destruição podem ter consequências inesperadas. As Cruzadas trouxeram para a Europa notícias sobre a nova ciência que se desenvolvia no mundo árabe, as sumas de conhecimento escritas por eruditos e a existência da filosofia grega em tradução árabe. Disso resultou um influxo crescente de textos vindos de Bizâncio, Bagdá, Cairo e Andaluzia, sobretudo aristotélicos. Escritores cristãos descobriram as obras perdidas do Filósofo (perdidas para eles, não para os estudiosos árabes) e passaram a escrever *summae* no estilo de Ibn Sina. Esse influxo transformou a produção de conhecimento na Europa e pode ser visto como um segundo revivalismo — não um renascimento propriamente, mas um duplo ato de revivalismo e empréstimo gerado pelo interesse renovado pelos escritos clássicos, como os de Cícero, além do contato cultural entre impérios rivais.[35]

O impacto desse revivalismo — se é que o termo ainda cabe, visto que era tanto um revivalismo quanto uma importação — se fez sentir nos conventos e mosteiros e nas cortes, mas, acima de tudo, nas universidades, instituições que estavam despontando na Itália (Bolonha), na Espanha (Salamanca), na França (Paris) e na Inglaterra (Oxford). Esses novos centros de estudos, que desde então têm moldado a produção de conhecimento, receberam uma influência fundamental das Casas da Sabedoria árabes, em várias formas que mesmo ainda hoje não foram reconhecidas por um público mais amplo. Algumas formas de debate público e de escrita (a *summa*), e até alguns títulos e rituais associados a universidades, como togas especiais ou a defesa de teses e dissertações, foram emprestados de modelos árabes.[36] (Outra corrente de pensamento que influiu nas universidades foi a teologia judaica, com suas práticas características de leitura e comentário, desenvolvida na península Ibérica e em outros centros de estudos em toda a Europa.)

A influência do pensamento e das instituições árabes sobre a Europa no século XII é de especial importância à luz do debate europeu em curso se o continente devia se considerar exclusivamente cristão ou, em todo caso, não islâmico. A distinção não faz sentido, nem de uma forma nem de outra. O revivalismo do século XII moldou de maneira crucial a Europa cristã; por causa dele, a Europa herdou textos filosóficos compostos por pensadores muçulmanos, que mesclavam influências gregas e romanas a outras da Pérsia e de locais mais distantes, como a Ásia Meridional e o Norte da África. A história e o pensamento europeus e islâmicos estão entrelaçados indissociavelmente. Não se pode nem se deve desemaranhá-los agora.

Renascimento: em geral reservamos esse termo para um acontecimento que, na época do programa de letramento de Carlos Magno ou da utilização do mosteiro de Hildegard, ainda estava no futuro: o Renascimento italiano dos séculos XV e XVI. Tal como os revivalismos anteriores, era não tanto um renascimento, mas uma reutilização do conhecimento, que era lembrado apenas em parte e precisava ser reimportado de outros lugares. Era, se tanto, uma renascença tomada emprestada que ocorreu numa série de cidades-Estado independentes da Itália, cujos governantes ambiciosos praticavam uma forma de política que logo seria definida e notabilizada por Nicolau Maquiavel. Essa configuração implacável de política incluía a cultura.

Federico de Montefeltro (1422-82) é um representante perfeito dessa era. Não precisava olhar muito longe para lembrar os perigos de viver na Itália, com suas cidades-Estado em guerra, conspirações, assassinatos e duelos. Na verdade, nem precisava olhar para além do próprio nariz, pois, junto com um dos olhos, perdera a ponte nasal num duelo. Longe de disfarçar a lesão, seus retratistas davam tudo de si para destacá-la, em especial seu amigo Piero della Francesca, que, ao apresentar Federico de perfil contra um céu claro, conferiu o máximo de visibilidade ao gancho de seu nariz reconstruído. Federico não tinha grande relevância no jogo de poder, mas tinha importância suficiente para se tornar, por meio de intrigas e violências, dirigente da cidade de Urbino.[37] Sua posição em Urbino, onde logo nasceria Rafael, lhe permitiu acumular recursos o bastante para viver e agir de acordo com seus ideais.

Para cuidar de seus complicados assuntos de Estado, Federico tinha à disposição dois palácios, um em Urbino e outro na cidade de Gubbio, com salas grandes e imponentes onde podia receber visitas para planejar sua próxima jogada. Nos dois palácios, num dos cantos, havia uma sala pequena, à qual o público não tinha acesso. Chamava-a de *studiolo*, estúdio, e ambas eram decoradas cuidadosamente para captar o espírito da cultura que logo seria conhecido como Renascimento.[38] O termo é enganoso, pois sugere uma nova concentração de conhecimento e arte, sendo que, na verdade, apenas uma parte era uma revivescência do passado, enquanto outras eram emprestadas de diferentes lugares, e outras ainda eram de surpreendente novidade.

O *studiolo* no palácio de Gubbio incluía um acervo que abrangia as sete artes liberais, que haviam servido de base para o currículo medieval (e que Hildegard provavelmente conheceu apenas em parte), mostrando que Federico não pretendia estabelecer uma ruptura com a erudição dos séculos anteriores. Se havia algo de novo, era a abrangência do conhecimento ali reunido.

Piero della Francesca, retrato do duque Federico de Montefeltro, que fora ferido no nariz e num dos olhos durante um duelo. (Galeria Uffizi, Florença)

Os dois *studioli* contavam com uma série de livros selecionados, inclusive a *Eneida* de Virgílio (resgatada do Limbo ao qual Dante a confinara). Federico havia reunido, por meio de caçadores de livros, uma das bibliotecas mais impressionantes da época, além da do Vaticano, com um total de novecentos volumes, sendo seiscentos em latim, 168 em grego, 82 em hebraico e dois em árabe.[39] Era muito diferente do que teria sido uma biblioteca beneditina, e ainda mais da coleção de livros reunidos por Carlos Magno, sobretudo por causa da grande quantidade de textos em grego e hebraico e da presença de originais em árabe. Federico mandara copiar muitos desses livros expressamente em velino de alta qualidade, um material de escrita caro e durável feito de couro animal preparado com grande cuidado, em vez de papel, material barato e menos resistente.[40]

Apesar de todo o seu amor por livros, Federico rejeitava uma nova tecnologia que estava revolucionando a produção de livros: o prelo. Originalmente inventado séculos antes na China, o prelo havia sido adotado havia pouco tempo por Johannes Gutenberg, que convertera essa técnica antiga num processo de produção industrial capaz de imprimir cópias baratas de qualidade impressionante. O sucesso de Gutenberg decorreu também de outra tecnologia importada, a saber, o papel, que da mesma forma se originara na China e depois chegara à Europa após passar pelo mundo árabe. Federico menosprezava esses livros manufaturados, mas, mesmo assim, comprou vários impressos — apenas para mandar recopiá-los à mão.

Embora rejeitasse a letra impressa, Federico acolheu outra inovação no campo da escrita: a nova ciência das palavras. Essa ciência era de importância fundamental para um grupo de eruditos que tinha desenvolvido técnicas sofisticadas para estudar manuscritos antigos, inclusive a capacidade de datar manuscritos graças a uma detalhada compreensão do processo de desenvolvimento da língua ao longo do tempo. Comparando expressões, idiomatismos e outros detalhes muitas vezes secundários de um documento escrito, eles eram capazes de deduzir onde e quando ele havia sido composto. Aplicavam a mesma técnica para comparar versões diferentes do mesmo texto, descobrindo acréscimos posteriores e erros cometidos no processo de cópia. (Também redescobriram a minúscula carolíngia, e foi graças a seu trabalho que essa caligrafia se tornou dominante.)

A nova ciência, conhecida como filologia, palavra grega para "amor pelas palavras", já levara a um triunfo espantoso.[41] O poder do papa — e da Igreja — fora baseado num documento conhecido como Doação de Constantino, pelo qual Constantino, o imperador romano convertido ao cristianismo, dera à Igreja autoridade sobre Roma. Esse documento tinha sido usado pelas sucessivas gerações de papas para afirmar seu domínio sobre a cristandade, mas parecia suspeito aos versados na nova ciência da filologia, inclusive ao padre Lorenzo Valla. Ele submeteu o texto a uma análise rigorosa e pôde provar, a quem conseguia acompanhar seu raciocínio, que o documento devia ter sido produzido séculos mais tarde. A prova de Valla era espantosa porque minava a autoridade do papa.[42] Por isso, Valla depois foi visto como predecessor de Martinho Lutero, que travou sua batalha contra o papado não com a filologia, mas com a página impressa.

Embora humanistas como Valla possam ser vistos em retrospecto como críticos da Igreja, não era assim que, em sua maioria, viam a si mesmos. Não estavam tentando redefinir a teologia cristã, mas desenvolver uma nova abordagem do pensamento e da escrita, uma alternativa ao que as universidades cristãs ensinavam. Esses escritores e estudiosos tinham esperança de fundar novos centros de ensino. Havia em Florença uma tentativa de reviver a Academia de Platão, e Federico fazia algo semelhante em Urbino.

O termo mais utilizado para descrever essa linhagem de estudiosos e de escritores decididos a reviver a Antiguidade é "humanista". Por quê? Acima de tudo, considerava-se que o ensino clássico realçava as qualidades humanas dos humanos. Mas o termo apresentava também outro aspecto: o novo ensino clássico não lidaria diretamente com assuntos teológicos.[43] Para Petrarca (1304-74), o mais importante era a elegância do latim clássico, tal como representado em suas fontes originais; Petrarca não tentava reinstituir deuses gregos ou romanos. Humanistas como Valla podiam contestar um documento terreno como a Doação de Constantino, mas não se apresentavam como padres nem rivalizavam com a Igreja.

Embora subestimasse a nova ciência dos textos e o poder do prelo, Federico sabia que era o alvorecer de uma nova era. Seu *studiolo* em Urbino era decorado com duas paredes de retratos que incluíam sábios gregos como Platão e Aristóteles, romanos como Cícero e autores cristãos como Santo Agostinho, mas também, e com destaque, Petrarca. Hoje em dia Petrarca é admirado basicamente por sua poesia, em especial seus sonetos de amor, mas Federico e outros o admiravam pelo modo como ele fazia reviver o passado. Mais de cem anos antes, Petrarca começara a procurar manuscritos antigos, em especial os dos tempos romanos. (Também se interessava por autores gregos, inclusive Homero, mas nunca chegou a aprender a língua.) Uma descoberta especial que ele fez foi a das cartas de Cícero, até então desconhecidas, e, inspirado por elas, Petrarca procurou emular a linguagem e o estilo do escritor romano. Empregou esse estilo em cartas que escreveu a autores mortos havia tempos, inclusive muitos que adornavam a galeria de retratos do *studiolo* de Federico em Urbino. (O *studiolo* em Gubbio traz pinturas alegóricas das artes liberais.)

O mais espantoso nos livros nos *studioli* de Federico — em contraste com os livros em sua biblioteca — é que eles não eram de verdade. Como quase todo o resto, eram entalhados em madeira, numa intrincada marchetaria em que a junção de peças de madeira de várias cores forma a imagem de um objeto: pinturas em madeira. O *studiolo*, local de recolhimento e contemplação das diversas formas de arte que um dirigente renascentista podia desfrutar, era, em si mesmo, um triunfo de altíssimo artesanato.[44] Havia não só livros, mas objetos e instrumentos de toda espécie, até mesmo um espelho, representados em marchetaria. Entre eles encontravam-se instrumentos musicais; o *studiolo* também servia como espaço para música de câmara. Destacava-se a representação do alaúde, instrumento adaptado e nomeado a partir do *oud* árabe.

Essas peças marchetadas também eram impressionantes por usarem a técnica relativamente nova da perspectiva central. Os pintores italianos agora conseguiam captar a profundidade com uma precisão inédita, construindo suas pinturas — com o auxílio de um aparelho — para os olhos do espectador. Uma coisa era usar a perspectiva central em pinturas (inclusive o retrato de Federico feito por Piero della Francesca); outra era usá-la em marchetaria.

Mas não só. A técnica da perspectiva central em geral pressupunha que o espectador estaria de pé diretamente em frente à pintura, mas alguns pintores tinham começado a utilizar a técnica de maneiras mais complicadas, de modo que uma imagem só ficava inteligível se o espectador ficasse na extremidade; quem estivesse de frente para a pintura só veria distorções. Esse uso radical da perspectiva, chamado anamorfose, também estava presente entre as obras de madeira no *studiolo* de Federico, onde foi usado para representar um alaúde.

O *studiolo* reunia essas várias artes para inspirar Federico, quando lá se recolhia depois de encerrar seus assuntos de Estado. Além disso, esse espaço engenhosamente construído também servia como um imenso recurso de memória, trazendo à mente do proprietário várias artes e figuras artísticas diferentes, além de ditos memoráveis, que ficavam expostos, também marchetados, em locais de destaque. Havia muito tempo que teóricos da memória tinham concebido os chamados teatros da memória, espaços que ajudavam os oradores a lembrar longos discursos, dividindo-os em unidades menores e associando-as a elementos memoráveis de um espaço interno, como cantos ou colunas. Com o tempo, esses teatros da memória se tornaram dispositivos mais elaborados para organizar, armazenar e acessar todos os tipos de informação, como predecessores distantes do armazenamento digital.[45] O *studiolo* de Federico servia como um desses dispositivos externos de memória, um mecanismo de armazenamento e recuperação para um novo âmbito de conhecimento.

A biblioteca da corte de Carlos Magno, o scriptorium beneditino, as universidades do século XII e, por fim, o *studiolo* italiano: cada uma dessas instituições encarnava diversas formas de preservar, reproduzir e expandir o conhecimento, mas cada uma tinha ainda um objetivo distinto e, portanto, uma estratégia diferente para reviver o passado. Elas se complementavam, cada qual dando prioridade a diferentes textos e modos de conhecimento dentro do arcabouço do cristianismo. Esse arcabouço significava coisas distintas para cada um deles, permitindo-lhes entender o passado pré-cristão de maneiras diferentes. As três ondas de revi-

Studiolo *no palácio ducal em Gubbio. O original reside agora no Metropolitan Museum of Art, em Nova York. (Metropolitan Museum of Art, Nova York)*

valismo por empréstimo — os três renascimentos — conseguiram preservar e importar um número crescente de textos da Antiguidade. O próprio fato de que se empreendessem tais revivalismos mostra, por si só, que europeus tão díspares como Carlos Magno, Hildegard e Federico sentiam que algo do passado se perdera e precisava ser recuperado de algum outro lugar. Todos se sentiam chegando mais tarde e olhavam para trás, para o que fora perdido, procurando restaurá-lo.

Além de livros, pinturas e instrumentos musicais, o estúdio de Federico incluía um conjunto de xadrez (jogo importado da Arábia), um modelo esférico do céu e a representação de um astrolábio, instrumento usado para a navegação. Mal sabia ele que esse dispositivo discreto, representado, como tudo o mais no *studiolo*, em madeira, logo levaria navegantes a contornar o extremo Sul da África e a cruzar o Atlântico, transformando com isso mais uma vez o mundo.

10. A capital asteca encara seus inimigos e admiradores europeus

TENOCHTITLÁN, 1519

O imperador Montezuma, ao fazer um balanço de seu império em expansão, poderia se orgulhar das realizações dos astecas. Mais de duzentos anos antes, tinham deixado sua terra natal no Norte e aos poucos foram descendo para o Sul, até que, depois de várias gerações, chegaram à bacia mexicana, com seu complexo sistema ecológico de lagos rodeados de montanhas e dois vulcões de cume nevado. De início, os astecas fizeram acordos com os dirigentes locais, pagando tributo e se oferecendo como mercenários.[1] Mas, cem anos mais tarde, rebelaram-se contra os senhores e se tornaram independentes. No começo, o novo poder deles mal ultrapassava a bacia, mas, nas décadas seguintes, esses mercenários experientes trataram de atacar e ameaçar as cidades vizinhas e estenderam seu território até a costa do golfo a leste, o Pacífico a oeste e os povos de língua maia ao sul. Era esse o território a que Montezuma agora presidia.

A maior realização dos astecas não foi controlar o território, mas criar Tenochtitlán, a cidade flutuante. Ela era construída no meio de dois lagos conectados, que eram alimentados por correntes vindas das montanhas. Sem vazão, a água ficava nos lagos e evaporava devagar. O lago maior era, portanto, de água salgada, e apenas o lago menor, ao sul, o primeiro a receber a água das neves derretidas dos vulcões, continha água doce. Os engenheiros tinham criado três pontes que conectavam a cidade ao continente; elas também retardavam o fluxo do lago de água doce, que ficava um pouco mais acima, para o de água salgada. Com o crescimento da cidade, foi construído um grande dique, com cerca de vinte quilômetros de comprimento, para produzir áreas pantanosas onde era possível plantar alimentos.

A cidade, cercada por pântanos atravessados pelas pontes, era um prodígio de geometria, engenharia e imaginação. Para garantir o sustento dos 50 mil habitantes da ilha, e de mais 50 mil em cidades e assentamentos próximos, era preciso uma logística impressionante.[2] Tudo precisava vir de fora. Como não existiam animais de carga nas Américas, exceto as lhamas na região andina, a água e os alimentos tinham de ser transportados por cerca de 5 mil carregadores humanos, que iam até a cidade todos os dias, atravessando as pontes a pé ou com canoas a remo.[3] No centro da cidade ficava um grande complexo construído em volta do Templo Maior, encimado por uma ampla plataforma com dois santuários. Ao se aproximar da cidade, fosse pela ponte ou por canoa, era a primeira coisa que se via: o par de santuários, com cerca de setenta metros de altura, erguendo-se do lago.

A cidade existia num ecossistema cuidadosamente equilibrado, que seria fácil de romper. Uma geração antes, um dos predecessores de Montezuma, Ahuitzotl, empreendera a construção de um enorme aqueduto de pedra, para trazer água doce das fontes de Coyoacán diretamente para a cidade. A inauguração desse novo prodígio de engenharia foi uma ocasião festiva, que os artistas comemoraram criando um relevo de pedra com a imagem do aqueduto.[4] No começo, funcionou como se pretendia, mas, tão logo as chuvas torrenciais começaram, a água doce que ele trazia à cidade se transformou numa enchente devastadora, prejudicando o sistema cuidadosamente administrado de lagos, diques e pontes da cidade. Alguns diziam que Ahuitzotl morreu na enchente causada por sua própria húbris.[5]

Para Montezuma, a catástrofe do aqueduto serviu de alerta para lembrar que Tenochtitlán dependia de um equilíbrio precário entre água e pedra, vulnerável à natureza, mas também aos erros humanos. Ele seria o imperador a reconstruir a cidade e salvá-la das calamidades. Isso demandaria a expansão do império para que novos recursos, inclusive alimentos, chegassem à cidade, e exigiria cautela com futuros projetos de engenharia. O episódio do aqueduto mostrou a rapidez com que a cidade podia se transformar numa armadilha.

O controle do fluxo de água era uma questão que envolvia não só engenheiros e imperadores, mas também divindades. Havia, por exemplo, Chalchiuhtlicue, a deusa da água, que representava a fertilidade e a água doce, cuja administração era de muita importância para Tenochtitlán. Mas o principal templo-pirâmide da cidade era dedicado a dois outros deuses: Huitzilopochtli, o deus da guerra, e Tlaloc, o deus da chuva e da agricultura. Foi Huitzilopochtli que orientara os astecas a fundarem a cidade naquele local e que exigia os maiores sacrifícios, em geral soldados capturados nos limites do império.[6] As vítimas sacrificais eram dopadas e conduzidas pelos degraus da pirâmide até a plataforma no alto, onde os sacerdotes aguardavam para extrair deles o coração palpitante com punhais feitos de obsidiana ou sílex afiado. O sangue era conhecido como "água preciosa", e assim a oferenda de corações ainda palpitantes, às vezes dezenas ao mesmo tempo, era uma maneira de garantir que o equilíbrio do império fosse preservado, as guerras saíssem vitoriosas e rendessem tributos e prisioneiros, e acima de tudo que as águas do lago se mantivessem calmas.[7]

Não eram apenas água, alimentos e cativos que eram levados à cidade no lago. Como haviam chegado mais tarde à região, os astecas encontravam por toda parte remanescentes de civilizações passadas. Não muito longe da capital asteca, perto da margem norte do lago, ficava Teotihuacán, local com ruínas de pirâmides e templos enormes alinhados numa larga avenida cerimonial.[8] Impressionados com a antiguidade desse local, os astecas o incorporaram à sua própria mitologia, declarando-o a origem do mundo.[9] (Foi ali, entre as ruínas daquela civilização anterior, que se deu a cerimônia de posse de Montezuma.) Os astecas também realizaram escavações e colocaram relíquias dentro de seu próprio templo enorme, como oferendas a seus deuses. Fizeram o mesmo com outros remanescentes culturais, inclusive as misteriosas cabeças de pedra entalhada da civilização olmeca, algumas com mais de 2 mil anos naquela época.[10] Os astecas também copiaram formas arquitetônicas e técnicas escultóricas olmecas, inclusive as cabeças de serpente.

Alguns dos objetos culturais mais intrigantes da região eram os livros, em que os escribas-pintores contavam histórias de seus deuses, de seu povo e dos calendários que usavam. Esses livros eram compostos de uma combinação de imagens e sinais pictóricos que funcionavam como uma forma de escrita. Os símbolos pictóricos não captavam sílabas ou palavras individuais, como na escrita alfabética ou nos hieróglifos egípcios. (Na Mesoamérica, apenas os maias ao sul tinham desenvolvido tal sistema de língua escrita.) Mas os símbolos pintados registravam ideias, eventos e datas, funcionando como recursos mnemônicos precisos para sacerdotes e escribas-pintores. Os astecas, quando derrubaram seus antigos dirigentes, decidiram queimar também os livros.[11] Aqui, como em outros lugares, a história era muitas vezes escrita — ou pintada — pelos vencedores.

Essa disputa de histórias indicava que os astecas não queriam apenas apagar o passado, mas também reescrevê-lo. Pois eles não só queimaram os livros de seus antigos senhores, como também criaram novos em seu lugar, que estabeleceram seus calendários (a palavra para leitura também significava contagem), seus deuses, seus mitos e sua história.[12] Como os escribas-pintores astecas usavam tinta vermelha e preta, as histórias escritas eram chamadas de "histórias em vermelho e preto". Os sacerdotes de Montezuma, que moravam no grande complexo em torno do templo principal em formato piramidal, aprendiam a pintar, desenhar e interpretar esses livros e a usá-los para fins rituais e divinatórios.

Foi a partir dessa cidade prodigiosa, com seus templos e livros, que Montezuma expandiu seu império. Seus soldados remetiam os tributos cobrados da região em volta, concentrando um volume cada vez maior de recursos e, portanto, de poder, nesse único local. Durante a vida de Montezuma, Tenochtitlán se tornou a maior cidade das Américas e maior do que muitas da Europa. A riqueza trouxe novas especializações, a divisão do trabalho e realizações culturais. Enquanto canoas e carregadores traziam alimentos e matérias-primas, os artesãos manufaturavam mercadorias cada vez mais sofisticadas, desde vestimentas refinadas até armas e objetos de arte. Eram vendidos num grande mercado central, onde cabiam milhares de pessoas. Montezuma também se orgulhava de seu grande zoológico pessoal, com vários tipos de animais silvestres, incluindo cervos, aves de caça, cãezinhos e muitas espécies de pássaros, cujas penas eram altamente valorizadas.[13]

O território de Montezuma, mesmo enquanto crescia, às vezes na base da força, mas também devido às vantagens de ser um poderoso império mercantil, estava longe de ser unificado. Alguns grupos que pagavam tributos e eram mais distantes, como os maias no Sul ou os totonacas na costa do golfo, nunca se sentiram parte de um conjunto unificado. Não havia um senso de cidadania em comum (como foi desenvolvido no Império Romano) nem de uma mesma língua. Apesar do tamanho e da sofisticação de Tenochtitlán, Montezuma não dispunha de uma burocracia de Estado que fosse capaz de criar um senso de unidade ou mesmo um controle uniforme. O que mantinha o império de Montezuma unido era uma frágil combinação entre força e interesse próprio, junto com o esplendor de sua maior criação, a própria cidade aquática, que era o coração vivo do império.

Tal era a situação do mundo asteca quando Montezuma recebeu as primeiras notícias de que haviam reaparecido castelos flutuantes na costa. Dois anos antes, moradores das regiões costeiras tinham visto pela primeira vez navios enormes. Desde então, os batedores de Montezuma se mantinham alertas, e agora eles tinham ouvido rumores não só sobre navios, mas também sobre indivíduos de pele clara montados em cervos grandes e com cães agressivos treinados para combate.

Montezuma resolveu fazer duas coisas. Enviou um de seus escribas-pintores para documentar as notícias inacreditáveis dos batedores. As imagens lhe permitiriam entender melhor a situação: as pessoas, os animais, as roupas, os navios, as armas.[14]

A outra coisa que Montezuma fez foi enviar presentes requintados, na esperança de causar boa impressão naqueles estrangeiros e lhes mostrar os recursos culturais de que dispunha. Incluiu amostras de seus artesãos mais talentosos, inclusive um enorme disco de ouro representando o Sol e outro de prata representando a Lua; estatuetas de ouro de patos, leões, panteras, cães e macacos; joias finamente trabalhadas; armas, em especial flechas com plumas ornamentais; um bastão, também de ouro, e uma coleção de suas melhores plumas, convertidas em obras de arte com acréscimos de ouro. Montezuma incluiu ainda amostras das roupas requintadas que apenas os nobres eram autorizados a usar.

Os estrangeiros vestiriam aqueles trajes cerimoniais? Os presentes bastariam para convencê-los do poder de Montezuma e fazê-los partir?

NUREMBERG-BRUXELAS, 1520

Menos de um ano desde que Montezuma enviara presentes aos visitantes estrangeiros, Albrecht Dürer se viu enfrentando dificuldades financeiras. Apesar de ser um dos pintores mais famosos da Europa, ele dependia de um estipêndio do imperador do Sacro Império Romano para viver, e agora já fazia vários anos que os magistrados de Nuremberg se recusavam a pagar. Nuremberg era uma "cidade livre", basicamente uma cidade-Estado independente, e relutava em fazer pagamentos em nome do imperador.[15]

Além de independente, Nuremberg contava também com boas ligações, um centro comercial em intercâmbio constante com a Europa Ocidental e Oriental, e mesmo com o mundo árabe. Seguindo os moldes do Oriente Médio, Nuremberg criara a primeira manufatura de papel na Europa ao norte dos Alpes.[16] Pouco tempo antes, alguns moradores locais com espírito empreendedor tinham adotado o uso dos tipos móveis de Gutenberg, a poucas centenas de quilômetros dali, e desenvolveram um dos primeiros centros de publicação impressa.[17] Com 40 mil habitantes, Nuremberg se tornara uma das cidades mais populosas e importantes da Europa. Para alguns, era a capital secreta da Europa setentrional.[18]

No meio do impasse de Dürer quanto a seu estipêndio, o imperador morreu. O artista teria de pleitear sua causa diretamente a um novo imperador, Carlos v, cuja corte ficava nos Países Baixos.

Havia mais uma razão para abandonar temporariamente Nuremberg: a peste voltara a atacar. A Peste Negra tinha chegado à Europa em 1347 e nunca desapareceu por completo, espalhando-se por regiões e cidades com uma frequência quase previsível. Agora se espalhava por Nuremberg; quem conseguia acabava fugindo para o campo ou para algum lugar distante.[19]

Dezessete anos antes, Dürer fugira de outro surto da peste indo para Veneza, cidade ainda mais rica do que Nuremberg e mais internacional, situada na fronteira contestada, mas também lucrativa, entre a Europa e o Oriente Médio. Para um pintor, a Itália era de especial importância, pois fizera parte de uma revolução artística, tornando-se o local que desenvolvera uma nova forma de perspectiva, de precisão geométrica, em que todas as linhas convergiam para um único ponto de fuga, o que permitia aos pintores transformarem suas telas em janelas com vistas que recuavam sem fim. Ao mesmo tempo, alguns pintores italianos, em especial Leonardo da Vinci, tinham ingressado na atividade de roubar cadáveres, a fim de aprender sobre estrutura óssea, músculos e tendões por meio da dissecação, o que lhes permitia captar o corpo humano com uma precisão inédita. Em suas viagens, Dürer conseguira se encontrar com os grandes pintores da cidade, Mantegna e Bellini.[20] Mantegna usava cores vivas para criar pinturas com constelações pouco usuais, enquanto Bellini se concentrava em paisagens etéreas que recuavam com o uso da nova perspectiva em seu máximo efeito. (Os dois eram parentes por afinidade — a irmã de Bellini se casara com Mantegna.)[21]

Desse centro da arte e do comércio mundial, Dürer voltou para uma Nuremberg dizimada pela peste. Inspirando-se no que aprendera, trabalhou com grande afinco para se tornar o principal representante da nova pintura ao norte dos Alpes. Seus retratos mostravam o conhecimento anatômico adquirido por pintores italianos, e suas paisagens usavam a profundidade possibilitada pela perspectiva central. A revolução na pintura também trouxe uma nova autoconsciência, que Dürer expressava em sua preferência de toda a vida pelo autorretrato, o qual registrava seu crescimento como pintor e o desenvolvimento de sua técnica.[22]

A Itália não era a única fonte de inspiração. Preparando-se agora para fugir mais uma vez da peste, Dürer quis aproveitar suas viagens a Bruxelas para se pôr a par dos desenvolvimentos mais recentes na arte holandesa. Duas gerações antes, Jan van Eyck e seus discípulos tinham impressionado o mundo com harmoniosos retratos de plebeus, cenas urbanas movimentadas e representações da natureza. Os holandeses eram seus únicos rivais de verdade no Norte da Europa; seria bom ver o que andavam fazendo.

Para facilitar o intercâmbio artístico, mas também para mostrar sua superioridade técnica, Dürer levou um trunfo inusitado: um baú cheio de gravuras impressas. Os pintores italianos que admirava, Mantegna, Bellini e Rafael, com sua ênfase na cor e na composição, também estavam interessados na nova tecnologia da impressão, tal como alguns de seus rivais holandeses. Mas Dürer se sentia em vantagem. Reconhecera cedo o potencial da impressão e aprendera a submeter a madeira, o cobre e a pedra à sua vontade, dominando a técnica do entalhe, que ficaria bem na impressão. Com uma precisão assombrosa, ele capturava as formas orgânicas das plantas, as orelhas das lebres e as poses humanas, dando vida aos materiais inertes. E o melhor de tudo: essas imagens podiam ser reproduzidas à vontade, gerando uma fonte de renda e distribuição totalmente nova. Dürer também produzia imagens para livros impressos, aproveitando a posição de Nuremberg como centro da revolução impressa. Ao converter a impressão em grande arte, Dürer reconhecia que o prelo mudava não só a escrita e a literatura, como também a representação visual.

Durante sua viagem, as gravuras impressas de Dürer serviram ainda a outra finalidade: ele as tratava quase como dinheiro vivo, dando-as a hospedeiros e patronos em retribuição por seus préstimos. Ele registrava essas transações num diário, como uma forma de lembrar que o objetivo primordial da viagem era dinheiro. O diário era uma espécie de livro contábil, em que ele fazia um cálculo preciso das despesas, incluindo cada refeição e pernoite.

A caminho do Norte, Dürer soube de uma notícia terrível: Lutero fora detido. Fazia poucos anos que o frei Martinho Lutero escrevera a seu bispo, protestando contra a venda de indulgências (produzidas em massa, graças ao prelo) e outros abusos da Igreja. Desde então, as coisas aconteceram muito depressa. O bispo não deu uma resposta, e isso levou Lutero a escrever mais cartas de protesto, e alguns de seus companheiros as levaram às recém-estabelecidas oficinas gráficas. Assim, Lutero se tornou o primeiro populista da era impressa.[23]

Em Nuremberg, onde tinham sido impressos muitos dos ensaios e das cartas de Lutero e onde ele conquistara seus primeiros seguidores, Dürer havia observado esse processo com interesse e solidariedade. Junto com alguns amigos, ele dera apoio à conclamação de Lutero por uma renovação do cristianismo. A notícia da detenção dele levou Dürer a escrever um longo discurso em prol da reforma da Igreja, em apoio à causa de Lutero. Mal sabia ele que, nesse caso específico, não precisava se preocupar muito.[24] Lutero fora detido por um simpatizante, que o levara em "custódia de proteção" para o castelo de Wartburg. Lá, traduziu o Novo Testamento do grego para o vernáculo alemão com espantosa rapidez. Depois de concluir o trabalho, entregou a tradução a impressores, sobretudo os situados em Nuremberg, que mostraram o que a produção em massa era capaz de fazer. A Bíblia de Lutero se tornaria o primeiro best-seller da época — a vanguarda de uma revolução que remodelou a Europa.

Na viagem para o norte, Dürer não pensava apenas em Lutero, em seus estipêndios e na obra dos pintores holandeses. Também se deu ao trabalho de registrar no diário um encontro inesperado em Bruxelas, onde Carlos v, o imperador eleito do Sacro Império Romano, tinha sua corte. O domínio do imperador se estendia da Borgonha à Áustria (consta que ele gostava de alardear: "Falo em espanhol com Deus, em italiano com as mulheres, em francês com os homens e em alemão com meu cavalo"), e quatro anos antes, em 1516, tornara-se também rei da Espanha, adquirindo dessa forma possessões hispânicas cada vez maiores no Novo Mundo. Dürer escreveu:

> Vi também as coisas que foram trazidas da nova terra do ouro para o rei, um Sol todo de ouro, com quase 1,8 metro de largura, e uma Lua de prata de tamanho parecido, dois armários cheios de armaduras e vários tipos de armas, escudos, arcos e flechas, roupas estranhas e surpreendentes, mantas e outros objetos surpreendentes, muito mais admiráveis do que milagres. Esses objetos são tão valiosos que se calcula valerem 100 mil florins. Nunca vi em toda a minha vida algo que me encantasse tanto quanto essas coisas. O que vi entre elas foram objetos artesanais impressionantes, e fiquei surpreso com o gênio sutil do povo nessa terra estrangeira. Nem sei como expressar em palavras o que vi.[25]

O que Dürer viu foram os presentes que Montezuma deu aos estrangeiros que tinham chegado à sua costa menos de um ano antes. Os objetos foram recebidos avidamente por Hernán Cortés, o soldado espanhol encarregado da expedição, que partira de Cuba para explorar a costa e comercializar com os habitantes. Cortés não tinha a menor intenção de se ater a essa incumbência oficial. Já tinha feito um acordo com sua tripulação para criar uma colônia ilegal e extrair o máximo possível daquela terra. Como de costume, o imperador ficaria com um quinto do lucro. Quanto aos outros quatro-quintos, Cortés tentaria reivindicar uma parcela generosa para si. Ao criar um assentamento permanente e se preparar para avançar para o interior do continente, Cortés ultrapassara sua esfera de competência e se tornara um fora da lei.

Só havia uma maneira para que tal audácia não acabasse mal: ele apelaria diretamente a Carlos v, apresentando-se como um intrépido conquistador e remetendo ao rei amostras das riquezas que poderiam existir ali. Para isso, Cortés fez um longo relato da expedição até aquele momento, como chegara à costa, seus vários contatos com os habitantes nativos e o que o levara a ir além da missão oficial. Como elemento atrativo adicional, ele enviou uma lista detalhada dos presentes que tinha recebido.[26]

Cortés confiou a carta e os presentes a dois seguidores fiéis. Eles foram instruídos a ir diretamente para a Espanha, sem passar por Cuba, onde poderiam atrair a atenção indesejada dos superiores de Cortés. Apesar disso, por alguma razão pararam em Cuba, talvez para adquirir provisões, e quase foram interceptados. No entanto, de alguma maneira conseguiram partir e seguir para Sevilha, a cidade no Sudoeste da Espanha que dominava a nova exploração transatlântica, onde foram informados de que, para entregar pessoalmente os presentes a Carlos v, teriam de prosseguir por mais um bom trecho. Carlos estava para ser coroado imperador em Aix-la-Chapelle, tal como Carlos Magno antes dele. (Como o antecessor, Carlos v seria coroado outra vez em 1530, agora pelo papa, se tornando o último imperador do Sacro Império Romano a receber essa distinção adicional.)[27] Para celebrar a ocasião, Carlos resolveu exibir os presentes que Cortés lhe enviara, como forma de ostentar suas mais recentes possessões, e foi assim que Dürer pôde vê-los.

Mas o que Dürer pensou ter visto? No diário, ele usou palavras como *wunderlich* (maravilhoso) e *seltsam* (estranho). Ele estava ciente de que não sabia nada a respeito do povo que havia produzido aqueles objetos — ninguém na Europa sabia. Isso não significava que não tinha conhecimento de nada do Novo Mundo. Como cidadão de Nuremberg, ele estava em boa posição para conhecer algumas notícias trazidas por marinheiros espanhóis e portugueses. (Martin Behaim, seu concidadão de Nuremberg, havia criado em 1492 um dos primeiros globos.)

Dürer também podia ter lido os relatos sobre o Novo Mundo escritos e impressos por Cristóvão Colombo, que descrevera os habitantes com que tivera contato como nobres selvagens, e por Américo Vespúcio, que os descrevera como canibais perigosos.[28] Dois anos depois de ter visto os presentes de Montezuma, Dürer teve a chance de ver uma xilogravura impressa em Nuremberg que mostrava o sacrifício de crianças, e, passados mais dois anos, foi impresso em Nuremberg um primeiro mapa de Tenochtitlán, permitindo aos europeus imaginarem essa prodigiosa cidade sobre a água, que era pelo menos do mesmo tamanho de Nuremberg. E, muito embora era possível que Veneza fosse maior, Tenochtitlán era às vezes chamada de "a Grande Veneza", tornando a original italiana menor.[29]

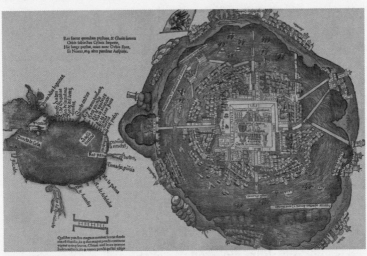

Mapa de Tenochtitlán incluído numa tradução latina da "Segunda carta ao imperador Carlos V", de Hernán Cortés, impressa em Nuremberg em 1524. (Biblioteca do Congresso)

Quer Dürer tivesse topado com a descrição dos americanos nativos como nobres selvagens ou como vis canibais, nenhuma dessas caracterizações parece ter definido a sua avaliação daquelas obras de arte. Admitindo com franqueza sua completa ignorância, Dürer só as via como objetos feitos por artistas e artesãos qualificados como ele próprio. Sempre pensando em dinheiro, sobretudo nessa viagem, ele calculou que aqueles objetos tinham um valor enorme (cerca de 10 milhões de dólares atuais), mas, acima de tudo, admirou o trabalho artesanal, o "gênio sutil" de quem fizera os objetos. A partir dessas linhas efusivas — e Dürer não era propenso a efusões —, fica evidente sua admiração pelo trabalho desses artistas. Ele apreciou em especial as peças em ouro. Embora fosse pintor e gravurista, crescera no lar de um ourives e se casara com a filha de um ourives,[30] então sabia avaliar o trabalho em ouro.

O que Dürer trouxe a esses objetos, que estavam totalmente separados de qualquer contexto cultural, foi não só uma noção altamente desenvolvida da habilidade artesanal e da imaginação artística, mas também um senso de humildade quanto à sua própria ignorância. Isso lhe permitiu evitar alguns dos clichês sobre as Américas que circulavam à sua volta — nobres selvagens, canibais sanguinários — e chegar a esse encontro extraordinário, a primeira vez em que um artista europeu de primeira categoria interagia com as artes altamente desenvolvidas da Mesoamérica, com insólita abertura e capacidade de apreciação.

Esse encontro de Dürer com os presentes de Montezuma em Bruxelas não foi seu único contato com objetos estranhos trazidos por navegadores espanhóis e portugueses. Poucos anos antes, ele ouvira uma descrição entusiástica de uma nova espécie animal vinda do Extremo Oriente. Chamava-se rinoceronte e era gigantesco, com um chifre ameaçador e a pele grossa como uma armadura. Um mercador alemão viu essa criatura desembarcar em Lisboa e a descreveu em detalhes ao pintor. Dürer resolveu fazer uma gravura baseada nessa descrição — decisão incomum para um artista que queria criar imagens que pareciam vivas, como sua representação de uma lebre, tão precisa que hoje quase parece uma fotografia.

No caso do rinoceronte, o resultado também foi impressionante. Dürer começou com um esboço, que então retrabalhou como xilogravura. Era, claro, uma oportunidade ideal para a reprodução em massa, pois quem não iria querer ver esse bicho monstruoso? A gravura capta o peso incrível do animal, o tronco sustentado por quatro membros que parecem torres, a grande cabeça equipada com o chifre ameaçador. Apenas as orelhas, empinadas como as de um asno (ou uma lebre?), dão ao animal um ar um pouco mais amigável, talvez até risível. Mas tudo isso se retrai perante a armadura pesada que o torna invulnerável ao ataque, que parece com as placas da carapaça de uma tartaruga e recobre todo o tronco da criatura.

Ao criar essa gravura sem ver o animal, Dürer assumiu um risco calculado. Ela refletia seu interesse em formas estrangeiras, mas também seu empenho em dar visibilidade às coisas: em provar que é possível mostrar tudo quando se dispõe da técnica e da visão corretas, mesmo algo que ele não tinha visto com seus próprios olhos. O risco valeu a pena. O rinoceronte de Dürer virou um grande sucesso, um símbolo das maravilhas do Oriente.[31] Foi apenas no século XVIII, quando outros europeus olharam rinocerontes em carne e osso, que as pessoas viram que os animais de verdade não tinham placas de armadura, apenas a pele grossa (Dürer captou muitas outras características do animal com grande precisão, o que foi uma proeza, visto que ele tivera de se basear numa descrição verbal). Por meio do poder da reprodução, Dürer criara na Europa uma imagem enganosa desse animal, que persistiu por vários séculos.

A gravura do rinoceronte estava entre as que ele levou para os Países Baixos, onde as ofertou a Margarida da Áustria, tia de

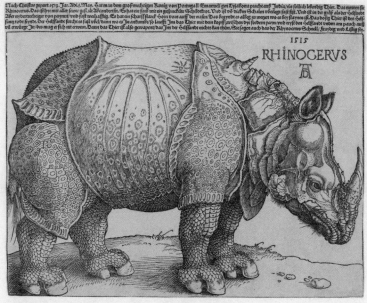

Xilogravura de um rinoceronte por Albrecht Dürer. Ele nunca havia visto o animal, mas baseou o seu desenho em um relato escrito. Ele capta muitos detalhes de forma correta, mas pensa de maneira equivocada que o animal tem placas similares a uma tartaruga em vez de uma pele grossa. (Rosenwald Collection, National Gallery of Art, Washington DC)

Carlos v, que intercedeu em seu favor junto ao sobrinho e foi bem-sucedida. Dürer pôde voltar aos parcimoniosos magistrados de Nuremberg com uma ordem imperial, instruindo-os a lhe pagarem a soma exigida.

TENOCHTITLÁN, 1519

Enquanto isso, em Tenochtitlán, Montezuma observava os movimentos dos estrangeiros. Seu mensageiro voltara descrevendo com palavras e pinturas o que tinha visto, mas a descrição não dizia como Montezuma deveria lidar com aquelas pessoas. Estava claro que os presentes não tinham alcançado o efeito desejado de mostrar seu poderio, de saciar o desejo deles por ouro e fazê-los partir. Pelo contrário, os recém-chegados haviam mostrado sua força numa batalha, atacando alguns tributários de Montezuma com seus cervos blindados, disparos de projéteis, cães sanguinários e poderosas balestras. Agora tinham o objetivo expresso de vir a Tenochtitlán para conhecê-lo pessoalmente.

Montezuma enviou mais mensageiros e mais presentes, na esperança de que os estrangeiros dessem meia-volta e fossem embora, mas eles continuaram avançando em terra. Ficou evidente que tinham algum conhecimento da situação local; não demorou muito e logo fizeram aliados, em especial os tlaxcalanos, que Montezuma tentara, mas não conseguira converter em tributários. Ele tinha sido duro com os tlaxcalanos e fizera reiteradas incursões no território deles, capturando pessoas para ocasiões sacrificiais especiais.[32] Os estrangeiros, de início, atacaram os tlaxcalanos, mas logo passaram a recrutá-los como aliados contra Montezuma, e assim avançaram até o território natal asteca. Os estrangeiros pareciam decididos a entrar em Tenochtitlán. Montezuma decidiu que talvez fosse melhor tê-los ali, onde poderia examiná-los e lidar mais facilmente com eles, no centro de seu poder.

O primeiro encontro, fora de Tenochtitlán, foi um tanto embaraçoso. O chefe dos caras-pálidas tentou abraçá-lo, o que era uma enorme quebra de protocolo. Felizmente, no último instante, os subordinados de Montezuma impediram que isso acontecesse.[33] Então Montezuma os levou para a cidade, o que os deixou visivelmente impressionados. Não conheciam nada que chegasse perto do que estavam vendo, desde os diques e as pontes até o palácio e o templo central. (Os relatos espanhóis descrevem de forma dissimulada esse encontro como uma rendição.)

Logo depois que os estrangeiros entraram na cidade, as coisas começaram a sair do controle depressa. Primeiro, eles confinaram Montezuma em seu palácio, tornando-o na prática um prisioneiro. Montezuma ainda tinha acesso a seus ajudantes, mas não tinha liberdade de movimento, o que começou a minar sua autoridade. Pelo menos ainda dispunha de sua rede de mensageiros e recebia atualizações periódicas sobre o que acontecia em seu reino. Por exemplo, soube que chegara à costa uma flotilha muito maior do que a anterior. A notícia pareceu incomodar os estrangeiros, e não demorou muito para que Cortés, o responsável, deixasse a cidade na companhia de uma força considerável, composta por estrangeiros e seus novos aliados.[34]

Enquanto isso, a situação na cidade degringolava. Com a partida de Cortés, os espanhóis passaram a tumultuar, interferiram numa festa religiosa e massacraram muitos astecas. Montezuma sabia que sua posição estava cada vez mais insustentável, em vista das hostilidades explícitas. Falava-se que era preciso encontrar um novo imperador, visto que ele era prisioneiro, incapaz de atuar como soberano.

Então Cortés reapareceu. Pelo visto, vencera uma batalha contra os recém-chegados e suas fileiras se engrossaram. Mas as condições na cidade tinham ido de mal a pior. O impasse anterior cedera lugar a novas hostilidades, e não demorou para que se instaurasse uma guerra aberta, com a cidade se levantando contra os estrangeiros facínoras. Rua por rua, canal por canal, ponte por ponte, os estrangeiros estavam sendo expulsos da cidade. As baixas foram grandes, mas os astecas tinham vencido.

Montezuma não estava ali para presenciar essa vitória final: foi morto, ou pelos estrangeiros ou por seu próprio povo. Ele, Montezuma II, que reconstruíra a cidade após a catástrofe do aqueduto, que expandira o território asteca e combatera invasores estrangeiros, morreu defendendo a cidade que muitos viam como a maior realização da civilização asteca.[35]

Expulsos da cidade, os estrangeiros se reagruparam. Continuaram com sua política de aterrorizar diversos grupos, coagindo-os a formarem novas alianças, convertendo ex-tributários dos astecas em rebeldes com a promessa de vingança por humilhações passadas. Então chegou uma peste.[36] Era diferente da Peste Negra que andara perseguindo a Europa. Agora era a varíola, contra a qual os espanhóis, ao contrário dos habitantes das Américas, tinham níveis mais altos de imunidade. Talvez tenha sido melhor que Montezuma não estivesse vivo para ver a população da Mesoamérica dizimada por essa doença. Seu sucessor provavelmente sucumbiu a ela. O antigo sistema de alianças que o Império Asteca criara estava muito desgastado, e a peste aumentou ainda mais a pressão sobre uma civilização ameaçada.[37]

Foi nessa situação que os estrangeiros lançaram seu ataque final à cidade, usando embarcações especialmente construídas para obter o máximo efeito com seus canhões e outras armas de fogo. Enfraquecida pela doença, a cidade não conseguiu resistir ao ataque. Os espanhóis e seus aliados não se limitaram a tomá-la; eles a queimaram por completo, inclusive o palácio, o acervo de livros e o zoológico de Montezuma. Ao final da batalha, os estrangeiros tinham destruído aquele prodígio a que tinham dado, com admiração, o nome de "a Grande Veneza".

O que sobrou? Depois da destruição, começou uma nova batalha, esta sobre a história. Hernán Cortés continuou escrevendo cartas a Carlos V, justificando suas ações, enaltecendo suas proezas, elogiando a si mesmo e criando fatos para o público em geral que ninguém ousaria alterar.[38] Alguns companheiros escreveram suas próprias histórias, inclusive o soldado Bernal Díaz, que tinha menos a provar do que Cortés e fez seu relato da conquista perto do final da vida, com a vantagem da visão retrospectiva que dava uma aparência de inevitabilidade ao desfecho histórico.[39]

Essas versões estão muito distantes dos livros que os astecas tinham criado antes da queda, com seus intrincados sinais pictóricos que registravam calendários, histórias e mitos. O conhecimento desse sistema complicado de escrita e leitura se perdeu aos poucos, e os livros, em sua maioria, foram queimados ou desapareceram. Apenas pouquíssimos livros astecas sobreviveram à destruição de Tenochtitlán.

Num esforço extraordinário para preservar as experiências astecas contra a destruição de Tenochtitlán, um frade espanhol, Bernardino de Sahagún, conduziu um projeto de história oral, entrevistando testemunhas oculares idosas e reunindo vozes e imagens. De seu trabalho resultou um livro de imenso valor, documentando não só as batalhas contra os espanhóis e a doença que eles haviam trazido para as Américas, em náhuatl e em espanhol, com mais de 2 mil imagens, mas também a vida dos astecas antes da destruição do império, incluindo atividades cotidianas, práticas agrícolas e pesqueiras, além de instrumentos musicais, como tambores e chocalhos.[40] (Minha apresentação se baseia em todas as fontes mencionadas acima, mas sobretudo nesta.)

Tal projeto também foi cegado por sua visão distorcida dos eventos e por ter sido empreendido décadas depois da queda de Tenochtitlán; baseava-se em traduções e, claro, foi realizado por um espanhol, que ademais narrava as práticas culturais pré-conquista de modo que os padres cristãos tivessem maior sucesso em converter os astecas e, se necessário, esmagar sua cultura.[41] Suas fontes astecas tinham seus próprios interesses na hora de descrever a história recente, tentando responsabilizar apenas Montezuma pela queda de sua civilização, como se um mau imperador fosse suficiente para explicar uma situação tão extraordinária.[42] Mas todas as histórias têm seus próprios objetivos, levando a distorções e enviesando as perspectivas ao tentar explicar tudo em retrospecto.

A obra de história oral de Bernardino se chama Códex Florentino, nome que se deve à cidade italiana onde ela está agora. Tanto o espanhol quanto o náhuatl estão redigidos no alfabeto fonético trazido pelos espanhóis, e as imagens, feitas por pintores astecas, são ilustrações do texto. Como esses astecas foram incentivados a registrar e explicar sua cultura a forasteiros — cultura esta que sabiam que estava desaparecendo —, ela foi pintada e descrita de uma forma que nunca teriam feito se os espanhóis não tivessem desembarcado em seu litoral, além de terem registrado muitas coisas que, de outro modo, teriam sido esquecidas. Mais uma vez, a destruição e a preservação, o desaparecimento e o registro estavam estranhamente entrelaçados.

Dos poucos livros astecas que sobreviveram, muitos foram destruídos depois por padres e frades espanhóis, que queriam erradicar o culto dos deuses astecas e viam, de maneira acertada, que essas obras guardavam elos muito próximos com a antiga religião. Os remanescentes foram levados para a Europa e espalhados entre várias bibliotecas, inclusive as abóbadas protegidas do Vaticano. Lá os livros ficaram mais ou menos esquecidos até despertarem o interesse de um monge mexicano, José Lino Fábrega, no século XVIII.[43] Esse é o grande lance de bibliotecas e arquivos: podem ser usados para receptar e enterrar objetos culturais roubados, mas o uso que as futuras gerações darão a seus tesouros não podem ser controlados, pelo menos não por completo.

Desde o trabalho pioneiro de Fábrega, estudiosos vêm tentando reconstruir a arte perdida da escrita pictórica asteca, extraindo com grande diligência o sentido de símbolos ordenados de forma cuidadosa, impressionantes em sua simetria e seu padrão complexo, complementando a versão dada no Códex Florentino. Esse processo continua.[44] Sabemos que os poucos e preciosos livros astecas que escaparam à destruição abrigam muitos elementos sobre a concepção de mundo asteca, o sentido que lhe davam, suas suposições sobre o lugar que ocupavam no universo, as histórias de criação e destruição, o significado de sua arte e seus rituais. O processo de leitura e reconstrução não é uma simples questão de decifrar uma escrita; é de decifrar um mundo inteiro.

Dürer nunca teve a chance de ver nenhum desses livros, embora Cortés tivesse incluído dois deles na remessa que fez a Carlos v. Pelo visto, eram considerados menos valiosos do que armas, roupas e objetos de ouro. Algumas das maiores gravuras de Dürer eram alegorias, imagens que usam símbolos que devem ser entendidos como signos; assim, é intrigante especular o que ele teria pensado dos símbolos-imagens contidos nesses livros. Depois de receber seus estipêndios e voltar a Nuremberg, restavam-lhe apenas oito anos de vida. Embora tivesse escapado à peste que devastava a cidade, é provável que, em suas viagens aos Países Baixos, ele tenha contraído a doença que veio a vitimá-lo. Se tiver sido assim, Dürer pagou um preço alto para obter os favores de Carlos v e para ver a arte de ouro de Montezuma.

O choque entre Cortés e Montezuma, entre o Império Espanhol e o Império Asteca, foi também entre a nova produção europeia de livros em massa e os livros feitos pelas mãos astecas. A produção em massa se tornou uma forma de assegurar a sobrevivência de livros e imagens, uma alternativa a instituições como museus ou bibliotecas concebidos para preservar artefatos únicos. (O mapa nuremberguiano de Tenochtitlán provavelmente sobreviveu por ter sido produzido em massa.) A produção em massa logo se alastrou pelo mundo, gerando uma inundação inédita de livros e imagens, processo que voltou a se acelerar em época recente, com nossa atual revolução da mídia e do armazenamento.

Ao mesmo tempo, a reprodução em massa não eliminou, mas, pelo contrário, aumentou o valor do objeto original, único, insubstituível (incluindo, talvez de modo paradoxal, livros de produção em massa em suas primeiras edições e exemplares assinados pelo autor ou por donos anteriores famosos). Pela mesma razão, continuamos a gastar recursos consideráveis na preservação de originais em museus e bibliotecas de manuscritos, e não só aqueles do passado distante. É como se, quanto maior a facilidade e o predomínio da produção em massa, mais preciosos se tornariam os originais.

Onde se patenteia com maior clareza a natureza frágil e insubstituível dos originais artísticos é no caso da maior criação asteca: sua cidade flutuante. Ao mesmo tempo, porém, a cidade ilustra como é difícil destruir inteiramente algo, mesmo pelo uso contínuo. Os espanhóis e seus aliados tornaram Tenochtitlán inabitável, mas ela foi reconstruída. Se a destruição às vezes preserva, muitas vezes o uso contínuo destrói, e é por isso que tem sido tão difícil escavar a cidade queimada no meio de uma área densamente povoada.

Mas ainda há algumas estruturas urbanas de Tenochtitlán na movimentada megalópole da Cidade do México. Nos anos 1970, iniciaram-se escavações no complexo de templos não muito distante da praça central da cidade. Assim como ainda estamos aprendendo a ler os códices astecas, ainda estamos descobrindo vestígios perdidos do passado. Mesmo quando o passado parece ter desaparecido, muitas vezes resta algo, e a partir disso é possível vislumbrar e reconstruir um mundo perdido.[45]

Há uma praça na Cidade do México, chamada Plaza de las Tres Culturas, no local de uma batalha entre soldados espanhóis e astecas. As três culturas referidas são a dos astecas, a dos espanhóis e a da população mestiça mexicana atual. Lê-se numa inscrição: "Não foi triunfo nem derrota. Foi o doloroso nascimento do povo mestiço que é o México de hoje".

11. Um marinheiro português escreve uma epopeia mundial

Luís de Camões (*c.*1524-80), ao partir de Macau para a Índia, tinha pela frente uma viagem insegura pelo mar do Sul da China. Nascido no inebriante desenvolvimento da exploração portuguesa, Camões passara boa parte da vida aproveitando a força dos ventos. Enfrentara o mistral do Mediterrâneo, que soprava areia do deserto do Saara até o Sul da Europa, os ventos alísios do Atlântico, que o levaram para perto da costa do Brasil, as correntezas traiçoeiras do cabo da Boa Esperança e as monções do oceano Índico. No devido tempo, ele converteu essas experiências na obra mais importante da literatura lusitana, *Os lusíadas*, tornando-se o poeta nacional de Portugal. Hoje está sendo redescoberto como testemunha da primeira era da globalização, como um dos que moldaram nossa concepção dos impérios mundiais do passado, além de nossas incursões contemporâneas pelo espaço sideral.

Camões cruzava o mar do Sul da China durante a estação que os chineses chamavam de *ta feng*, o grande vento, termo que os navegadores portugueses haviam traduzido como tufão.[1] Os tufões se anunciavam com ventos mais fortes, marés de tempestade e toda uma frente de nuvens escuras. Quando apareciam esses sinais, a única esperança era arriar as velas de imediato. Se o vento pegasse um navio com a vela hasteada, ele quebraria o mastro, e o navio não conseguiria navegar, ficando à mercê de ondas gigantescas que estraçalhavam cascos e conveses de madeira como se fossem de papel.

Nessa viagem específica, Camões não precisava se preocupar em ficar de vigia, pois estava ali como prisioneiro. Um superior o acusara de desviar dinheiro em Macau; como não havia nenhum tribunal português naquele entreposto comercial distante, ele tinha de voltar a Goa, na costa ocidental da Índia, para ser conduzido à Justiça. Camões detestava Goa, onde vira o que os portugueses, com seus canhões, armaduras e táticas de batalha, haviam feito à população local.[2] O denunciante era bem relacionado, de forma que não havia muita esperança de se livrar facilmente. Camões passara algum tempo na prisão em Portugal e tinha sido por isso que, vinte anos antes, se lançara à vida no mar. Mas a prisão em Goa sem dúvida seria muito pior.

O único consolo de Camões era ter sido autorizado a trazer junto a esposa chinesa, Dinamene.[3] Durante a maior parte da vida, ele não tivera sorte no amor. Quando rapaz, depois de sair da universidade e ingressar na sociedade da corte como preceptor de um alto aristocrata, apaixonou-se por uma mulher fora de seu alcance. Foi apenas décadas mais tarde e do outro lado do mundo que encontrou uma companheira de verdade. Se o julgamento em Goa acabasse bem, talvez pudesse voltar com Dinamene a Macau, o único lugar onde havia encontrado algo que se aproximava da felicidade.

Apesar do tempo incerto, o navio de Camões atravessou o mar do Sul da China sem grandes contratempos e agora, mais de 1600 quilômetros adiante, estava perto do extremo Sul da Indochina, no atual Vietnã. Tinham quase 2 mil quilômetros pela frente até Malaca, na atual Indonésia, onde se abasteceriam de provisões e fariam os reparos necessários antes de se arriscar à longa viagem que contornava o extremo sul da Índia e subia pela costa até Goa. Mas, por ora, Camões podia se deleitar com a terra à vista que dava no enorme delta onde o rio Mekong deságua no mar. Após passar metade da vida no mar, Camões já sentira muitas vezes a emoção de enxergar terra depois de semanas fitando a extensão interminável do oceano, a alegria de ser saudado por pássaros e peixes que vivem apenas perto da costa.

Talvez tenha sido por causa dessa hipnótica proximidade com a terra que o vigia relaxou a atenção. De súbito, ventos fortes e nuvens carregadas se transformaram num grande tufão. O contramestre gritava. Os marinheiros tentaram escalar os mastros para recolher as velas, mas era tarde demais. Quando o vendaval alcançou o navio, vários homens foram varridos amurada afora e engolidos pelas ondas enormes, e logo o navio seria destruído de forma inevitável. Em meio ao caos, Camões conseguiu escapar e chegar à costa. Alguns pescadores locais o encontraram semimorto e cuidaram dele durante muitas semanas, até se restabelecer. Foi um dos poucos sobreviventes. Dinamene não estava em lugar nenhum.

O que levara Camões à Ásia não foi apenas o poder dos ventos; foi também a vontade dos reis. Os reis portugueses governavam uma estreita faixa de terra na periferia mais ocidental da Europa, muito distante dos centros mercantis. Portugal nem sequer chegava ao mar Mediterrâneo — "nosso mar", como fora denominado pelos romanos. O Mediterrâneo tinha lá seus perigos, mas era rodeado de portos, registrados com atenção nos chamados mapas portulanos, que um navio em momento de necessidade podia alcançar com relativa facilidade. Essas cidades portuárias, em especial a república de Veneza, tinham a sorte de integrar uma rede comercial lucrativa que, por rotas indiretas, chegava até a Índia, trazendo pedras preciosas e especiarias por meio de mercadores árabes para a Europa.[4] Portugal, por outro lado, tinha diante de si apenas a interminável extensão do Atlântico, sem nenhuma rentabilidade.

Frustrados com essa desventurada posição, os reis portugueses tinham enviado navios para o Atlântico, não em linha reta

Atlas catalão do século XIV, atribuído a Abraão Cresques. (Biblioteca Nacional da França)

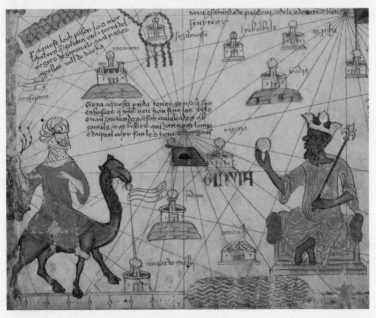

Detalhe do atlas catalão do século XIV que representa a África Ocidental e seu rei. (Biblioteca Nacional da França)

para o oeste — acreditavam que não havia nada por lá —, mas para o sul, ao longo da costa africana. Vários viajantes árabes falavam de uma terra de ouro ao sul do deserto do Saara; talvez houvesse algo lucrativo por lá.

Passo a passo, os portugueses tinham conseguido capturar fortalezas e se estabelecer ao longo da costa, a começar por Ceuta, no Marrocos, em 1415. (Camões serviria em Ceuta mais de um século depois, em 1547, onde perdeu um olho numa batalha.)[5] O ataque a Ceuta era um mero ensaio para planos mais ambiciosos. Os reis portugueses foram enviando seus capitães cada vez mais para o sul, descendo pela costa rumo ao desconhecido. Estava claro que a massa continental africana era grande, mas de que tamanho, para ser exato? E onde terminava? Ao contrário de crenças posteriores, as pessoas na época não pensavam que, se se aventurassem além dos limites do mundo conhecido, iriam cair da borda da Terra. Existiam mapas circulares e modelos esféricos do mundo, mas em algum ponto as massas continentais cediam lugar a um espaço indefinido, e os navegadores não faziam ideia do que encontrariam por lá. Avançar além desse ponto significava literalmente sair do mapa.

Os reis portugueses estavam cada vez mais dispostos a correr esse risco — ou fazer com que seus navios corressem o risco por eles —, na esperança de encontrar uma passagem marítima até o oceano Índico. Se o fizessem, Portugal poderia comerciar diretamente com a Índia, sem precisar passar por intermediários venezianos e árabes. Se se descobrisse uma rota dessas, a posição geográfica pouco promissora de Portugal no lado esquerdo do mapa ptolomaico os deixaria inesperadamente em vantagem.

Foi Vasco da Gama, nos anos finais do século XV, quem encontrou um caminho. Com quatro navios de última geração, ele desceu a costa africana e então virou a oeste, entrando no mar aberto do oceano Atlântico. Parecia uma rota estranha, visto que, afinal, ele queria ir para leste, mas Gama percebera que seria inútil lutar contra o sistema de ventos do Atlântico que o conduzia para o sudoeste. Contra a oposição dos marinheiros, ele se deixou levar até poucas centenas de milhas da costa brasileira antes de virar para leste. A manobra acabou por levá-lo ao extremo sul da África e lhe permitiu contornar o cabo da Boa Esperança — território até então desconhecido pelos portugueses. Dali ele subiu com cuidado pela costa, parando para se abastecer de provisões em Moçambique, na Tanzânia, no Quênia e na Somália, e então atravessando o oceano Índico até a Índia.[6]

Depois do retorno triunfal de Gama, dois anos mais tarde, um número sempre maior de navios portugueses passou a percorrer a mesma rota em torno da África, montando entrepostos comerciais ao longo do caminho, muitas vezes enfrentando a oposição local. Um assentamento em Goa, na costa ocidental da Índia, se tornou a primeira possessão territorial e, portanto, o centro de um império mercantil em expansão, que logo se estendeu para o Sudeste até a Indonésia, com um entreposto em Malaca, e até a distante Macau. Foi nesse mundo extremo-oriental que Camões, nascido e criado em Portugal, passaria grande parte de sua vida adulta, antes de ser levado como prisioneiro e naufragar no delta do Mekong, sem saber o que faria a seguir. Ficaria com os pescadores que o salvaram ou continuaria até Goa para enfrentar o julgamento?

Portugal foi capaz de estender seu poder por longas distâncias porque seus reis entendiam a importância da informação. Todas as viagens que enviavam para o desconhecido eram documentadas em detalhes, todas as partes da costa africana eram transpostas para novos mapas, todas as novas ancoragens eram registradas, todos os novos dados sobre os sistemas dos ventos daqueles oceanos distantes eram anotados. Os escreventes também registravam o preço das mercadorias, o que os portugueses podiam vender e o que podiam comprar. E quando os viajantes voltavam dois anos depois (se tanto — da frota de quatro navios de Gama, apenas dois retornaram, com um terço da tripulação original), todo esse valioso conhecimento era reunido e classificado num edifício bem no centro de Lisboa: a Casa da Índia.[7] Para acelerar a troca de informações, a Casa da Índia concebeu um sistema de transmissão em que os navios deixavam mensagens em portos de escala improvisados ao longo da costa africana. Uma vez um capitão português deixou um bilhete num sapato velho pendurado numa árvore.[8]

Graças às informações reunidas na Casa da Índia, Lisboa prosperou muito no meio século entre a primeira viagem de Gama e as viagens de Camões. Caçadores de fortuna e mercadores, estudiosos e geógrafos acorriam de toda a Europa até Lisboa para se pôr a par dos últimos desdobramentos. O mundo estava mudando, exigindo novos mapas, com consequências geopolíticas de longo alcance. Foi a Lisboa que o cartógrafo Martin Behaim, nascido em Nuremberg, recorreu para juntar as informações necessárias para elaborar um novo modelo do mundo.[9]

Como as informações eram fundamentais para o êxito de uma expedição, tornou-se importante controlá-las e mantê-las longe dos concorrentes. O rei Manuel, que enviara Gama para contornar o cabo da Boa Esperança, foi o primeiro a entender o valor delas e a proibir a circulação de novos mapas e globos, como a "maçã do mundo" de Behaim.[10] Também tentou impor um juramento de silêncio aos marinheiros ao voltar, mas isso era difícil.

O maior problema eram os escritores. Muitos exploradores levavam escreventes para documentar suas descobertas, e os relatos dessas viagens iniciais tinham trazido fama a alguns deles. O rei Manuel tentou eliminar seus relatos para que outros construtores de impérios não se aproveitassem do novo conhecimento antes dele. Mas as informações reunidas na Casa da Índia, que alteravam todo o mundo, não podiam ficar vedadas ao público para sempre. (Entre os poucos documentos remanescentes da vida de Camões, a maioria vem dos arquivos da Casa da Índia.)[11] Muitos marinheiros e soldados eram ex-condenados (inclusive o próprio Camões), o que talvez os tornasse mais propensos a zombar da lei e a vender informações valiosas para potências rivais, como Veneza, que estava disposta a pagar um alto preço por elas. Quando o explorador português Fernão de Magalhães, o primeiro a circum-navegar o globo pelo oeste, contornando a América do Sul e então atravessando o vasto oceano Pacífico, voltou de sua viagem épica, um escritor veneziano convenceu alguns dos (poucos) marinheiros que haviam conseguido voltar a falar e então publicou um relato.

A partir daí, a Casa da Índia ficou sob uma guarda cada vez mais cuidadosa, até ficar claro que era impossível manter segredo. Enquanto isso, eram feitos novos mapas e globos.

Camões perdera tudo no naufrágio: a esposa e todos os bens que acumulara durante os três anos de serviço em Macau. Mas uma coisa ele conseguiu salvar do navio: uma caixa de madeira com um manuscrito.[12] Depois de ler os relatos de exploradores anteriores, como Vasco da Gama, e ter se tornado soldado de infantaria no império mercantil português, ele decidiu ver se conseguiria faturar algum dinheiro descrevendo a exploração portuguesa. E o texto não seria apenas uma descrição. Ele não queria, por exemplo, escrever uma narrativa de viagem, que costumavam ser coisas prosaicas, factuais. Não era isso o que Camões tinha em mente. Ele queria indagar o significado de tudo aquilo, queria dar sentido à sua experiência. Queria converter o novo mapa do mundo em literatura.

Camões sempre se sentira atraído pela literatura. Sua forma preferida era a poesia, sobretudo poemas de amor escritos para mulheres que estavam fora de seu alcance. (Depois da perda de Dinamene, ele escreveu vários poemas sobre a finada esposa.) Quando ele estava no auge na corte, também escreveu uma peça em que lançava indiretas para seus superiores sociais, o que fez com que fosse exilado de Lisboa, servisse no exército em Ceuta e perdesse um olho.[13] Depois dessa experiência, o teatro deixou de exercer atração sobre ele e, de todo modo, nem a poesia, nem a dramaturgia eram a forma adequada para captar uma experiência de proporções mundiais.

Nesse momento fulcral, Camões, para entender as descobertas extraordinárias da época, recorreu ao passado distante — não era o passado de seu povo, mas de povos que viviam a milhares de quilômetros de distância. Por quê?

Na época de Camões, a arte e a literatura da Grécia e de Roma tinham de repente readquirido um interesse vital. A redescoberta do mundo antigo se iniciara na Itália, quando estudiosos e poetas se puseram a procurar manuscritos perdidos e outros artefatos das culturas grega e romana, importando alguns deles de Constantinopla e Bagdá. Tomavam-se como modelos as cartas de Ovídio, os diálogos de Platão e, claro, a *Odisseia* e a *Eneida*. Esse olhar para o passado recebeu o nome de Renascença, pois os que estavam na linha de frente dessa redescoberta viam-na como um renascimento, ignorando convenientemente os revivalismos anteriores e o fato de que incluía muitos empréstimos de intermediários.

Portugal chegou mais tarde a essa Renascença, mas, assim que as riquezas do Extremo Oriente começaram a chegar em profusão, acertou logo o passo e a alcançou. Tal como mercadores e geógrafos iam a Lisboa para se atualizar sobre as mais recentes descobertas no Oriente, da mesma forma estudiosos e professores de toda a Europa iam a Portugal para se dedicar ao que agora chamamos de humanidades, uma forma de conhecimento baseada sobretudo na recuperação de manuscritos antigos e outras formas de edição, comentário e reflexão sobre materiais do passado. A Universidade de Coimbra, que fora fundada séculos antes, tornou-se o centro dessa forma de conhecimento, baseada na reflexão e na argumentação, no debate das respostas das gerações passadas a perguntas fundamentais sobre o lugar dos seres humanos no cosmo — o porquê deles. Foram criadas duas faculdades dentro de um mosteiro grandioso, uma para a alta nobreza e outra para a pequena nobreza e a burguesia, mas o núcleo central da universidade era um acervo extraordinário de mais de 100 mil livros e manuscritos. Tal como a Casa da Índia, a Universidade de Coimbra armazenava conhecimento com o objetivo de usá-lo e transmiti-lo para a geração seguinte.[14]

Às vezes, as duas instituições até trabalhavam juntas. Os mapas criados por Ptolomeu no século II tinham sido levados para a Itália em 1397, como parte da redescoberta de textos antigos.[15] Os contornos continentais traçados por ele logo foram corrigidos, e uma rota marítima foi acrescentada aos espaços em branco, mas o sistema ptolomaico de latitudes e longitudes se manteve como uma invenção valiosa e agora podia ser usado para criar mapas mais precisos, que ajudariam os viajantes e mercadores modernos a alcançar o destino e a superar dificuldades ao longo da viagem.

Foi lá, na Universidade de Coimbra, que Camões aprendeu a reverenciar os clássicos. O reitor da universidade era seu tio, e assim o jovem Camões tinha acesso à enorme concentração de saber acumulado na biblioteca. O aprendizado dos clássicos o impactou tanto que, décadas depois e do outro lado do mundo, ele resolveu usar Homero e Virgílio como modelo para contar a história da exploração portuguesa. Escolheu como tema a primeira viagem de Gama à Índia — representando cem anos de exploração naval de todo um povo, e por isso deu à obra o título de *Os lusíadas*. Para garantir que seus leitores soubessem a que ponto ele se servia de Coimbra, Camões incluiu uma descrição do cenário natural da cidade, celebrando-a como uma nova Atenas.[16]

A leitura dos dois autores antigos mostrara a Camões por onde começar, a saber, no meio da ação em andamento, *in medias res*, como diziam os críticos latinos, quando Gama já chegara à costa oriental da África, deixando para contar depois como ele havia contornado antes o cabo. E, mais importante, os dois autores haviam ensinado a Camões como conferir um significado cósmico à sua história. Em Homero, Odisseu era protegido por Atena e perseguido por Poseidon, ao passo que, em Virgílio, Eneias era perseguido por Juno e fora salvo por Júpiter. Camões resolveu usar também os deuses olímpicos, mas escolheu cuidadosamente os mais adequados à história. Para representar os interesses da Ásia contra o avanço português, ele escolheu Baco, o deus das máscaras, do teatro e do vinho, que os gregos, com o nome Dioniso, tinham associado ao Oriente.

Camões também tomou emprestado a écfrase, a extensa descrição de uma obra visual por meio de palavras. Homero empregara essa técnica de forma magnífica ao discorrer para seus ouvintes sobre a Terra, os astros, as constelações e a vida pacífica na Grécia ao descrever o escudo de Aquiles, entalhado com imagens dessas cenas. Outra técnica era o símile homérico, uma longa comparação que pode se estender por várias estrofes.

Homero forneceu as técnicas literárias; Virgílio forneceu a visão. Ele atribuíra a seu herói Eneias o importantíssimo propósito de fundar Roma, utilizando a poesia épica para criar o mito de fundação de uma nação inteira. Camões quis reproduzir esse feito para Portugal, e por isso incluiu a história portuguesa inteira, desde suas origens humildes até o presente glorioso.

Estamos tão acostumados a admirar a Antiguidade clássica que esquecemos sem contestação a que ponto essa retomada do passado distante pode se apresentar estranha e até exagerada.

Portugal do início da modernidade não tinha nada a ver com a Grécia ou Roma antigas. Haviam se passado 1500 anos desde que Virgílio escrevera sua epopeia, e mais de 2 mil desde que Homero escrevera a dele. Havia inúmeras histórias mais recentes, medievais, que Camões poderia usar, sem falar do Antigo e do Novo Testamentos (Camões, afinal, vivia num país intensamente cristão). Mas ele e seus contemporâneos eram fascinados pelos deuses, pela arquitetura e pela literatura da remota cultura da antiga Grécia, abrigada na biblioteca de Coimbra. Ele usaria a forma da literatura clássica, a epopeia.

Embora empregasse o conhecimento clássico para conferir sentido ao novo império português, Camões também acreditava que os portugueses haviam superado as proezas dos heróis antigos. Odisseu e Eneias tinham navegado pelo Mediterrâneo, um mar amplo e bravio que engolira muitos marinheiros, mas que mais parecia um lago interior se comparado ao Atlântico, ao Índico e ao mar do Sul da China. (Camões não deu muito relevo à proeza de Magalhães, que atravessara o Pacífico em nome da rival Espanha.) Alardeava que Odisseu e Eneias não tinham ido "Por mares nunca dantes navegados", e que apenas os portugueses tinham ido aonde nenhum homem jamais estivera.[17]

A abrangência da exploração portuguesa ia além de qualquer coisa que os antigos pudessem ter imaginado; chegava a ultrapassar os domínios de seu alegre elenco de deuses. O cabo da Boa Esperança, com suas correntezas perigosas, ventos contrários e todos os riscos da passagem para a Índia, levou Camões a inventar, no trecho mais dramático do poema, um deus inteiramente novo: Adamastor, um gigante grotesco, pálido, de barba grisalha, dentes estragados e olhos negros encovados.

Camões também achava que superava seus modelos da antiguidade com o poder de sua experiência pessoal. Quem sabia o que Homero, que diziam ser cego, teria vivenciado em primeira mão? O filósofo Platão questionara sua competência. E Virgílio, embora tivesse ido de sua Itália natal até a Grécia, nunca visitara a maioria dos locais citados em seu poema. Em outras palavras, Homero e Virgílio estavam apenas inventando coisas. Camões sabia por experiência própria o que era navegar pela costa ocidental africana, contornar o cabo e atravessar o oceano Índico. Sabia como era um tufão; sabia até o que era naufragar e quase morrer. E não perdia a chance de lembrar aos leitores: "Eu vi", "Eu fui". Homero e Virgílio eram fabulistas, mas ele não estava inventando coisas. Chegara à sua epopeia por experiência pessoal, o que a tornava superior aos clássicos:

> Se os antigos filósofos, que andaram
> Tantas terras, por ver segredos delas,
> As maravilhas, que eu passei, passaram,
> A tão diversos ventos dando as velas;
> Que grandes escrituras que deixaram![18]

Os lusíadas é a primeira epopeia a mencionar detalhes do cotidiano das longas viagens marítimas, inclusive o escorbuto, doença que acometeu e vitimou tantos marinheiros.[19] Eles não sabiam, mas a causa do escorbuto era a deficiência de vitamina C, que se verificava sempre que os navios passavam semanas ou meses sem alimentos frescos. Tinha início com uma sensação de cansaço, náusea, diarreia e febre, e depois as gengivas inchavam; tudo isso Camões incluiu em sua epopeia. Ao contrário de seus modelos da Antiguidade, ele se importava com os soldados e marinheiros comuns — o que não surpreende, pois fora um deles. Chegava a zombar do saber livresco das classes cultas, que duvidavam das cenas improváveis relatadas por "rudos marinheiros". Entre as maravilhas descritas por Camões estava o fogo de santelmo, uma bola brilhante de luz visível durante uma tempestade — fenômeno raro causado por um forte campo elétrico na atmosfera. Também registrou uma tromba d'água, ou tromba marinha, em detalhes meticulosos que demonstravam sua experiência vivida em primeira mão:

> *Eu o vi certamente (e não presumo*
> *Que a vista me enganava) levantar-se*
> *No ar um vaporzinho, e sutil fumo,*
> *E, do vento trazido, rodear-se:*
> *D'aqui levado um cano ao polo sumo*
> *Se via, tão delgado, que enxergar-se*
> *Dos olhos facilmente não podia:*
> *Da matéria das nuvens parecia.*
>
> *Ia-se pouco e pouco acrescentando,*
> *E mais que um largo masto se engrossava:*
> *Aqui se estreita, aqui se alarga, quando*
> *Os golpes grandes de água em si chupava:*
> *Estava-se co'as ondas ondeando;*
> *Em cima dele uma nuvem se espessava,*
> *Fazendo-se maior, mais carregada*
> *Co'o cargo grande d'água em si tomada.*[20]

Nem Homero, nem Virgílio, nem os classicistas de Coimbra poderiam rivalizar com o que Camões vira com os próprios olhos.

O marinheiro Camões também sabia que a exploração naval portuguesa se baseava em todos os tipos de artes práticas, inclusive a construção de navios e a navegação. Foi o primeiro a mencionar numa epopeia o astrolábio, instrumento engenhoso que permitia aos marinheiros localizarem com precisão a latitude em que estavam, lendo a posição do Sol ou dos astros, um análogo do GPS.[21] Foi esse instrumento que permitiu que os portugueses redesenhassem os mapas ptolomaicos.

Nem sempre era fácil combinar o saber clássico e humanista reunido na universidade em Coimbra com a experiência prática registrada nos documentos da Casa da Índia. Em *Os lusíadas*, há um incômodo convívio entre deuses gregos e tecnologia moderna, entre Adamastor e o astrolábio, às vezes ameaçando prejudicar a obra. Para chegar a um equilíbrio, Camões apresentou os deuses gregos como recurso poético, indicando que não se devia considerá-los reais. Isso fazia parte da estratégia mais ampla adotada por poetas e estudiosos do Renascimento: reviviam a antiguidade pagã, inclusive os deuses gregos, apenas até o ponto em que isso não interferisse no cristianismo. Só era possível aplicar uma erudição clássica a assuntos humanos (e à poesia); em termos teológicos, os deuses do monte Olimpo deviam continuar mortos e enterrados.

As culturas sobrevivem e florescem graças, em parte, aos roubos do passado, como fez Camões, mas da mesma forma às surpresas que encontram em outras culturas com que se deparam. Camões também utilizou essa fonte de inspiração. *Os lusíadas* é um registro fascinante de um grande choque de culturas, repleto de mal-entendidos, ignorância, arrogância e violência, mas ainda de assistência e proveito mútuos, embora em proporções desiguais.

Baseando-se tanto em suas experiências quanto nas de outros viajantes, Camões devotou grande interesse às interações dos exploradores portugueses com os habitantes da costa africana. Esses contatos eram uma questão de sobrevivência: cada vez que os portugueses tentavam atracar, era porque estavam sem provisões, sofrendo de escorbuto e precisando consertar as naus danificadas pelos temporais. Muitas vezes não sabiam nada a respeito do povo que encontravam e se aferravam a seus próprios critérios de julgamento. A avaliação portuguesa sobre se um grupo era bárbaro ou civilizado não se dava pelas roupas que usavam, pelos alimentos que comiam ou pelo estilo de suas casas. Camões descrevia essas coisas de acordo com seus próprios preconceitos. O critério principal era se os desconhecidos utilizavam dinheiro, ouro ou pedras preciosas e se sabiam algo sobre o comércio de especiarias com a Índia. Só nesses casos os portugueses os consideravam civilizados. Era um juízo de valor típico de exploradores dispostos a ingressar no comércio de longa distância.

Quando Gama (e depois Camões, seguindo o caminho descoberto por ele) subiu pela costa oriental da África, encontrou mercadores de especiarias que faziam parte da rede de ligação entre a África e a Índia, que, portanto, eram a seu ver "civilizados". Os envolvidos nessa rede comercial participavam de uma economia de base monetária e usufruíam as riquezas assim geradas. Possuíam portos e casas imponentes, e seus navios rivalizavam com os dos portugueses. Ficou evidente que o oceano Índico não era um território desconhecido, que jamais fora visitado por nenhum homem; os portugueses é que eram novos. Há muito tempo havia ali navegação e comércio. A viagem marítima em torno do cabo da Boa Esperança, uma proeza tão grandiosa para os portugueses, só era nova na medida em que ligava duas redes marítimas até então separadas.[22]

Para os portugueses, era mais importante se manter em bons termos com esses comerciantes profanos ao longo da costa da África Oriental porque assim podiam ancorar em bons portos, encontrar o necessário para fazer os reparos em seus navios e se abastecer com novas provisões. Sabiam que a única maneira de curar ou, pelo menos, aliviar o escorbuto era passarem semanas ou meses em terra firme. E, acima de tudo, os mercadores africanos conheciam os sistemas de vento do oceano Índico, e apenas com esse conhecimento marítimo local os portugueses podiam ter alguma esperança de chegar à Índia.

Do ponto de vista lusitano, só havia um problema com esse povo altamente civilizado e, muitas vezes, prestativo: eram muçulmanos. Não muito tempo antes, áreas extensas da península Ibérica, conhecidas como Andaluzia, estiveram sob ocupação árabe. Em muitos aspectos, era ótimo fazer parte da esfera de influência muçulmana, pois ela conectava Portugal a centros de estudos como a Casa da Sabedoria de Bagdá, onde alguns dos textos da cultura clássica só tinham sobrevivido graças a bibliotecários e críticos árabes. Os dirigentes árabes costumavam ser tolerantes, e assim a Andaluzia também se tornou um centro de erudição judaica, de modo que Portugal e Espanha formavam uma mescla única de erudição e cultura cristã, muçulmana e judaica.

Mas essas vantagens não bastaram para manter os árabes na península Ibérica para sempre. Território após território, eles tinham sido repelidos pelos governantes cristãos, na chamada Reconquista, que foi concluída em 1492 com a queda do último bastião árabe. Triunfantes, os novos governantes cristãos obrigaram todos os habitantes muçulmanos a se converter à única fé verdadeira, o catolicismo romano (fizeram o mesmo com os judeus), e então os acusavam de tempos em tempos de hipocrisia, o que levou a várias ondas de expulsão (o mesmo ocorreu com os judeus convertidos). Camões, como herdeiro dessa história, era um defensor de uma Europa distintamente cristã que se via presa numa eterna guerra contra muçulmanos e judeus.

Se a presença muçulmana na África Oriental era ruim, pelo menos permitia que alguns portugueses usassem o árabe para falar com essas pessoas. Os lusitanos também perceberam que havia palavras árabes em algumas das línguas africanas que encontraram. (Camões menciona na epopeia um desses idiomas, sem nomeá-lo: o suaíli, a língua franca da África Oriental.)[23] Durante todos esses seus complicados contatos com os muçulmanos, os portugueses continuavam a procurar cristãos, devido aos rumores sobre a existência de um rei cristão; porém, para seu grande pesar, só encontraram muçulmanos ao longo de toda a costa.

Por fim, e com a ajuda de navegadores muçulmanos, os quatro navios de Vasco da Gama conseguiram atravessar o oceano Índico e chegar à Índia. Os portugueses sentiram um enorme júbilo e um grande espanto com o que encontraram por lá. Havia mercados repletos de especiarias e pedras preciosas, portos lotados e um comércio muito movimentado. Sim, era isso o que queriam encontrar: uma rota marítima que permitisse contornar e evitar o Oriente Médio sob controle árabe. E, melhor ainda, na Índia havia cristãos por toda parte. É verdade que, muitas vezes, seus santos tinham uma tromba de elefante no lugar do nariz e uma quantidade excessiva de braços, além de serem um pouco espalhafatosos. Mas Gama e seus companheiros estavam dispostos a desconsiderar esses detalhes; era agradável estar entre correligionários num local tão distante de casa.

Se persistia algum incômodo, era o fato de que ali também os muçulmanos controlavam o comércio marítimo e pareciam exercer todo tipo de influência sobre os cristãos nativos. Mas Gama tinha certeza de que conseguiria afastar aqueles rivais muçulmanos malditos e tratar de forma direta com seus senhores, supostamente cristãos.

Foi assim que os passageiros e tripulantes de Vasco da Gama descreveram suas primeiras impressões da Índia, e de início suas opiniões serviram de guia para a atitude lusitana. Mas, na época em que Camões chegou à Índia, meio século depois, os portugueses já tinham percebido até que ponto esses relatos iniciais estavam equivocados. Não existia nenhum rei cristão fabulosamente poderoso na África Oriental (embora os portugueses tivessem de fato entrado em contato com etíopes sitiados e os ajudado na luta contra os muçulmanos); as estátuas indianas, que os viajantes portugueses pensaram ser santos cristãos, eram divindades hindus; partes do subcontinente indiano eram controladas por governantes muçulmanos, os moguls, que muitas vezes mantinham dirigentes hindus locais no cargo ou faziam alianças com eles. Camões incorporou esses novos dados em sua epopeia, eliminando alguns dos equívocos mais crassos que haviam caracterizado a primeira viagem de Gama.

Depois de estabelecer contato com muçulmanos e hinduístas locais, Gama tinha à sua espera uma surpresa desagradável: não dispunha de nada que alguém quisesse comprar. Os presentes e amostras que trouxera eram de um primitivismo risível — não valiam quase nada. Seus soldados e marinheiros tinham investido em tecidos e outras mercadorias na esperança de vendê-los por um preço alto, mas descobriram que ali custavam muito menos do que tinham pagado em Portugal. Quase tudo era mais caro e mais impressionante, não só as especiarias. Os mercados transbordavam de pedras preciosas que eram raras em Portugal. Os artesãos eram mais qualificados; os mercadores, mais ricos; os palácios, mais grandiosos do que na terra natal. E não havia apenas riquezas recentes. Os portugueses também se maravilharam com ruínas antigas muito mais elaboradas do que qualquer outra que tinham visto na Europa. Aos poucos, começaram a perceber que, na rica rede comercial do oceano Índico, eles é que eram pobres e atrasados.[24]

Feitos os contatos, trocados os presentes, os reis hindus ficaram profundamente desapontados com esses rudes viajantes que diziam vir de milhares de quilômetros de distância para negociar especiarias, mas não tinham nada que prestasse para vender. No poema de Camões, Gama atribuía aos muçulmanos a culpa por essa recepção morna e usava a desculpa de que viera apenas como explorador: "Eu não vim mais que a achar o estranho clima". Assegurava que voltaria e "Então verás o dom soberbo e rico/ Com que minha tornada certifico".[25] Não soou muito convincente.

Mas Gama cumpriu sua palavra. De fato, voltou, e com mercadorias, navios e mapas melhores. Na época em que Camões escreveu seu poema, Gerardus Mercator já mapeara o mundo quase como o conhecemos hoje, junto com o método de projeção que leva seu nome, embora esse novo tipo de mapa não pudesse ter ampla circulação.

Mapas novos eram interessantes para muçulmanos e hindus, podiam ser comerciados e ostentados. Aos poucos, os portugueses entenderam quais mercadorias conseguiriam vender e a que preço (e colocaram esses dados na Casa da Índia). Então, quando os portugueses aprenderam a jogar os dirigentes hindus locais contra os muçulmanos, foi acrescentado ao comércio o jogo político de poder. Por vezes, os dirigentes hindus ficavam contentes em se livrar de seus senhores muçulmanos, mas muitas vezes lamentavam sua decisão, ao ver quão implacáveis podiam ser os portugueses, ansiosos em disparar seus poderosos canhões, rápidos em fazer e matar reféns, prontos para incendiar cidades inteiras. De modo geral, os portugueses não tentavam obter grandes possessões territoriais, mas procuravam romper a rede comercial muçulmana com navios de guerra equipados para esse fim, levando a disputa pelos mares até o golfo Pérsico e o mar Vermelho.

Depois do naufrágio no mar do Sul da China, sozinho, empobrecido, sem nada em seu nome a não ser um manuscrito, Camões enfim voltou para casa, com seus problemas judiciais esquecidos ou encerrados. Após voltar a Macau, tomou um navio para a costa oriental da África e, de lá, outro até Lisboa. Para publicar sua obra, ele precisava obter a permissão do novo e jovem rei. Camões dedicou a ele o livro, incentivando-o a prosseguir com a luta contra os muçulmanos e que a levasse para o Norte da África. Além disso, antes de publicar a obra, Camões precisava obter a bênção da Inquisição. Felizmente, as autoridades eclesiásticas entenderam que os deuses pagãos de Camões eram apenas recursos poéticos e sua obra foi autorizada. Removido esse último obstáculo, Camões pôde levar *Os lusíadas* ao impressor.[26]

O prelo era uma tecnologia desconhecida na Índia e no mundo árabe da época. Pouco tempo antes, os jesuítas portugueses tinham montado a primeira oficina gráfica em Goa, para poder converter pessoas que, agora eles sabiam, não eram cristãs. Camões talvez tivesse conhecido a xilogravura chinesa — tecnologia então já multissecular — durante os três anos que passara em Macau. Mas agora, graças ao comércio global, essa invenção chinesa, sob a forma recriada por Gutenberg, chegava a uma parte da Ásia onde nunca tinha sido utilizada.

Se Camões pôde imprimir seu poema em papel, foi graças aos mesmos muçulmanos contra os quais polemizava em sua epopeia — os quais, depois de extrair dos chineses a fórmula secreta para a confecção de papel, tinham-na desenvolvido em Bagdá e levado para a Europa, chegando pela Andaluzia. O mundo se tornava cada vez mais interconectado.

Apesar da existência da nova oficina gráfica em Goa, para Camões não fazia sentido imprimir *Os lusíadas* lá, porque seu público-alvo estava em sua terra natal. Apenas em Portugal ele encontraria um público leitor capaz de apreciar as referências clássicas, pessoas que tinham estudado o novo cânone humanista em Coimbra. O poema era especificamente dirigido ao jovem rei Sebastião — Camões, como Dürer, precisava do patronato real para ter uma pensão. Sebastião, pelo visto, gostou do poema, pois lhe concedeu uma pensão, embora pequena. Felizmente, Camões tinha aprendido a se virar com pouco, e ela foi seu sustento pelo resto da vida.

Não sabemos com certeza o que motivou o rei Sebastião a reunir um exército de nobres e atacar o Norte da África, mas é possível que a epopeia de Camões, prevendo uma vitória final sobre os muçulmanos, tenha contribuído para sua decisão. De todo o exército português, quase ninguém voltou, e toda a nobreza lusitana foi dizimada. O desastre foi o fim de Portugal como entidade independente. Logo a rede comercial portuguesa na Ásia teve de enfrentar recém-chegados com mais recursos financeiros, em especial a Companhia Britânica das Índias Orientais, que passou a controlar extensas áreas do subcontinente.

Qualquer que tenha sido seu papel na queda do Império Português, *Os lusíadas* é um bom lembrete de que atribuir significado é um empreendimento arriscado. É perigoso usar o passado para justificar o presente; é perigoso ser ignorante e violento com outras culturas; é perigoso usar o poder da literatura para motivar leitores — em especial na era do prelo.

Mas, apesar de todas as suas falhas, *Os lusíadas* nos mostra como usar modelos literários antigos para expressar a emoção humana da exploração moderna; mostra-nos por que assistimos a viagens espaciais como *Uma odisseia no espaço*, por que *Guerra nas estrelas* usava modelos clássicos e *Jornada nas estrelas* utilizou o lema de Camões: "Ir onde nenhum homem jamais estivera antes". Felizmente, aprendemos algo com a violência cometida em nome de *Os lusíadas* e de outras epopeias e exploradores modernos. O código de conduta adotado pela Frota Estelar é evitar interferir com qualquer forma de vida encontrada em sua viagem pelo desconhecido. Sobre isso também devemos agradecer a Camões — ou melhor, a seus críticos, que transformaram sua obra cativante num conto edificante e num alerta.

Um dos monumentos arquitetônicos do efêmero império mundial português é o Mosteiro dos Jerônimos em Lisboa, dedicado ao santo protetor dos marinheiros. O edifício foi encomendado pelo rei Manuel, que enviara Vasco da Gama em viagem, com recursos provenientes do comércio asiático. A vasta estrutura contém elementos tardo-góticos e renascentistas, emprestados de modelos gregos e romanos, mas o mais surpreendente é sua rica ornamentação, que inclui conchas e outros temas marinhos, além de plantas do Oriente. Numa decisão ousada, seus arquitetos e escultores resolveram se afastar dos modelos tradicionais e incorporaram o mundo do Oriente, como *Os lusíadas* também faria à sua maneira.

Dentro do mosteiro estão as tumbas de três homens cujos destinos estão intimamente entrelaçados: Camões, Gama e o rei Sebastião. Duas delas têm ocupantes. Gama não voltou de sua terceira viagem, mas seus restos mortais foram levados para Portugal e sepultados na tumba, enquanto d. Sebastião não voltou de sua guerra fatal contra os muçulmanos. Apenas Camões regressou vivo.

A tumba de Camões no Mosteiro dos Jerônimos, em Lisboa. (Mosteiro dos Jerônimos, Lisboa. Foto: Sailko)

12. O Iluminismo em São Domingos e num *salon* parisiense

Anne-Louis Girodet de Roussy--Trioson, retrato de J. B. Belley, representante de São Domingos, 1797. (Palácio de Versalhes)

O retrato mostra um homem negro em trajes elegantes, apoiado de forma casual no pedestal de um busto. Está com a cabeça voltada para o outro lado, olhando ao longe, com o cotovelo descansando sobre o pedestal, de modo que o braço e o ombro ocultam parte do busto atrás de si. A luz e as sombras acentuam a rica paleta cromática do homem, que usa calça bege, casaco escuro de lapela amarela e um lenço branco. O pedestal em que ele se apoia é de mármore escuro com veios de várias cores, e a cena como um todo está diante de uma paisagem verde sob um céu azul. Em contraste com essa composição multicolorida, o busto é trabalhado em mármore claro e mostra a cabeça calva de um homem de idade com o cenho franzido e um olhar de concentração ou de desaprovação. Abaixo há uma inscrição, visível apenas em parte, que diz: "T. Raynal". Quem é T. Raynal? E quem é o homem que lhe presta homenagem, mas também lhe dá as costas?

O busto representa Abbé Raynal, um jesuíta francês que se tornou um filósofo iluminista. Está pintado no estilo da Antiguidade romana — lembrando que as revoluções muitas vezes se iniciam não na esperança de uma ruptura, mas na vontade de um retorno ao passado, nesse caso, as instituições políticas da República romana.

O homem apoiado no busto de forma casual é Jean-Baptiste Belley, nascido no Senegal, capturado à força por mercadores de escravos e levado para a colônia francesa de São Domingos (atual Haiti).[1] No retrato, ele está com o traje típico da Convenção revolucionária francesa, caracterizado em particular pela calça comprida em vez de *culottes*, os calções que eram comuns na época. (Os revolucionários eram chamados de sans-culottes por essa opção de vestuário.) Foi pintado em 1797, em Paris, por Anne-Louis Girodet, que estudara com Jacques-Louis David, o pintor mais famoso da Revolução Francesa (David pintara em 1793 *A morte de Marat*, um líder da revolução que foi assassinado em sua banheira).

O retrato reúne contestadores da escravidão, da exploração econômica e das ambições imperiais. Para isso, recorriam às instituições políticas da Roma antiga, que tinham quase 2 mil anos de idade, bem como a ações, experiências e reflexões que ricocheteavam pelo Atlântico, levando revolta contra a escravidão colonial, ideias sobre os direitos naturais desenvolvidas nos *salons* e percepções da dinâmica econômica dos impérios em contato constante e por vezes violento. A partir desse contexto explosivo, Belley e Raynal, junto com inúmeros outros, remodelaram o mundo atlântico.

* * *

Para decifrar plenamente esse retrato, é preciso recuar alguns anos, para 1793, quando outro habitante ex-escravizado de São Domingos, Toussaint Bréda, resolveu mudar de nome. Conservou o primeiro nome, Toussaint, contração de Tous Saints, Todos os Santos, mas não quis mais usar o sobrenome Bréda, que era como chamava a fazenda onde ele tinha nascido. Neto de africanos capturados no Benim, ele fora propriedade — junto com construções, animais de criação e outros escravizados de ascendência africana — de um aristocrata francês, Monsieur de Bréda.[2] Toussaint tinha quase cinquenta anos quando mudou de nome, depois de ter passado a maior parte da vida no mundo fechado da fazenda Bréda, situada na planície entre as montanhas e o mar, na costa norte de São Domingos.

A partir de então, ele ficaria conhecido como L'Ouverture (ou Louverture), "a abertura". Esse novo nome talvez fosse uma referência ao espaço entre seus dentes ou à habilidade com que abria brechas entre as fileiras inimigas em campo de batalha, mas, ao fim, a abertura criada por Toussaint L'Ouverture foi muito maior do que qualquer coisa que ele pudesse ter imaginado na primavera de 1793: uma revolução que culminou num Estado independente, governado por ex-escravizados.[3]

Como a maioria das fazendas, Bréda tinha vários tipos de criação animal e lavouras de café e vegetais, mas o principal produto comercial era a cana-de-açúcar, cujo cultivo intensivo exigia mão de obra numerosa. De início, essa mão de obra fora fornecida pela população local, à qual os colonizadores espanhóis impunham o sistema de servidão por contrato.[4] Mas, depois de duas gerações, condições de trabalho desumanas e doenças trazidas de fora tinham dizimado a população num processo de espantosa aniquilação.[5] Para repor a perda, os espanhóis importaram pessoas da costa ocidental da África e as venderam aos fazendeiros que precisavam de trabalhadores.[6]

A escravidão existira em outras sociedades, mas essa modalidade era nova. Nunca se transportara de uma distância tão grande uma quantidade tão numerosa de gente para uma exploração tão brutal quando no Caribe e em todo o Novo Mundo. Ser um são-dominguense de terceira geração, como L'Ouverture, era relativamente raro por causa dos altos índices de mortalidade. Entre a população escravizada de São Domingos, 41% eram nascidos na ilha (apesar das duras condições), enquanto os 59% restantes tinham sido capturados na África.[7] Mais rara ainda era sua idade, visto que a maioria dos escravizados morria bem antes dos cinquenta anos (apenas 5% passavam dos sessenta). A mão de obra era constantemente reabastecida, com os traficantes de escravizados entrando cada vez mais no interior do continente africano para capturar gente, que era levada para a costa e, de lá, em condições brutais, transportada através do Atlântico.[8]

L'Ouverture subiu na hierarquia da fazenda cumprindo tarefas que exigiam cada vez mais responsabilidade, muitas vezes supervisionando o trabalho de outros escravizados. Em reconhecimento disso, ele recebeu sua liberdade aos trinta e poucos anos. No entanto, ainda assim permaneceu na fazenda, em parte porque ganhara dezesseis hectares para plantar café. L'Ouverture não teria nem como pensar em fazer isso sem usar, ele mesmo, mão de obra escravizada, a tal ponto a escravidão estruturava o mundo de São Domingos. O problema não se resolveria em termos individuais; exigia uma transformação sistêmica. De onde isso viria?

Dois acontecimentos tiveram consequências inesperadas para o sistema escravista. O primeiro se deu a poucas centenas de quilômetros de São Domingos: a Guerra de Independência dos Estados Unidos. Claro que os revolucionários americanos não propunham acabar com a escravidão, visto que muitos eram donos de escravizados ou se beneficiavam de forma indireta do trabalho forçado, formando um governo que protegia os interesses da classe escravocrata. Os revolucionários americanos tinham como alvo um aspecto específico do sistema colonial: o papel dos impostos. Todas as exportações das colônias eram taxadas pela metrópole. Muitas vezes tinham de enviar as mercadorias para lá, antes de poderem comercializá-las com o resto do mundo, rendendo grandes lucros para a metrópole. Esses impostos eram aplicados pelos monarcas que residiam nas metrópoles distantes, sem dar representação política aos colonos. A ideia de que uma colônia se rebelasse contra o sistema político que impunha essa tributação, declarasse independência e vencesse uma guerra revolucionária, como acontecera nas Treze Colônias norte-americanas, causava arrepios nas potências europeias com interesses coloniais nas Américas, em especial a França e a Espanha. Elas não queriam perder suas preciosas possessões, como ocorrera com a Grã-Bretanha.

O segundo acontecimento foi a derrubada da monarquia francesa. Inspirada em parte na Revolução Americana, a rebelião na França se converteu numa guerra civil que lançou a burguesia ascendente e os pobres urbanos contra um sistema que os mantinha como cidadãos de segunda classe, movidos por ideias antimonarquistas e anticlericais propostas por alguns dos mais radicais pensadores e ativistas iluministas. A revolta se iniciara como um protesto contra a alta aristocracia, que os insurgentes consideravam que abusava de seus privilégios políticos e econômicos, mas logo assumiu uma dinâmica própria, com os pobres urbanos investindo contra a Bastilha, a prisão que representava a antiga ordem, e com associações e clubes políticos radicais atacando a monarquia e exigindo novos direitos políticos. De início, os revoltosos desejavam limitar a monarquia absoluta, na esperança de que a França voltasse a uma época em que, supostamente, havia menos abusos aristocráticos no poder. Para isso, se inspiraram na República romana — expressa no quadro no busto de estilo romano de Raynal. No entanto, apesar desse retorno inicial ao passado, a revolta passou a exigir uma ordem completamente nova. Até mesmo o significado da palavra "revolução" mudou. Originalmente, o termo nomeava um movimento cíclico, como o dos astros (Copérnico dera a seu livro de astronomia de 1543 o título *De Revolutionibus*). Com o tempo, passou a significar o contrário: um rompimento com a ordem antiga, o começo de algo inteiramente novo.[9]

Como esses dois acontecimentos, a Revolução Americana e a Revolução Francesa, vieram a afetar São Domingos? Entre os colonos dessa rica possessão francesa, pouco se falava em independência nos moldes dos Estados Unidos, a não ser entre brancos pobres.[10] E, de início, a maioria dos revolucionários em Paris quase não falava sobre as possessões ultramarinas francesas, a não ser para reafirmar os direitos de propriedade, entre os quais se incluía o de possuir pessoas. Este servia não só aos interesses dos grandes fazendeiros — como o conde Noé, que em 1786 herdara a fazenda Bréda de seu tio —, mas também aos das cidades portuárias do Sul, como Bordeaux, que tinham enriquecido com as colônias.

Apesar disso, as duas revoluções colocaram em xeque o sistema de autoridade e controle que permitira a uma pequena população de franceses controlar uma grande população de africanos e descendentes de africanos escravizados. O resultado foi uma série de rebeliões, que tiveram início em 1791, das quais L'Ouverture participou. No começo, potências rivais — em especial a Grã-Bretanha e a Espanha, que controlava a outra parte da ilha, Santo Domingo (a atual República Dominicana) — armaram os rebeldes e invadiram; L'Ouverture, por exemplo, vestia um uniforme espanhol.¹¹ Mas as potências estrangeiras logo perderam o controle das tropas que tinham armado e treinado. L'Ouverture, em particular, utilizou o treinamento e as armas recebidas para criar seu próprio exército-dentro-do-exército, altamente eficaz.¹² Os ex-escravizados agora faziam sua própria história.

E o faziam nas circunstâncias mais complexas. Além dos escravizados, havia na ilha pessoas de cor livres, que às vezes tinham suas próprias fazendas; os chamados "pequenos brancos", colonos franceses sem grandes posses; e por fim os grandes fazendeiros. (Usava-se o termo *créole* para pessoas nascidas na ilha, em geral brancas, mas também alguns mestiços.) Conforme prosseguia a revolução, aumentava o número de *maroons*, escravizados que tinham fugido das fazendas e formado assentamentos no interior da ilha.¹³ Cada grupo tinha seus próprios interesses e formava suas próprias alianças variáveis. Na França propriamente dita, a situação também era complicada. Embora os grandes latifundiários fossem aristocratas franceses cuja dominação agora era contestada, os próprios revolucionários burgueses obtinham pródigos lucros com as colônias e não tinham nenhum interesse em desmantelar a instituição da escravidão e da exploração colonial. Um pequeno grupo de revolucionários, os chamados "Amigos dos Negros", reivindicava uma maior extensão dos direitos de cidadania, mas apenas aos mestiços livres.

A essa rede complexa se somavam grupos de pressão internacionais com objetivos diversos. Na Grã-Bretanha, os abolicionistas exigiam o fim da escravidão, mas viam com horror o ataque ao monarca francês.¹⁴ Grupos ruidosos nos estados da Nova Inglaterra e de Nova York também defendiam a abolição da escravatura, porém encontravam oposição entre os que lucravam com ela, tanto em cidades do Norte quanto nos estados sulinos. A Espanha, resolutamente monárquica, abominava horrorizada o ataque à monarquia francesa, mas não perdia a chance de enfraquecer o controle francês sobre sua colônia mais lucrativa. Todos esses grupos deram apoio a várias tropas em São Domingos, às vezes com dinheiro, às vezes com remessas de armas e uniformes, às vezes com o envio de conselheiros militares, levando a uma miscelânea sempre variável de alianças.

L'Ouverture e outros líderes logo perceberam que precisavam de aliados mais duradouros; o alinhamento com os espanhóis, que apoiavam a monarquia e a economia escravista, contrariava os valores fundamentais da rebelião. Enquanto isso, a rebelião aumentava em tamanho e confiança, e foi nessa altura, em 1793, que L'Ouverture resolveu abandonar seu nome e sua identidade anteriores, fruto do sistema latifundiário, e procurar uma nova abertura.

Para marcar essa nova identidade, ele lançou um apelo:

> Irmãos e amigos: Sou Toussaint L'Ouverture, meu nome talvez seja conhecido entre vocês. Empreendi a vingança. Quero que a liberdade e a igualdade reinem em São Domingos. Trabalho para que existam. Unam-se a nós, amigos, e combatam conosco pela mesma causa... Seu humilde e obediente servidor, TOUSSAINT L'OUVERTURE, General dos Exércitos do Rei, pelo Bem Público.[15]

L'Ouverture falava de vingança desde o começo, mas a linguagem da liberdade e da igualdade era nova. Tinha de se equilibrar numa corda bamba. Ao se apresentar como um "general" trabalhando nos "exércitos do rei", indicava que não pretendia derrubar a monarquia nem romper sua relação com a França, mas, quando se referia à "liberdade", à "igualdade" e ao "bem público", expressava suas posições pessoais ao empregar uma terminologia corrente entre os jacobinos franceses. Assim se alinhava ao Iluminismo.

A nova linguagem iluminista já se fizera ouvir, acima de tudo, na Declaração de Independência americana (1776) e na Declaração dos Direitos do Homem e do Cidadão francesa (1789), que haviam empregado a linguagem dos direitos naturais, aplicáveis a todos, em caráter universal. Fim dos privilégios especiais. Tais ideias não tinham sido, em nenhuma acepção simples, a causa das duas revoluções. Na verdade, tinham sido usadas para justificar, explicar e entender os acontecimentos enquanto eles ocorriam.

As ideias, tal como as ações, muitas vezes têm consequências não intencionais ou apenas vagamente percebidas, e a ideia dos direitos naturais era uma delas. Poucos signatários da Declaração de Independência pensavam que a nova linguagem dos direitos naturais se aplicava a mulheres e a pessoas escravizadas. Quem a elaborou não precisava explicitar essas exceções. Não eram vistas como exceções a uma regra; eram entendidas como omissões naturais que dispensavam comentários. A escravidão, assim como o patriarcado, era um fato natural da vida, parte do sistema social e econômico que enriquecera a França e as Treze Colônias norte-americanas. Todo mundo sabia disso.

Mas ideias como "os homens nascem e são livres e iguais em direitos", a primeira frase da Declaração dos Direitos, e "consideramos essas verdades como evidentes por si mesmas", na Declaração de Independência, podem criar uma dinâmica própria, indo além do alvo visado e sendo adotadas para novas finalidades. No caso em pauta, isso se deu porque as declarações foram ouvidas não só por pessoas que sabiam, sem ser preciso dizer, que mulheres e escravizados estavam excluídos. Também foram ouvidas por pessoas como L'Ouverture, que as aplicaram a si mesmas.

As consequências dessas ideias e ações alcançaram seu ponto culminante meio ano depois da mudança de nome de L'Ouverture. Em 4 de fevereiro de 1794, ou melhor, em 16 Pluvioso do Ano II — a França revolucionária mudara seu calendário, inclusive várias vezes, declarando o ano de 1792 como Ano I da revolução e renomeando os meses —, três delegados de São Domingos se apresentaram à Convenção revolucionária e foram logo admitidos como membros.[16] Um deles era Jean-Baptiste Mills, mestiço livre; o segundo era Louis-Pierre Dufaÿ, colono francês branco; o terceiro era o homem do quadro com que se inicia este capítulo, Jean-Baptiste Belley.

A biografia de Belley se assemelha em alguns aspectos à de L'Ouverture. Segundo seu próprio relato, ele nasceu na ilha de Gorée, na costa do Senegal, foi levado para São Domingos como trabalhador escravizado e conseguiu comprar sua liberdade, talvez graças a habilidades que, mais tarde, lhe deram sustento como peruqueiro.[17] Primeiro ele ingressou numa unidade militar composta por ex-escravizados e participou de ataques a Savannah, na Geórgia, em 1779, onde foi ferido e condecorado por bravura, o que lhe valeu o honorífico "Mars". Depois de deixar o exército, retomou a profissão de peruqueiro, tornando-se membro respeitado da comunidade de libertos. Como L'Ouverture, Belley comprou e vendeu vários trabalhadores escravizados.[18]

Embora não fosse um revolucionário militar na ativa como L'Ouverture, Belley foi escolhido para a delegação que se apresentou à Convenção revolucionária. Era, sob muitos aspectos, o representante ideal: conhecera a escravidão na própria pele, fora proprietário de vários escravizados e ansiava por abolir todo o sistema escravista tal como era praticado no Novo Mundo.

Em 16 Pluvioso, postou-se diante da Convenção revolucionária como o primeiro delegado negro. Foi sonoramente aplaudido ao chegar. Dufaÿ, seu colega branco, fez um discurso apelando ao interesse da França revolucionária, exortando-a a fazer o que, até então, fora impensável para a maioria: declarar a liberdade do povo escravizado de São Domingos. Então outro delegado, Levasseur de Sarthe, propôs a abolição da escravidão nas colônias. Outro, Lacroix, declarou: "Presidente, não permita que a Convenção desonre a si mesma se prolongando nessa discussão".[19]

Em vez disso, deveriam aprovar uma moção por aclamação. A moção dizia: "A Convenção nacional declara que a escravidão dos negros em todas as colônias está abolida; em consequência, ela decreta que todos os homens, sem distinção de cor, domiciliados nas colônias, são cidadãos franceses e gozarão de todos os direitos assegurados pela Constituição".[20] A assembleia se levantou em aprovação, como registra a ata da reunião, e o "presidente proclama a abolição da escravidão, entre aplausos e milhares de gritos repetidos de Viva a República! Viva a Convenção!".[21] Não havia nenhuma ligação direta entre L'Ouverture e Belley, que até tinham estado por algum tempo em lados opostos, mas suas ideias e ações haviam obrigado os colonizadores franceses a capitularem.

Onde se originaram as ideias reivindicadas e elaboradas por L'Ouverture e Belley, que agora ressoavam na Convenção? A resposta a essa pergunta nos reconduz ao busto no qual Belley está apoiado no retrato de Girodet, o busto em estilo romano com a inscrição de T. Raynal.

PARIS, 1755

Se estivéssemos em Paris, em busca de ideias novas e de seus divulgadores nos anos 1750, o melhor endereço era a Rue Saint-Honoré, 372. Claro que não poderíamos apenas chegar e tocar a campainha. Precisaríamos de um convite, porque quem morava naquele endereço era Madame Geoffrin, também conhecida como a Rainha de Saint-Honoré. Seu *salon* recebia artistas esfomeados (e não esfomeados), nobres estrangeiros, diplomatas, músicos, filósofos e todos que queriam saber das últimas fofocas ou das ideias mais recentes. Os jantares às segundas-feiras eram reservados a artistas e, portanto, eram menos formais; o principal encontro se dava às quartas-feiras, quando escritores, filósofos e outros fornecedores de ideias desfrutavam de um luxuoso jantar e apreciavam leituras em voz alta.[22] O pintor Anicet Charles Gabriel Lemonnier registrou um serão memorável em 1755, pintando cerca de cinquenta homens e mulheres em trajes elegantes, reunidos numa sala cujas paredes estão repletas de pinturas, ouvindo a leitura de uma tragédia do polêmico escritor e pensador iluminista que escolhera como pseudônimo literário o nome de Voltaire.

Na Paris setecentista, os *salons* eram uma instituição sólida. Concentravam-se invariavelmente em torno de uma mulher com recursos financeiros e relações sociais capazes de reunir à sua volta um grupo de frequentadores regulares de diferentes posições sociais. Em geral, era importante a pessoa decidir a que *salon* pertenceria; não era visto com bons olhos ficar saltando de *salon* em *salon*. Cada um constituía um pequeno universo em si, e eles competiam uns com os outros.[23] Se um membro importante mudasse de *salon*, isso gerava um pequeno escândalo. Entre todos, o mais interessante era o de Madame Geoffrin.

Ninguém teria imaginado que ela chegaria a presidir um *salon*, muito menos um *salon* importante. Ela nascera numa família burguesa; o pai estava na corte como *valet de chambre*, e a mãe vinha de uma família de banqueiros, mas a educação da filha não era uma prioridade para eles. A jovem Marie Thérèse foi basicamente criada pela avó, com quem foi morar aos sete anos. A falta de uma instrução formal iria persegui-la pelo resto da vida, deixando a futura *salonnière* com um domínio não muito grande da gramática e da ortografia francesas. Aos treze anos, seu aprendizado cessou de repente, quando seus pais arranjaram seu casamento com um empresário de cinquenta anos. O casamento foi consumado no aniversário de catorze anos de Marie Thérèse.[24]

A nova Madame Geoffrin compensou a falta de uma educação mais aprimorada com grande determinação. O marido mantinha um controle rigoroso das finanças, apesar de seu próspero

Anicet Charles Gabriel Lemonnier, Lecture de la tragédie "L'orphelin de la Chine" de Voltaire dans le salon de madame Geoffrin, c. *1812*. (*Château de Malmaison, França*)

negócio com vidro de Murano, que incluía a própria corte como cliente. Mas ela sabia o que queria. Foi levada à arte de manter um *salon* por uma *salonnière* de mais idade, Madame de Tencin, mãe do filósofo Jean d'Alembert.

Duas mortes, uma seguida da outra, pavimentaram o caminho para concretizar as ambições de Madame Geoffrin. Primeiro faleceu seu marido, o que permitiu que Madame Geoffrin passasse a controlar suas finanças. Pelo resto da vida, ela teve papel ativo no ramo de fornecimento de vidro de Murano à corte francesa, o que incluía ligações com banqueiros em Genebra. Madame Geoffrin se tornou, entre muitas outras coisas, uma mulher de negócios, termo que ela pessoalmente não aplicaria a si.[25]

A outra morte foi a de Madame de Tencin, que ensinara Madame Geoffrin a montar e manter um *salon*. Geoffrin se empenhou em herdar a lista da clientela seleta de Tencin. Seu objetivo era criar na Paris setecentista reuniões semelhantes à cena de um quadro renascentista, do qual ela tinha uma cópia: *A escola de Atenas*, de Rafael, que mostrava como a Renascença italiana se via como o renascimento da Grécia antiga.[26]

Começou a trabalhar para isso. Em suas mãos, um *salon* passou a ser mais do que apenas um local de reunião ou um jantar bissemanal; tornou-se o que hoje chamaríamos de incubadora de novas ideias. Geoffrin montou uma rede bem relacionada e promovia os que tinham o privilégio de contar com seu patronato. Comprava obras de artistas que precisavam de alguma renda e todos os anos comparecia à exposição de novas pinturas no Louvre, para se manter a par das novidades. Acompanhava o debate sobre música francesa versus música italiana e recebeu Wolfgang Amadeus Mozart quando ele foi a Paris.[27]

Os frequentadores do *salon* de Madame Geoffrin insistiam em se guiar mais pela razão do que pela autoridade estabelecida. Assim, contestavam as opiniões de filósofos antigos antes reverenciados, a Igreja católica e qualquer outra instituição que fundava suas convicções em uma base que não fosse da argumentação racional. Na linha de frente desse movimento estavam filósofos livres-pensadores como o filho de Madame de Tencin, D'Alembert.[28] Voltaire, o mais mordaz desses autores, frequentara os jantares de Geoffrin antes da época de seu *salon* e acompanhava com interesse suas atividades enquanto estava na Prússia, onde tentava transformar o rei Frederico num rei-filósofo esclarecido (com resultados ambíguos). Madame Geoffrin não pretendia atrair os holofotes para si e mantinha uma perspectiva conservadora, mas conseguira de alguma maneira cultivar os pensadores mais radicais de sua época. Seu *salon* ficou conhecido como o "bastião do livre-pensamento".[29]

A obra que sintetizava a concepção de mundo do Iluminismo era a *Encyclopédie*, cuja meta era reunir todo o conhecimento acumulado pela humanidade, desde que visto à luz da razão.

Denis Diderot e Jean d'Alembert eram os cérebros por trás desse enorme empreendimento, que acabaria ocupando dezessete volumes. Apesar do tamanho e da abrangência da obra, era a tentativa mais recente de uma *summa*, como aquelas compostas por filósofos na Casa da Sabedoria ou, mais tarde, na Idade Média cristã. Mas a *Encyclopédie* era também uma conclamação em favor do Iluminismo, passando a ser chamada, de forma um tanto jocosa, de "manifesto em dezessete volumes".

Enquanto manifestos curtos eram baratos, fazer uma compilação em dezessete volumes de todo o conhecimento não era. A *Encyclopédie* contou com o apoio de Madame Geoffrin, com a quantia exorbitante de 100 mil libras francesas; sem seu financiamento, essa enorme empreitada, a que melhor expressava o espírito da época, talvez nunca tivesse se realizado.[30] Entre os que sabiam desse apoio, o endereço da Rue Saint-Honoré, 372, recebeu mais um nome: *le bureau d'esprit* — o escritório da intelectualidade —, e indicando que era presidido por Madame Geoffrin.

As investidas contra a autoridade estabelecida geraram uma inevitável reação. Os pensadores iluministas atraíram a cólera dos jesuítas, a importante ordem religiosa que se via como a força de defesa intelectual da Igreja. Nem Madame Geoffrin, mesmo atuando nos bastidores, escapou ilesa, e ela foi caricaturada numa peça teatral. (Não são poucos os filósofos, a começar por Sócrates, que são ridicularizados em peças.)[31]

Enquanto D'Alembert e a *Encyclopédie* ocupavam o centro do palco, outro frequentador do *salon* de Geoffrin direcionava as ideias iluministas contra um inimigo diferente: o colonialismo europeu. Foi ele o modelo para o busto pálido no retrato de Jean-Baptiste Belley, e seu nome completo era Guillaume Thomas François Raynal.

Raynal, claro, partilhava da aversão iluminista à religião, que para ele significava a autoridade, uma concepção de mundo ultrapassada, a superstição e uma vida sem a razão, levando ao fanatismo. Raynal fora educado por padres jesuítas e até se ordenara, e assim nunca perdia a oportunidade de atacar a Igreja católica em geral e os jesuítas em particular. Era quase tão contundente em relação aos sacerdotes de outros credos, reservando sua ira particular para o budismo: "Entre todos os fanatismos", escreve Raynal, usando fanatismo como sinônimo de religião, "ele é o mais terrível".[32]

O interesse principal de Raynal, porém, não era atacar a Igreja católica, mas analisar as enormes possessões coloniais que os europeus tinham conquistado nos séculos anteriores. Numa extensa obra em quatro volumes, ele oferecia aos leitores uma análise econômica da história do colonialismo. Começava com os portugueses contornando o cabo da Boa Esperança e o comércio lucrativo com a Índia. Dali, passava para a Índia e a China, elogiando o sistema de exames imperiais e atacando o budismo, falando brevemente sobre as relações culturais entre Índia e Grécia no mundo antigo (inclusive aquelas abordadas neste livro). Depois de analisar o Oriente, Raynal se dirige a oeste, para o momento em que os exploradores espanhóis estabelecem contato com as Américas. Relata a conquista de Tenochtitlán por Cortés e a eliminação brutal da população nativa, incluindo o tremendo despovoamento das Américas. Ele não sabia a que ponto isso era resultado da varíola, e o atribuiu, não de forma equivocada, ao que chamou de "lenta tirania", à sujeição brutal e sistemática da população indígena.[33]

O despovoamento arma o cenário para o tema principal de Raynal: a escravidão. Ele descreve em termos inequívocos como os colonos europeus compensaram o despovoamento que haviam causado, a saber, importando escravizados da África. Os africanos eram capturados ou comprados, para então serem forçados à temível travessia do oceano Atlântico, em condições tão desumanas que mais de 20% pereciam.[34] Como francês, Raynal concentra sua ira sobre as possessões ultramarinas de seu país, tanto na Índia quanto nas Índias Ocidentais, e daí o título de sua obra: *Histoire philosophique et politique des deux Indes* (1770).

Embora a obra se apresente como uma história filosófica e política, o motor da análise de Raynal é outro: o comércio. Como bom filósofo iluminista, ele menospreza os filósofos antigos. Estes se contentavam em fazer longos discursos retóricos sobre a natureza do mundo, mas, para um filósofo moderno, era necessário algo que fosse além. Raynal deu a isso o nome de filosofia "experimental", referindo-se ao que chamaríamos de ciência, um corpo de conhecimento baseado em evidências.[35] Era filosofia no sentido adotado pela *Encyclopédie*, e Raynal aprovava esse empreendimento. A filosofia experimental poderia ser vista como o que chamamos de ciências naturais, por exemplo as famosas experiências de Benjamin Franklin com a eletricidade (Franklin também esteve no endereço de Madame Geoffrin quando estava na França e teve algumas discussões com Raynal, pois o francês não entendera bem um de seus textos.) Mas, no caso de Raynal, o historiador do colonialismo europeu, a filosofia experimental significava uma análise das relações econômicas.

Raynal entendera que o mundo agora era definido por uma nova era comercial. A rota marítima de Portugal à Índia e o contato entre Europa e Américas tinham obrigado a uma integração maior de um número crescente de áreas dentro de uma rede mercantil mundial: era o comércio que fazia esse mundo moderno girar, com empresas europeias ocupando a linha de frente da exploração colonial. Assim, o filósofo que quisesse explicá-lo teria de ser um economista, ou o que Raynal resolveu chamar de "filósofo comercial".[36] Ele entendeu que o colonialismo europeu estava profundamente entrelaçado ao tecido do capitalismo.

Raynal não compactuava com a escravidão. Como muitos outros pensadores iluministas, considerava-a uma instituição que ia contra a natureza. Mas, como filósofo comercial, ele fez algo mais: analisou o sistema comercial de exploração sobre o qual estava apoiado todo o empreendimento colonial. Não se limitou a dizer que o colonialismo era brutal. Explicou como funcionava, quem lucrava e como tais lucros eram obtidos. Ao analisar a escravidão, ele seguiu o dinheiro.

Era essa característica que fazia de seu livro uma arma tão poderosa: ele explicava as raízes econômicas de todo o sistema e justificava a revolta contra ele. Esse feito o converteu num famoso integrante do *salon* iluminista de Madame Geoffrin. E o separou dos demais. Sim, Diderot havia incluído um ataque contundente à escravidão em sua *Encyclopédie*. Mas esse ataque vinha formulado em termos dos direitos naturais, na linguagem que depois apareceria na Declaração de Independência e na Declaração dos Direitos do Homem e do Cidadão. Essa linguagem era de grande utilidade, mas faltava-lhe o impacto da análise econômica de Raynal, que trazia o sistema colonial para o plano nacional, mostrando como a França lucrava com a violência perpetrada em lugares distantes como a África Ocidental e as Índias Ocidentais.

Os debates acirrados no *salon* de Madame Geoffrin realçavam as ambiguidades do Iluminismo. Ideias abstratas, como a contestação da autoridade e a invocação dos direitos naturais, podiam ser usadas por aqueles que, como os elaboradores da Constituição americana, queriam manter a escravidão como parte de um acordo com os estados do Sul, da mesma forma como podiam ser usadas pelos vários delegados na Convenção Nacional francesa que queriam manter as possessões coloniais do país. As ideias iluministas às vezes podiam ser usadas até para justificar o colonialismo e outras atividades expansionistas de países como a Grã-Bretanha ou a França, com o argumento de que era preciso livrar pela força terras ou populações menos esclarecidas de suas ideias tradicionais tacanhas ou "fanatismos". Ao mesmo tempo, também podiam ser usadas contra os defensores do colonialismo ou da opressão. Como instrumento de libertação, o Iluminismo podia oferecer uma crítica poderosa da escravidão, bastante efetiva quando comparada às críticas baseadas em evocações emocionais ou, na linguagem da época, "sentimentais" das vítimas oprimidas.

Toussaint Bréda, libertado pouco tempo antes, ainda com o nome da fazenda em que passara toda a vida, também leu o livro de Raynal. (Era relativamente raro que um escravizado soubesse ler e escrever. L'Ouverture tinha aprendido com seu padrinho, Pierre Baptiste, um liberto que também trabalhava na fazenda Bréda.) Desnecessário dizer que L'Ouverture sabia por colegas escravizados da brutalidade da travessia transatlântica e, por experiência própria, das condições desumanizantes vigentes nas fazendas de São Domingos. Mas Raynal mostrava a que ponto a escravidão estava entrelaçada com o sistema econômico que ligava São Domingos à França. Era capaz de explicar por que mesmo um liberto como L'Ouverture sentia a necessidade de empregar mão de obra escravizada nos campos que recebeu após a libertação.

Desse ponto de vista, a escravidão era brutal não só porque os capatazes e proprietários eram desumanos, mas porque um sistema econômico inteiro estava baseado na exploração de um grupo de pessoas, de modo que todos estavam envolvidos de alguma forma e, assim, dependiam disso: não só os fazendeiros proprietários, mas também ex-escravizados libertos, mestiços livres, colonos franceses sem terra própria, a burguesia de Bordeaux e Paris, numa linha que chegava até o rei. Esse sistema de benefícios também explicava por que a rebelião escrava em São Domingos era tão complicada, com diferentes grupos na ilha firmando diversos pactos e alianças temporárias.[37]

Raynal ilustrava, acima de tudo, como o *salon* de Madame Geoffrin e o campo rebelde de Toussaint L'Ouverture estavam interligados, o que também foi captado no quadro de Girodet, em que Belley se apoia num busto de Raynal.

A abolição da escravatura em São Domingos foi proposta e adotada sem discussão na Convenção Nacional da França em 1794. Não se tratava apenas de filosofia; envolvia também interesses próprios. Os revolucionários e republicanos radicais de São Domingos haviam de forma astuta apontado para os delegados que a abolição permitiria armar os ex-escravizados contra possíveis incursões dos britânicos ou dos espanhóis. Era uma aliança baseada tanto em conveniência quanto em ideias elevadas.

Enquanto isso, em São Domingos, L'Ouverture continuava a consolidar o poder contra os múltiplos outros interesses em jogo na ilha, incluindo fazendeiros e um exército de mestiços, às vezes com armas enviadas do estrangeiro, que se alinharam contra aqueles que consideravam escravos. Ele adquiriu armas, treinou soldados e montou uma força militar adequada. Obtinha um controle maior sobre a colônia, mas nunca foi seu dirigente inconteste.

Enquanto L'Ouverture mantinha a iniciativa na ilha, as coisas mudavam rapidamente na França revolucionária, onde um jovem general ousado chamado Napoleão Bonaparte tinha como inspiração Alexandre, o Grande. Conseguiu vencer a guerra de facções entre os revolucionários e se declarar o primeiro cônsul da República.

Nas colônias, tal como na França, Napoleão não tentou reverter totalmente a revolução, mas a abolição da escravatura estava entre as ideias revolucionárias que considerava incômodas demais para alcançar seus objetivos.[38] Ele enviou uma grande força militar a São Domingos para retomar o controle, mas a febre amarela dizimou seus soldados e lhe negou a rápida vitória que esperava. Na falta de uma solução militar rápida, Napoleão tentou a diplomacia e ofereceu a L'Ouverture que viajasse em segurança até a França. O revolucionário aceitou, mas Napoleão não honrou seu compromisso e o prendeu. L'Ouverture morreu em 1803, preso no Fort de Joux, no Leste da França.[39]

Belley teve um destino semelhante. Depois de seu grande momento na Convenção Nacional, voltou a São Domingos para ocupar outro cargo militar, como oficial de polícia. Por razões pouco claras, em 1802 ele também foi levado para a França e encarcerado. Belley morreu na prisão, abandonado e esquecido, em 1805, dois anos depois de L'Ouverture. A essa altura, Napoleão revogara a abolição da escravidão. Tudo pelo que L'Ouverture e Belley haviam lutado parecia ter falhado.

Mas Napoleão, vitorioso em incontáveis batalhas contra muitos países, havia calculado mal. Não era possível desfazer o que L'Ouverture e Belley tinham iniciado. Jean-Jacques Dessalines, ex-escravizado que L'Ouverture treinara e nomeara general de alta patente, derrotou as forças napoleônicas. Em 1804, ano em que Napoleão se coroou imperador da França, Dessalines proclamou a independência e tornou São Domingos uma república, dando-lhe o nome de Haiti. Um rascunho inicial da proclamação se inspirava em parte na Declaração de Independência dos Estados Unidos, mas a versão final se concentrava nas ações brutais dos colonizadores franceses e na história do racismo.[40] Na luta desigual entre L'Ouverture e Napoleão, a vitória coube ao primeiro no além-túmulo, conquistando para si o apelido de "o Napoleão negro".

O êxito de L'Ouverture instilou medo no coração dos colonos por toda parte, e eles reagiram com sanções e ameaças, esperando mostrar que um Estado governado por africanos ex-escravizados não conseguiria prevalecer. O Haiti teve de lutar por sua sobrevivência, cercado por potências imperiais que queriam derrubá-lo.

A Revolução Haitiana foi por muito tempo ignorada como um importante evento na história mundial, deixada de lado nas narrativas convencionais da era revolucionária, que se concentravam nos Estados Unidos e na França. Mas houve algumas exceções notáveis a essa regra. No século XIX, o escritor afro-americano William Wells Brown incluiu Toussaint L'Ouverture numa série de perfis biográficos, e o abolicionista e reformador social Frederick Douglass falava dele com estima.[41] Outro admirador era Marcus Garvey, que recorreu à epopeia etíope *Kebra Nagast* para reivindicar o legado das civilizações antigas da África e protestou contra a invasão americana do Haiti entre 1915 e 1934.

Em 1938, o historiador caribenho C. L. R. James escreveu *Os jacobinos negros*, que deu a Toussaint L'Ouverture seu merecido lugar central na história da independência e da revolução. James escreveu o livro durante a ascensão do fascismo na Europa, quando muitas partes dos impérios coloniais europeus ainda existiam. Ele previu de maneira correta que a África logo expulsaria seus colonizadores: "A África desperta agora como Toussaint o fez no passado".[42]

São Domingos foi por muito tempo considerada periférica em relação ao Iluminismo. É um grande erro, porque não existe outro lugar que melhor revele a força, mas também as ambiguidades, das ideias iluministas. São Domingos demonstra, acima de tudo, que as ideias por si só não mudam o mundo; elas devem ser adotadas por indivíduos que as entendam de acordo com suas necessidades e as utilizem para seus objetivos. O filósofo G. W. F. Hegel, certa vez, descreveu Napoleão como a encarnação do espírito da época: a história a cavalo. A expressão é adequada, pois Napoleão de fato redesenhou o mapa da Europa. Mas L'Ouverture teria sido um exemplo melhor: montado em seu cavalo, ele mostrou que a escravidão podia ser abolida e, com isso, redesenhou o mapa do mundo inteiro.

13. George Eliot promove a ciência do passado

Foi durante sua lua de mel em Roma que Dorothea Brooke começou a ter dúvidas sobre seu casamento com Edward Casaubon. Enquanto ela passeava pela cidade, explorando as ruínas e sentindo o quão denso era o seu passado, Casaubon passava a maior parte do tempo na Biblioteca Vaticana.[1] Ele também estava imerso no passado, mas com uma ideia específica em mente: encontrar a chave de todas as mitologias.[2] O projeto soava grandioso, mas havia momento melhor para colocá-lo em prática do que agora, no meio do século XIX, quando os impérios e o comércio mundial haviam aproximado o mundo e quando todas as mitologias tinham sido registradas, prontas para ser analisadas? Sem dúvida não havia lugar melhor para encontrar essa chave do que na Biblioteca Vaticana, onde a Igreja católica reunira não só sua própria história, mas também livros de outras culturas que haviam sido roubados e trazidos por missionários, aventureiros e colonizadores (inclusive códices astecas).

A erudição de Casaubon, com sua dedicação às ideias, fora a razão pela qual Dorothea Brooke havia se casado com ele. Ela se imaginara como sua pupila e assistente, participando desse grandioso e empolgante projeto. Quanto aprenderia nesse processo e quanto poderia contribuir? Casaubon não tinha nada de pragmático e estava claro que precisava dela. Mas agora, durante a lua de mel, ela começava a se perguntar se seu plano de organizar as notas dele e apresentar de forma triunfante os resultados ao mundo erudito de fato se concretizaria, se algum dia o marido realmente encontraria a chave de todas as mitologias.

Esses eventos e preocupações ficcionais fazem parte da obra-prima de Mary Ann Evans, *Middlemarch* (1871), que ela publicou com o pseudônimo de George Eliot. No romance, as dúvidas de Dorothea sobre o marido e seus estudos continuam a aumentar. Em pouco tempo fica claro que Casaubon é moralmente limitado, rígido e frio, e por fim procura controlar Dorothea após a própria morte, ao redigir um testamento que restringe a liberdade dela. No último parágrafo do romance, o narrador sugere que Dorothea, claramente, não devia ter se casado com ele.[3]

Já o relacionamento amoroso de Eliot foi muitíssimo menos convencional do que o casamento de Dorothea: seu companheiro amoroso era o crítico George Henry Lewes, casado e com três filhos, porém separado da família. Apesar de a esposa dele recusar-se a lhe conceder o divórcio, Lewes e Eliot decidiram viver juntos abertamente, violando as normas sociais vitorianas. Esse modo de vida significava uma perda de status social para ambos, mas em especial para Eliot, visto que a sociedade vitoriana censurava mais as mulheres do que os homens. A censura despertada por tal relacionamento levou Eliot a adotar seu pseudônimo literário, pois o escândalo de sua vida privada prejudicaria a acolhida pública de seus livros.[4] Mas se o relacionamento com Lewes trouxe grandes dificuldades para ela, trouxe-lhe também grande apoio.

Eliot representou Casaubon de forma negativa não só por causa de sua atitude retrógrada em relação ao casamento, mas também por sua atitude retrógrada em relação ao passado. Chamou-o de Casaubon por causa de Isaac Casaubon (1559-1614), um dos classicistas mais celebrados da Renascença inglesa. O Casaubon histórico era um vigoroso defensor da nova ciência da filologia, que ele aplicou a um misterioso conjunto de textos chamado *Corpus Hermeticum*, uma ampla reunião de escritos que pareciam se basear no conhecimento egípcio.[5] O *Corpus* gerara uma mania fervorosa pelo Egito e era tido como muito antigo, mas o Casaubon histórico mostrou que a obra era bem posterior, tendo sido composta nos primeiros séculos depois do nascimento de Cristo. Era exatamente esse o tipo de erudição humanista que o padre Lorenzo Valla havia inaugurado ao mostrar por uma densa análise crítica da linguagem que a Doação de Constantino, preservada com muito cuidado na Biblioteca Vaticana, era uma falsificação.[6] Por que Eliot usaria esse nome para seu retrato negativo de um filólogo oitocentista em busca da chave de todas as mitologias?

Para Eliot, o problema com o Casaubon oitocentista ficcional não era o interesse que nutria pelo passado, mas que sua busca por uma chave única para todas as mitologias se baseava em métodos errôneos. A Grã-Bretanha oitocentista vivia uma enorme explosão de interesse pelo passado. Junto com europeus e americanos ricos, os colecionadores britânicos traziam grandes quantidades de objetos de arte, artefatos preciosos, textos e até partes de edifícios. Claro que membros da elite de diversos lugares do mundo sempre colecionaram objetos, transportando um dos pilares de Ashoka para Delhi, uma estatueta sul-asiática para Pompeia e objetos pré-astecas para Tenochtitlán. Mas colecionar restos do passado se intensificou no século XIX, se concentrando cada vez mais em capitais europeias. O passado se tornava um projeto de prestígio, um passatempo muito popular, uma obsessão nacional e um grande negócio.

A recuperação do passado vinha infundida de colonialismo, como ficou claro quando Napoleão invadiu o Egito no final do século XVIII e levou consigo estudiosos ávidos por explorar suas ruínas famosas e transportar tesouros para a Europa. Um desses tesouros era a Pedra de Roseta, que permitiu ao humanista Jean--François Champollion decifrar uma escrita que havia permanecido ilegível durante 2 mil anos. Essa proeza possibilitou um tipo de acesso ao Egito antigo totalmente diferente do que havia oferecido o dúbio *Corpus Hermeticum*, estudado pelo Casaubon histórico. Outra pessoa também disposta a saquear tinha sido o lorde Elgin, que removeu metade das esculturas do Partenon e as levou para Londres, onde permanecem até hoje, para a perene consternação da Grécia. (Recentemente, o governo grego construiu um museu para os frisos restantes logo abaixo do templo, com espaços vazios para os que foram levados para Londres, como um apelo persistente para a devolução deles ao lugar a que pertencem.)

Eliot escreveu *Middlemarch* numa época em que novas descobertas da Antiguidade grega ocupavam as manchetes, e de forma bastante espetacular quando o arqueólogo amador e oportunista germano-americano Heinrich Schliemann pensou que tinha descoberto a Troia histórica descrita na *Ilíada*. Schliemann não era um arqueólogo qualificado, pois na época a arqueologia como disciplina começava a surgir, e ele destruiu uma grande parte desse sítio antigo cavando o que os arqueólogos agora chamam, de forma depreciativa, de trincheira Schliemann. Apesar dos erros, ele não só descobriu diferentes períodos de Troia, como implantou o princípio de classificar camadas do passado ao identificar nove estratos distintos.[7]

Enquanto isso, agentes da Companhia Britânica das Índias Orientais, a enorme empresa privada que detinha o monopólio de exploração do comércio sul-asiático e que acabou dominando a maior parte do subcontinente, se interessaram pela cultura que controlavam. Também levaram bens roubados para a Inglaterra, inclusive manuscritos.[8] Em 1801, a Companhia das Índias Orientais abriu um Museu da Índia Oriental em seu escritório na Leadenhall Street, em Londres.[9] Agentes que trabalhavam ou eram associados à companhia traduziram pela primeira vez muitos documentos para o inglês, baseando-se no conhecimento de estudiosos sul-asiáticos. Foi ali que se decifrou a escrita brâmane, permitindo assim que fosse outra vez possível ler os pilares de Ashoka. Poucas décadas depois da publicação de *Middlemarch*, a arqueologia se tornara uma ciência de verdade, sendo aplicada por Mohammed es-Senussi ao trabalhar para uma expedição prussiana e desenterrar o extraordinário busto de Nefertiti, apenas para vê-la transportada para Berlim, onde continua até hoje.

Os europeus também mudaram o modo de representar o passado ao organizar os objetos de modo a dar aos visitantes a impressão de progressão histórica. Antes disso, as coleções — às vezes chamadas de gabinetes de curiosidades — eram montadas de acordo com os caprichos de seus donos. As novas coleções, por sua vez, eram montadas seguindo ideias muito bem definidas sobre a maneira de organizar o passado: baseada não na curiosidade das peças, mas em percepções das civilizações do mundo e de excelência artística. Para assinalar essa mudança, as coleções também ganharam um novo nome e, a partir daí, passaram a se chamar museus, termo derivado da palavra grega para "local das Musas", as divindades que inspiravam as artes.[10]

Hoje, a ideia de organizar o passado segundo uma concepção do progresso da arte pode nos parecer óbvia, mesmo que questionemos muitas das noções dominantes no século XIX, que ditavam o que seria uma civilização ou o que constituía a arte elevada, e como classificar artefatos específicos (muitas vezes de acordo com noções europeias limitadas). Como todas as ideias, foi preciso inventar a percepção de que a história avança num eixo único de progresso evolucionário, que só ficou plenamente estabelecida nos séculos XVIII e XIX.[11] Sem dúvida, as crônicas antigas também tinham organizado informações numa única linha temporal em genealogias de deuses ou reis — como a lista egípcia de monarcas da qual foi apagado o nome de Nefertiti. Mas essas crônicas não sugeriam que a história progredisse e evoluísse de formas importantes e fundamentais. Em outras concepções do tempo, a humanidade partira de uma idade de ouro, em estágios sucessivos, para uma idade de prata, e então para metais inferiores como o bronze (o poeta grego Hesíodo usou esses termos), mas esse declínio era explicado por falhas morais. Em outro tipo de explicação, inclusive as escrituras judaicas, cristãs e muçulmanas, perdera-se uma idade de ouro, mas ela poderia ser recuperada no Dia do Juízo Final. Em nenhuma dessas versões a mudança se dava por obra da própria história ou de forças históricas.

A ideia da história como progresso era resultado de uma sociedade que acreditava avançar de forma irreversível, quer em termos políticos, com a emancipação e a democratização; quer em termos tecnológicos, com o desenvolvimento de máquinas cada vez mais potentes; quer em termos materiais, com cada vez mais bens se tornando acessíveis a mais gente. Esse conjunto de avanços não ocorria em todas as partes. Eles se concentravam de modo mais expressivo na Grã-Bretanha oitocentista, cujos habitantes — ou, pelo menos, aqueles que moldavam a opinião pública — se viam percorrendo uma trajetória de emancipação política, inovação técnica (exemplificada pela máquina a vapor) e acumulação de riquezas extraídas de suas possessões coloniais.

A sensação de que as coisas progrediam ao mesmo tempo em diversas regiões teve uma consequência inesperada: as pessoas se afastavam rapidamente do passado, não apenas no sentido trivial de que um ano vem depois do outro, mas em termos qualitativos, mudando de modos que deixavam o passado cada vez mais alheio. Havia uma nova percepção de que as coisas estavam sujeitas a transformações, de que as novas circunstâncias mudavam a vida e as experiências das pessoas e, portanto, também seus pensamentos e sentimentos. Não eram transformações aleatórias. Diversas pessoas com as mais variadas condições de vida haviam sentido a mudança. O importante era que agora avançava numa única direção, sempre para a frente. Assim, o passado recuava e diminuía não só porque construções podiam ser destruídas e manuscritos podiam ser perdidos, mas também porque o movimento de avanço significava que se instaurava uma distância sempre maior entre o presente e o passado. A cada dia, tornava-se mais difícil recuperar e entender o que estava desaparecendo. Nessa situação, os museus passaram a ser uma via de retorno, uma cápsula do tempo que permitia aos visitantes seguirem na contracorrente do tempo, mesmo que apenas por um momento.

Para preservar fragmentos do passado, não bastava recuperar objetos e organizá-los de forma cronológica. Os pressupostos modernos sobre os pensamentos e sentimentos das pessoas de outrora, como elas viviam, em que acreditavam, não se aplicavam mais a um passado que era agora considerado substancialmente diferente do presente. O passado, com todas as suas diferenças, precisava ser decifrado e reconstruído com cuidado, como um texto escrito num idioma antigo. A filologia, com suas técnicas para datar textos, fornecia um modelo, enquanto a ciência fornecia outro — um modelo para submeter as ideias sobre o passado a uma análise cuidadosa, testar hipóteses e abordar as ideias com ceticismo e estudos rigorosos baseados em evidências. Essa nova ciência do passado recebeu o nome de historiografia.

Os historiadores oitocentistas dispunham de muitos modelos anteriores para levar em consideração e com os quais podiam aprender. Muitas das informações neste livro provêm de escritos de antigos cronistas, viajantes, bibliógrafos e colecionadores, todos interessados em fontes e outros tipos de evidências: de sacerdotes egípcios, autores gregos como Tucídides, eruditos da Casa da Sabedoria de Bagdá, até todos os que preservaram e transmitiram histórias por via oral. Mas apenas agora o que se escrevia sobre o passado era submetido a um protocolo definido, que consistia em testar hipóteses, reunir evidências e analisar as indicações contrárias, tendo como base uma concepção da mudança histórica, e é por isso que foi preciso esperar até o século xix para que um historiador declarasse que o objetivo da história era "revelar a natureza da experiência passada".

Enquanto alguns historiadores destacavam a importância de novos métodos, outros se concentravam na narrativa, em especial o aristocrata britânico Thomas Babington Macaulay. Macaulay ilustrava o novo enfoque na história social e local, traçando um quadro de eventos que avançavam de modo inexorável para uma maior liberdade e prosperidade. Essa concepção do progresso era modulada pela geografia, sobretudo por sua experiência pessoal como administrador colonial na Índia. Para Macaulay, o impulso de avanço da história encontrava seu ponto culminante num lugar determinado, a Inglaterra vitoriana, enquanto outras regiões, como as colônias, eram atrasadas e, portanto, precisavam da modernização. Para ajudar na chamada missão civilizatória dos colonizadores europeus, ideia usada para justificar as brutalidades do colonialismo, ele implantou na Índia um sistema educacional centrado na história e na literatura inglesas, além de instituir um novo código penal.[12] (Macaulay também publicou uma coletânea de poemas sobre a Roma antiga para inspirar seus leitores britânicos a formar um novo império.)[13] Suas duas carreiras, a de historiador e a de administrador colonial, ajudam a lembrar que a nova ciência do passado vinha entrelaçada com a exploração colonial e com ideias profundamente distorcidas sobre o progresso, isto é, de que havia povos que progrediam e outros que não.[14]

Macaulay contribuiu para esse intercâmbio desigual típico do século XIX: os funcionários coloniais, enquanto escavavam sítios arqueológicos, compravam manuscritos e traduziam textos das culturas que haviam colonizado, importando assim uma cultura não europeia para exibi-la em museus europeus, ao mesmo tempo que exportavam a história e a literatura britânicas para as colônias. Não que conseguissem sempre controlar o que acontecia com suas exportações. (Em resposta ao Museu da Índia construído pela Companhia das Índias Orientais, nobres indianos começaram a montar coleções de arte ocidental.)[15] A ciência do passado não significava que os historiadores se tornavam mais objetivos — antes de analisar as evidências, Macaulay já sabia qual era o tipo de história que queria escrever, e daí o predomínio, nesse caso, da narrativa sobre o método. Mas significava que, mesmo assim, ele se sentia obrigado a reunir provas, dados e documentos que sustentassem sua história do progresso. Mais tarde, essas mesmas ferramentas seriam usadas para desmontar o tipo de narrativa que ele tecera com sua seleção de fatos.

A nova ciência da história teve outras consequências. Os objetos eram preservados de forma cuidadosa em museus, ao passo que as ruínas agora ficavam intocadas e eram admiradas *como ruínas*. Essa atitude, que conhecemos tão bem, era inédita e ia contra as expectativas. Afinal, se se dava importância a uma edificação antiga, por que não reconstruí-la e lhe devolver a aparência que tinha quando foi construída? Por que não restaurar um vaso ou uma pintura que sofrera danos e restituir a aparência mais nova possível? A ciência do passado ditava que o passado não fosse reconstruído, que ficasse em paz, imperfeito como estava. As ruínas deixaram de ser coisas que enfeavam a paisagem e passaram a ser tidas quase como lições mágicas do passado, com as quais era preciso aprender e que deviam ser admiradas enquanto tais, intocadas. Surgiu inevitavelmente um culto ao original, que serviu para desqualificar cópias de pinturas e esculturas famosas. Os colecionadores anteriores haviam se orgulhado de possuí-las — entre eles, Madame Geoffrin com sua cópia de *A escola de Atenas*, de Rafael —, mas de repente elas passaram a ser consideradas rasas, superficiais, despidas exatamente daquela pátina do tempo e da antiguidade que fazia com que as obras de arte de fato e as ruínas existentes se tornassem dignas de reverência e de valor inestimável (ou, em todo caso, caríssimas).

George Eliot estava na linha de frente da nova ciência do passado, posição surpreendente para a filha de um administrador de propriedade rural. Mas Mary Ann Evans teve a sorte de receber em dois internatos um grau de educação maior do que o usual para uma mulher de sua classe social. Mesmo assim, o ensino nessas escolas sofria as restrições do cristianismo evangélico. Descontente com essas limitações, Mary Ann, com sua curiosidade intelectual, complementou sua educação com leituras mais amplas, algumas das quais encontrou na grande biblioteca da propriedade administrada por seu pai, e aprendendo outros idiomas, inclusive o alemão.

Quando a mãe de Mary Ann morreu e o irmão assumiu o lar da família, o pai se mudou para a cidade de Coventry, levando junto a filha. Lá, ela fez amizade com um grupo de pessoas intelectualmente curiosas, que defendia que a independência intelectual era melhor do que as formas limitadas do cristianismo. Por esse grupo, ela se informou sobre as ideias de pensadores modernos e progressistas como Herbert Spencer, que aplicavam o conceito de progresso a assuntos políticos, técnicos e econômicos, baseando-se de maneira maciça nas novas ideias de evolução desenvolvidas por Charles Darwin.[16]

Eliot não só absorveu, como abraçou essas novas ideias de progresso. O primeiro trabalho significativo que ela publicou foi uma tradução de uma importante contribuição para a nova ciência da história progressista e livre-pensadora: *Das Leben Jesu, kritisch bearbeitet* (1835), de David Strauss, que ela traduziu como *The Life of Jesus, Critically Examined*.[17] Uma parcela significativa da nova ciência do passado se desenvolvia na Alemanha, e Strauss estava em sua vanguarda radical.[18] Uma coisa era descobrir como as pessoas viviam nas antigas Roma ou Bagdá e o que de fato pensavam; outra, muito diferente, era aplicar o mesmo princípio à vida de Jesus. A vida de Jesus já fora escrita pelos evangelistas, era a escritura sagrada, mas Strauss propunha escrever e "analisar criticamente" a vida de Cristo com base nas evidências históricas — não para apontar defeitos nele ou em seus ensinamentos, mas para assinalar que era uma figura histórica que vivera nas condições concretas de determinada época e lugar. Ser "crítico" significava escrever a história segundo a ciência do passado.

A obra, como era de esperar, encontrou uma resistência feroz, tanto no original alemão quanto na tradução em inglês, que foi publicada em 1846. Consta que o conde de Shaftesbury o teria considerado "o livro mais pestilento já vomitado das fauces do inferno".

Eliot, que publicou esse e outros trabalhos usando seu nome real, também traduziu uma obra de um pensador que era, se fosse possível, ainda mais radical: o filósofo alemão que exerceria grande influência sobre Karl Marx, Ludwig Feuerbach. Feuerbach destilou a nova ciência do passado, com sua ênfase sobre fontes e dados concretos, no que chamou de materialismo, a concepção de que as ideias humanas são moldadas por condições históricas específicas. Pode parecer uma abordagem bastante inócua, mas ele acrescentou que era apenas isso, que não havia mais nenhuma outra origem para a imaginação ou o pensamento humanos. Os seres humanos, moldados por suas vidas historicamente determinadas, criavam papéis sociais, filosofias e arte. Sua formulação mais forte e sintética, que indignou todos os condes de Shaftesbury do mundo, foi: "O homem criou Deus à sua imagem".[19]

Feuerbach não inventou sozinho esse tipo de pensamento histórico radical. Usufruiu muito da obra difícil, mas de grande influência, de G. W. F. Hegel, cuja filosofia percorria de maneira extensa a história mundial, tendo ele imaginado a filosofia como a coruja de Minerva que voa por vastas extensões do tempo e do espaço. Até então, a filosofia se dedicara basicamente a descobrir verdades, princípios abstratos como os esboçados por Aristóteles e elaborados por Ibn Sina. Embora sempre tivesse sido claro que filósofos diferentes haviam apresentado ideias distintas em épocas distintas, o interesse em estudá-los consistia em ver se alguma de suas ideias poderia ser usada como trampolim para uma concepção abrangente do mundo, por intermédio de, por exemplo, uma *summa*, um comentário ou um tratado. Da mesma forma, filósofos iluministas como os que se reuniam sob os auspícios de Madame Geoffrin podiam descartar filósofos anteriores, considerando-os inúteis por deverem falsas devoções e autoridades, mas ainda assim continuavam a ler os antigos, pois talvez encontrassem ali uma ideia capaz de ser útil no presente.

O novo princípio que Hegel introduziu na filosofia foi o primado da mudança histórica. Ele insistia que a filosofia como disciplina precisava aprender a pensar em termos históricos, referindo-se com isso a estudar a progressão pela qual o pensamento se desenvolvera ao longo do tempo. Não se devia mais estudar o passado em busca de fragmentos de verdades; ele devia ser estudado *como passado*. Os filósofos se tornariam historiadores das ideias. (Apesar dessa ideia inovadora, Hegel não era imune ao viés próprio da mentalidade de muitos europeus em relação ao mundo não europeu. Privilegiava as sociedades europeias modernas, considerando-as as mais avançadas, coisa pela qual foi depois criticado de forma justa.)

A abordagem de Hegel cristalizava o debate sobre a real força propulsora da história evolutiva. Para ele, esse motor eram as ideias. Para Feuerbach, eram as condições materiais. Para Charles Darwin, eram as pressões ambientais sobre as populações e as espécies.

Foi por causa dessas novas abordagens da história que Eliot, em *Middlemarch*, julgou necessário ridicularizar Casaubon por buscar a chave de todas as mitologias. O problema não era que ele estudasse manuscritos antigos. Era que não acompanhava os debates metodológicos mais recentes, em especial os vindos da Alemanha, em parte porque ele nem sequer lia alemão. Como tudo o mais, as mitologias tinham evoluído de maneiras distintas em lugares diferentes; elas também estavam sujeitas ao grandioso processo de mudança e evolução histórica. A única chave possível de todas as mitologias era a da mudança histórica. Casaubon simplesmente não estava à altura dos novos critérios historicistas de Eliot.

As traduções de Feuerbach e Strauss lançaram a carreira de Eliot, permitindo que se mudasse para Londres e se tornasse a editora da *Westminster Review*, um importante periódico de novas ideias e novos textos. Encontrando-se num ponto de inflexão em sua vida, ela tomou duas decisões que a converteram na escritora que hoje conhecemos: a primeira foi adotar um pseudônimo literário, usando para isso o primeiro nome de George Lewes e escolhendo um sobrenome simples para acompanhá-lo: George Eliot. A outra foi escrever literatura, começando com seu primeiro romance, *Adam Bede*, e culminando com sua obra-prima, *Middlemarch*.

Como Eliot seria a primeira a apontar, o romance como gênero literário tinha sua própria história. Um nome importante era Murasaki Shikibu, a autora de *O conto de Genji*, no século XI. Eliot não teria como conhecer essa obra, pois ainda não havia sido traduzida para um idioma ocidental, mas conhecia outras experimentações narrativas do passado distante. No entanto, apesar de suas raízes profundas e variadas, o romance se tornou uma forma dominante de narração apenas com a era da impressão gráfica, levando a best-sellers iniciais como o *Dom Quixote* de Cervantes, que foi impresso e pirateado muitas vezes e logo traduzido para o inglês, idioma pelo qual chegou a Shakespeare, que nele baseou uma peça (agora perdida).[20] A explosão das edições impressas levou ao aumento dos índices de letramento, o que, por sua vez, aumentou a demanda por livros e jornais, num círculo virtuoso que prossegue até hoje, acelerado pelo desenvolvimento da internet e dos livros digitais (e pode ser assim que você esteja lendo este livro).

Tais desenvolvimentos atingiram o auge no século xix, quando um mercado de massa para a literatura permitiu que os autores vivessem do que escreviam. Como outros romancistas britânicos da época, Eliot publicava seus romances em capítulos serializados na imprensa, então os reunia e os republicava como livros completos. Encadernados com capa dura, podiam ser adquiridos a preços altos, destinados a colecionadores com condições de ter uma biblioteca particular, como na propriedade onde seu pai trabalhara como administrador. Para os que não tinham condições de adquirir livros de encadernação cara em três volumes, surgiu uma rede de bibliotecas particulares com fins lucrativos, que emprestavam livros cobrando uma tarifa. Era por meio desses serviços de empréstimo que a maioria das pessoas tinha acesso a livros publicados, para ler em casa, muitas vezes em voz alta para a família ou para grupos de amigos.

Ao começar a criar romances, Eliot não estava abandonando seu envolvimento com a nova ciência da história; só lhe conferiu um novo rumo. O romance tinha algo importante a dar para a ciência do passado, contribuição essa que não estava ao alcance dos historiadores. Se o passado e as pessoas do passado estavam se afastando cada vez mais, era necessário que novas potências imaginativas os trouxessem de volta ao presente. Algumas delas eram utilizadas pelos novos historiadores e estudiosos que (ao contrário do Casaubon ficcional) entendiam a mudança histórica. Mas o outro grupo eram os romancistas. Desde que usassem a pesquisa histórica e evitassem a armadilha de pensar que todos os humanos eram iguais ao longo do tempo, eles podiam transmitir aos leitores o *quão diferentes* as pessoas realmente tinham sido no passado.

Portanto, não foi por acaso que o século XIX presenciou a invenção do romance histórico como gênero literário específico. Na Grã-Bretanha, o autor de maior sucesso foi Sir Walter Scott, que apresentou seu público à grande alteridade do passado do próprio país, cujas ruínas sobreviviam em partes remotas da Escócia. Essa era mais uma consequência da nova linha temporal do progresso: ela não se movia de maneira uniforme em todos os lugares. Existiam regiões (supostamente) atrasadas nos locais mais distantes do império, mas também nas terras que tinham sido colonizadas antes por monarcas ingleses, como Gales, as Terras Altas escocesas e partes da Irlanda. Ao estudá-las, podia-se ter um vislumbre do passado, quase como num museu. Esses vislumbres se referiam ao caráter, às atitudes e às condições de vida, mas também à língua. Scott estudara a história da língua e aperfeiçoara um modo de capturar formas mais antigas do inglês e do dialeto não padronizado, permitindo que os leitores descobrissem o passado como um país estrangeiro. Ele teve imenso sucesso na carreira. Existia um mercado para o passado.

Onde há demanda, haverá quem a atenda, e a demanda por tudo o que era escocês foi tão grande que Scott sozinho não teria como atender. Outros se lançaram com avidez sobre essa brecha, e não só romancistas. Especialmente ativos foram os fabricantes de kilts escoceses, outro exemplo de uma tradição antiga que agora estava na moda. Antiga até que ponto? Na verdade, nenhum. Embora houvesse algumas tradições de kilts na Irlanda, eles simplesmente não existiam na Escócia. Os kilts escoceses se tornaram exemplo de um fenômeno que os historiadores chamam de "invenção da tradição".[21] (Essa tradição inventada em particular também ganhou popularidade nos Estados Unidos, por meio da Brooks Brothers e outras lojas de roupas.) As tradições inventadas saciam o apetite das pessoas por raízes históricas, criando laços, mesmo que fictícios, com o passado. Os humanos sempre inventaram em alguma medida suas tradições, inclusive Platão com sua história de Atlântida. Mas, num período em que as pessoas sentiam que estavam se afastando rápido do passado e eram incessantemente impulsionadas pelo progresso, o anseio pelo conforto da tradição era tão intenso que, quando não existiam, havia um amplo mercado para criá-las a partir do zero ou, mais provável, a partir de restos de outras tradições.

Quando Eliot passou para o romance histórico, o próprio sucesso de Scott já era coisa do passado, superado por romancistas que ela considerava de terceira categoria, em parte porque usavam apenas um verniz de história sem estudá-la ou sem oferecer aos leitores a experiência da diferença histórica. Eliot queria voltar ao verdadeiro romance histórico, inaugurado por Scott. Mas também queria que seus romances fossem moldados pela nova ciência do passado, inclusive com representações mais convincentes das pessoas tal como eram moldadas por seu ambiente, e isso significava que devia ser histórico no sentido feuerbachiano.

Em vários ensaios importantes, alguns publicados em sua própria *Westminster Review*, Eliot expôs como pretendia revolucionar a ficção, fazendo com que respeitasse a realidade histórica e material da ambientação e dos personagens — o que seria chamado de realismo. Num ensaio especialmente incisivo, chamado "Silly Novels by Lady Novelists" [Romances tolos de damas romancistas], ela acusava várias romancistas de usarem diálogos e psicologias irrealistas, além de se fixarem em alguns segmentos da elite da sociedade.[22] O maior pecado delas era usar o passado apenas como pano de fundo para personagens que falavam e se comportavam como contemporâneos. A crítica de Eliot não se restringia a essas romancistas. Por toda parte ela via autores usando personagens estereotipados, diálogos repletos de clichês e enredos forçados, violando tanto a história quanto a verossimilhança. Tudo isso precisava mudar. O romance, a forma mais flexível de narrar uma história, devia ter a experiência do mundo. Devia vir embebido de informações sobre as pessoas e suas condições materiais, forças agora entendidas como propulsoras da mudança histórica.

Para trazer a reflexão e a pesquisa histórica para o romance, Eliot recorreu a uma nova linhagem de estudiosos, muitos deles trabalhando na Alemanha, que se concentravam em recuperar tradições e condições de vida não de reis e nobres, mas de servos, camponeses e artesãos.[23] Pessoas humildes raras vezes tinham recebido a atenção dos historiadores, que se concentravam nas ações de reis e rainhas e nas crenças e opiniões dos poderosos, pois só eles eram vistos como capazes de guiar o curso dos acontecimentos humanos. Agora, os historiadores haviam passado a se interessar pela capacidade de ação de todos os tipos de pessoas das classes baixas. Um desses estudiosos era Wilhelm Heinrich Riehl, que estudou de forma meticulosa os camponeses alemães, com grande atenção a hábitos, ferramentas, alimentos e outros aspectos do cotidiano.[24] Era dessas informações que os romancistas precisavam, e assim Eliot pediu que surgisse um Riehl inglês para ajustar o curso do romance daquele país:

> Nossos romances sociais dizem representar as pessoas como são, e a irrealidade de suas representações é um grande mal... A arte é a coisa mais próxima da vida; é um modo de ampliar a experiência

e estender nosso contato com nossos semelhantes para além dos limites de nosso quinhão pessoal.[25]

Esse novo programa era, em muitos aspectos, um prolongamento do que Feuerbach e Strauss tinham feito, mas agora aplicado apenas à literatura.

Todos os romances de Eliot eram ambientados no passado, pelo menos várias décadas antes, mas apenas um, *Romola*, se situava no passado distante, a saber, na Florença renascentista. Eliot o escreveu com a intenção de reabilitar o romance histórico.[26] *Romola* se passa logo após a morte de Lourenço de Médici, que reunira em sua corte alguns dos artistas e filósofos mais importantes do Renascimento.[27] *Romola* começa quando o auge da atividade renascentista entra em declínio, atacada pelo popular pregador e frade Girolamo Savonarola, que abomina o interesse pelo passado pagão e quer liderar um revivalismo cristão. É nesse contexto histórico mais amplo que Eliot situa sua protagonista, a jovem Romola de' Bardi, que ajuda o pai humanista em seu trabalho. De' Bardi é meticuloso no que faz e, em certos aspectos, é uma figura parecida com Casaubon, embora mais benévolo, dedicando ao passado um esforço heroico, porém não reconhecido.

O uso de personagens inventados para realçar a retomada renascentista do passado era apenas uma parte da técnica de Eliot. A outra era sua própria pesquisa. Ela buscava livros e fontes em bibliotecas e arquivos em italiano, grego, francês e latim, atrás de informações sobre a economia, a religião e a vida cotidiana do século XV, inclusive os diversos dialetos. Chamava seus cadernos de notas — cheios de referências, listas, cronologias e anotações — de "pedreiras", termo que expressava o quanto ela sentia que escavava até as profundezas das camadas da história.[28] Os meses de pesquisa se converteram em anos, durante os quais ela também visitou Florença para conhecer e vivenciar em primeira mão ruas, edifícios e as colinas em torno da cidade. Lewes foi ficando preocupado e solicitou que um amigo pedisse a Eliot para interromper a pesquisa e começar a escrever. Será que o amigo poderia recordá-la de que ela não escrevia uma enciclopédia, mas um romance?[29] Eliot, de certa forma, tinha se perdido no passado, quase como o pai de Romola — ou mesmo como Casaubon. Estaria ela procurando a chave do Renascimento italiano?

Mas, ao contrário de Casaubon e de De' Bardi, Eliot conseguiu se desvencilhar. Acabou adquirindo o conhecimento minucioso que julgava necessário para escrever um romance histórico à altura dos novos critérios históricos, um romance repleto de vozes, cheiros, alimentos, instrumentos, ferramentas e hábitos próprios. Romancistas menores, como os criticados por Eliot, usavam cenários e objetos com parcimônia, apenas para esboçar o cenário em que se desenrolaria a ação. Mas Eliot entendia que a profusão de detalhes daria uma impressão de realidade histórica. (Essa técnica tem sido usada desde então, inclusive por romancistas históricos atuais, como Hilary Mantel.)

Embora o romance tenha experimentado relativo sucesso, Eliot não quis repetir o processo de escrita de *Romola*. Apesar de suas esperanças de criar um romance na esteira de Feuerbach, Riehl e outros que enfatizavam as condições materiais, o resultado final estava mais próximo de Hegel: um romance animado por ideias, no qual os diversos personagens representavam atitudes distintas em relação à Antiguidade clássica: o estudioso ativo (De' Bardi), a assistente de pesquisa (Romola), o opositor radical (Savonarola). Eliot decidiu que, no futuro, usaria outra abordagem em seu projeto de escrever romances históricos. O resultado foi sua obra-prima: *Middlemarch*.

Middlemarch é um romance sobre o progresso em muitos níveis, sobretudo o social e político. É ambientado durante o debate sobre a Primeira Lei de Reforma, de 1832, que propunha alterações num sistema eleitoral que, na época, permitia que apenas cerca de 2,6% da população votasse. A Lei de Reforma estendia o direito de voto a pequenos proprietários de terras, arrendatários e comerciantes, aumentando o número de votantes de aproximadamente 400 mil para 650 mil. Antes, as mulheres eram impedidas de votar pelo costume instituído, o que abria espaço para eventuais exceções, mas agora sua exclusão estava explicitada, visto que a lei definia os votantes como homens, um lembrete de que às vezes progredir em uma área leva a retroceder em outra. (Em alguns burgos, a Lei de Reforma também retirou o direito de voto de votantes da classe trabalhadora.)

Em *Middlemarch*, debate-se o progresso não só a partir da Primeira Lei de Reforma, mas também de outras maneiras, como quando um agrimensor que trabalha para uma ferrovia é atacado por gente que quer impedir que a empresa amplie as linhas ferroviárias. O progresso também aparece na dedicação de Dorothea à melhoria das condições de moradia de seus inquilinos, além das reformas sanitárias e da construção de hospitais seguindo as últimas pesquisas científicas. Por toda parte, iniciativas que visam progresso, ampliação do direito de voto, melhoria das condições de moradia dos pobres, ciência e transportes melhores enfrentam obstáculos e são ridicularizadas, às vezes por interesses financeiros, outras por posições antiquadas. Eliot, em *Middlemarch*, mostrava aos leitores — com a vantagem de quem olha o período quarenta anos depois — uma sociedade às voltas com o progresso e a efetiva redução das expectativas à medida que ideais elevados se chocavam com a dura realidade. Eliot escreveu *Middlemarch* logo após a Segunda Lei de Reforma, de 1867, que efetuou uma mudança muito mais fundamental no direito ao voto, ao acrescentar quase 1 milhão de eleitores homens, incluindo muitos trabalhadores, coisa que teria sido impensável para os personagens do romance de Eliot.

A diferença entre as duas leis criou exatamente o que Eliot queria: uma perspectiva histórica cuja premissa era o progresso. Enquanto os personagens se debatiam com as reformas anteriores, mais modestas, os leitores sabiam que a primeira lei de fato dera certo e que ela seria superada por outra, muito mais ampla. Essa perspectiva gerava a impressão de que o impulso histórico se encaminhava inexoravelmente para a emancipação. Deixando para trás suas dificuldades com *Romola*, Eliot criou um romance que dava um novo uso a todas as suas experiências anteriores com o realismo e os romances históricos. A questão não era mais situar ideias diferentes num passado em ambientações historicamente precisas, mas mostrar as operações da história. Em *Middlemarch*, Eliot escreveu um correlato literário da obra dos grandes historiadores.

Graças a ela, o romance histórico ocupou seu lugar junto a outras instituições de preservação histórica, ao difundir o novo historicismo e torná-lo acessível a setores mais amplos da população. Isso também fazia parte do novo entendimento do progresso: as ideias não estavam reservadas apenas para pequenas elites, mas alcançavam um público leitor mais abrangente.

Ainda vivemos na era do historicismo, que valoriza romances históricos baseados em pesquisas meticulosas (e que, agora, costumam listar suas fontes históricas), museus, obras originais e fragmentos do passado, além de arquivos e bibliotecas. Desde o século XIX, o mundo se lança em direção ao futuro, o que significa que o passado se torna cada vez mais precioso, justamente porque se considera que ele irá desaparecer para sempre. Embora os humanos encontrassem por toda parte restos do passado que lhes pareciam estranhos e incompreensíveis, obrigando-os a restaurar e reconstruir o que se havia perdido, agora essa sensação é tida como inevitável. Assim, criamos novas instituições de preservação, de sítios arqueológicos a museus e bibliotecas, e dependemos de profissionais, como historiadores e curadores qualificados, bem como de romancistas, que resgatem o passado de uma iminente perda definitiva.

A nova ciência do passado nos ensinou bastante sobre o que aconteceu e a diversidade da experiência humana, muito embora vários de seus teóricos e praticantes estivessem sob o domínio de ideias distorcidas sobre o que seria alta cultura, obra-prima ou marca de civilização. Isso se devia em parte à ideia de progresso que movia essa ciência, levando a um viés valorativo para definir quais povos seriam avançados e quais seriam atrasados. No fim, essa ciência podia dizer às pessoas o que haviam desenterrado, mas não o que esses objetos significavam ou o que fazer com eles. Nós, que chegamos mais tarde, temos de descobrir por nós mesmos.

14. Uma onda japonesa varre o mundo

Katsushika Hokusai, gravura colorida, A grande onda de Kanagawa, *1825-38. (Instituto de Arte de Chicago)*

    A grande onda se ergue como uma montanha, elevando-se sobre barquinhos e remadores desesperados, pronta para esmagá--los com uma força brutal. É enorme, cobrindo o céu com uma parede de água, e perigosamente viva, ameaçando os remadores com seus tentáculos de espuma. Esses humanos frágeis não são os únicos em perigo. A onda é tão avassaladora que chega a encolher o monte Fuji, que se ergue com timidez à distância, e seu cume nevado não é páreo para a furiosa convulsão branca que está pronta para engoli-lo. A onda avança sobre tudo: barcos, remadores, montanha, até mesmo o céu.

Ela também varreu o mundo. Criada pelo artista japonês Katsushika Hokusai nos anos 1830, tornou-se um dos ícones mais reconhecíveis do mundo. Qual é a história por trás da onda e como ela se ergueu acima de todas as outras imagens?

O local onde ela nasceu era chamado de *ukiyo*, "mundo flutuante", que não tinha nada a ver com água, onda ou céu, mas se referia ao distrito de Edo (atual Tóquio), local de entretenimento onde a arte e o desejo se mesclavam para criar prazeres refinados e fugazes para quem podia pagá-los. Os atores, que eram homens, faziam papéis masculinos e femininos, com poses e gestos estilizados que ressaltavam ao máximo o vestuário de corte elegante, que era a última moda. As peças falavam de amor, e a mais famosa delas, *Os amantes suicidas de Amijima*, de Chikamatsu Monzaemon, celebrava o grande amor impossível de dois amantes desventurados. Como grande parte do que se passava no mundo flutuante, os atores kabuki eram associados ao prazer social, assim como as gueixas, combinando as artes da música, do sexo e da dança. O mundo flutuante também oferecia entretenimentos marciais, como o sumô, esporte de apresentação pública favorito entre a classe militar, ou samurai.

Os profissionais do *ukiyo* também desenvolveram uma forma de arte específica: a xilogravura. A gravura impressa era uma técnica antiga originada na China, mas artistas japoneses que trabalhavam no mundo flutuante a aperfeiçoaram para imagens coloridas. Para cada cor era entalhado um bloco separado, que era encaixado na imagem, de modo que os diversos blocos podiam ser impressos um por cima do outro.[1]

Disso resultou um tipo de imagem muito original, totalmente diferente dos ideais estéticos da pintura tradicional japonesa, que era feita com nanquim ou aquarela. Pintores vindos de di-

Estudo de uma pintura de Mu Qi, pintor chinês Chan (Zen) budista da dinastia Song (960-1279). O estudo foi feito séculos depois, em 1670, pelo pintor Kano Tan'yu (1602-74). (Metropolitan Museum of Art, Nova York)

versas escolas tinham criado imagens de pessoas e paisagens com uma luminosidade bruxuleante elegante, muitas vezes explorando os contornos suaves da aquarela para criar um efeito enevoado, que podia ser contrastado com algumas poucas linhas elegantes traçadas em nanquim. Os tons da aquarela se mesclavam, transformando uma cor em outra e deixando na página um grande espaço em branco. Os pintores trabalhavam com indicações sutis, algumas folhas de capim sugeriam uma campina extensa, o leve esboço de uma montanha indicava uma cordilheira inteira, e as figuras humanas eram representadas por determinada pose. Usava-se o termo *wabi* para designar a beleza imperfeita da simplicidade; *sabi*, para a melancólica pátina da idade; *yugen*, para o mistério e a profundidade.[2] Uma dessas escolas, a Kano, adotou o lema: "Uma pincelada inalterada por mil gerações".[3] Embora nem a Kano, nem qualquer outra escola permanecesse estática, estava claro que todas reverenciavam obras antigas, aprendiam o ofício ao imitar essas pinturas e se mantinham fiéis aos ideais estéticos nelas encarnados.

As novas impressões coloridas eram totalmente diferentes. Em vez dos tons enevoados da aquarela, restringiam-se a meia dúzia de cores por imagem, que tinham de ser delineadas de forma clara. Em vez de uma profundidade misteriosa, essas imagens apresentavam superfícies simples vivamente coloridas; em vez de uma tranquilidade singela, primavam em formas rígidas, muitas vezes assimétricas; em vez da reverência pelos antigos mestres, sugeriam uma novidade completa.

Embora essas gravuras não fossem consideradas arte de alto nível, eram perfeitas para o mundo flutuante, então foram chamadas de *ukiyo-e*, "pinturas do mundo flutuante". No começo, foram usadas como propaganda dos teatros kabuki, e logo outros estabelecimentos também passaram a usá-las. Folhetos baratos, monocromáticos, serviam de guia para o bairro de entretenimento, permitindo que os visitantes passeassem por seus labirintos do prazer. Mas eram as impressões coloridas que expressavam a essência da região. Seus contornos inusitados

Representação de uma cortesã profissional em ukiyo-e *(gravura colorida) de Kitagawa (1753?-1806). (Museu Nacional de Tóquio. Foto: Jean-Pierre Dalbéra)*

Katsishika Hokusai, ukiyo-e *(gravura colorida) dos lutadores de sumô Takaneyama Yoichiemon e Sendagawa Kichogorô. (Metropolitan Museum of Art, Nova York)*

capturavam as posições impressionantes adotadas pelos atores kabuki, mostravam o ângulo de uma manga, a elegância de uma pose ou a ousadia de um passo de dança. As cores fortes prendiam a atenção de clientes em potencial ou de admiradores de determinado ator ou gueixa. Mesmo o ar ameaçador dos lutadores de sumô se devia mais à postura vigorosa do que apenas ao peso deles.[4] O melhor de tudo era que as gravuras podiam ser reproduzidas, e assim podiam alcançar um grande público a baixo custo.

Apenas pessoas abastadas podiam se dar ao luxo de visitar o bairro do prazer, que era acessado por um portão que servia para controlar quem entrava e quem podia sair. Nem é preciso dizer que a região era muitíssimo menos prazerosa para quem era obrigado a trabalhar lá: muitos, e em especial mulheres, tinham sido vendidos pelos pais durante a adolescência e trabalhavam em regime de servidão por contrato pelo prazo de dez anos. Suas condições de trabalho, em geral duras, ficavam escondidas, e os clientes não se interessavam em se informar sobre elas. A realidade era encoberta pela atmosfera de glamour irradiada pelas gravuras vivamente coloridas, que permitiam aos muitos que não tinham condições de entrar e olhar os famosos atores, gueixas e lutadores de sumô do bairro, cujas imagens circulavam como as postagens do Instagram de hoje em dia.

Hokusai, nascido por volta de 1760, foi aprendiz durante a adolescência de um artista *ukiyo-e*.[5] Suas primeiras imagens foram de gueixas e atores kabuki, além de exemplos de arte erótica. Não contente em reproduzir esses temas habituais, ele começou a ilustrar livros de textos. A colaboração com escritores o afastou do mundo flutuante e lhe permitiu fazer experiências com uma grande variedade de temas, inclusive cenas da vida cotidiana — e paisagens, que não eram tradicionalmente associadas a essa forma de arte.

Hokusai teve o aparente azar de ter nascido bem depois do auge do *ukiyo-e* — em termos de qualidade e popularidade —, na segunda metade do século XVIII.[6] Embora tivesse chegado mais tarde, ou talvez exatamente por isso, Hokusai adquiriu versatilidade num leque excepcionalmente amplo de imagens. Aos cinquenta anos, ele podia celebrar uma carreira de cerca de trinta anos como gravurista. Ele encomendou um catálogo impresso de sua obra, para ser utilizado por estudantes de artes e colecionadores que não podiam comprar os originais. (Da mesma forma, as pinturas japonesas haviam se tornado mais acessíveis desde que a tecnologia da impressão lhes permitiu serem reproduzidas e encadernadas em livros, enquanto os originais eram sempre pintados em pergaminhos, que precisavam ficar pendurados em paredes e ser de tempos em tempos guardados para preservação.)[7]

Aos setenta anos, Hokusai resolveu se lançar a um novo e ambicioso projeto. Ele o anunciou no final de um romance popular, em 1830, declarando que iria apresentar 36 vistas do monte Fuji.[8] Ao escolher o tema, Hokusai sabia que tinha chance de produzir um best-seller, pois aquela montanha era pintada com frequência e tinha passado a simbolizar o próprio Japão.

A grande onda se tornou a imagem mais famosa, mas a série inteira foi uma realização gloriosa. Hokusai criou seu próprio esquema cromático (que incluía um pigmento importado chamado azul da Prússia) e encontrou maneiras cada vez mais engenhosas de representar o monte Fuji: às vezes ele está quase escondido, como se desafiasse o espectador a encontrá-lo; outras, ele domina de forma insolente a paisagem.[9] O foco nesse único objeto permitiu a Hokusai mostrar a versatilidade que tinha adquirido nos cinquenta anos anteriores. Não conseguiu reavivar a gravura em cores nem convertê-la numa forma artística altamente reverenciada. Mas pôde mostrar que mesmo agora, na primeira metade do século XIX, a gravura colorida podia alcançar um efeito esplêndido nas mãos de um artífice e artista consumado.

Trinta e seis vistas do monte Fuji, de Hokusai, foi um florescimento tardio tanto na história da gravura em cores quanto na carreira do próprio artista. Revendo sua vida, ele destacou sua busca pela perfeição:

> Desde os seis anos, eu tinha a propensão de copiar a forma das coisas, e desde mais ou menos os cinquenta anos minhas pinturas foram com frequência publicadas; mas até os setenta anos nada do que desenhei foi digno de nota. Aos 73 anos, eu era até certo ponto capaz de sondar o crescimento das plantas e árvores e a estrutura de aves, animais, insetos e peixes. Assim, ao chegar aos oitenta anos espero ter feito um progresso maior, e aos noventa ver mais a fundo os princípios subjacentes das coisas, de modo que aos cem anos terei alcançado um estado divino em minha arte, e aos 110 cada ponto e cada toque do pincel serão como se estivessem vivos.[10]

A longa vida produtiva de Hokusai, afinal, marcou o término de uma era. Ele morreu em 1849, aos 88 anos, logo antes de a maneira como o Japão entendia a si mesmo ser violentamente contestada no exterior.

O Japão é um arquipélago, mas isso não significa que fosse isolado. Separado da Coreia e da China apenas por um estreito pequeno, ele fazia parte da esfera cultural do Leste asiático, conhecida como sinoesfera, por meio de suas missões imperiais no continente, enquanto uma série de ilhas ao sul se conectava a Taiwan e às Filipinas. A geografia do Japão permitia as duas coisas: um relativo isolamento e o intercâmbio com os vizinhos.

Um novo contato cultural foi acrescido a essa rede há muito tempo estabelecida quando um junco chinês, com tripulantes chineses e três mercadores portugueses, foi desviado do curso por causa dos ventos e chegou à ilha de Tanegashima, em 1543.[11] Foi um encontro fatídico. Os portugueses levaram armas de fogo, que logo passaram a ser usadas avidamente por senhores de guerra japoneses, além do cristianismo. Ademais, esse encontro levou o rei de Portugal a ver aí uma nova oportunidade. Baseados em Goa, no subcontinente sul-asiático, os portugueses enviaram mais navios ao Japão, mesmo não sendo bem-vindos. No entanto, eles tinham grande prática em explorar conflitos internos e usaram os atritos entre o Japão e a China, bem como divisões de dentro do país, para garantir sua posição comercial. (Quando, poucos anos depois, Luís de Camões desembarcou em Goa, o Japão já se tornara parte da rede mercantil portuguesa.)

A relação do Japão com os portugueses e outras potências ocidentais era sem dúvida ambivalente, mas, devido a uma guerra civil em formação, por ora ele estava à mercê daqueles intrusos. O período de aquiescência passiva não durou muito. A guerra civil foi resolvida com um novo ordenamento militar feudal, presidido por um imperador. O verdadeiro poder, porém, estava nas mãos dos clãs que de fato governavam o país, que agora podiam voltar sua atenção para os navios que chegavam em número cada vez maior à costa e impunham suas mercadorias à população. Os novos governantes resolveram reduzir a exposição do Japão aos impérios comerciais estrangeiros. As relações existentes, inclusive com os portugueses, foram regulamentadas de forma rigorosa e os missionários estrangeiros foram expulsos. O cristianismo foi proibido, e os suspeitos de serem cristãos foram mortos. Em 1621, os japoneses foram proibidos de viajar para o exterior ou embarcar em naus estrangeiras sem permissão especial. Em 1635, apenas navios da China e da Coreia podiam atracar e desembarcar gente nas ilhas, com mais uma exceção adicional: os holandeses, que tinham criado sua própria empresa comercial, a VOC (sigla em holandês para Companhia Holandesa das Índias Orientais), e foram autorizados a manter um posto comercial na ilha de Deshima, na baía de Nagasaki.[12]

Nos duzentos anos seguintes, Deshima foi o principal contato do Japão com o Ocidente. Assim, o país se mantinha a par dos acontecimentos no exterior, mesmo que os marinheiros e oficiais holandeses da VOC fornecessem informações do Japão para a Europa. Deshima também despertava grande fascínio nos japoneses, embora — ou talvez exatamente por isso — o acesso ao pequeno assentamento holandês fosse controlado de modo rígido e extremamente limitado.[13] Uma das maneiras pelas quais Deshima ficou conhecida no resto do Japão foi pelas gravuras em cores chamadas de *Nagasaki-e*, que apresentavam narrativas estilizadas da vida naquele enclave holandês.[14] Essas ilustrações de europeus foram uma das razões pelas quais os gravuristas se interessaram pela pintura ocidental, inclusive a técnica da perspectiva central.

Hokusai era um deles. Um de seus alunos fizera questão de aplicar a técnica japonesa da gravura colorida a pinturas em estilo ocidental. Como não era alguém que se deixava ser superado pelos alunos, Hokusai experimentou ele mesmo a técnica. Entre as 36 vistas do monte Fuji, algumas são montadas em torno de um ponto de fuga central, enquanto outras seguem os moldes da pintura chinesa tradicional, permitindo assim que os espectadores comparassem as duas tradições, lado a lado.

Se Hokusai absorveu algumas influências ocidentais por intermédio de Deshima, foi também por meio do assentamento holandês que o Ocidente conheceu as gravuras coloridas japonesas. Os holandeses compraram algumas imagens e talvez tenham até encomendado outras para vender no Ocidente. É possível que

Representação de um holandês em Deshima, posto comercial holandês perto de Nagasaki, de um gravurista em cores japonês. A legenda em japonês identifica o homem como "capitão". As gravuras coloridas em estilo nipônico de marinheiros estrangeiros, na maioria holandeses e chineses, ficaram conhecidas como Nagasaki-e. (*Rijksmuseum, Amsterdam*)

Trinta e seis vistas do monte Fuji, de Hokusai, estivesse entre as primeiras gravuras que seguiram para o Ocidente dessa maneira.

Como único assentamento comercial europeu no Japão, Deshima manteve essa situação por duzentos anos, de vez em quando contestado pela Marinha britânica. Mas, no fim, não foi o Império Britânico, nem nenhuma das outras nações europeias com ambições imperiais, que obrigou o Japão a ampliar os direitos comerciais. Foram os Estados Unidos.

Matthew Perry sempre fora um modernizador. Durante a maior parte de sua carreira, ele direcionou esse impulso para a Marinha americana, na qual, após supervisionar a construção do segundo navio a vapor do país, o USS *Fulton*, ele se tornou lendário como o "Pai do Navio a Vapor" (Perry também modernizou o currículo da Academia Naval dos Estados Unidos). Na guerra entre Estados Unidos e México, ele testou a eficácia desse navio moderno ao comandar o ataque e a captura de Tabasco, no Sul do México.

Com o fim do conflito, Perry passou a mirar outros alvos. Em 1852, o presidente Fillmore lhe ofereceu uma oportunidade: obrigar o Japão a abrir relações comerciais com os Estados Unidos com o que ficou conhecido como "diplomacia das canhoneiras". Ele seguiu com sua fragata a vapor para Macau, o principal assentamento português, e de lá para a ilha sulina de Okinawa, onde chegou em 1853. Depois de estabelecer uma base na ilha, entrou na baía de Edo, bem diante da capital, e fez uma demonstração de seu poder de fogo. A seguir, foi autorizado a atracar. Em 1854, voltou com nove navios para Kanagawa, logo ao sul de Edo (onde é ambientada *A grande onda* de Hokusai). O tratado que Perry impôs ao Japão, chamado Convenção de Kanagawa, de fato encerrou o controle japonês sobre suas próprias relações comerciais e estabeleceu que os americanos teriam direitos comerciais em dois portos.

Se, antes de 1854, o comércio entre o Japão e o Ocidente era minúsculo, agora se tornara uma inundação. Mercadorias de todo tipo passavam pelos dois portos, atendendo ao interesse ocidental por produtos japoneses, entre os quais se destacavam as gravuras coloridas. O desenho elegante, as cores marcantes e os temas característicos pareciam tipicamente japoneses aos olhos ocidentais. As gravuras faziam parte de uma mania conhecida como *japonaiserie*, o fascínio por tudo o que fosse japonês, tendo como exemplo característico as *Trinta e seis vistas do monte Fuji* de Hokusai. Não importava se o *ukiyo-e* não representasse de nenhum modo a pintura japonesa tradicional, sendo, ao contrário, uma forma de arte muito mais recente, popular e comercial. Tampouco importava se, nas mãos de artistas como Hokusai, os artistas de gravuras coloridas tivessem, na verdade, incorporado algumas técnicas ocidentais. A única coisa que importava era a facilidade de reproduzir as séries, e por isso essas imagens, ou melhor, em especial *A grande onda de Kanagawa* se tornou a imagem que, mais do que qualquer outra, representava o Japão para um mundo que, por coincidência, fora remodelado justamente por causa da Convenção de Kanagawa.

Se o efeito do tratado de Perry sobre a arte ocidental foi significativo, foi infinitamente maior sobre o Japão: "Foi como o jorro de uma garrafa de champanhe que acaba de explodir a própria rolha".[15] Quem escreveu essas linhas isso foi Ernest Fenollosa, que tinha como saber disso. Embora não tenha participado da assinatura da Convenção de Kanagawa, ele se tornou um dos americanos que por causa disso transformaram o Japão. Não foi o responsável por retirar a rolha, mas estava lá para a festa.

A festa não era para todos, e Fenollosa sabia disso. A diplomacia das canhoneiras de Perry demonstrara a fraqueza do antigo governo militar, com suas hierarquias rigorosas, ineficiências e iniquidades; a restrição do contato com forasteiros era, talvez, sua falha menos significativa. Após a derrocada desse regime, os novos dirigentes do Japão perceberam que o país precisava se modernizar.[16] Convidaram estrangeiros, entre eles Fenollosa, para lhes ensinarem tudo o que havia para saber sobre o Ocidente. Ele ficou muito mais tempo do que o esperado, atingindo resultados inimagináveis.

Nascido de um pai imigrante em Salem, na época uma cidade portuária movimentada logo ao norte de Boston, Fenollosa entrara em Harvard, onde teve um ensino baseado em alguns dos novos pensadores progressistas que surgiram na órbita de George Eliot, entre eles Charles Darwin, Herbert Spencer e G. W. F. Hegel.[17] Eram essas figuras que o Japão agora queria conhecer. Para facilitar essa transferência de conhecimento, o imperador japonês criou uma universidade e convidou o jovem Fenollosa para dar aulas lá. Fenollosa havia se casado pouco tempo antes com Elizabeth Goodhue Millett, e o casal decidiu se mudar para o Japão.

Embora ele estivesse no país para ensinar o que havia de mais novo no pensamento moderno, sua verdadeira paixão era a arte. Sua filha Brenda, nascida em Tóquio, relembra a casa da família:

> De tempos em tempos, nossa casa ficava repleta de objetos de arte: telas folheadas a ouro, pintadas com cenas em cores brilhantes da vida japonesa, de pássaros e paisagens; *kakemonos* em suas ricas molduras brocadas; xilogravuras de muitos artistas famosos; braseiros *hibachis* de bronze em que os japoneses queimam carvão e, sentados em tatames, os usam para aquecer as mãos; vasos e castiçais de bronze; sinos de bronze dos templos; queimadores de incenso de latão e prata; caixas e bandejas em esmalte cloisonné, belos cordões laqueados e uma variedade infinita de porcelanas. Como eram maravilhosos e quanto prazer eu tinha em contemplar cada novo objeto que chegava! Então eles desapareciam de forma misteriosa, e logo vinham outros, até que estes tinham o mesmo destino daqueles.[18]

Fenollosa estava imerso na história do Japão, convertendo sua casa num museu particular, incluindo xilogravuras. Antes de se mudar, ele estudara na escola ligada ao prestigioso Museu de Belas-Artes em Boston. No Japão, viu-se diante de uma tradição artística profunda e complexa que pouco conhecia; decidiu aprender o máximo possível sobre ela. Primeiro, estudou com vários professores a história da arte japonesa e se deu conta de que, para entendê-la, precisaria estudar também suas fontes chinesas. Sem se contentar com o estudo acadêmico das duas tradições, teve aulas de desenho com nanquim, adquirindo uma habilidade significativa como pintor. Mais tarde, adotaria a mesma abordagem de estudo histórico e aprendizado prático em relação ao teatro nô, altamente estilizado (primo mais elegante e refinado do kabuki), atingindo um nível quase profissional. Recebeu elogios como o estrangeiro que, até então, melhor aprendera essa arte complexa.[19]

O interesse de Fenollosa pela história do Japão lhe trouxe fama de personagem excêntrico: um antiquário.[20] A diplomacia das canhoneiras de Perry levara o Japão a desvalorizar suas artes tradicionais, que se tornaram tão ultrapassadas, em todos os aspectos, quanto o governo militar e o isolamento deliberado da era anterior. Fenollosa, embora fosse ele mesmo um produto desse impulso de modernização ocidentalizante, começou a procurar objetos esquecidos ou trancafiados do passado distante, na esperança de devolvê-los à luz.

No verão de 1884, Fenollosa fez uma viagem até o grande templo de Horyu-ji, com autorização do governo central, para solicitar aos monges que abrissem seus santuários e o deixassem analisar as estátuas.[21] Não era algo que agradasse muito aos monges; era quase um sacrilégio, mas Fenollosa, munido de suas cartas, insistiu.

> Enfim conseguimos, e nunca esquecerei o que sentimos quando a chave há muito não usada tilintou na fechadura enferrujada. Dentro do santuário se via uma peça alta e volumosa envolta em faixas de tecido de algodão, sobre as quais se depositara a poeira dos tempos. Não era tarefa fácil desembrulhar o conteúdo, pois havia sido

usado quase quinhentos metros de tecido, e nossos olhos e narinas corriam o risco de sufocar com a poeira pungente. Mas, por fim, as últimas voltas dos panos caíram, e essa estátua maravilhosa, única no mundo, surgiu para olhos humanos pela primeira vez em séculos. Era um pouco maior do que o tamanho natural, mas oca na parte de trás, entalhada com extremo cuidado em alguma madeira nobre que fora folheada a ouro, agora manchada com o amarelo-castanho do bronze. A cabeça era ornada com uma coroa de bronze dourado coreano maravilhosa, trabalhada em vazados, da qual pendiam longos filetes do mesmo material cravejados de joias. Mas foram as maravilhas estéticas dessa obra que mais nos atraíram.[22]

A sensação de descoberta de Fenollosa ao seguir elogiando a estátua, as linhas e proporções, a pose e o sorriso no rosto é fascinante. Nas mesmas páginas, ele a compara ao melhor da arte grega e à *Mona Lisa* de Leonardo da Vinci, às estátuas góticas de Amiens e à arte egípcia arcaica. Fenollosa se tornara um descobridor, deliciando-se em localizar objetos como essa estátua, e não admira que logo pensasse em Schliemann, o intrépido escavador de Troia.[23]

Ao se lançar a essa missão de desenterrar (ou desembrulhar) objetos do passado, Fenollosa era motivado por uma ideia ocidental diferente — não as obras de Darwin e Spencer que supostamente devia ensinar, mas a nova ciência do passado. Para isso, ajudou a criar a Escola de Belas-Artes de Tóquio e o Museu Imperial de Tóquio, levando assim essas instituições oitocentistas, com sua abordagem específica do passado, para o Japão. Movido por um impulso semelhante, ele criou um inventário de tesouros nacionais, desencavando obras em sótãos e mosteiros, inspirado pelo Buda coreano a procurar mais desses objetos. Ajudou a elaborar uma lei para a preservação de templos e obras de arte. O imperador japonês, talvez em reconhecimento dessa nova ciência do passado, elogiou Fenollosa (segundo seu relato): "Você ensinou meu povo a conhecer sua própria arte. Ao voltar para seu país, incumbo-o de fazer o mesmo com seu povo".[24]

Mas o que aconteceu com todos os objetos e pinturas que Fenollosa levava para casa, ou melhor, por que sempre chegavam e iam embora, como recordou sua filha? Estaria Fenollosa usando sua casa como depósito para o futuro museu de arte em Tóquio? Infelizmente, não. Ele se aproveitava da desvalorização temporária da arte japonesa para criar sua própria coleção, que então vendeu para um colecionador rico em Boston. A coleção Fenollosa-Weld, com todos os seus 948 artefatos, agora forma a base do acervo do Extremo Oriente do Museu de Belas-Artes de Boston. (Outros objetos foram vendidos para Nova York.) Assim, a posição de Fenollosa era extremamente ambígua: de dia, ele fazia parte do influxo de ideias estrangeiras que levou à desvalorização da arte japonesa tradicional; à noite, se aproveitava disso para comprar barato e vender caro, mesmo que se preocupasse de fato com a preservação, criasse museus e procurasse elevar o status da arte japonesa, aplicando a ela a nova ciência do passado, e fosse respeitado no Japão por todo esse seu esforço.

Ao retornar, Fenollosa se tornou o curador do departamento de arte oriental do Museu de Belas-Artes de Boston. Foi demitido após o divórcio (coisa que ainda era escandalosa naquela época). Pelo resto da vida, organizou exposições, deu palestras, transitando entre o Japão e o Ocidente, e escreveu uma ampla história da arte chinesa e japonesa que apresentava o tema para o público ocidental com uma perspicácia e uma sofisticação sem igual. Fenollosa não descartava obras populares como *A grande onda* de Hokusai — pelo contrário, incluiu o pintor numa exposição de gravuras coloridas —, mas garantiu que essa imagem não dominasse nem definisse a arte japonesa. O que ele fez foi retificar a questão, mostrando até que ponto aquela xilogravura do monte Fuji era de fato incomum e muito diferente das tradições da arte visual do país.

Todos os mediadores são figuras ambíguas. Fenollosa foi para a Ásia como parte de uma invasão modernizadora, mas se envolveu profundamente em sua história. Comprou e exportou tesouros da arte japonesa, mas também ajudou o país a criar instituições que preservassem a sua herança, seguindo ideias ocidentais oitocentistas de como lidar com o passado. Descobriu tesouros, mas às vezes apesar da resistência de seus proprietários, que prefeririam deixá-los em paz em seus santuários. Ensinou ao Japão ideias de figuras como Spencer, e então passou a maior parte da vida ensinando ao público ocidental a história da arte asiática. Fenollosa se envolveu em quase todas as atividades relacionadas ao passado, em toda a sua ambivalência: desencavava obras do passado e as adquiria em circunstâncias históricas duvidosas; expunha e vendia suas aquisições; estudava-as com cuidado e dedicação. O trabalho de sua vida mostra tudo o que há de admirável e repreensível nessas atividades.

Fenollosa, o tradutor, desempenhou mais um papel — ou melhor, quem o fez foi sua segunda esposa. Ao morrer em 1908, Fenollosa deixou uma grande quantidade de notas, traduções, observações, palestras e manuscritos de livros inéditos. O que Mary McNeil deveria fazer com tudo aquilo? Ela tinha sua própria carreira como escritora, tendo publicado vários romances, alguns ambientados no Japão, sob o pseudônimo de Sidney McCall. Como escritora bem informada sobre a arte asiática, pensou que podia tentar concluir alguns dos trabalhos em andamento do falecido marido. Primeiro lidou com o maior deles, um projeto inacabado que visava apresentar em vários volumes uma grandiosa história da arte asiática. Dedicando bastante tempo e trabalho à tarefa, Mary McNeil Fenollosa conseguiu concluir a obra, voltando inclusive ao Japão para checar detalhes factuais antes de publicá-la em 1912, com um prefácio seu. Mesclando história mundial, em parte inspirada por Hegel, com discussões detalhadas sobre estética, a obra logo se tornou a introdução mais corrente à arte asiática e é até hoje um modelo da área.

Concluída essa tarefa mastodôntica e continuando a publicar romances sob pseudônimo, Mary McNeil começou a procurar alguém que se incumbisse das traduções de poesia chinesa e de peças nô feitas pelo falecido marido. Sua escolha recaiu sobre um poeta americano que morava em Londres, chamado Ezra Pound. Era uma escolha curiosa. Pound não era especialista nem em China, nem em Japão, e não conhecia nenhum dos dois idiomas. Mas estava começando sua carreira como poeta e apresentava uma nova abordagem conhecida como imagismo, baseada em imagens simples e marcantes. Mary McNeil, sendo ela mesma escritora e poeta, sentiu que, apesar das óbvias desvantagens, ele era a pessoa certa para o serviço. Décadas mais tarde, Pound relembrou orgulhoso: "Depois de conhecer a sra. Fenollosa na casa de Sarojini Naidu em ou por volta de 19[13], ela leu alguns versos meus e concluiu que eu era 'a única pessoa capaz de lidar com os cadernos de notas de seu falecido marido da maneira que ele gostaria'".[25] Apesar do autoelogio um tanto irritante de Pound, o comentário não estava errado: Mary McNeil tinha feito uma escolha excelente.

Pound usou as transcrições e traduções literais de Fenollosa e as converteu no tipo de poesia que vinha aprimorando por conta própria. Era uma empreitada incomum. Não era nem uma tradução exata, nem uma obra original de poesia. Amy Lowell, ela mesma poeta imagista, escreveu à amiga Florence Ayscough: "[Pound] pegou todas as suas coisas do professor Fenelosa [sic], em primeiro lugar nem eram chinesas, sabe-se lá por quantas mãos elas passaram entre o chinês original e o original japonês do professor Fenelosa. Em segundo lugar, Ezra trabalhou nelas até que, mesmo sendo excelentes poemas, não são mais traduções dos poetas chineses".[26] Lowell, cuja rivalidade com Pound é perceptível nessas linhas, tinha razão. As criações não eram traduções; de fato ele pegou muitas coisas de Fenollosa; o resultado, como Lowell admitia, era mesmo excelente. O problema principal era o nome que deveria ser dado a isso. T.S. Eliot, íntimo colaborador de Pound, declarou em tom deliberadamente provocador que o amigo era "o inventor da poesia chinesa para nossos tempos".[27] Em retrospecto, existe um termo melhor para o que aconteceu nessa curiosa miscelânea de poesia chinesa, teatro nô japonês, Fenollosa, seus professores, Mary McNeil e Ezra Pound: modernismo.

Pound tinha outro lema para a mesma ideia: "*Make it new!*" [renove!]. Visto de determinado ângulo, o modernismo era uma tentativa deliberada de jogar fora o passado. Claro que isso, em si, não tinha nada de novo. Os humanos faziam isso desde que Nefertiti e Aquenáton resolveram sair da sombra das pirâmides e criar uma cidade, com construções, expressões artísticas e um deus novos. Mas, na virada do século xx, o passado tinha adquirido uma força nova e avassaladora. Em muitos países onde parecia haver uma trajetória de progresso, fosse por emancipação política, industrialização ou forças estrangeiras, o passado era recuperado e exposto em instituições como museus e bibliotecas, e organizado dentro de um sistema pela ciência do passado. O modernismo se definia como contra essas instituições de armazenamento cultural e se aliava ao movimento de avanço da indústria. A arte não estava mais ao lado da tradição; agora estava junto ao progresso, com a emancipação e as máquinas.

Pound estava na vanguarda desse movimento. Com efeito, era assim que alguns radicais modernistas se denominavam: a vanguarda. Palavra originalmente usada para designar o corpo avançado de um exército, a vanguarda se sentia à frente, deixando para trás a tradição e os gostos da vasta medianidade, as massas.[28]

Mas o modernismo não se limitava a rejeitar o passado, como mostra a incomum colaboração que nasceu dos papéis de Fenollosa. Modernistas como Pound se viam diante do passado não só na forma de museus; viam-se, não raro pela primeira vez, diante da criação artística de culturas distantes que inundavam o Ocidente por causa das aventuras coloniais e do comércio mundial: o escritor alemão Johann Wolfgang von Goethe cunhara a expressão "literatura mundial" em 1827, depois de ter contato com o teatro sânscrito, a poesia persa e árabe e os romances chineses. A arte ocidental, que se tornara insular, satisfeita consigo mesma, foi forçada a receber uma quantidade crescente de obras-primas e arte popular de terras distantes — algumas de escavação recente, como a *Epopeia de Gilgamesh*; outras de tradução recente, como *O livro do travesseiro*, de Sei Shōnagon, e *O conto de Genji*, de Murasaki Shikibu (ambos traduzidos apenas após a diplomacia das canhoneiras de Perry e graças a mediadores como Fenollosa); e outras que haviam alcançado apenas recentemente circulação mundial, como *A grande onda*, de Hokusai.

Disso resultou um profundo estilhaçamento da tradição. Isso podia parecer desorientador, tornando incapaz de absorver tantas ideias e obras de arte que agora eram acessíveis. Mas também podia parecer libertador, ao permitir que os artistas experimentassem novas formas e combinações entre o velho e o novo, o conhecido e o desconhecido. Os modernistas estavam nesse segundo grupo: viam a desorientação não como uma calamidade, mas como uma condição necessária, e até bem-vinda, que permitiria o surgimento de algo novo. Era isso também que Ezra Pound queria dizer quando conclamava os colegas artistas a *make it new*: não jogar fora o passado, mas usar a desorientação da época de modo criativo.

Pound também editou algumas das peças nô que Fenollosa traduzira e publicou um ensaio sobre essa forma inusitada de teatro, que não podia ser mais diferente do ocidental: num palco vazio, com músicos nos dois lados, atores de vestes requintadas cantavam, murmuravam e bradavam versos extremamente misteriosos, baseados num cânone de peças multisseculares. Não interpretavam personagens de nenhuma maneira que fosse evidente, mas executavam um conjunto de poses e gestos prescritos de forma cuidadosa, com significados específicos (por exemplo, mover uma mão estendida bem devagar na direção do olho significava chorar). Muitas vezes as peças se concentravam em locais assombrados por um fantasma.

Os dramaturgos ocidentais, que tinham se cansado dos cenários e diálogos cada vez mais realistas que caracterizavam o teatro na segunda metade do século XIX, ficaram fascinados pelo gênero. Após terem procurado alternativas ao realismo ocidental, de repente eram presenteados com uma solução pronta.

Um desses dramaturgos e diretores também era poeta, William Butler Yeats. Fazendo experimentações com a estilização poética, ele usou o teatro nô, tal como fora traduzido por Fenollosa e publicado por Pound, para formar um novo estilo teatral. Muitas vezes escolhia como tema figuras irlandesas tradicionais, mas as peças que criava em torno delas, em especial uma chamada *At the Hawk's Well*, eram estranhas, estilizadas, bastante baseadas no nô. Ele estava tão apaixonado por essa arte distante que contratou um bailarino japonês, Michio Ito, para sua trupe de teatro.[29] Não importava que Ito não tivesse nenhuma formação em nô e, na verdade, tivesse aprendido o ofício na Alemanha. Yeats achava que ele conseguiria conferir a essas peças nipo-irlandesas algo daquela reverenciada tradição japonesa. Mais tarde, Ito se mudou para Hollywood e, então, depois da Segunda Guerra Mundial, acompanhou as tropas americanas ao Japão, onde se apresentava para o Exército ocupante: sempre visto como um intermediário, às vezes como tradutor, outras como traidor, nisso muito similar a Fenollosa.

Levada para a Europa e os Estados Unidos por mediadores como Fenollosa e Ito, a arte asiática continuou a ter efeitos transformadores na arte ocidental. Depois de assistir a uma apresentação do cantor de ópera chinês Mei Lanfang na Rússia, o dramaturgo alemão Bertolt Brecht desenvolveu toda uma arte de distanciamento em torno do que julgava ser a essência da ópera chinesa, cuja estilização lhe havia tocado tanto quanto as estilizações do teatro nô haviam afetado Yeats. Na verdade, Brecht também se interessou pelo teatro nô e escreveu uma adaptação de uma peça nô específica, *Tanikô*.[30] O provocador francês Antonin Artaud, figura-chave na vanguarda francesa, ao ver uma apresentação do teatro de sombras de Bali, sentiu que ali teria um guia para sair do fim de linha em que se encontrava a cultura ocidental.[31]

À diferença de Fenollosa, nenhuma dessas figuras mergulhou na arte asiática. Alguns, em especial Pound, aprenderam mais do que outros, mas a recepção que davam às obras estrangeiras era marcada por interpretações equivocadas e por uma projeção movida por suas próprias necessidades artísticas de inovação. Sempre foi assim nos encontros interculturais.

Grande parte do que chamamos de modernismo, se não todo, nasceu dessas e de outras experiências similares. Muitas vezes o modernismo é descrito como um fenômeno ocidental que se difundiu para outras partes do globo. Mas o que Mary McNeil reconheceu ao persuadir Pound a trabalhar com as notas de Fenollosa era uma coisa diferente: uma miscelânea de tradições da Ásia e do Ocidente, criada por diversas figuras intermediárias, às vezes trabalhando juntas, às vezes com objetivos distintos. O modernismo criado por essas figuras era muito mais interessante do que um suposto produto ocidental de exportação: era uma mistura extremamente moderna e absolutamente fascinante.

15. O drama da independência nigeriana

Ladigbolu I, rei de Oyo, morreu em 19 de dezembro de 1944, uma terça-feira. Foi enterrado naquela mesma noite, depois de reinar durante 33 anos sobre a cidade e um extenso território. A morte de um rei, em especial um que governou durante tanto tempo, era um grande evento; havia elaborados rituais e cerimônias para que a sociedade se adaptasse. Uma das posições mais altas no reino era a de Jinadu, que era cavaleiro do rei e gozara dos vários privilégios e favores concedidos ao ocupante do cargo. Como o reinado de Ladigbolu I fora excepcionalmente longo, Jinadu usufruíra desses privilégios por muito mais tempo do que o esperado. Mas desde o começo ele sabia que tinham seu preço: quando o monarca morresse, o cavaleiro do rei também devia morrer, para conduzir o cão e o cavalo do rei à terra dos ancestrais.[1] Assim, ao saber da morte de Ladigbolu I, Jinadu seguiu até Oyo, onde chegou em 4 de janeiro de 1945, vestiu-se de branco e começou a dançar pelas ruas, dirigindo-se à casa de Bashorum Ladokun como preparação para o suicídio.

Como grande parte da África, o estado iorubá de Oyo fora recortado na Conferência de Berlim de 1884-5, quando as principais nações europeias dividiram a África entre si, deixando Oyo com os britânicos. A conferência formalizou o controle europeu sobre a África Ocidental, que já ocorria havia séculos, quando os navios portugueses desceram devagar pela costa, procurando uma passagem para o oceano Índico. A presença invasiva europeia se intensificou quando colonizadores portugueses, espanhóis e britânicos começaram a estabelecer entrepostos comerciais, escravizando e transportando africanos para trabalhar em plantações de algodão e cana-de-açúcar no Novo Mundo. (Como os africanos de língua iorubá respondiam por uma grande proporção desses seres humanos escravizados e transportados para o Novo Mundo, sua cultura imprimiu uma marca especial em lugares como o Haiti e as ilhas perto da costa da Carolina do Sul, nos Estados Unidos.)

A Conferência de Berlim foi a formalização oficial do controle europeu de fato sobre o território africano. O resultado foram fronteiras traçadas de modo arbitrário que dividiam grupos linguísticos, tribais e religiosos. Oyo ficou como parte de uma grande entidade administrativa que se tornaria a Nigéria, um Estado extenso com uma multidão de grupos — alguns calculam mais de quinhentas tribos, línguas e dialetos. Para manter o controle sobre um território tão grande e com tantos povos diferentes, os britânicos tinham instaurado um sistema de governo indireto, conservando o máximo possível costumes e leis locais e promovendo dirigentes locais dispostos a cooperar com os colonizadores.

O rei Ladigbolu foi um caso exemplar dessa política. Após sua morte, o sistema de governo indireto e de não interferência nos assuntos locais atingiu um limite, quando o capitão J. A. MacKenzie, oficial distrital britânico da colônia, soube do suicídio iminente do cavaleiro do rei. Ele interveio e ordenou a prisão de Jinadu, interrompendo assim o ritual.[2] O oficial distrital não percebeu que, com isso, desestabilizava todo um sistema de autoridade política. Como resolver a crise? Murana, o filho mais novo do cavaleiro do rei, encontrou uma saída. Com o pai preso e incapaz de agir, Murana decidiu adotar o título paterno e, como o novo cavaleiro do rei, suicidou-se no lugar do pai. Foi um gesto desesperado, mas a única maneira possível de sanar a ruptura causada pela interferência britânica.

Os acontecimentos em torno de Ladigbolu, o cavaleiro e o filho do cavaleiro eram apenas um pequeno episódio na história da colonização europeia, mas neles ressoava uma sensação generalizada de que o sistema de governo colonial desmoronava. A morte do colonialismo europeu se acelerou quando Woodrow Wilson, no final da Primeira Guerra Mundial, consagrou o princípio da autodeterminação na nova Liga das Nações, aumentando as esperanças de independência nacional que eram alimentadas desde o exemplo da Revolução Haitiana, mais de cem anos antes. A Segunda Guerra Mundial levou as nações europeias ao limite. A Alemanha, que adquirira colônias tarde, perdera as duas guerras e, com elas, qualquer pretensão a possessões ultramarinas. As duas guerras mundiais também haviam esgotado os outros impérios europeus, sobretudo a Inglaterra e a França, que mal tinham conseguido sobreviver e só o fizeram graças à União Soviética e aos Estados Unidos; potências coloniais menores, como a Holanda, a Bélgica, a Itália e Portugal, estavam em posição parecida. Além disso, as colônias tinham contribuído para o esforço de guerra ao lado de suas metrópoles, inclusive o reino de Oyo sob Ladigbolu, e agora exigiam em troca a liberdade. Desses acontecimentos resultou um extraordinário reordenamento geopolítico nos vinte anos seguintes, e o número de Estados nacionais quadruplicou, passando de cinquenta para duzentos.

Logo ficou claro que a independência política não bastava. As novas nações também precisavam contar novas histórias para si mesmas e encontrar um novo sentido no mundo pós-colonial. Em outras palavras, precisavam criar identidades culturais, e daí o florescimento de diversas expressões artísticas, em especial romances, que foram a principal forma de contar histórias na metade do século XX. Com esses romances, escritores das ex-colônias se tornaram as vozes de suas nações, procurando afirmar a independência cultural com a criação de histórias nacionais a partir das anteriores, além de tomar emprestado de outros lugares. O fardo que recaía sobre esses escritores era grande, quase impossível: como poderiam escavar tradições locais que muitas vezes tinham sido negligenciadas ou mesmo ativamente reprimidas durante o período de domínio colonial? Como costurar e montar uma identidade a partir de grupos díspares reunidos de modo forçado por fronteiras coloniais arbitrárias? Como reparar a história de violência gerada pelo colonialismo? E a que ponto deviam depender da herança cultural dos ex-colonizadores, inclusive seus idiomas (e alfabetos), fosse o inglês, o francês, o holandês, o alemão, o italiano ou o espanhol, que tinham sido instituídos nas escolas e na estrutura burocrática que os colonizadores haviam deixado ao partir?

O poeta caribenho Derek Walcott escreveu *Omeros*, um poema épico sobre Santa Lúcia que tomava Homero como modelo, dando nomes homéricos a pessoas comuns e conferindo à vida delas uma dignidade épica. Outros artistas se basearam nas tradições de suas próprias culturas, inclusive a narração de histórias orais. No Mali, não longe da Nigéria, histórias do rei medieval Sundiata eram contadas por cantores tradicionais, e agora se tornavam literatura escrita, formando o que chamamos de *A epopeia de Sundiata*.

Um escritor que teve sua carreira moldada por tais expectativas e dilemas foi Wole Soyinka. Nascido em 1934, ele passou seus anos de formação na Nigéria colonial. Os pais faziam parte de uma classe de nigerianos profundamente marcados pelo governo colonial: ambos eram cristãos, o pai era professor e a mãe, proveniente de uma importante família anglicana.[3] Ele recebeu um ensino baseado num currículo inglês, que também incluía um pouco de literatura grega, cujo objetivo era educar uma elite de súditos coloniais no mundo cultural de seus governantes. Soyinka cursou o ensino médio no Colégio do Governo de Ibadan, exemplo dessa política educacional. (Esse tipo de currículo colonial foi criado por Macaulay na Índia, para tornar a elite colonial "inglesa", e depois foi implementado de forma ampla na Inglaterra e no império.)[4]

Em geral, os melhores alunos que surgiam nesse sistema educacional eram convidados a passar algum tempo na Inglaterra, e Soyinka foi um deles. Em 1954, embarcou para a Inglaterra a fim de estudar na Universidade de Leeds, cidade situada no antigo centro industrial da Inglaterra, que agora, no período do pós-guerra, passava por um grande crescimento, visto que não sofrera danos durante o conflito. Lá ele estudou o cânone do teatro ocidental, sobretudo Shakespeare, orientado pelo ilustre estudioso shakespeariano G. Wilson Knight. Depois de se formar em Leeds, em 1957, Soyinka começou a escrever peças de teatro e trabalhou como leitor de roteiros para o Royal Court Theatre em Londres, aprofundando seu conhecimento do teatro ocidental.

A princípio, ele pensou que voltaria para a colônia para trabalhar na administração comandada pelos britânicos, mas o movimento anticolonial, que começou a ganhar força desde o final da guerra, alterou de súbito o propósito da carreira de Soyinka. Ao voltar em 1960, a Nigéria acabara de obter a independência. Em vez de ajudar os britânicos a governar aquele vasto território, ele ajudaria a Nigéria a entender sua nova situação.

Soyinka resolveu lidar com essa tarefa por meio do teatro. Foi uma boa escolha. Seu colega nigeriano Chinua Achebe adotara o romance como sua forma literária, sendo aclamado por

O mundo se despedaça, publicado em 1958, dois anos antes da independência. Mas, ainda que o romance como gênero apresentasse muitas vantagens, entre elas a possibilidade de alcançar um público maior, ele tinha uma enorme desvantagem. No nível mais básico, requeria que as pessoas soubessem ler, coisa que muitos nigerianos não sabiam. Além disso, o gênero era visto como uma importação ocidental (as tradições não ocidentais do romance, como as asiáticas, não eram muito conhecidas). Achebe precisara de muito engenho para converter essa forma literária, com toda a sua bagagem colonial, em sua própria.

Reconhecendo essas desvantagens, Soyinka viu que o teatro podia se servir com mais facilidade das tradições iorubás e falar de forma mais direta a um número maior de pessoas.[5] O teatro também fizera parte das exportações britânicas para as colônias, mas não era considerado tão ocidental quanto o romance, em parte porque se baseava na música, na dança e no ritual — todos com raízes profundas no mundo iorubá, que Soyinka, apesar de sua formação ocidental, absorvera através de sua família extensa. Um de seus primeiros trabalhos foi *Uma dança das florestas*, que escreveu explicitamente para a independência da Nigéria, uma peça comemorativa que gira em torno da reunião de diversas tribos e traz muitas referências a poemas, encantamentos, figuras de linguagem e idiomatismos iorubás.

A tradução desses padrões iorubás para o inglês, porém, trazia um problema, pois aquele era o idioma dos colonizadores. Com a independência, haviam surgido vários grupos teatrais pequenos, mas politicamente ativos, que procuravam descolonizar a cultura do país encenando em línguas nigerianas. Um desses dramaturgos e diretores era Duro Ladipo. Uma de suas peças famosas se chamava *Oba Waja*, que pode ser traduzido como "o rei morreu". É uma dramatização contundente dos eventos que se seguiram à morte de Ladigbolu I, com a interferência dos colonizadores britânicos e a morte do filho do cavaleiro. Para Ladipo, esse episódio captava com perfeição a colonização cultural que a Nigéria sofrera com os britânicos e, portanto, era um bom local para iniciar o árduo processo de descolonização cultural. Escrita em 1964, quatro anos após a independência, a peça pretendia ajudar a nação recém-independente a avaliar a violência do domínio britânico. Para Ladipo, não havia nenhuma dúvida de que devia ser escrita em iorubá. Ao contrário de Soyinka, ele não tinha um grande preparo formal em inglês para que esse idioma fosse uma opção viável; era profundamente moldado pela representação e pela literatura oral e escrita iorubás, e queria se dirigir à população que fala esse idioma. E o inglês, claro, vinha com toda uma bagagem colonial.

A descolonização cultural não se limitou a tratar da violência britânica. Envolvia também a recuperação de tradições culturais que tinham sido deixadas de lado pela colonização. Oyo era uma das civilizações urbanas mais antigas nessa parte de África, cujo início datava de 800-1000 d.C.[6] No princípio uma cidade-Estado protegida por muralhas, expandira-se e se tornou um grande império entre 1608 e 1800. Havia resquícios desse período outrora glorioso, ou então estavam à espera de ser escavados, inclusive esculturas feitas de materiais duráveis como pedra, barro cozido e madeira. Era impressionante a variedade de estilos e tradições, com cabeças femininas realistas remontando ao século XI.[7] Igualmente impressionantes eram as representações mais abstratas de cabeças animais e humanas, tanto esculturas quanto máscaras usadas em determinadas cerimônias. Entre esses, um importante em especial era o ritual *egungun*, concentrado em Oyo. Realizava--se durante um festejo dedicado aos ancestrais, que se acreditava que viviam num mundo invisível. Para estabelecer uma ligação com esse mundo, os executantes do ritual se faziam eles mesmos invisíveis, ao usar máscaras e roupas elaboradas com camadas e mais camadas de tecido que cobriam o corpo inteiro.

Máscara egungun *usada por dançarinos iorubás para fins cerimoniais.* (Museu Americano de História Natural, Coleção Africana. Foto: Daderot)

Fragmento de uma cabeça de barro cozido do estado de Oxum, na Nigéria, datada de 1100-500. A cabeça mostra que a escultura iorubá era altamente desenvolvida na época. (Coleção de Robin B. Martin, Museu do Brooklyn. Foto: Museu do Brooklyn)

Soyinka, em sua abordagem para recuperar as tradições iorubás e criar uma cultura da independência, não seguiu Ladipo na escolha da língua e optou pelo inglês, criando um grupo teatral que pretendia estabelecer o teatro anglófono para uma Nigéria independente. A escolha fazia parte de sua posição mais ampla quanto à mistura cultural. À diferença de alguns de seus contemporâneos, ele não considerava necessário abandonar o que tinha sido absorvido da literatura inglesa, francesa e grega, inclusive seus estudos intensivos de Shakespeare. O domínio colonial britânico o moldara e fizera o mesmo com a Nigéria; agora era parte indissociável da história e da cultura do país.[8] Obter a independência cultural não significava eliminar o colonialismo dessa história, como se fosse um veneno que pudesse ser retirado de uma ferida. Era preciso enfrentar a herança do colonialismo, superá-la, e isso podia ser feito pelo uso de alguns de seus recursos naturais e virando-os contra os próprios colonizadores.[9]

Ao criar o país da Nigéria desconsiderando por completo suas várias tradições, os britânicos tinham forçado a junção de várias centenas de idiomas e dialetos numa única entidade. Os três idiomas principais eram o haussá ao norte, o igbo a leste e o iorubá, o contexto cultural natal de Soyinka, a oeste. Essas identidades linguísticas ganhavam maior complexidade devido às filiações tribais e religiosas, incluindo o islamismo no Norte, o cristianismo (como na família de Soyinka) e vários sistemas de crenças politeístas.

Durante o domínio colonial, essa criação artificial foi mantida pela força militar e pelo apoio de dirigentes locais, como Ladigbolu I de Oyo. Mas, chegada a independência, essas fronteiras artificiais dificultaram imensamente a criação de um sistema político operante. No caso da Nigéria, o resultado foi uma terrível guerra civil, conhecida como Guerra de Biafra (1967-70), em que os falantes de igbo tentaram sem sucesso obter a independência com a criação da República de Biafra.[10] A guerra resultou em violência generalizada e atrocidades horrendas, com o maior número de baixas na região igbo.[11]

Soyinka, como dramaturgo, escritor e intelectual cada vez mais conhecido, tentou impedir a guerra e serviu de mediador entre as partes; isso foi visto como prova de que ele não tinha lealdade suficiente com seu próprio grupo iorubá, o que o levou a ser preso. Ele passou 27 meses na prisão, na maior parte do tempo em confinamento solitário numa cela de 1,20 metro por 2,40 metros, experiência medonha que foi registrada mais tarde na obra autobiográfica *The Man Died*, de 1972.[12] Com esse texto, ele entrou para a longa lista de escritores africanos, entre os quais Nelson Mandela, que contribuíram para o gênero heroico da escrita do cárcere.

Desde sua libertação, a vida de Soyinka na Nigéria foi intercalada por períodos no exílio, muitos deles impostos por governantes hostis incapazes de tolerar esse autor destemido, um dos primeiros dramaturgos a criticar o surgimento de ditadores africanos.[13]

Os anos terríveis de guerra civil e seu próprio encarceramento tornaram a postura de Soyinka mais afiada em relação à independência cultural. Mostraram a que ponto era de fato insidioso o legado do colonialismo, a que ponto era difícil, quase impossível, que entidades artificiais como a Nigéria se tornassem Estados operantes. De modo paradoxal, foi também por causa dessa realidade política e linguística que Soyinka continuou a escrever em inglês, apesar da herança colonial da língua — porque ela lhe permitia se comunicar com os diferentes grupos linguísticos. (Soyinka defendeu algumas vezes o uso do suaíli como idioma franco-africano.) Até hoje, ele deplora as fronteiras arbitrárias traçadas pelos ex-colonizadores e mantém a esperança de que os africanos sejam capazes de reimaginar a organização política do continente, para além das fronteiras herdadas do colonialismo. Ao mesmo tempo, passou a participar de debates de grande destaque, por exemplo com o intelectual nigeriano Biodun Jeyifo sobre o marxismo.

Depois de se tornar um dos escritores e dissidentes políticos mais importantes da Nigéria, Soyinka relembrou a história do rei de Oyo, do cavaleiro e do filho do cavaleiro, dramatizada de forma tão memorável por Ladipo, e decidiu escrever sua própria adaptação do material. Resultou na obra *A morte e o cavaleiro real* (1974), peça que explorava sob outros ângulos sua própria relação com o colonialismo, a cultura iorubá e o teatro. Ela viria a definir sua carreira e o levaria ao prêmio Nobel de literatura, quando ele se tornou o primeiro escritor africano a ser agraciado com a distinção.

A estrutura básica da história se manteve a mesma: o rei morre e o governador distrital intervém, prendendo o cavaleiro do rei para impedir seu suicídio, o que faz o filho do cavaleiro do rei se suicidar em seu lugar. Nessa constelação básica, Soyinka entrelaça várias camadas que impedem que o público reduza a peça a um simples confronto entre colonizadores arrogantes e suas vítimas coloniais.

A primeira alteração de Soyinka foi em relação à esposa do governador distrital: não seria mais a vilã ignorante e manipuladora de Ladipo; era agora o personagem britânico mais simpático, que pelo menos tenta compreender o que se passa. Numa cena crucial, ela e o filho do cavaleiro do rei discutem a ética do suicídio ritual; o filho lembra a ela os gestos heroicos de autossacrifício celebrados pelos britânicos durante a guerra: "[depois de uma breve pausa] Talvez agora eu comece a entendê-lo", admite ela, embora continue a não compreender muito bem a tradição iorubá.[14]

Com essa alteração, o governador distrital passa a ser o agente principal de intervenção, ainda que seja retratado com uma ponta de simpatia por causa de outra mudança: é revelado que o filho do cavaleiro do rei é seu protegido; graças ao governador distrital ele pudera cursar medicina na Inglaterra. Na versão de Ladipo, o filho ouve a notícia da morte do rei num bar em Gana, ao passo que, na versão de Soyinka, ele está na Inglaterra e volta às pressas para casa — é uma figura, como o próprio Soyinka, que conhece os dois mundos e se vê numa posição em que precisa mediá-los. Assim, o filho é uma figura modernizadora, que se vê ele mesmo entre duas culturas e talvez sonhe com um futuro em que seja possível que suas vivências se reconciliem. Esse futuro, porém, é arrebatado pela interferência do governador distrital, que interrompe o ritual de suicídio, obrigando o filho a resgatar uma tradição da qual ele mesmo tinha se distanciado.

A interferência britânica continua a ser a ação que precipita o desenrolar da peça, mas Soyinka também refinou a figura do cavaleiro do rei. Em sua versão, não é apenas a interferência externa que prejudica o ritual de sepultamento e o suicídio necessário. Aqui, o próprio cavaleiro do rei tem dúvidas, hesita, adia o ritual para reivindicar uma jovem noiva para si. Mesmo sem interferência, algo não vai bem — os costumes antigos já não são mais aceitos sem questionamento. É quase como se o cavaleiro do rei estivesse pedindo para ser preso pelo governador distrital, para que assim não precise prosseguir com o suicídio. Quando o filho enfim toma o lugar do pai, ele está reparando algo que fora rompido não só pelo governador distrital e sua esposa, mas também por seu próprio pai.

Soyinka não estava interessado em particular nas circunstâncias históricas desses eventos (deu o ano errado, por exemplo), mas captou sua significação maior: na primeira metade do século XX, questionava-se a necessidade do suicídio ritual, e há razões para crer que isso já poderia ter sido mudado. A interferência britânica não forçou apenas o filho a consumar o ato; impediu que o ritual passasse por seu próprio processo de transformação e modernização graduais.

Com essas alterações, a peça ficou mais complexa, mais emaranhada, mais trágica. Mas só isso não teria convertido *A morte e o cavaleiro real* numa obra-prima, uma das grandes peças do século XX. Ao escrever a história do cavaleiro do rei, Soyinka mobilizou tudo o que sabia sobre teatro e tradição para converter a peça num exame profundo do ritual, que pode ser visto como a mais antiga expressão humana de criação de sentido.

A grande percepção de Soyinka é que o suicídio do cavaleiro não é o único ritual que vinha sendo realizado. Isso significaria aceitar que os iorubás, ou os africanos de modo geral, são o único povo que realiza rituais, enquanto os colonizadores os interrompem. Era exatamente isso que a mentalidade colonialista sugeriria, a mesma que Soyinka tentava desmontar. Sua maneira para fazer isso não consistia apenas em mostrar que a interrupção de rituais é ruim. Era mostrar a ignorância de quem não entende a que ponto os rituais organizam profundamente todas as sociedades, inclusive a britânica.

Ao analisar a dimensão ritualista do conflito, Soyinka recorreu à antropologia e à sua concepção de que todas as culturas se baseiam em ações simbólicas. A antropologia, ao ser concebida no século XIX, levou algum tempo até chegar a essa percepção. Enquanto arqueólogos, colecionadores, bibliotecários e intérpretes (em sua maioria ocidentais) estavam ocupados recuperando ruínas, esculturas e manuscritos do mundo (em sua maioria) não ocidental, um segundo grupo de estudiosos tinha como meta as práticas e os sistemas de crença imateriais. A tentativa de entender como os povos não ocidentais viviam e em que acreditavam se tornou a nova disciplina da antropologia.

A ideia original era a de que alguns grupos não ocidentais viviam como se estivessem num estágio anterior de desenvolvimento humano, oferecendo aos antropólogos uma chance de recuperar a compreensão do modo de vida que a humanidade teve antes dos tempos modernos. A única maneira de realizar esse estudo era viver com tribos remotas e aprender como viam o mundo. Como organizavam sua sociedade? Quais eram seus sistemas de crenças? Como era sua mentalidade "primitiva"? Os antropólogos desenvolveram protocolos para que não projetassem seus próprios sistemas e valores sobre essas sociedades. Viam-nas como preciosos resquícios da Idade da Pedra, que permitiriam aos antropólogos da era das máquinas vislumbrar o próprio passado.[15]

O estudo do passado através do estudo das relíquias vivas se baseava numa noção de "civilização avançada" ou de "alta cultura", entendida como realizações excepcionais de artistas extraordinários, os pináculos da civilização avançada. Esses pináculos podiam incluir os maiores templos e igrejas, obras-primas pictóricas e escultóricas, as maiores sinfonias e obras literárias. Maiores de acordo com quais critérios? Em geral, eram as culturas ocidentais que estabeleciam essas hierarquias, nas quais incluíam culturas seletas do passado, como Grécia ou Egito, tidas como as nascentes culturais da Europa moderna. Pouco importava que a Grécia da Idade do Bronze, apresentada em Homero, estivesse talvez mais distante da Europa moderna do que, digamos, da Idade Média árabe. Apenas adotava-se a Grécia, em caráter retroativo, como a origem da Europa — tampouco importava que o conceito de Europa nem existisse naquela época.

Mas, ainda que a noção de obra-prima cultural estivesse vinculada à percepção construída da Europa e de suas origens culturais, a ideia de obra-prima poderia, em princípio, ser estendida a outras culturas. Daí o motivo de arqueólogos e bibliotecários buscarem obras-primas enterradas ou esquecidas, como o busto de Nefertiti, os códices astecas, os templos budistas ou as esculturas iorubás.

O problema dessa abordagem dos "pináculos da cultura", mesmo em sentido ampliado, era a dificuldade em lidar com sociedades que não tinham as mesmas formas culturais que haviam se desenvolvido na Europa. Considerava-se que os povos nômades ou seminômades, por exemplo, que não tinham escrita, viviam num estágio anterior de cultura, que ainda não atingira os pináculos, digamos, do Egito antigo, da China da era Tang ou do México quatrocentista, e muito menos da Londres ou da Paris modernas.

Ao longo do século XX e diante do movimento de descolonização cultural, a antropologia mudou. A ideia de que o estudo de grupos humanos isolados permitiria o acesso ao passado remoto se tornou cada vez mais suspeita. Baseava-se numa mentalidade colonial que contrapunha um mundo ocidental "avançado" a resquícios "primitivos" do passado distante. Em reação a isso, uma nova geração de antropólogos abandonou a ideia de "alta cultura" e passou a se concentrar em estruturas de crença, em especial os sistemas de parentesco. Existiam em todas as sociedades; assim, o estudo deles não significava que era adotada a antiga mentalidade colonialista de que havia nações avançadas e outras que ainda não tinham chegado àquele ponto.[16]

Portanto, a cultura deixou de ser uma questão de pináculos da criação, atingidos apenas por indivíduos seletos de culturas seletas: agora todos os seres humanos tinham cultura. Ela se manifestava nos alimentos consumidos e nos que se recusavam a comer; na maneira como moravam; no relato de histórias, fosse oral ou escrito; em todo e qualquer tipo de sistema de crenças; na dança, na música e no ritual.[17]

A nova abordagem antropológica era tão poderosa que outras disciplinas passaram a pegá-la emprestado, inclusive a sociologia. Com esse trabalho, aconteceu algo inesperado: os antropólogos começaram a dedicar atenção a suas próprias sociedades. Se não fazia mais sentido se preocupar apenas em descobrir obras-primas esquecidas no exterior, faria sentido fazê-lo apenas com obras-primas em sua própria casa? Se todos os grupos humanos produziam cultura, isso significava que a cultura não estava só em museus, salas de concertos e bibliotecas; ela estava em todas as partes.

Agora, às vezes se servindo de estudiosos oitocentistas interessados na arte popular europeia, antropólogos e sociólogos começaram a estudar a Inglaterra e outros países europeus com as mesmas ferramentas que tinham desenvolvido ao estudar culturas colonizadas, analisar hábitos alimentares, gostos, sistemas de valores, crenças e rituais, inclusive da classe trabalhadora que, até então, ficara excluída do âmbito da cultura.[18] Essa guinada para o interior de sua própria cultura era por vezes ridicularizada como relativismo cultural: a ideia de que todas as culturas eram iguais. Mas essa descrição era apenas em parte verdadeira; a abordagem parecia relativista apenas quando vista pelas lentes do velho modelo dos "pináculos".

Na verdade, era possível compatibilizar as duas concepções de cultura. Ainda era possível admirar obras extraordinárias dos mais variados tipos como, de fato, extraordinárias, sem vinculá-las à antiga hierarquia cultural. Podia-se valorizar uma epopeia oral como *Sundiata* como uma destilação suprema da cultura malinesa, ou máscaras *egunguns* elaboradas por sua função ritual com profundas raízes na tradição iorubá, sem se preocupar se eram "tão boas quanto" a porcelana chinesa ou as máscaras fúnebres egípcias. A questão de ser "tão boa quanto" simplesmente não fazia mais sentido. As obras eram dignas de atenção por diversas razões, às vezes porque tinham um valor especial dentro da cultura que as produzira, às vezes porque fascinavam visitantes estrangeiros (como Xuanzang na Índia), às vezes porque, como *A grande onda* de Hokusai, tinham circulado de forma ampla tanto dentro quanto fora de uma cultura, sem ser necessariamente vista como "a melhor" ou mesmo característica. Como disse Soyinka numa obra recente, o relativismo cultural pode ser apenas o começo, e não o fim de uma investigação cultural.[19] Este livro tem como base esse pressuposto.

O que Soyinka fez em *A morte e o cavaleiro real* foi, exatamente, dirigir um olhar antropológico para a Inglaterra. Os colonizadores ingleses realizam um elaborado baile de máscaras na Residência para celebrar a visita de um príncipe da realeza. Estão reunidos, em vários trajes e fantasias, a fim de reproduzir determinados passos de dança para marcar essa ocasião simbólica importante. Uma orquestra toca "Rule Britannia" de forma medíocre. Os participantes passam pelo que Soyinka chama de "ritual de apresentações", em que cada um é apresentado cerimonialmente ao príncipe. O governador distrital e sua esposa usam penteados iorubás associados ao festejo celebrado todo ano em homenagem aos ancestrais. Claro que não sabem nada sobre esse ritual, mas imitam de modo superficial alguns movimentos, para divertir o príncipe e os outros colonizadores. Esse rito bizarro é então interrompido pelo problema do enterro do rei. Nesse momento duas sociedades, cada qual ligada a seus próprios rituais, se encaram com efeitos devastadores.

O choque de culturas não é inevitável: ele é gerado pela ignorância (do tipo que antropólogos e artistas como Soyinka procuravam combater). Esquecidos de seus próprios rituais, os britânicos interferem sem se preocupar em práticas iorubás, na crença equivocada de que qualquer ritual é bárbaro e ultrapassado. Logo, o filho do cavaleiro do rei, ao retornar, irá ensiná-los, e também ao público, o sacrilégio que cometem ao usar trajes iorubás fora de contexto. Soyinka nos mostra um mundo que se mantém unido por rituais; precisamos de um mapa que nos permita navegar entre eles. O filho do cavaleiro do rei, o intermediário, se empenha ao máximo em fornecê-lo, mas ninguém o leva a sério. Soyinka, outro intermediário, tinha a visível esperança de se sair melhor.

Em meio a esses atritos, o governador distrital repreende a esposa, Jane: "Desde quando você virou antropóloga social?".[20] A pergunta é adequada e traz a palavra-chave, pois era exatamente isso que Soyinka, se não a esposa do governador distrital, havia se tornado. Ou melhor, era à antropologia social que o dramaturgo recorria ao ver todas as sociedades, inclusive a inglesa, em termos de rituais e cerimônias.

A concepção ampliada de Soyinka de cultura tinha como foco as intrigantes correspondências que permeavam sua extensa esfera de interesse, em especial o mundo ritual da Grécia antiga e o mundo igualmente antigo dos iorubás. Seu interesse principal era o deus iorubá Ogum, associado à criatividade — e a divindade iorubá mais importante, na visão de Soyinka, porque vinha associado ao que ele chamava de "Transição", que incluía a passagem para o mundo dos ancestrais.[21] Ogum também recordava a Soyinka a figura de Dioniso, o deus grego do teatro.[22] Em alguns aspectos, ele fazia com os deuses gregos aquilo que os romanos tinham feito, a saber, os adaptava para seus próprios objetivos a partir de uma posição distante.

O interesse de Soyinka por Ogum e Dioniso lhe permitiu tratar de uma pergunta fundamental, ligada a seu entendimento antropológico da cultura: qual é a relação entre ritual e teatro? A obra em que ele tratou de maneira mais explícita essa questão foi sua adaptação de *As bacantes* de Eurípides.

Eurípides, o mais jovem dos três tragediógrafos, escreveu essa peça para explorar a origem do teatro e sua relação com o ritual — as tragédias gregas eram apresentadas como parte de um festival dionisíaco —, e por isso *As bacantes* servia especialmente bem à questão de Soyinka. Dioniso chegara mais tarde ao panteão grego, pois era um deus estrangeiro vindo do Leste. A peça de Eurípides aborda a violência que brota da resistência a esse deus e a seu ritual, quando o rei de Tebas tenta manter a divindade afastada de sua cidade. O enredo não é muito diferente do de *A morte e o cavaleiro real*; traz a interferência de um político ignorante na condução de um ritual que a população exige e considera correto. (O culto de Dioniso se destinava em especial às classes baixas, fato utilizado por Soyinka em sua adaptação ao apresentar um coro de escravizados.)

O tema do ritual e sua relação com o teatro percorre toda a peça, desde a cena de abertura, em que há o açoitamento de integrantes do coro. Pensamos assistir à encenação de um ritual, que exige o derramamento de sangue de verdade. Mas então segue-se um entrevero, no qual se discute até que ponto esse açoitamento deve ferir, sugerindo que não é de forma alguma um ritual, mas algo regido por outras regras, a saber, as do teatro, o que explicaria por que os atores ficam indignados por ter de sofrer uma dor real.

Nessa e em outras cenas, Soyinka mostra que, embora o teatro possa ter surgido do ritual, agora ele traz outras expectativas, tanto para os atores quanto para o público. Dito de outra maneira, o teatro, ao contrário do ritual, não é mais um evento essencialmente religioso. Ele é importante, desempenha as mais variadas funções cívicas e culturais, unindo um público e uma comunidade; é uma atividade de criação ou, pelo menos, de exploração de sentido, mas que foi removida de sua origem ritualista. Essa dinâmica operava na peça de Eurípides, que olhava em retrospecto para a origem do culto de Dioniso e, portanto, da tragédia grega, bem como na adaptação de Soyinka, que pergunta como e o que os rituais iorubás podem significar no presente.

Nas mãos dele, o teatro se revelou o veículo perfeito para levantar essa questão fundamental sobre o ritual e a cultura. Permitiu-lhe absorver rituais, tanto iorubás quanto gregos, mas também analisá-los. Permitiu-lhe criticar aspectos da tradição iorubá sem acusá-la de primitiva; permitiu-lhe integrar diversas tradições teatrais, de Eurípides a Shakespeare. Ao abandonar a velha hierarquia cultural, ele produziu algo extremamente raro: uma obra-prima.

Soyinka ainda molda a cultura nigeriana moderna, que sobreviveu aos horrores do colonialismo e do tráfico de escravizados, baseando-se nos imensos recursos artísticos de seu país. Ele imagina o futuro da cultura nigeriana e, de forma mais ampla, africana como um revivalismo, uma renascença, termo não mais restrito à Renascença italiana, mas que pode ser entendido como o mecanismo primário com que se produz cultura em todos os lugares. Acima de tudo, tem sido exemplar na preservação das tradições culturais iorubás ao reutilizá-las de novas maneiras e combiná-las livremente com outras tradições. Em vez de se fechar ao teatro grego e a outros teatros europeus, tomou-os para si, apesar da história de violência associada à presença deles na Nigéria, ao mesclá-los com tradições iorubás, tanto antigas quanto novas. Sua obra não nega nem apaga as formas extremas de violência infligidas pelo colonialismo europeu ou suas tentativas de menosprezar e apagar a cultura iorubá. Pelo contrário, Soyinka dá testemunho daquela história ao se basear em todos os recursos culturais disponíveis.[23]

Ao incentivarem uma Renascença africana, Soyinka e Duro Ladipo desempenharam outro papel, inesperado: lançaram as bases para o extraordinário florescimento do cinema nigeriano, que ficou conhecido como Nollywood. Um dos filmes mais associados aos primórdios de Nollywood é *Kongi's Harvest* [A colheita de Kongi] (1970), uma adaptação de Soyinka de sua peça de 1965. Ele mesmo interpretou o protagonista Kongi, o ditador de uma nação africana imaginária. Com o suposto objetivo de modernizar o país, ele depôs o rei tradicional e governou como um ditador cada vez mais desvairado, decidido a eliminar toda e qualquer oposição e a mudar os ritos tradicionais, inclusive a importantíssima festa *yam*, para aumentar seu poder.

Enquanto Soyinka trabalhava em filmes em inglês, Ladipo se concentrou em filmes em iorubá, inclusive *Ajani Ogun* (1976), a história de um jovem caçador que combate um político corrupto. (Ladipo interpretou um personagem no filme e recebeu créditos pela trilha sonora.) Junto com *Kingi's Harvest*, *Ajani Ogun* deu início a uma idade de ouro no cinema nigeriano.

Esse período, em sua forma original, não durou muito. Nos anos 1980, o papel dos cinemas começou a ser substituído por videocassetes disponíveis no mercado. Mas o novo formato também criou uma demanda por mais conteúdo, que foi atendida em grandes quantidades e com orçamentos extremamente limitados. Os filmes de vídeo eram destinados não à elite cultural, mas a quem tinha vindo de aldeias para trabalhar prestando serviços; era um mercado enorme, e os filmes se tornaram grandes sucessos de público, o que resultou numa vasta indústria que logo passou das fitas em VHS para os DVDs e a televisão. Hoje, Nollywood produz mais filmes do que Hollywood e Bollywood. Como disse recentemente Femi Odugbemi, veterano da indústria: "Agora você tem um canal multifiduciário para Nollywood. Hoje Nollywood é vendida no mercado, Nollywood tem cinemas, Nollywood está na tevê a cabo, Nollywood está na Netflix. Ela está a seu dispor, ao alcance da mão, em todas as mídias, em qualquer lugar onde você esteja".[24]

Com seu tamanho, Nollywood fez surgir muitos astros e estrelas que, por sua vez, estão criando novas formas de encenação teatral. Minha peça favorita é *Hear Word!: Naija Women Talk True* [Escute bem!: As mulheres naijas falam a verdade] (2014), escrita e dirigida por Ifeoma Fafunwa. Fafunwa juntou algumas estrelas de Nollywood, como Taiwo Ajai-Lycett, Joke Silva, Bimbo Akintola, Omonor, Elvina Ibru, Ufuoma McDermott, Zara Udofia-Ejoh, Lala Akindoju, Rita Edward, Deborah Ohiri e Odenike. Essas mulheres contam histórias da vida na Nigéria atual, em especial como ela afeta as mulheres. A peça se inspirou em *For Colored Girls Who Have Considered Suicide/ When the Rainbow is Enuf* [Para moças negras que pensaram em suicídio/ Quando chega de arco-íris] (1976), uma peça formada por vinte monólogos escritos pela afro-americana Ntozake Shange, e em *Os monólogos da vagina* (1996), de Eve Ensler, uma peça sobre sexualidade, relacionamentos e violência contra mulheres que foi encenada por muita gente na data que passou a ser conhecida como "V-Day" [Dia-V], 14 de fevereiro.[25]

Hear Word! — expressão nigeriana que significa "escute e faça!" — se baseia em monólogos em inglês acompanhados por canções iorubás. Mesclando diversas tradições de palco e interpretação, o elenco original da peça utilizou e direcionou a fama de Nollywood para a violência doméstica e outros problemas enfrentados pelas mulheres na Nigéria. Fafunwa concebeu a peça como uma alternativa aos trabalhos "cheios de angústia e raiva", como ela mesma disse, que vinham da Europa, e por isso pôs ênfase na música, na dança e no humor. Sua peça repercutiu para além de sua concepção original. Depois da primeira apresentação, ela viu que "mulheres começaram a se juntar no saguão após o espetáculo para trocar histórias. Havia, de repente, permissão para falar".[26] *Hear Word!* oferecia um espaço para que artistas e público analisassem sua condição, coisa bastante valiosa, como ela observou, numa cultura que tende a estigmatizar a terapia.

Depois de estrear na Nigéria, *Hear Word!* encontrou um segundo público no exterior, que inclui as comunidades nigerianas exiladas atentas a Nollywood, mas também públicos menos familiarizados com essa indústria e seus artistas. O espetáculo foi para o Festival de Teatro de Edimburgo e para os Estados Unidos, onde se apresentou em locais como o Teatro Público em Nova York e a Universidade Harvard.[27] Taiwo Ajai-Lycett, uma das estrelas do elenco original, ao refletir sobre o sucesso de *Hear Word!*, pediu que os espectadores prestassem mais atenção ao teatro como veículo para a mudança social. "É aqui que é feita a narrativa intelectual... Começamos mudando intelectualmente a Nigéria, e é aqui que eles deveriam se juntar a nós."[28] A carreira de Ajai-Lycett sintetiza a história de Nollywood e sua relação com o teatro. Ela é mais conhecida por papéis em filmagens que vão desde novelas água com açúcar a suspenses de ação, além de ter trabalhado como apresentadora, mas, como a própria Nollywood, suas raízes remontam ao teatro — sua primeira aparição no palco foi como uma moça interiorana em *O leão e a joia*, de Wole Soyinka. Com suas colegas veteranas de Nollywood, ela redescobria o poder do teatro.

Soyinka e *Hear Word!* nos lembram que a cultura floresce com o sincretismo, não com a pureza; com o empréstimo de formas culturais, não com o isolamento. Os grandes dramaturgos e artistas teatrais encontrarão material onde for possível para criar obras de arte que falam à sua época e a seu espaço. O teatro é uma arte intensamente local, que ocorre numa locação específica diante de um público específico, enquanto atende à necessidade humana de se congregar em locais especiais para a criação de sentido; é aí, como disse Ajai-Lycett, que se fazem as verdadeiras narrativas.

Epílogo
Existirão bibliotecas no ano 2114?

Em 2015, Margaret Atwood subiu num dos bondes elétricos silenciosos que contornam Oslo e foi até as colinas acima da cidade. Na estação, ela tomou uma estrada entre a floresta preservada, subindo direto até a mata, no caminho marcado com setas brancas. Estava acompanhada por umas duas dúzias de pessoas, todas usando chapéu e capa de chuva, ou com guarda-chuva, por causa da garoa constante. Conforme essa turma diversa avançava pela mata, a estrada cedia lugar a uma trilha, em alguns pontos reforçada com tábuas para levar os trilheiros a salvo até seu destino, uma clareira circular na mata. As árvores tinham sido derrubadas pouco tempo antes, mas foram plantadas outras novas, em mudas com quinze a vinte centímetros de altura, protegidas com cuidado das pragas com um revestimento branco. Entre as mudas, Margaret Atwood e seus companheiros foram recebidos com chocolates e café quente, feito em chaleiras de ferro em braseiros ao ar livre. O pessoal ficou por ali, em grupos ou sentados no chão, tirando fotos e conversando, enquanto aguardavam o início da cerimônia.

A primeira a falar foi Katie Paterson, que organizara o evento. Atuando na Escócia, ela fizera nome como artista procurando trazer processos de pequena e grande escala, aqueles que são pequenos ou grandes demais para ser percebidos de imediato pelos seres humanos, no campo do perceptível. No discurso, ela resumiu brevemente a razão de estarem ali reunidos, nas matas das colinas de Oslo. Então, antes que se iniciasse a parte central da cerimônia, Atwood disse algumas palavras.

Atwood, cujos romances distópicos mostram os horrores do controle patriarcal sobre as mulheres, os perigos das corporações oligárquicas e as potenciais consequências da engenharia genética, trouxera uma caixa amarrada com fitas roxas. Ela explicou que ali havia um texto chamado *Scribbler Moon*, mas que, pelas regras estabelecidas por Paterson, era só isso o que ela podia dizer, e talvez também expor a concepção por trás do título, que, disse, pretendia unir a ideia de escrita à de tempo. Então Paterson se aproximou e deu um beijinho rápido no rosto de Atwood, pegou a caixa e a entregou a um representante da Biblioteca Pública de Oslo. "Tenha cuidado com a caixa", disse ela de brincadeira, ou talvez meio de brincadeira, ou talvez preocupada de verdade. Esses gestos e ações não tinham a seriedade ensaiada de uma cerimônia religiosa e não eram apenas uma encenação teatral; ficavam entre uma coisa e outra (como os leitores de Soyinka saberiam apreciar). Então o representante também fez um rápido discurso, prometendo cuidar da caixa com *Scribbler Moon* e, quando chegasse a hora, entregá-la ao próximo guardião. Depois da cerimônia, Atwood deu uma pequena entrevista, pedindo aos presentes que não matassem o oceano. A seguir, todos tomaram devagar o caminho de volta.[1]

Atwood fora a primeira autora que Paterson tinha convidado para contribuir com um projeto de arte que reúne a ideia de armazenagem cultural de longo prazo e a sustentabilidade ambiental.

A clareira na mata perto de Oslo faz parte desse projeto e é identificada por uma placa de madeira pregada a uma árvore. A placa, em letras vermelhas, informa a todos os passantes que a clareira faz parte da Framtidsbiblioteket, traduzida para o inglês como Future Library [Biblioteca do Futuro]. Ao lado das três palavras, há círculos concêntricos que parecem os anéis de uma árvore.

A ideia de Paterson era que, nos 99 anos seguintes, a cada ano um escritor redigiria um texto, comprometendo-se a manter tudo em segredo, exceto o título, e participaria da cerimônia de entrega. As caixas com os manuscritos devem ser transportadas a uma sala especial na Biblioteca Pública de Oslo, onde os visitantes podem entrar e olhar os títulos, mas não podem pegar nem ler as obras. Os textos ficarão trancados até 2114. Nesse momento, serão impressos em papel feito com as árvores plantadas em 2014. Como indica o nome do projeto, trata-se, como grande parte da literatura de Atwood, do futuro.

Num texto curto escrito para a ocasião, Atwood indagava:

> Existirá algum ser humano ali esperando para recebê-lo? Existirá uma "Noruega"? Existirá uma "floresta"? Existirá uma "biblioteca"? Que estranho pensar que minha voz — que então já estará há muito tempo em silêncio — será despertada de repente, depois de cem anos. Qual será a primeira coisa que essa voz dirá quando uma mão ainda não encarnada retirá-la da caixa e abri-la na primeira página?[2]

Como acrescentou Atwood numa entrevista após a cerimônia, o que todos fazem é escrever para o futuro, no sentido de que a escrita é uma tecnologia que permite que a fala perdure no tempo. A diferença aqui era que a Future Library criava uma interrupção deliberada, um hiato de 99 anos no caso de Atwood, que diminuiria a cada ano, de forma que o último participante terá uma publicação quase imediata, como num ciclo de produção normal.

Essa interrupção artificial reproduz um aspecto da história cultural que é fundamental neste livro: o que acontece quando um objeto cultural é recuperado depois de um hiato? A interrupção, em geral, não é criada de forma deliberada, mas algo que acontece por acaso, como o desmoronamento de terra que vedou a entrada da caverna de Chauvet, guerras, a mudança ambiental ou mudanças culturais quanto ao que se considera digno de preservação. No caso da Future Library, a interrupção é programada para ocorrer no momento da concepção.

O que revela esse experimento? Com a cerimônia de entrega, o voto solene de silêncio e a proteção da biblioteca, a Future Library chama a atenção para as instituições que permitem o armazenamento e a transmissão de objetos culturais para o futuro. "Existirá uma 'biblioteca'?", indagava Atwood na entrevista, tendo o cuidado de pôr a palavra entre aspas, talvez preocupada que a própria ideia de biblioteca pudesse passar por uma mudança ou nem sequer existir. Vai que a Noruega, ou a prefeitura de Oslo, decide que as bibliotecas são despesas inúteis e vende seus bens. O destino da biblioteca, para Atwood, está ligado a um destino maior: o que acontecerá com a Noruega? Se aquele Estado deixar de existir, a biblioteca estará nas mãos de outra entidade governamental ou, simplesmente, de nenhuma.

A outra pergunta de Atwood, "Existirá uma 'floresta'?", transfere a discussão dos Estados e das instituições para o ambiente. Entre as três partes que compõem o projeto, a floresta é a mais inusitada, a que fala com a nossa percepção crescente da crise ambiental e da necessidade de práticas sustentáveis. É também a mais vulnerável. Com a mudança climática, pode ser que as mudas plantadas em 2014 não consigam sobreviver, ameaçadas por novas pragas, tempestades extremas, incêndios florestais ou pelos efeitos adversos de algum projeto desesperado de geoengenharia que deu errado. Mas as florestas da Noruega são grandes, e o país não ocupa um lugar alto na lista dos mais ameaçados pela mudança climática. Nesse sentido, a escolha de Paterson é adequada. Talvez tenha se inspirado também no fato de que a Noruega está especialmente envolvida no ambientalismo, apresentando, entre outras realizações, a porcentagem mais alta de veículos elétricos.

As coisas ficam um pouco mais complicadas quando lembramos que tais realizações foram pagas, pelo menos de forma indireta, pelas grandes reservas de petróleo do país, que também abastecem, se for esse o termo correto, seu enorme fundo soberano. É esse fundo, junto com a feliz posição geográfica em relação à mudança climática, que constitui a melhor garantia de que, de fato, existirá uma Noruega e, portanto, existirá uma biblioteca. Assim, em certo sentido, é exatamente o dinheiro do petróleo norueguês, o qual está contribuindo para a mudança climática, que muito provavelmente garantirá que o país sobreviva até 2114, mesmo que suas florestas não o façam.

Claro que os futuros bibliotecários poderiam deixar de lado a parte do projeto que estipula a impressão dessas obras em papel feito com aquelas árvores e resolver colocá-las na internet, o que poderia ser preferível em termos ambientais (desde que a energia elétrica seja produzida de maneira sustentável). O armazenamento em nuvem também poderia oferecer as melhores chances de sobrevivência, embora haja quem se preocupe com a longevidade do armazenamento eletrônico, devido à rapidez com que os formatos mudam e se tornam ilegíveis. A longa história da cultura apresentada neste livro serve de alerta para todos os projetos de preservação no longo prazo. É gigantesca a quantidade de literatura escrita que foi perdida, e os raros fragmentos desenterrados já haviam se tornado ilegíveis na época em que foram recuperados, fosse porque a língua ou o sistema de escrita já tivesse sido esquecido ou porque a superfície física da escrita estivesse deteriorada.

Como o rei Ashoka, a Future Library deposita sua confiança na palavra escrita. Desde o surgimento da escrita há 5 mil anos, a palavra escrita ganhou prestígio em parte por causa de sua suposta longevidade, em oposição à fugacidade da palavra oral, que tende a ser desvalorizada como efêmera e fugidia (existem exceções a essa regra: as tradições do saber secreto consideradas preciosas demais para ser confiadas à escrita). Na verdade, as tradições orais podem ter uma resistência admirável, oferecendo um armazenamento distribuído, com base em seres humanos dedicados em vez de mecanismos externos de armazenagem e sistemas simbólicos de registro que podem ser destruídos com facilidade. As tradições orais também podem ser mais flexíveis do que as escritas, adaptando-se a ambientes novos, ao passo que a escrita depende de determinado código e de um sistema de registro. Apesar disso, ao longo do tempo, continuamos a enviar mensagens de texto — embora seja frequente esquecermos como lê-las.

Até agora, os autores que têm contribuído com o projeto são, na maioria, do Norte global — à canadense Margaret Atwood e ao inglês David Mitchell se seguiram o poeta islandês Sigurjón Birgir Sigurðsson e o norueguês Karl Ove Knausgård. A eles se somaram autores majoritariamente domiciliados no Norte global, como Elif Shafak, romancista turca que mora durante parte do tempo em Londres, e Ocean Vuong, poeta e romancista nascido no Vietnã que cresceu principalmente nos Estados Unidos e mora no oeste de Massachusetts. Han Kang, poeta e romancista da Coreia do Sul, mora fora da anglosfera, mas tem recebido grande aclamação no mundo anglófono desde que ganhou em 2016 o International Booker Prize, sediado em Londres, por seu romance *A vegetariana*. Apenas a oitava e até 2021 a mais recente contribuinte, a romancista, dramaturga e cineasta zimbabuana Tsitsi Dangarembga, nasceu e permanece no Sul global. Ela ganhou destaque com outro prêmio internacional, o Commonwealth Writers Prize, que recebeu por seu romance *Condições nervosas*, escrito em inglês.

    Coletivamente, esses oito escritores representam uma versão da literatura mundial que tende não só para o Norte, mas também para o inglês (no site da Future Library, os títulos estão listados apenas em inglês, independentemente da língua em que as obras foram escritas). Nisso, a Future Library reflete a literatura mundial e seu sistema de prêmios e conglomerados editoriais, que costumam estar localizados na Europa setentrional e na América do Norte. O prêmio Nobel de literatura, afinal, foi criado na Suécia e é presidido pela Academia sueca e seus integrantes. O comitê do prêmio Nobel tem se esforçado, sem dúvida, em homenagear escritores do Sul global, desde que o prêmio foi dado em 1913 a Rabindranath Tagore, passando pelo prêmio de 1986 a Wole Soyinka, ao prêmio de 2021 a Abdulrazak Gurnah, o qual foi agraciado, nas palavras da Academia, "por sua firme e compassiva abordagem dos efeitos do colonialismo e do destino dos refugiados no abismo entre culturas e continentes". Será interessante ver como a Future Library e os mercados editoriais em termos mais gerais evoluirão ao longo dos próximos noventa anos, até 2114. Outros escritores do Sul global farão parte? A importância do inglês irá diminuir ou aumentar? Surgirão novas instituições e premiações situadas no Sul global, que é também a região mais passível de sofrer de forma desproporcional com os efeitos da mudança climática?

    A esperança de preservar a cultura para o futuro é uma perspectiva que a Future Library tem em comum com as cápsulas do tempo, tentativas de lacrar e enviar objetos culturais para o futuro, a salvo de contratempos. A criação de cápsulas do tempo parece coincidir com períodos de desesperança e condenação. No século xx, um exemplar inicial foi um recipiente lacrado que foi enterrado no solo do bairro Queens, em Nova York, como parte da Feira Mundial de 1939, logo antes da eclosão da Segunda Guerra Mundial. Continha objetos do cotidiano, mas também imagens e obras literárias microfilmadas, um leitor de microfilmes, um dicionário e textos traduzidos em diversos idiomas, bem como saudações de Thomas Mann (em inglês), de Albert Einstein (em alemão) e do físico Robert Millikan (em inglês). Foram incluídos apenas dois livros impressos: a Bíblia e um livreto com uma lista do conteúdo da cápsula. Houve também a distribuição de exemplares desse *Book of Record* [Livro de registro] para bibliotecas, a fim de preservar o conteúdo da cápsula do tempo, bem como as notícias de sua existência e localização. (Nisso, o *Book of Record* exemplifica uma segunda forma de preservação, que confia não em recipientes lacrados, mas na ampla distribuição de múltiplas cópias. Eu pude lê-lo na internet.)[3]

A cápsula do tempo da Feira Mundial de 1939 se destinava a ficar intocada por 5 mil anos. Infelizmente, o Corona Park de Flushing Meadows fica apenas dois metros acima do nível do mar, o que significa que provavelmente a cápsula do tempo estará no fundo do oceano Atlântico muito antes de 6939. Prevendo tais catástrofes no planeta, outras cápsulas do tempo têm sido enviadas ao espaço, a começar pelas primeiras sondas interestelares, Pioneer 10 e 11, e culminando com os discos de ouro afixados nas sondas interestelares Voyager 1 e 2.[4] Esses discos estão a salvo de guerras e inundações, mas serão difíceis de recuperar; estão a salvo da interferência humana, mas a quem se destinam? Ou a uma inteligência alienígena ou a futuros seres humanos que tenham dominado a arte da viagem intergaláctica — hipóteses, ambas, pouco prováveis.

Em 1969, tentou-se uma solução alternativa, quando a missão Apollo 11 levou para o espaço um disco com gravação de mensagens de bons votos de todo o mundo, que foi depositado na

Lua, junto com uma bandeira americana.[5] (Buzz Aldrin quase se esqueceu dela; Neil Armstrong o lembrou de atirá-la à superfície da Lua já no último instante, quando Aldrin estava embarcando no módulo lunar para voltar à Terra.)[6] Em todos esses casos, a escolha das expressões culturais — saudações orais gravadas, símbolos escritos — foi aleatória, uma ideia que veio depois da construção das cápsulas do tempo e seus mecanismos de registro, mais um exemplo da divergência, em nossos tempos, entre a engenharia e as humanidades.

O destino dessas cápsulas do tempo mostra a dificuldade de prever ameaças e destruições futuras, e não só numa escala de milênios. A Future Library foi interrompida em 2020, apenas seis anos depois de seu lançamento, por causa do coronavírus. As operações sem percalços do projeto, que a essa altura podia se orgulhar de ter uma sala novinha em folha numa biblioteca novinha em folha, as mudas de árvores que vicejavam na floresta, o ritual anual da cerimônia de entrega que atraía visitantes, muitos vídeos legais produzidos, editados e postados no site simples, mas elegante, do projeto, com um esquema eficiente de publicidade — tudo isso parou de repente.

O problema começou com Knausgård. Como ele morava no Reino Unido, não pôde ir à Noruega para a cerimônia de entrega por causa das restrições de viagem impostas pelo coronavírus. Enquanto isso, Vuong tinha aceitado o convite para contribuir, mas estava com problemas para escrever devido a dificuldades geradas pela pandemia.[7] E assim o projeto ficou em suspenso, pelo menos temporariamente, muito antes do que se poderia esperar.

Essa interrupção súbita de um projeto que tinha como premissa a longevidade realça com clareza a fragilidade da infraestrutura necessária para a preservação cultural. Se um século parece um período bastante curto em comparação aos 37 mil anos das pinturas de Chauvet ou aos 5 mil anos de escrita (e da cápsula de tempo de Queens), o coronavírus mostrou a que ponto as instituições culturais estão sempre propensas a malograr. Podemos construir uma biblioteca nova, maravilhosa, com o apoio de uma das democracias mais estáveis do mundo e financiada por um fundo soberano, e vem um vírus minúsculo, ele mesmo resultante da mudança ambiental, e faz com que as viagens e muitas coisas mais — embora não a internet — fiquem em ponto morto.

O futuro é imprevisível, lembrando que a cultura é, na melhor das hipóteses, uma corrente rompida que ficamos consertando geração após geração. No fim, o que permitirá que a Future Library continue, após uma interrupção que veio muito antes do que era possível prever, é uma coisa bem diferente da longevidade das árvores, das bibliotecas ou da Noruega. É se as pessoas — Katie Paterson, os escritores, a imprensa, o público — ainda vão se importar com um projeto como esse.

Vão? Os humanos do futuro, para quem a natureza tal como a conhecemos talvez nem exista mais, podem muito bem pensar que o abate de árvores para a produção de papel é uma grave falha ética e nos julgar com a mesma severidade com que agora julgamos os autores do passado por se desviarem de nossas normas jurídicas, sociais e morais (entre os participantes, apenas Han Kang manifestou tristeza à ideia de derrubar árvores).[8] O futuro pode denunciar a Future Library como produto típico de uma geração que destruiu o planeta, com o argumento de que o plantio de algumas árvores não compensa a pesada pegada ecológica do projeto inteiro, com seus elevados custos de carbono em viagens e construções.

Assim, a esperança que a Future Library deve alimentar de que os futuros leitores aceitem essa diferença de valores, de que se disponham a se envolver com humanos do passado cujo comportamento lhes parecerá, com quase toda certeza, desgraçadamente falho. O que o projeto requer é o máximo grau de confiança: a confiança de que o futuro nos julgará com menos rigor do que terá motivos para fazer, ou pelo menos apreciará e preservará nossas criações culturais, apesar de não atenderem aos critérios futuros.

Essa confiança se apoia num terreno instável. A história cultural é uma história de destruição causada tanto por desastres ambientais, deslizamentos de terra e erupções vulcânicas quanto por invasores estrangeiros e colonizadores que agem por ignorância e maldade. Mas a cultura também foi destruída por humanos que chegaram mais tarde, portando novas crenças e valores. Os cronistas que apagaram o nome de Nefertiti sentiam provavelmente um genuíno desconforto com o novo culto a Aton, assim como os confucianos na China sentiam de forma genuína que os monges budistas estavam se furtando a seus deveres para com o Estado. Da mesma forma, seria inconcebível para os cristãos medievais colocar os pagãos gregos e romanos em pé de igualdade com os cristãos. Existem diferenças significativas de natureza e grau de violência exercida durante esses e outros confrontos culturais, mas o que eles têm em comum é que, além de causarem a perda de incontáveis vidas humanas, resultaram na ruína deliberada de objetos culturais.

Aprendemos, sem dúvida, algumas lições com a história de destruição que percorre a cultura. Novas leis têm reprimido o roubo descarado, e mais museus estão devolvendo artefatos subtraídos durante o colonialismo, adquiridos em circunstâncias duvidosas ou pura e simplesmente roubados.[9] Estamos mais sofisticados em preservar a cultura com os sítios do Patrimônio Mundial da Unesco e de iniciativas de base, e também mais atentos a práticas culturais imateriais, como as tradições de dança e teatro, além de outras formas de conhecimento que são transmitidas de forma oral de professor a aluno, de corpo a corpo. São realizações importantes no tratamento dado à cultura, que precisam ser promovidas de modo incansável e implementadas de forma mais abrangente.

Mas as principais lições de sobrevivência cultural são mais difíceis de aprender, porque o passado continua a desafiar nossos valores e opiniões mais caros. Cada texto ou objeto mencionado neste livro sobreviveu derrotando as esmagadoras probabilidades de destruição não só por calamidades naturais, mas também por sabotagens deliberadas. Sobreviveram apesar de contrariarem as sociedades que os encontraram e os preservaram. Os textos e estátuas budistas que restaram na China sobreviveram, muito embora divergissem dos costumes confucianos e taoistas, assim como filósofos gregos sobreviveram em Bagdá, ainda que não fossem seguidores do profeta Maomé. Do mesmo modo, alguns europeus cristãos, durante um de seus vários revivalismos, se dispuseram a retomar o contato com a Antiguidade clássica, apesar de aqueles autores serem pagãos, assim como os astecas incorporaram em seus rituais objetos de culturas anteriores, a despeito das diferenças. De forma análoga, os rebeldes de São Domingos usaram as ideias do Iluminismo, muito embora elas tivessem nascido no país que os escravizara, assim como os habitantes de ex-colônias europeias reutilizaram elementos da cultura europeia, como a tragédia grega no caso de Soyinka, para o objetivo da independência.

Em todos esses casos, os objetos e as práticas culturais sobreviveram, ainda que pudessem ser entendidos como ameaças àqueles que, mesmo assim, asseguraram sua sobrevivência. Esses objetos decerto contestavam qualquer noção de pureza cultural. A história cultural mostra de modo reiterado que são os puristas e puritanos, imbuídos de alguma ideia de imaculada virtude, qualquer que seja, os mais propensos a se envolver em atos de destruição cultural.

Os puristas também privam suas próprias culturas de recursos valiosos ao restringir o acesso a estratégias de criação de sentido vindas do passado ou de outras sociedades. As culturas prosperam com a pronta disponibilidade de diversas formas de expressão e criação de sentido, com possibilidades e experimentações, e o contato cultural, na medida em que aumenta essas opções, estimula a produção e o desenvolvimento culturais. Os imbuídos de purismo, em contraposição, tendem a fechar as alternativas, a limitar as possibilidades e a policiar as experiências de fusão cultural. Com isso, empobrecem a si mesmos enquanto aceitam ou encorajam o descuido e a destruição daqueles aspectos do passado que não se conformam a seus critérios estreitos.

Contra tais puristas erguem-se os heróis deste livro, as pessoas que dedicaram a vida à transmissão e à continuidade das tradições, inclusive as que entregaram à memória longas histórias como as da Guerra de Troia, e as que aprimoraram técnicas culturais como a de erguer pilares e criar mosaicos, afrescos e sistemas de escrita, como os hieróglifos egípcios e a escrita pictórica asteca. Igualmente heroicos são os que construíram instituições dedicadas à preservação e à transmissão, inclusive casas de sabedoria como a de Bagdá, mosteiros como o criado por Hildegard de Bingen, museus inspirados pela nova ciência do passado promovida por George Eliot, e artistas dedicados a dar continuidade a tradições teatrais como Wole Soyinka. Entre eles incluem-se também os que facilitaram os contatos culturais (pacíficos), como Xuanzang com suas viagens à Índia, Ennin com suas viagens à China, e Sei Shōnagon ao lidar com o legado da cultura chinesa no Japão. Apesar das noções incompletas e muitas vezes equivocadas sobre os países que visitavam (ou dos quais ouviam falar), esses viajantes procuravam contatos com outras culturas a fim de questionar suas próprias suposições e crenças pessoais.

Agrada-me imaginar que os leitores deste livro tenham feito o mesmo. Nenhuma das obras antigas aqui tratadas e nenhum de seus criadores são de todo isentos de falhas. As culturas que os moldaram tinham práticas e valores diferentes dos nossos; eram produtos de sociedades nas quais poucos de nós gostariam de viver. Essas obras, como as sociedades que as produziram, trazem os valores e as injustiças de seu tempo. Para considerar que merecem ser preservadas e para aceitá-las como parte de nossa herança cultural comum, não é preciso concordar com os valores da época nem destacá-las como exemplos morais a ser seguidos aqui e agora, em nosso presente. Nenhuma das obras mencionadas neste livro estaria à altura desse critério: não o Egito explorador de Nefertiti, com seus monumentos que são um famoso exemplo de escravização dos trabalhadores que os erigiram, nem Ashoka, o Feroz, que lamentava os banhos de sangue que causou, mas não renunciou aos territórios que conquistara por meio deles, nem os gregos arrogantes e sem dúvida nem os romanos com suas legiões, e muito menos al-Ma'mun, que matou o irmão para obter o poder antes de conversar com Aristóteles em sonhos. Os que atacaram a arca não merecem admiração por esse ato (se é que de fato ocorreu), para não falar dos colonizadores europeus que dizimaram a população de um hemisfério inteiro e também grande parte de sua cultura. Os historiadores e arqueólogos oitocentistas, como Fenollosa, decididos a preservar o passado, muitas vezes o destruíram inadvertidamente e praticaram roubos em grande escala. Todos os criadores de cultura precisam lidar com a violência e a exploração que também fazem parte da história cultural, aceitar as diferenças de valores e confiar que o futuro lhes mostrará uma tolerância parecida.

Os escrúpulos atuais quanto à propriedade e aos empréstimos culturais são motivados não só pela história da violência que percorre a cultura humana, mas também pela preocupação de que as redes sociais fazem parecer que a circulação cultural se dá sem atritos. Um bom exemplo é uma onda recente — não *A grande onda de Kanagawa* de Hokusai, e sim a "Onda Coreana" ou *Hallyu*, que surgiu com a internet no final dos anos 1990. A crista da onda se deu em 2012, com o lançamento do clipe do hit "Gangnam Style" do cantor, rapper e produtor sul-coreano PSY. Trazendo o nome do bairro mais caro de Seul, "Gangnam Style" inclui estábulos com cavalos de corrida e lanchas, mas intercala essas cenas de luxo com estradas malconservadas, um ônibus comum enfeitado com bolas de espelho e PSY sentado numa privada. Foi o primeiro vídeo a ter mais de 1 bilhão de visitas no YouTube, graças ao ar de cumplicidade com a galera descolada, à breguice alegre e descontraída e a cenas divertidas: PSY tomando café em um lugar chique, depois sentado no chão de um elevador sob as pernas abertas de outro cara, que faz movimentos de dança intensos.

A Onda Coreana conseguiu alcançar um público tão grande porque se baseou, desde o começo, numa mistura de rock, jazz, reggae e afrobeat. O ritmo se baseia nas trilhas de dança do R&B, com batidas pesadas, seções de ponte melódica e interlúdios de soft rap, cantados principalmente em coreano com algumas expressões em inglês (como "Gangnam Style"). Os vídeos apresentam muitas vezes movimentos de dança sincronizados, que são menos usuais na cultura popular produzida nos Estados Unidos, mas bem conhecidos em outras tradições, inclusive Bollywood. O que é notável também é o que não está ali: a violência e a obscenidade frequentes na cultura pop e no rap dos Estados Unidos e do Reino Unido. (A imagem do K-pop como "diversão inocente" também explica as reações furiosas que os cantores do gênero precisam enfrentar quando transgridem as altas expectativas de integridade moral de seus fãs.)[10]

A ascensão do K-pop tem sido acompanhada tanto por reações anticoreanas quanto por acusações de que ele não tem nada de coreano.[11] Embora de fato o K-pop não represente a arte coreana típica ou tradicional (assim como *A grande onda de Kanagawa* não representava a arte japonesa típica ou tradicional), também é verdade que tem raízes profundas entre os grupos vocais femininos, os chamados *girl groups*, inclusive aqueles que se apresentavam nos anos 1950 nas bases militares americanas. Esses grupos muito animados se desenvolveram nos anos 1960 e 1970 em parte porque conseguiam escapar à censura durante as ditaduras militares na Coreia, embora essa forma musical pareça ter declinado no final dos anos 1970 e começo dos anos 1980.[12]

A grande onda do pop coreano se iniciou, na verdade, como um revivalismo, quando o país voltou a um regime civil em 1987 e o governo começou a apoiar sua incipiente indústria cultural. Ao primeiro grupo de grande sucesso, Seo Taiji and Boys, seguiram-se outras *boy bands* e *girl groups*. Após a crise financeira de 1997, o K-pop se reinventou mais uma vez, com mais nomes e títulos em inglês — foi quando o termo "K-pop" substituiu *Hallyu* ("Onda Coreana" em chinês) como designação do novo fenômeno —, atraindo um grande público adolescente no Japão e logo mais na Austrália, na América Latina, em partes da África, na América do Norte e na Europa. (Lembro uma vez quando eu estava à mesa do café da manhã com um casal de amigos norugueses em Oslo, e o filho caçula deles lia com atenção uma cartilha; o garoto de doze anos estudava coreano sozinho, por conta própria, antes do café da manhã, para entender seus ídolos mais a fundo.)

Vale notar que a onda K-pop, que se espalhou faz muito tempo para videogames e séries de tevê, ocorreu antes do surgimento do TikTok, graças ao qual agora estamos de fato vivendo num mundo Gangnam. A versão mais assistida é uma websérie de animação em computação gráfica, com um grupo de frutas e legumes que tem à frente a Annoying Orange (a Laranja Irritante, que é de fato irritante), e o inevitável "Gunman Style", apresentando caubóis pistoleiros. Há também o "Johnson Style", que celebra o Centro Espacial Johnson da Nasa em Houston, no Texas, embora esse vídeo nem de longe se aproxime, em termos de popularidade, de um remake completo do Minecraft. Essas imitações atiçam as energias inventivas da base dos fãs internacionais do K-pop, incluindo mais de quarenta imitações apenas na Malásia.[13] Em anos mais recentes, vários cantores de K-pop entraram nas artes visuais, enquanto V (Kim Taehyung), da *boy band* BTS, passou a usar máscaras, com suas raízes profundas nas tradições teatrais e performáticas da Ásia Oriental.

O "compartilhamento" cultural terá ido longe demais? A meu ver, não, em parte porque é impossível traçar uma divisória entre o "bom" e o "mau" compartilhamento; ao fim e ao cabo, nossa escolha se dá entre o isolamento e a circulação, a pureza e a mistura, a posse e a partilha da cultura. A arte popular desempenha muitas funções; uma delas é servir de índice dos modos de circulação cultural em determinada época. O "Gangnam Style" captou uma coisa importante sobre a globalização e a cultura de consumo para um público que crescera com ela e, portanto, estava informado sobre suas imagens. Embora não precisemos saudar todas as formas de mobilidade cultural, todas as ações revivalistas e todos os fenômenos da internet como coisas de grande importância, o K-pop é um bom exemplo de que o arco da história cultural se inclina para a circulação e a mistura.

Se quisermos dar base e apoio à invenção cultural, precisamos de todos os meios à nossa disposição. Ao contrário da evolução biológica, que está inserida na vida humana, nunca se pode considerar a cultura como algo líquido e certo. Ela depende das pessoas que tomam para si a tarefa de preservá-la e revivê-la a cada geração, entre as quais estão arqueólogos, curadores de museus, bibliotecários, artistas e professores, e depende especificamente da capacidade dessas pessoas de inspirar as gerações futuras (inclusive em larga medida os fãs de K-pop que jogam Minecraft e estudam coreano pelo mundo afora).

O trabalho desses professores e intermediários hoje é mais importante do que nunca, nessa época em que as universidades, uma das instituições encarregadas de preservar a cultura, tendem a se concentrar na tecnologia e em outras áreas das ciências exatas. Mas não basta culpar os outros pelo declínio das humanidades que vem ocorrendo nos Estados Unidos e alguns outros países. O problema é, em parte, interno. Nós, humanistas, nem sempre nos portamos à altura do nosso papel na promoção de uma história cultural diversa, além de estarmos perdendo o público em geral — os leitores, os pais, os alunos que deviam ser nosso público principal (em minha universidade, 8% da turma que ingressou em 2021 declarou que seu interesse primordial eram as artes e as humanidades). A meu ver, as artes e as humanidades vicejarão apenas se reconquistarmos o público mais amplo, se conseguirmos transmitir a importância e a empolgação da diversidade cultural para a próxima geração, se mantivermos vivos os tesouros culturais criados por nossos antepassados.

As artes e as humanidades têm muito a contribuir. Nossa era é apaixonada pela inovação tecnológica e pela promessa de que as soluções inovadoras para nossos problemas mais prementes estão logo ali, virando a esquina. Mas não há como construir uma máquina que nos permita sair dos conflitos mais difíceis de hoje, que se baseiam em problemas antigos referentes ao choque de identidades, ao atropelo de interesses e à oposição de crenças. Esses conflitos só podem ser resolvidos se entendermos seu profundo enraizamento no passado cultural, compreensão essa que poderá ser alcançada apenas com o uso do instrumental oferecido pelas humanidades.

A cultura do passado é o terreno onde crescem novas culturas — não à toa a palavra "cultura" vem de empréstimo da agricultura, como extensão figurativa do significado original da palavra latina *cultura*, que significava lavoura, cultivo agrícola, justamente agricultura. A cultura precisa de cultivo, de cuidado, e cuidamos dela ao nos conectar com nossos ancestrais distantes e com nós mesmos, para que o trabalho de criar sentido possa continuar. Precisamos de todos os recursos culturais que possamos encontrar para enfrentar nosso futuro incerto, que incluirá perturbações enormes com guerras, migrações e a mudança climática, conforme registrados pela Future Library.

Entre os participantes da Future Library, vários foram instigados pelo projeto de examinar a longa história da cultura. Atwood recuou até suas origens distantes, oferecendo com isso uma conclusão apropriada a este livro:

> Imagino esse encontro — entre meu texto e o leitor até agora inexistente — um pouco como a impressão da mão em vermelho que vi certa vez na parede de uma caverna mexicana que ficara fechada por mais de três séculos. Quem agora conseguiria decifrar seu significado exato? Mas seu significado geral era universal: qualquer ser humano entenderia. Ela dizia: "Saudações. Estive aqui".[14]

Agradecimentos

Este livro começou como uma conversa durante o jantar com minha companheira, Amanda Claybaugh, e nossos amigos Alison Simmons e Luke Menand. Lamentávamos, como se faz hoje em dia, o declínio das humanidades. De repente percebi que eu não fazia a menor ideia do que eram as humanidades e, portanto, não podia julgar se estavam decaindo, melhorando ou apenas se arrastando como de costume. Depois que me dei conta disso, criei o hábito de perguntar a quem estivesse disposto a escutar o que a pessoa entendia por "humanidades". As respostas me deixaram ainda mais confuso. É claro que o conjunto de disciplinas agora agrupadas nos departamentos de humanas nas universidades estadunidenses é extremamente contingente, mais um fruto de acasos e arranjos locais do que de uma concepção grandiosa de organização do conhecimento. Além disso, o termo não é fácil de traduzir para outras línguas e culturas, embora se encontrem equivalentes em diversos momentos da história, desde a China da era Tang e da idade de ouro das letras árabes até as *sciences humaines* e as *Geisteswissenschaften* na Europa continental. A certa altura, comecei a perceber que estava fazendo a pergunta errada. O que eu queria de fato não era uma justificativa a posteriori de determinada linhagem das humanidades, mas algo subjacente a todas essas tradições: um envolvimento com as práticas e os objetos culturais humanos do passado com o objetivo de redefinir o presente. Se há uma definição das humanidades subjacente a este livro é o interesse pela história e pela vitalidade contínua da cultura humana: por que nós, como espécie, criamos cultura, como ela continua a nos moldar e o que havemos de fazer com ela.

Muitas pessoas foram essenciais para me ajudar a converter o livro naquilo que ele se tornou, inclusive minha saudosa agente, Jill Kneerim. Infelizmente, Jill não chegou a ver o livro publicado, mas ela me guiou pelo processo de concluí-lo com sua habitual delicadeza, e seu espírito está presente em todas as páginas. Este livro e todos os que escreverei no futuro devem muito a ela. Quero também agradecer à minha editora na W. W. Norton, Alane Mason, com seu instinto infalível em perceber o que funciona — e o que não funciona. Alane foi desde o começo minha parceira nesse empreendimento e acompanhou de modo incansável o livro em seus vários rascunhos, espalhando com generosidade suas dicas por cada um deles. Faço também uma menção especial à editora Sarah Touborg, da Norton, com quem estou trabalhando numa "Introdução às artes e às humanidades" que se baseará no material deste livro. A partir de nossas conversas, percebi a importância de ensinar, de tornar a cultura relevante para cada geração. Ainda no que se refere à Norton, agradeço muito aos amigos e colegas com quem editei a Norton Anthology of World Literature, a saber, Emily Wilson, Wiebke Denecke, Suzanne Akbari, Barbara Fuchs, Caroline Levine, Pericles Lewis e Pete Simon (na ordem cronológica de suas áreas de especialização, que é como penso neles). O trabalho com essa equipe me apresentou aos prazeres de operar com um painel abrangente nas humanidades, sem o qual este livro não existiria. Por fim, agradeço muito a Allegra Huston por sua magnífica preparação de texto, que melhorou todas as páginas deste livro, muitas vezes indo além da correção de erros (que, lamento dizer, eram muitos), e a Mo Crist pela assistência durante o processo de produção.

Uma obra dessas se baseia no trabalho de inúmeros especialistas; sempre que passo pelas notas de fim, sinto no peito uma onda de gratidão profunda pelas gerações de estudiosos cujo trabalho incansável, tantas vezes subestimado, possibilitou este livro. Muitos são mencionados, mas alguns também deram um retorno inestimável em capítulos específicos, com gestos bastante generosos. Entre eles estão Wendy Belcher, Josiah Blackmore, David Damrosch, Wiebke Denecke, Maya Jasanoff, Biodun Jeyifo, Michele Kenfack, Nayanjot Lahiri, Jon McGinnis, Luke Menand, Erez Naaman, Parimal Patil, Alison Simmons, Elena Theodorakopoulos, Camilla Townsend e Nicholas Watson. Felipe Fernández-Armesto leu o manuscrito inteiro e deu um retorno extremamente valioso e abrangente de todos os capítulos.

Entre os amigos e colegas que bombardeei com perguntas sobre humanidades estão Christopher Balme, Rens Bod, David Damrosch, Michael Eskin, Blake Gopnik, Roby Harrington, Noah Heringman, Paulo Horta, Maya Jasanoff, Yoon Sun Lee, Yu Jin Ko, Sarabinh Levy-Brightman, Luke Menand, Bernadette Meyler, Monica Miller, Klaus Mladek, Claudia Olk, Parimal Patil, Heike Paul, John Plotz, Tore Rem, Bruce Robbins, Alison Simmons, Matthew Smith, Doris Sommer, Charlie Stang, Kathrin Stengel, Carl Wennerlind, Yan Haiping e Rebecca Walkowitz. A convite de Nikolaus Müller-Schöll e Ramona Mosse, tive a oportunidade de apresentar uma versão bastante inicial deste projeto como Palestra Hölderlin na Universidade Goethe de Frankfurt, bem como na Conferência sobre Humanidades Globais Comparadas do MIT, organizada por Wiebke Denecke, cujo trabalho sobre tradução cultural foi uma inspiração para vários capítulos deste livro.

Cabe um agradecimento adicional ao grupo informal em Harvard que cria ligações entre as humanidades e as escolas profissionalizantes, que inclui Bharat Anand, Rohit Deshpande, Tarun Khanna, Rebekah Mannix, Doris Sommer e Suzanne Smith.

Escrevi *Cultura* durante a pandemia de covid-19 e o trabalho me permitiu manter um grau razoável de sanidade; assim, quero agradecer a todos acima mencionados por terem me ajudado durante esse período difícil, bem como a meus irmãos, Stephan e Elias, e à minha mãe, Anne-Lore.

Quero agradecer, acima de tudo, a Amanda Claybaugh, que é sempre minha primeira interlocutora e leitora mais perspicaz. Seu amor e seu apoio nestes dois últimos anos, e nos 25 anteriores, sustentam tudo o que faço. Este livro é dedicado a ela.

Notas

INTRODUÇÃO: DENTRO DA CAVERNA CHAUVET, 35 000 A.C. [pp. 12-25]

1. Jean Clottes, *Chauvet Cave: The Art of Earliest Times*. Trad. de Paul G. Bahn. Salt Lake City: University of Utah Press, 2003, p. 41.
2. Jean-Marie Chauvet, Eliette Brunel Deschamps e Christian Hillaire, *Dawn of Art: The Chauvet Cave — The Oldest Known Paintings in the World*. Trad. de Paul G. Bahn. Nova York: Harry N. Abrams, 1996, p. 99. Essa é a publicação feita pela equipe que descobriu a caverna.
3. Ibid., p. 96.
4. Jean Clottes chega a ver uma ligação sistemática entre os arranhões e riscos feitos por animais e as pinturas posteriores feitas por humanos, "como se os primeiros atraíssem as segundas". Em Jean Clottes, op. cit., p. 62.
5. Às vezes, os humanos rabiscavam por cima das marcas animais. Chauvet et al., op. cit., p. 99.
6. Jean Clottes, op. cit., p. 72.
7. Anita Quiles et al., "A High-Precision Chronological Model for the Decorated Upper Paleolithic Cave of Chauvet-Pont d'Arc, Ardèche, France". *Proceedings of the National Academy of Sciences of the United States of America*, v. 113, n. 17, 26 abr. 2016, p. 4674. Disponível em: <www.pnas.org/cgi/doi/10.1073/pnas.1523158113>. Acesso em: 22 dez. 2023.
8. Para uma explicação do ritual nas cavernas, ver Jean Clottes e David Lewis-Williams, *The Shamans of Prehistory: Trance and Magic in the Painted*

Caves. Trad. de Sophie Hawkes. Nova York: Harry N. Abrams, 1998. Ver também Gregory Curtis, *The Cave Painters: Probing the Mysteries of the World's First Artists*. Nova York: Knopf, 2006, pp. 217 ss.

9. Recomendo o documentário sobre música nas cavernas pré-históricas *Swinging Steinzeit*, dirigido por Pascal Goblot (França: Arte F, 2020).

10. Para uma ideia dos paralelos entre os humanismos desenvolvidos na China e na Europa, ver *The Norton Anthology of World Literature*. 5. ed. Wiebke Denecke e Barbara Fuchs (Orgs.). Nova York: Norton, no prelo. v. C, seção "Humanism".

11. Ver também Rens Bod, *A New History of the Humanities: The Search for Principles and Patterns from Antiquity to the Present*. Oxford: Oxford University Press, 2013, pp. 5 ss.

1. A RAINHA NEFERTITI E SEU DEUS SEM ROSTO [pp. 29-52]

1. Não são muitos os críticos que reconhecem o papel central de Es-Senussi nessa escavação. Uma exceção é Evelyn Wells, *Nefertiti: A Biography of the World's Most Mysterious Queen*. Nova York: Doubleday, 1964, p. 8.

2. O relato da descoberta de Es-Senussi se baseia no diário da escavação: Ludwig Borchardt, *Tagebuch*, citado em Friedericke Seyfried, "Die Büste der Nofretete: Dokumentation des Fundes und der Fundteilung 1912-1913". *Jahrbuch Preußischer Kulturbesitz*, n. 46, 2010, pp. 133-202.

3. Para uma apresentação dessas escavações, ver Cyril Aldred, *Akhenaten: King of Egypt*. Londres: Thames and Hudson, 1988, pp. 15 ss. Ver também Erik Hornung, "The Rediscovery of Akhenaten and His Place in Religion". *Journal of the American Research Center in Egypt*, n. 29, 1992, pp. 43-9.

4. O melhor livro sobre Nefertiti, do ponto de vista da história da arte, é de Joyce Tyldesley, *Nefertiti's Face: The Creation of an Icon*. Cambridge, MA: Harvard University Press, 2018, p. 31.

5. Klaus Dieter Hartel e Philipp Vandenberg, *Nefertiti: An Archaeological Biography*. Filadélfia: Lippincott, 1978, p. 68.

6. Joyce Tyldesley, op. cit., p. 15. Ver também Cyril Aldred, op. cit., pp. 148 ss.

7. Klaus Dieter Hartel e Philipp Vandenberg, op. cit., pp. 114 ss.

8. Ver Cyril Aldred, op. cit., pp. 220-2.

9. Para uma descrição do papel de Amon, ver ibid., pp. 134 ss.

10. Joyce Tyldesley, op. cit., pp. 12 ss.

11. Até o momento, não se encontrou nenhum elemento que contradis-

sesse a afirmação de Aquenáton, de que a cidade teria sido fundada num local sem nenhuma habitação humana. Cyril Aldred, op. cit., p. 60.

12. Joyce Tyldesley, op. cit., pp. 12-3.
13. Klaus Dieter Hartel e Philipp Vandenberg, op. cit., pp. 99-113.
14. Evelyn Wells, op. cit., p. 68.
15. Cyril Aldred, op. cit., p. 21.
16. Erik Hornung, op. cit., p. 43.
17. Para o argumento mais convincente contra uma interpretação naturalista dessas imagens, ver Dorothea Arnold, *Royal Women of Amarna*. Nova York: Abrams, 1997, pp. 19 ss.
18. Joyce Tyldesley, op. cit., p. 109.
19. Ibid., p. 41.
20. Ibid., p. 100.
21. Dorothea Arnold, op. cit., p. 47.
22. Ibid., p. 67.
23. Cyril Aldred, op. cit., p. 32.
24. "The Great Hymn to the Aten", em Miriam Lichtheim, *Ancient Egyptian Literature*. Berkeley: University of California Press, 2001. v. 2: *The New Kingdom*. [Ed. bras.: *Hino a Aton (Poema ao deus Sol)*. Trad. anônima. Londrina: Galileu, 2022.]
25. Dorothea Arnold, op. cit., pp. 10 ss.
26. Carl Niebuhr, *The Tell El Amarna Period: The Relations of Egypt and Western Asia in the Fifteenth Century B.C. According to the Tell El Amarna Tablets*. Trad. de J. Hutchinson. Londres: David Nutt, 1903.
27. G. R. Dabbs e J. C. Rose, "The Presence of Malaria Among the Non-Royal of the North Tombs Cemetery". *Horizon*, v. 16, n. 7, 2015; G. R. Dabbs e M. Zabecki, "Abandoned Memories: A Cemetery of Forgotten Souls?". Em B. Porter e A. Boutin (Orgs.), *Remembering the Dead in the Ancient Near East*. Boulder: University Press of Colorado, 2014, pp. 236-8.
28. Joyce Tyldesley, op. cit., p. 43.
29. Ver também James C. Scott, *Against the Grain: A Deep History of the Earliest States*. New Haven: Yale University Press, 2017.
30. Essa é a história narrada na Torá, também conhecida como os cinco livros de Moisés.
31. O contemporâneo mais importante a tratar dessas questões é Jan Assmann, em seus vários livros altamente respeitados, mas também por vezes contestados, entre eles *The Price of Monotheism*. Trad. de Robert Savage. Stanford: Stanford University Press, 2009. [Ed. bras.: *O preço do monoteísmo*. Trad. de Markus Hediger e Marijane Lisboa. São Paulo: Contraponto, 2021]; e *Of God*

and Gods: Egypt, Israel, and the Rise of Monotheism. Madison: University of Wisconsin Press, 2008.

32. Tomas Mann, *Joseph and His Brothers*. Trad. de John E. Woods. Nova York: Everyman's Library, 2005. [Ed. bras.: *José e seus irmãos*. Trad. de Agenor Soares de Moura. Rio de Janeiro: Nova Fronteira, 2000.]

33. Sigmund Freud, *Moses and Monotheism*. Nova York: Alfred A. Knopf, 1939. [Ed. bras.: *Moisés e o monoteísmo* Em *Obras completas: Volume 19 — Moisés e o monoteísmo, Compêndio de psicanálise e outros textos*. Trad. de Paulo César de Souza. São Paulo: Companhia das Letras, 2018.]

34. Aquenáton parece ter banido alguns rituais ligados a outros deuses, como Osíris. Ver Cyril Aldred, op. cit., pp. 244 ss.

35. Ver Martin Puchner, *The Written World: The Power of Stories to Shape People, History, and Civilization*. Nova York: Random House, 2017, pp. 46 ss. [Ed. bras.: *O mundo da escrita: Como a literatura transformou a civilização*. Trad. de Pedro Maia Soares. São Paulo: Companhia das Letras, 2019.]

36. Jan Assmann, *The Price of Monotheism*, p. 46.

37. Joyce Tyldesley, op. cit., pp. 15-20.

2. PLATÃO QUEIMA SUA TRAGÉDIA E INVENTA UMA HISTÓRIA [pp. 53-67]

1. Platão, *Timeu*, p. 22b.

2. Para uma incisiva reflexão sobre a posição dos que chegam mais tarde à cultura, a que muito devo ao longo de todo este livro, ver Wiebke Denecke, *Classical World Literature: Sino-Japanese and Greco-Roman Comparisons*. Oxford: Oxford University Press, 2014. Denecke compara a relação entre a cultura japonesa e a China com a relação entre Roma e a Grécia. Ela inicia seu livro com a história de Platão sobre Sólon e os sacerdotes egípcios.

3. Diógenes Laércio, "Plato", em *Lives of Eminent Philosophers*. Trad. de R. D. Hicks. Cambridge, MA: Harvard University Press, 1972, v. 1, 3:6. [Ed. bras.: "Vidas e doutrinas dos filósofos ilustres: Livro III/ Platão". Trad. de R. M. T. Pereira. *Anais de filosofia clássica*, v. 14, n. 27, 2020, pp. 373-414.]

4. Pelo menos desde 1776 se discute se as mulheres de fato assistiam às apresentações teatrais gregas. São omitidas em algumas fontes, enquanto outras sugerem que assistiam, inclusive Platão em seu diálogo *Leis*, 817c. Ver Marilyn A. Katz, "Did the Women of Ancient Athens Attend the Theater in the Eighteenth Century". *Classical Philology*, v. 93, n. 2, abr. 1998, pp. 105-24. Ver também Jeffrey Henderson, "Women at the Athenian Dramatic

Festivals". *Transactions of the American Philological Association*, v. 121, 1991, pp. 133-47.

5. Laércio, "Platão".

6. Ver Thomas G. Rosenmeyer, *The Art of Aeschylus*. Berkeley: University of California Press, 1982; David Wiles, *Tragedy in Athens: Performance Space and Theatrical Meaning*. Cambridge: Cambridge University Press, 1997.

7. Sobre o papel das mulheres na tragédia, ver Froma Zeitlin, *Playing the Other: Gender and Society in Classical Greek Literature*. Chicago: University of Chicago Press, 1996.

8. Para um vívido retrato de Sócrates, ver Emily Wilson, *The Death of Socrates*. Cambridge, MA: Harvard University Press, 2007. [Ed. bras.: *A morte de Sócrates*. Trad. de Fátima Siqueira. Rio de Janeiro: Record, 2013.]

9. Laércio, op. cit.

10. Ver Martin Puchner, *Drama of Ideas: Platonic Provocations in Theater and Philosophy*. Princeton: Princeton University Press, 2006.

11. S. Sara Monoson, *Plato's Democratic Entanglements: Athenian Politics and the Practice of Philosophy*. Princeton: Princeton University Press, 2000.

12. Andrea Wilson Nightingale, *Genres in Dialogue: Plato and the Construction of Philosophy*. Cambridge: Cambridge University Press, 1995. A morte de Sócrates, tal como foi apresentada por Platão, gerou toda uma tradição de peças sobre ele. Ver Martin Puchner, op. cit., pp. 37-71. Ver também Andrea Wilson Nightingale, op. cit.

13. Para a melhor história do diálogo socrático, ver Charles H. Kahn, *Plato and the Socratic Dialogue*. Cambridge, MA: Harvard University Press, 1972.

14. Ver também Jonas Barish, *The Anti-Theatrical Prejudice*. Berkeley: University of California Press, 1981.

15. Eric A. Havelock, *Preface to Plato*. Cambridge, MA: Harvard University Press, 1963 [Ed. bras.: *Prefácio a Platão*. Trad. de Enid Abreu Dobránzsky. Campinas: Papirus, 1996]; Walter J. Ong, *The Technologizing of the World*. Londres: Methuen, 1982.

3. O REI ASHOKA ENVIA UMA MENSGEM AO FUTURO [pp. 68-85]

1. Isso se baseia em *Tarikh-I-Firoz Shahi*, uma apresentação do sultanato de Firoz Shah feita pelo historiador Shams-i Siraj 'Afif, contemporâneo seu. Foi publicada uma tradução em inglês com o título de *Medieval India in Transition: Tarikh-i-Firoz Shahi*. R. C. Jauhri (Org.). Nova Délhi: Sundeep Prakashan, 2001, pp. 180 ss.

2. Ibid., p. 113.

3. Ibid., pp. 177 ss.

4. William Jeffrey McKibben, "The Monumental Pillars of Firuz Shah Tughluq". *Ars Orientalis*, v. 24, 1994, pp. 105-18, esp. p. 111.

5. Firoz Shah não foi o primeiro governante a tentar remover esse pilar; vários predecessores tentaram e falharam. Ibid., p. 111.

6. R. C. Jauhri, op. cit., p. 176; ver também John S. Strong, *The Legend of King Asoka: A Study and Translation of the Asokavadana*. Délhi: Motilal Banarsidass Publications, 1989, p. 10.

7. Xuanzang, *Record of the Western Regions*. Trad. de Samuel Beal como *Si--Yu-Ki: Buddhist Records of the Western World*. 2 v. Londres: Trübner, 1884, v. 2, pp. 85 e 91; Hwui Li, *The Life of Huien-Tsiang*. Trad. de Samuel Beal. Londres: Kegan Paul Trench, Trübner, 1914, pp. 82, 93 e 102. No geral, Xuanzang identificou vários pilares, alguns com inscrições, mas o de Topra não está entre eles. Ver também Erik Zürcher, *The Buddhist Conquest of China: The Spread and Adaptation of Buddhism in Early Medieval China*. Leiden: Brill, 2007.

8. John S. Strong, op. cit., p. 7.

9. Marlene Njammasch, "Krieg und Frieden unter den Mauryas". *Altorientalische Forschungen*, v. 14, n. 2, 1º jan. 1987, pp. 322-33, esp. p. 324.

10. Xuanzang, op. cit., p. 9.

11. John S. Strong, op. cit., pp. 210 ss.

12. Ibid., pp. 199 ss. Ver também id., "The Legend and Its Background", em *The Legend of King Asoka*, p. 17.

13. O *Asokavadana* era lido por um público tão amplo que sugeria aos leitores uma ligação entre as estupas e Ashoka. John S. Strong, "Aśoka and the Buddha", em *The Legend of King Asoka*, p. 109.

14. Em sua grandiosa história da Terra, da qual o presente autor é fã ardoroso, H. G. Wells apresentou Ashoka como um dos grandes pontos altos da história da humanidade. Em H. G. Wells, *A Short History of the World*. Nova York: Macmillan, 1922, pp. 163 ss. [Ed. bras.: *Uma breve história do mundo*. Trad. de Rodrigo Breunig. Porto Alegre: L&PM, 2010.] O melhor livro acadêmico sobre Ashoka é o de Nayanjot Lahiri, *Ashoka in Ancient India*. Cambridge, MA: Harvard University Press, 2015.

15. Para uma análise detalhada do darma e de outras categorias políticas na Índia antiga e sua relação com a violência política, ver Upinder Singh, *Political Violence in Ancient India*. Cambridge, MA: Harvard University Press, 2017.

16. Peter Harvey, *An Introduction to Buddhism: Teachings, History, and Practices*. 2. ed. Cambridge, MA: Cambridge University Press, 2013 [Ed. bras.: *A tradição do budismo: História, filosofia, literatura, ensinamentos e práticas*.

Trad. de Cláudia Gerpe Duarte e Eduardo Gerpe Duarte. São Paulo: Cultrix, 2019]; Richard F. Gombrich, *How Buddhism Began: The Conditioned Genesis of the Early Teachings*. 2. ed. Londres: Routledge, 1996. Encontram-se ideias semelhantes entre os jainistas; segundo a lenda, o avô de Ashoka morrera como janinista, o que indica que essa concepção fazia parte de uma tradição mais ampla, não apenas budista.

17. John S. Strong, op. cit., p. 211.

18. N. A. Nikam e Richard McKeon (Org. e trad.). *The Edicts of Asoka*. Chicago: University of Chicago Press, 1959, p. 56.

19. Romila Thapar, *Asoka and the Decline of the Mauryas*. Oxford: Clarendon Press, 1961, p. 74.

20. Christopher I. Beckwith, entre uma minoria de estudiosos, indaga se é o caso de atribuir todos os éditos a Ashoka. Em Christopher I. Beckwith, *Greek Buddha: Pyrrho's Encounter with Early Buddhism in Central Asia*. Princeton: Princeton University Press, 2015, p. 234.

21. Romila Thapar, op. cit., p. 137.

22. John Irwin, "Aśokan Pillars: A Reassessment of the Evidence". *Burlington Magazine*, v. 115, n. 848, nov. 1972, pp. 706-20, esp. pp. 717 ss.

23. Cf. também Nayanjot Lahiri, op. cit., pp. 275 ss.

24. N. A. Nikam e Richard McKeon, op. cit., p. 27 (Édito da Pedra XIII).

25. John S. Strong, op. cit., p. 14. É possível, porém, que o texto faça uma datação posterior de Ashoka.

26. John Irwin, op. cit., p. 717.

27. Nayanjot Lahiri, op. cit., pp. 120 ss. O papel da escrita inicial na Índia é tema de intensos debates. Richard Gombrich, em "How the Mahayana Began" (*Buddhist Forum*, v. 1, 1990, p. 27), afirma que não existia escrita antes que fosse redigida a biografia do Buda. Também consultei Harry Falk, *Schrift im alten Indien* (Tübingen: Gunter Narr, 1993, p. 337). Peter Skilling, em "Redaction, Recitation, and Writing: Transmission of the Buddha's Teaching in India in the Early Period" (em Stephen C. Berkwitz, Juliane Schober e Claudia Brown (Org.), *Buddhist Manuscript Cultures*. Basingstoke, RU: Routledge, 2009, p. 63), supõe que alguma escrita existia, mas que era utilizada apenas para fins administrativos. Há também o enigma do chamado Escrito do Vale do Indo, bem mais antigo, que pode ser ou não uma escrita linguística e ainda não foi decifrado. Ver Peter T. Daniels e William Bright (Orgs.), *The World's Writing Systems*. Oxford: Oxford University Press, 1996, pp. 165 ss.

28. Encontrou-se o uso da escrita brâmane antes da época de Ashoka em Kodumanal e Pronthal, no Sul da Índia.

29. Um dos poucos historiadores das humanidades a mencionar essa figura

extraordinária é Rens Bod, em *A New History of the Humanities: The Search for Principles and Patterns from Antiquity to the Present*. Oxford: Oxford University Press, 2014, pp. 14 ss.

30. Romila Thapar, op. cit., pp. 9 e 162 ss. Ver também Harry Falk, op. cit., pp. 104-5.

31. Para uma apresentação sobre os efeitos de Alexandre no Oriente, ver Amélie Kuhrt e Susan Sherwin-White (Orgs.), *Hellenism in the East: The Interaction of Greek and Non-Greek Civilizations from Syria to Central Asia after Alexander*. Berkeley: University of California Press, 1988. Também consultei Peter T. Daniels e William Bright, op. cit., e Harry Falk, op. cit.

32. Plutarco, *Lives*. Trad. de Bernadotte Perrin. Cambridge, MA: Harvard University Press, 1919), VIII, pp. 2-3. Loeb Classical Library, n. 99. [Ed. bras.: *Vidas*. Trad. de Jaime Bruna. São Paulo: Cultrix, 1963.]

33. Nayanjot Lahiri, op. cit., pp. 166 ss. Embora não existam dados arqueológicos, é provável que a escrita brâmane fosse usada no Norte antes da época de Ashoka, como o era no Sul da Índia e no Sri Lanka.

34. Romila Thapar, op. cit., p. 367. Embora improvável, não é impossível que o próprio Ashoka tivesse algum parentesco grego. Ver ibid., p. 25.

35. Nayanjot Lahiri, op. cit., pp. 120 ss.

36. J. R. McNeill e William H. McNeill, *The Human Web: A Bird's-Eye View of World History*. Nova York: Norton, 2003, pp. 41 ss.

37. Jared Diamond, *Guns, Germs, and Steel: The Fates of Human Societies*. Nova York: Norton, 1997. [Ed. bras.: *Armas, germes e aço: Os destinos das sociedades humanas*. 6. ed. Trad. de Sílvia de Souza Costa, Cynthia Cortes e Paulo Soares. Rio de Janeiro: Record, 2005.]

38. Romila Thapar, op. cit., pp. 147 ss.

39. J. R. McNeill e William H. McNeill, op. cit., pp. 36 ss.

40. Ver, entre muitas outras fontes, Jared Diamond, op. cit.

41. Romila Thapar, op. cit., p. 159.

42. Cf. Karl Jaspers, *The Origin and Goal of History*. Basingstoke, RU: Routledge, 2011.

43. Ven. S. Dhammika, *The Edicts of King Ashoka*. Kandy, Sri Lanka: Buddhist Publication Society, 1993), p. 27. Ver também N. A. Nikam e Richard McKeon, op. cit., onde está: "Ele realizou essa conquista moral repetidas vezes, tanto aqui quanto entre os povos que vivem além das fronteiras de seu reino, mesmo a uma distância de seiscentas yojanas [1 yojana = 12,8 quilômetros], onde governa o rei iona Antiyoka, e mesmo adiante de Antiyoka, nos domínios dos quatro reis chamados Turamaya, Antikini, Maka e Alikasudara, e ao sul chegando ao Ceilão, entre os cholas e pândias" (p. 29).

44. Cf. Peter Frankopan, *The Silk Roads: A New History of the World*. Londres: Bloomsbury, 2015. [Ed. port.: *As rotas da seda: Uma nova história do mundo*. Trad. de Isabel Castro Silva. Lisboa: Relógio d'Água, 2018.]

45. N. A. Nikam e Richard McKeon, op. cit., p. 38.

46. Ven. S. Dhammika, op. cit., p. 34; N. A. Nikam e Richard McKeon, op. cit., p. 36.

47. Romila Thapar, op. cit., prefácio. Ver também William Dalrymple, *The Anarchy: The East India Company, Corporate Violence, and the Pillage of an Empire*. Londres: Bloomsbury, 2019.

48. Para uma apresentação de James Princep, ver Charles Allen, *Ashoka: The Search for India's Lost Emperor*. Nova York: Little, Brown, 2012, pp. 120 ss.

4. UMA DEUSA SUL-ASIÁTICA EM POMPEIA [pp. 86-104]

1. Mirella Levi D'Ancona, "An Indian Statuette from Pompeii". *Artibus Asiae*, v. 13, n. 3, 1950, pp. 166-80, esp. pp. 168 ss.

2. Ver Elizabeth Ann Pollard, "Indian Spices and Roman 'Magic' in Imperial and Late Antique Indomediterranea". *Journal of World History*, v. 24, n. 1, mar. 2013, pp. 1-23, esp. p. 7.

3. Grant Parker, "Ex Oriente Luxuria: Indian Commodities and Roman Experience". *Journal of the Economic and Social History of the Orient*, v. 45, n. 1, 2002, pp. 40-95, esp. p. 73. Para uma apresentação mais completa do comércio de longa distância, ver Kasper Grønlund Evers, *Worlds Apart Trading Together: The Organization of Long-Distance Trade between Rome and India in Antiquity*. Oxford: Archaeopress, 2017, pp. 22 ss. Evers duvida que a estátua represente Lakshmi, devido a diferenças significativas entre o objeto e as representações usuais da deusa.

4. Grant Parker, op. cit., pp. 44 e 48.

5. Ibid., pp. 68 ss. Ver também Elizabeth Ann Pollard, op. cit., p. 8.

6. Ibid., p. 2. Sobre as *villas* e o luxo de Pompeia, ver Martha Zarmakoupi, *Designing for Luxury and the Bay of Naples: Villas and Landscapes (c. 100 BCE-79 CE)*. Oxford: Oxford University Press, 2014.

7. Continuam a surgir novos indícios sobre bares e restaurantes em Pompeia. Em 2020, foram desencavados indicativos de uma "lanchonete". Elisabetta Povoledo, "Snail, Fish and Sheep Soup, Anyone? Savory New Finds at Pompeii". *New York Times*, 26 dez. 2020. Disponível em: <https://www.nytimes.com/2020/12/26/world/europe/pompeii-snack-bar-thermopolium.html?searchResultPosition=2>. Acesso em: 10 jan. 2024.

8. O estudo mais recente, e excelente, da erupção, com especial atenção a Plínio, é Daisy Dunn, *The Shadow of Vesuvius: A Life of Pliny*. Nova York: Liveright, 2019.

9. A descoberta de um templo dedicado a um deus egípcio numa cidade romana foi tão surpreendente para o século XVIII, quando ela ocorreu, que contribuiu para o redespertar do interesse pelo Egito; um dos que se inspiraram nele foi Wolfgang Amadeus Mozart, cuja ópera *A flauta mágica* traz Ísis e seu marido Osíris, além de outros temas de inspiração egípcia. Mary Beard, *The Fires of Vesuvius: Pompeii Lost and Found*. Cambridge, MA: Belknap Press, 2008, p. 303. Outra influência sobre Mozart, provavelmente mais importante, foi a expedição de Napoleão. Ver Jan Assmann, *Moses the Egyptian: The Memory of Egypt in Western Monotheism*. Cambridge, MA: Harvard University Press, 1997, p. 16.

10. Dexter Hoyos, *Rome Victorious: The Irresistible Rise of the Roman Empire*. Londres: I. B. Tauris, 2019, p. 29.

11. Mary Beard, *The Fires of Vesuvius*, p. 254.

12. A importação de animais exóticos de grande porte, inclusive elefantes, se tornou um grande negócio depois que os romanos criaram gosto pelos jogos gladiatórios. Elizabeth Ann Pollard, op. cit., p. 7.

13. Mary Beard, *The Fires of Vesuvius*, p. 143.

14. Mirella Levi D'Ancona, op. cit., p. 180.

15. Para uma descrição da influência etrusca sobre Roma, ver Mary Beard, *SPQR: A History of Ancient Rome*. Nova York: Liveright: 2015, pp. 108 ss. [Ed. bras.: *SPQR: Uma história da Roma antiga*. Trad. de Luis Reys Gil. São Paulo: Crítica; Planeta, 2017.] Para estudos de caso específicos sobre a cultura etrusca na Itália antes e durante o período romano, ver Sinclair Bell e Helen Nagy, *New Perspectives on Etruria and Early Rome, in Honor of Richard Daniel De Puma*. Madison: University of Wisconsin Press, 2009.

16. Horácio, Epístola 2156-7, *Graecia capta ferum victorem cepit et artis intulit agresti Latio*. Trad. de Elena Theodorakopoulos, inédito. Para o contexto mais amplo da utilização da Grécia por Roma, ver Wiebke Denecke, *Classical World Literatures*, pp. 36 ss.

17. Denis Feeney, *Beyond Greek: The Beginnings of Latin Literature*. Cambridge, MA: Harvard University Press, 2016, p. 58.

18. Para uma introdução geral ao teatro romano, ver Gesine Manuwald, *Roman Drama: A Reader*. Londres: Duckworth, 2010.

19. George Fredric Franko e Dorota Dutsch, *A Companion to Plautus*. Hoboken, NJ: John Wiley & Sons, 2020, p. 11.

20. Sebastiana Nervegna, "Plautus and Greek Drama". Em George Fredric Franko e Dorota Dutsch, op. cit., p. 33. Ver também Elaine Fantham, "Roman

Experience of Menander in the Late Republic and Early Empire". *Transactions of the American Philological Association*, v. 114, 1984, pp. 299-309.

21. George Fredric Franko e Dorota Dutsch, op. cit., p. 19. Timothy J. Moore, "The State of Roman Theater *c.* 200 BCE". Em George Fredric Franko e Dorota Dutsch, op. cit., p. 24.

22. David Damrosch, *What Is World Literature?*. Princeton: Princeton University Press, 2003.

23. Denis Feeney, op. cit., p. 43.

24. A outra exceção é o Japão, como ressalta de maneira incisiva Wiebke Denecke, op cit.

25. Outra descrição desse fenômeno se encontra em Michael von Albrecht, *A History of Roman Literature*. Leiden: Brill, 1997. Ele chama a literatura romana de "a primeira literatura 'derivada'" (p. 12).

26. Wiebke Denecke, op. cit., p. 21.

27. Ibid., p. 157.

28. Virgílio usou algumas lendas locais, como a de que os troianos desembarcaram na Sicília; existem também lendas referentes a Eneias na Etrúria. Para uma discussão dessas fontes, ver Karl Galinsky, *Aeneas, Sicily, and Rome*. Princeton: Princeton University Press, 2015.

29. Helene Foley, *Reimagining Greek Tragedy on the American Stage*. Berkeley: University of California Press, 2012.

5. UM PEREGRINO BUDISTA EM BUSCA DE VESTÍGIOS ANTIGOS [pp. 105-23]

1. Essa exposição se baseia no relato do próprio Xuanzang sobre suas viagens, *Si-Yu-Ki: Buddhist Records of the Western World*, e na biografia muito provavelmente escrita por um dos discípulos de Xuanzang, *The Life of Huien-Tsiang*, pelo xamã Hwui Li, op. cit., p. 191. A melhor introdução geral à Ásia Oriental é de Charles Holcombe, *A History of East Asia: From the Origins of Civilization to the Twenty-First Century*. 2. ed. Cambridge: Cambridge University Press, 2017. Devo muito também a Wiebke Denecke, cujas notas introdutórias na Norton Anthology of World Literature, de que nós dois fomos editores, me ensinaram muito sobre a região.

2. Hwui Li, op. cit., pp. 10-3.

3. Ibid., pp. 13-7.

4. Michael Nylan, *The Five "Confucian" Classics*. New Haven: Yale University Press, 2001.

5. Wiebke Denecke, *Dynamics of Masters Literature: Early Chinese Thought from Confucius to Han Feizi*. Cambridge, MA: Harvard University Press, 2011.

6. Hwui Li, op. cit., p. 2.
7. Ibid., p. 3.
8. Cf. Peter Frankopan, op. cit.
9. Hwui Li, op. cit., pp. 4-7.
10. Peter Harvey, op. cit.; Richard F. Gombrich, *How Buddhism Began: The Conditioned Genesis of the Early Teachings*, op. cit.
11. Hwui Li, op. cit., p. 44.
12. Xuanzang, op. cit., v. 1, p. 32.
13. Ibid., p. 51.
14. Para mais elementos sobre a influência da lenda e da concepção de Ashoka sobre a percepção de Xuanzang e de outros viajantes chineses, ver John Kieschnick e Meir Shahar, *India in the Chinese Imagination*. Filadélfia: University of Pennsylvania Press, 2013, pp. 5 ss.
15. Xuanzang, op. cit., v. 2, p. 91.
16. Shashibala (Org.), *Kumarajiva: Philosopher and Seer*. Nova Délhi: Indira Gandhi National Centre for the Arts, 2015.
17. Hwui Li, op. cit., p. 10.
18. Xuanzang, op. cit., v. 2, p. 135.
19. Hwui Li, op. cit., pp. 167 ss.
20. Ibid., p. 168.
21. Xuanzang, op. cit., v. 2, p. 15.
22. Hwui Li, op. cit., p. 191.
23. Ibid., pp. 209 ss.
24. As cavernas de Dunhuang também abrigaram um depósito secreto de textos antigos, entre os quais se inclui o mais antigo pergaminho impresso remanescente no mundo, uma cópia do Sutra do Diamante. Ver Martin Puchner, *The Written World: The Power of Stories to Shape People, History, and Civilization*. Nova York: Random House, 2017, pp. 90 ss. [Ed. bras.: *O mundo da escrita: Como a literatura transformou a civilização*. Trad. de Pedro Maia Soares. São Paulo: Companhia das Letras, 2019.]
25. Hwui Li, op. cit., p. 215.
26. Wiebke Denecke, op. cit.; Denis Feeney, op. cit.

6. *O LIVRO DO TRAVESSEIRO* E ALGUNS PERIGOS DA DIPLOMACIA CULTURAL [pp. 124-43]

1. Essa história se baseia em Sei Shōnagon, *The Pillow Book*. Trad. de Meredith McKinney. Londres: Penguin, 2006, pp. 198-9. [Ed. bras.: *O livro do tra-*

vesseiro. Trad. de Geny Wakisaka, Junko Ota, Madalena Hashimoto Cordaro, Lica Hashimoto e Luiza Nana Yoshida. São Paulo: Ed. 34, 2013.] Para este capítulo, devo muito a Wiebke Denecke e a nosso trabalho na Norton Anthology of World Literature.

2. Sei Shōnagon, op. cit., pp. 3 e 46.

3. Ibid., pp. 55 e 87.

4. Helen Craig McCullough, *Okagami, The Great Mirror: Fujiwara Michinaga (966-1027) and His Times*. Princeton: Princeton University Press, 1980.

5. Sei Shōnagon, op. cit., p. 101.

6. Sei Shōnagon, *The Pillow Book of Sei Shōnagon*. Org. e trad. de Ivan Morris Nova York: Columbia University Press, 1991, p. 175; Sei Shōnagon, op. cit., trad. de McKinney, p. 246.

7. Ibid., p. 39.

8. Ver Edwin Reischauer, *Ennin's Travel in T'an China*. Nova York: Ronald Press, 1955.

9. *Ennin's Diary: The Record of a Pilgrimage to China in Search of the Law*. Trad. de Edwin O. Reischauer. Nova York: Ronald Press, 1955, p. 50.

10. Cf. Charles Holcombe, *The Genesis of East Asia, 221 B.C.-A.D. 907*. Honolulu: University of Hawai'i Press, 2001.

11. Ver Wiebke Denecke, *Classical World Literatures: Sino-Japanese and Greco-Roman Comparisons*. Havia mais uma diferença frente à relação de Roma com a Grécia: os romanos precisavam de traduções das obras gregas, ao passo que os leitores japoneses não precisavam de traduções das obras chinesas.

12. Para uma boa descrição da "conversa por pincel", ver nota introdutória de Wiebke Denecke, "Japan's Classical Age". Em *Norton Anthology of World Literature*, 4. ed., v. B. Nova York: Norton: 2012, pp. 1161-9.

13. *Ennin's Diary*, p. 45.

14. Ibid., pp. 86 ss.

15. Ibid., pp. 102 ss.

16. Ibid., p. 230; e comentários de Edwin Reischauer, op. cit., p. 198.

17. Dietrich Seckel, *Buddhist Art of East Asia*. Trad. de Ulrich Mammitzsch. Bellingham, WA: Western Washington University, 1989, p. 10.

18. Ibid., p. 24.

19. Ibid., pp. 25 ss.

20. Ibid., p. 27.

21. *Ennin's Diary*, p. 332.

22. Ibid., p. 341.

23. Ibid., p. 382.

24. Ibid., pp. 370-1.

25. Ivan Morris, *The World of the Shining Prince: Court Life in Ancient Japan*. Nova York: Knopf, 1964.

26. Haruo Shirane, *The Bridge of Dreams: A Poetics of "The Tale of Genji"*. Stanford: Stanford University Press, 1978.

27. Noriko T. Reider, *Seven Demon Stories from Medieval Japan*. Boulder: University of Colorado Press, 2016, pp. 89 ss.

28. Rolo Kibi no Makibi, em Noriko T. Reider, op. cit.

29. Sei Shōnagon, op. cit., trad. de McKinney, pp. 255-6.

7. QUANDO BAGDÁ SE TORNOU UM DEPÓSITO DE SABEDORIA
[pp. 144-63]

1. O sonho é narrado em duas fontes, em versões levemente diferentes, por Abdallah ibn Tahir e Yahya ibn 'Adi. As duas versões são citadas e discutidas em Dimitri Gutas, *Greek Thought, Arabic Culture: The Graeco-Arabic Translation Movement in Baghdad and Early 'Abbasid Society (2nd-4th/8th-10th centuries)*. Londres: Routledge, 1998, pp. 97-8.

2. Ibid., p. 52.

3. Isso fazia parte de um padrão mais amplo de adoção da escrita por conquistadores nômades. Ver, por exemplo, Robert Tignor et al., *Worlds Together, Worlds Apart: A History of the World*. 2. ed. Nova York: Norton, 2008, pp. 99, 105 e 252.

4. J. R. McNeill e William H. McNeill, op. cit. Ver também James C. Scott, *Against the Grain: A Deep History of Earliest States*. New Haven: Yale University Press, 2017.

5. Para uma discussão do livro de Scott, *Against the Grain*, ver meu artigo "Down With the Scribes?". *Public Books*, 16 abr. 2018. Disponível em: <https://www.publicbooks.org/down-with-the-scribes/>. Acesso em: 16 jan. 2024. Devo dizer que depois passei a concordar muito mais com o argumento de Scott do que quando li e resenhei pela primeira vez seu livro.

6. David M. Carr, *Writing on the Tablet of the Heart: Origins of Scripture and Literature*. Oxford: Oxford University Press, 2005, pp. 47-56. Ver também David Damrosch, *The Buried Book: The Loss and Rediscovery of the Great Epic of Gilgamesh*. Nova York: Henry Holt, 2006.

7. Dimitri Gutas, op. cit., pp. 54 ss. Para a melhor introdução geral às *Mil e uma noites*, ver Robert Irwin, *The Arabian Nights: A Companion*. Londres: Palgrave Macmillan, 2004.

8. Jonathan M. Bloom, *Paper Before Print: The History and Impact of Paper in the Islamic World*. New Haven: Yale University Press, 2001, pp. 48-51. Ver

também Nicholas Basbane, *On Paper: The Everything of its Two-Thousand-Year History*. Nova York: Vintage, 2013, pp. 48-9.

9. De Lacy Evans O'Leary, *How Greek Science Passed to the Arabs*. Londres: Routledge, 1948.

10. Dimitri Gutas, op. cit., p. 52.

11. Ibid., pp. 61 ss. Para um excelente artigo que descreve a tradução de textos gregos para o árabe, ver A. I. Sabra, "The Appropriation and Subsequent Naturalization of Greek Science in Medieval Islam: A Preliminary Statement". *History of Science*, v. 25, set. 1987, pp. 223-43.

12. Amélie Kuhrt e Susan Sherwin-White (Orgs.), *Hellenism in the East: The Interaction of Greek and Non-Greek Civilizations from Syria to Central Asia after Alexander*. Berkeley: University of California Press, 1988; Peter Green, *Alexander the Great and the Hellenistic Age: A Short History*. Londres: Weidenfeld & Nicolson, 2007, p. 63; tambei consultei M. Rostovtzeff, *The Social and Economic History of the Hellenistic World*. v. 1. Oxford: Clarendon Press, 1941, pp. 446 ss.

13. Roy MacLeod (Org.), *The Library of Alexandria: Centre of Learning in the Ancient World*. Londres: Tauris, 2000; F. E. Peters, *The Harvest of Hellenism: A History of the Near East from Alexander the Great to the Triumph of Christianity*. Nova York: Simon and Schuster, 1970.

14. Outra fonte de aprendizado grego no Império Árabe era a Igreja oriental. Na primeira fase da conquista árabe, não houve grande eliminação forçada de outras religiões, o que significava que o Império Árabe continha várias comunidades religiosas, de zoroastristas (em especial na Pérsia) e maniqueus a cristãos vivendo em todo o Oriente Médio e na Mesopotâmia, inclusive num mosteiro convenientemente situado logo ao sul de Bagdá. Esses cristãos de língua grega ou pelo menos falantes de grego, visto que o Novo Testamento era escrito nesse idioma, tinham condições de traduzir textos gregos para seus novos dirigentes árabes; um texto chegou a ser traduzido pelo próprio patriarca de Alexandria.

15. Dimitri Gutas, "Origins in Baghdad". Em Robert Pasnau (Org.), *The Cambridge History of Medieval Philosophy*. Cambridge: Cambridge University Press, 2011, pp. 9-25, esp. pp. 12 ss.

16. Paul Speck, "Byzantium: Cultural Suicide?". Em Leslie Brubaker (Org.), *Byzantium in the Ninth Century: Dead or Alive?*. Thirteenth Spring Symposium of Byzantine Studies, Birmingham, mar. 1996. Londres: Routledge, 2016, pp. 73-84, esp. p. 76.

17. Trad. de Franz Rosenthal em *Knowledge Triumphant, The Concept of Knowledge in Medieval Islam*. Leiden: Brill, 2006, p. 182.

18. Warren Treadgold, "The Macedonian Renaissance". Em Warren Treadgold (Org.), *Renaissances Before the Renaissance: Cultural Revivals of*

Late Antiquity and the Middle Ages. Stanford: Stanford University Press, 1984, p. 81. Gutas aventa que a demanda no Império Árabe teria gerado incentivos financeiros para escribas bizantinos copiarem textos clássicos; *Greek Thought*, p. 185.

19. Para uma excelente apresentação do papel da filosofia grega no mundo islâmico, ver Joel L. Kraemer, *Humanism in the Renaissance of Islam: The Cultural Revival during the Buyid Age* (Leiden: Brill, 1986), e seu volume de acompanhamento, *Philosophy in the Renaissance of Islam: Abū Sulaymān Al-Sijistānī and his Circle* (Leiden: Brill, 1986).

20. L. E. Goodman, *Avicenna*. Londres: Routledge, 1992. Para a melhor introdução a Avicena, ver Jon McGinnis, *Avicenna*. Oxford: Oxford University Press, 2010.

21. Dimitri Gutas, *Greek Thought*, p. 162; ver também Franz Rosenthal, op. cit., pp. 50 ss.

22. As informações biográficas se baseiam em parte no texto autobiográfico do próprio Avicena, em Dimitri Gutas (Org.), *Avicenna and the Aristotelian Tradition*. v. 89 de *Islamic Philosophy, Theology and Science: Texts and Studies*. Hans Daiber, Anna Akasoy e Emilie Savage-Smith (Orgs.). Leiden: Brill, 2014, pp. 11-9.

23. L. E. Goodman, op. cit., pp. 48 ss.

24. Avicena, "Autobiography", em Dimitri Gutas, *Avicenna and the Aristotelian Tradition*, p. 19.

25. Ibid., pp. 150 ss.

26. Num excelente artigo, o estudioso Erez Naaman emprega os termos gêmeos "apropriação e naturalização" para descrever como Avicena e outros usaram e tomaram para si a filosofia grega, inclusive o conceito aristotélico de *habitus*. "Nurture over Nature: Habitus from al-Fārābī through Ibn Khaldūn to 'Abduh". *Journal of the American Oriental Society*, v. 137, n. 1, 2017, pp. 10 ss.

27. Franz Rosenthal, op. cit., p. 195

28. L. E. Goodman, op. cit., p. 80.

29. Avicena, "Autobiography", em Gutas, *Avicenna and the Aristotelian Tradition*, p. 111.

30. Havia também aristotélicos rivais a contestar. Num de seus tratados, Avicena contrapunha sua abordagem, que chamava de "filosofia oriental", pois fora desenvolvida na parte oriental do mundo islâmico, à "filosofia ocidental", desenvolvida em Bagdá. (A diferença consistia em entendimentos diversos de Aristóteles e do legado aristotélico.) Desde a época de Aristóteles, haviam se multiplicado várias camadas de comentários, formas de converter esses textos antigos em ferramentas úteis para épocas posteriores, desde a Atenas clássica

a Alexandre, o Grande (Dimitri Gutas, *Greek Thought*, p. 153). O mesmo se deu ao longo do projeto de tradução para o árabe, que se iniciara em Bagdá, mas a seguir gerara outras abordagens e escolas, culminando na obra do próprio Avicena.

31. Ahmed H. al-Rahim, "Avicenna's Immediate Disciples: Their Lives and Works". Em Y. Tzvi Langermann (Org.), *Avicenna and His Legacy: A Golden Age of Science and Philosophy*. Turnhout, Bélgica: Brepols, 2010, pp. 1-25.

32. Ibid.

33. Para uma excelente edição parcial desse texto, ver Jon McGinnis, *Avicenna: The Physics of The Healing: A Parallel English-Arabic Text*. Provo, Utah: Brigham Young University Press, 2009.

8. A RAINHA DA ETIÓPIA ACOLHE OS LADRÕES DA ARCA [pp. 164-81]

1. "Aksum". *Encyclopedia Britannica*, 28 mar. 2019. Disponível em: <https://www.britannica.com/place/Aksum-Ethiopia>. Acesso em: 16 jan. 2024.

2. Ver também Stuart Munro-Hay, *The Quest for the Ark of the Covenant: The True History of the Tablets of Moses*. Londres: I. B. Tauris, 2005, pp. 27 ss.

3. David Allan Hubbard, *The Literary Sources of the Kebra Nagast*. Tese de doutorado, Universidade de St. Andrews, 1956, p. 330.

4. Stuart Munro-Hay, op. cit., p. 28.

5. Êxodo 19:1-34:28.

6. Livro de Esdras; Livro de Nemias. Ver também Lisbeth S. Fried, *Ezra and the Law in History and Tradition*. Columbia: University of South Carolina Press, 2014; e Juha Pakkala, *Ezra the Scribe: The Development of Ezra 7-10 and Nehemiah 8*. Berlim: Walter de Gruyter, 2004.

7. 1 Reis 10:1-13; 22 Crônicas 9:1-12 (KJV). Pelo texto, não fica claro onde se situa essa região. Muitos estudiosos supõem que fica no Iêmen. Nesse caso, o *Kebra Nagast* reinterpreta a história como referente à antiga Etiópia, logo do outro lado do estreito de Bab-el-Mandeb.

8. Carl Bezold, *Kebra Nagast, Die Herrlichkeit der Könige, nach den Handschriften in Berlin, London, Oxford und Paris, zum ersten Mal im äthiopischen Urtext hrsg. und mit deutscher Übersetzung versehen*. Munique: G. Franz, 1905. Para um trabalho em andamento sobre o *Kebra Nagast*, ver Wendy Laura Belcher, "The Black Queen of Sheba: A Global History of an African Idea". Disponível em: <https://wendybelcher.com/african-literature/black-queen-of-sheba/>. Acesso em: 22 nov. 2021. Para um excelente artigo sobre o tema da rainha de

Sabá, ver Wendy Laura Belcher, "African Rewritings of the Jewish and Islamic Solomonic Tradition: The Triumph of the Queen of Sheba in the Ethiopian Fourteenth-Century Text Kəbrä Nägäśt". Em Roberta Sabbath (Org.), *Sacred Tropes: Tanakh, New Testament, and Qur'an as Literary Works*. Boston; Leiden: Brill, 2009, pp. 441-59.

9. Harold G. Marcus, *History of Ethiopia*. Berkeley: University of California Press, 1994, pp. 19 ss.

10. Lucas 4:16 ss.; 21:22; 22:37; Mateus 5:17. Sobre a educação do Jesus histórico, em especial seu conhecimento do hebraico, ver John P. Meier, *A Marginal Jew: Rethinking the Historical Jesus*. Nova York: Doubleday, 1991. v. 1: *The Roots of the Problem and the Person*, pp. 264 ss. Meier acredita que a famosa formulação de Jesus "cumprindo" a lei é uma criação posterior; *A Marginal Jew: Rethinking the Historical Jesus*. New Haven: Yale University Press, 2009. v. 4: *Law and Love*, p. 41. Ver também Geza Vermes, *Christian Beginnings: From Nazareth to Nicaea (AD 30-325)*. Londres: Allen Lane, 2012.

11. Atos 9:4-18.

12. Há uma possível exceção: a cena em que Jesus escreve com o dedo na areia, mas não sabemos o que ele escreveu e o texto desaparece de imediato, presumivelmente soprado pelo vento; João 8:6.

13. William M. Schniedewind, *How the Bible Became a Book: The Textualization of Ancient Israel*. Cambridge: Cambridge University Press, 2004. Ver também David M. Carr, *Writing on the Tablet of the Heart: Origins of Scripture and Literature*. Oxford: Oxford University Press, 2005.

14. Taddesse Tamrat, *Church and State in Ethiopia 1270-1527*. Oxford: Clarendon Press, 1972, pp. 23 ss.

15. Ver também David Allan Hubbard, op. cit., pp. 123 ss.

16. Edward Ullendorf, *Ethiopia and the Bible*. Oxford: Oxford University Press, 1968, p. 12. Schweich Lectures on Biblical Archaeology.

17. Cf. ibid., pp. 20 ss.

18. Stuart Munro-Hay, "A Sixth-Century Kebra Nagaśt?". Em Alessandro Bausi (Org.), *Languages and Cultures of Eastern Christianity*. Londres: Routledge, 2012, pp. 313-28.

19. Donald Levine, *Greater Ethiopia: The Evolution of a Multiethnic Society*. Chicago: University of Chicago Press, 1974, pp. 96 ss.

20. Serge A. Frantsouzoff, "On the Dating of the Ethiopian Dynastic Treatise *Kabrä Nägäśt*: New Evidence". *Scrinium*, v. 12, 2016, pp. 20-4. Ver também Gizachew Tiruneh, "The Kebra Nagast: Can Its Secrets Be Revealed?". *International Journal of Ethiopian Studies*, v. 8, n. 1-2, 2014, pp. 51-72, esp. p. 53.

21. Donald Levine, op. cit., pp. 70 ss.

22. Edward Ullendorf, op. cit., p. 21.
23. David Allan Hubbard, op. cit., p. 133.
24. Harold G. Marcus, op. cit., p. 13.
25. Corão, Sura 27:15-45.
26. Donald Levine, op. cit., pp. 70 ss.
27. Taddesse Tamrat, op. cit., p. 231.
28. Harold G. Marcus, op. cit., p. 31.
29. Stuart Munro-Hay, *The Quest for the Ark of the Covenant*, p. 104. Intrigado com notícias de um cristão na África Oriental, o rei João II de Portugal enviou o aventureiro Pero da Covilhã para contatar o Preste João por volta de 1490 por terra e, mais uma vez, alguns anos depois, por mar.
30. Harold G. Marcus, op. cit., p. 34.
31. Stuart Munro-Hay, *The Quest for the Ark of the Covenant*, p. 190.
32. Gizachew Tiruneh, "The Kebra Nagast: Can Its Secrets Be Revealed?". *International Journal of Ethiopian Studies*, v. 8, n. 1-2, 2014, p. 52.
33. E. A. Wallis Budge, "Introduction". Em *The Kebra Nagast*. Nova York: Cosimo Classics, 2004, p. XXVII. Citado em Gizachew Tiruneh, op. cit., p. 52.
34. Homero, *Odisseia*, 1.23. Ver também Frank M. Snowden Jr., *Blacks in Antiquity: Ethiopians in the Greco-Roman Experience*. Cambridge, MA: Belknap Press, 1970.
35. Rupert Lewis, *Marcus Garvey*. Kingston, Jamaica: University of the West Indies Press, 2018, pp. 19 e 35.
36. Sobre o papel de Garvey, ver Barry Chevannes, *Rastafari: Roots and Ideology* (*Utopianism and Communitarianism*). Syracuse: Syracuse University Press, 1994, pp. 87 ss.
37. Ennis B. Edmonds, *Rastafari: A Very Short Introduction*. Oxford: Oxford University Press, 2012, p. 7.
38. Ver, por exemplo, G. G. Maragh, o honorável Leonard Percival Howell, *The Promised Key*. Londres: Hogarth Blake, 2008. Esse texto foi publicado originalmente na Jamaica por volta de 1935. Howell foi um dos fundadores originais do movimento.
39. Rupert Lewis, op. cit., p. 83; Barry Chevannes, op. cit., p. 42.
40. Ennis B. Edmonds, op. cit., p. 43. Outros relacionam o estilo do penteado ao de certas tribos africanas como os galas, os somális, os massais ou os guerreiros mau-maus. Barry Chevannes informa que alguns rastafáris viam os dreadlocks como uma homenagem à coroa do rei Selassie (op. cit., p. 145).
41. Ibid., p. 21.
42. Marizia Anna Coltri, *Beyond Rastafari: A Historical and Theological Introduction*. Berna: Peter Lang, 2015, p. 202. Ver, por exemplo, Gerald Hausman,

The Kebra Nagast: The Lost Bible of Rastafarian Wisdom and Faith. Nova York: St. Martin's Press, 2020. O livro conta com um prefácio de Ziggy Marley, "que examina a importância do *Kebra Nagast* como texto poderoso e sagrado tanto na tradição rastafári quanto em sentido mais amplo".

9. UM MÍSTICA CRISTÃ E OS TRÊS REVIVALISMOS DA EUROPA [pp. 182--208]

1. Desde 476 não tinha havido nenhum imperador romano em Roma, embora continuasse a ter imperadores em Bizâncio, a Roma oriental. Ver Wilfried Hartmann, *Karl der Große*. Stuttgart: W. Kohlhammer, 2010, pp. 206 ss.
2. Luc-Normand Tellier, *Urban World History: An Economic and Geographical Perspective*. Quebec: Presses de l'Université du Québec, 2009, p. 158.
3. Johannes Fried, *Charlemagne*. Cambridge, MA: Harvard University Press, 2016, p. 339.
4. Carlos Magno, "Epistola Generalis", citado em ibid., p. 23.
5. Wilfried Hartmann, op. cit., p. 179.
6. Douglas Bullough, *The Age of Charlemagne*. Nova York: Exeter, 1980, p. 41.
7. Wilfried Hartmann, op. cit., p. 177. Ver também Johannes Fried, que imagina Carlos Magno lendo até mesmo na juventude (op. cit., p. 25).
8. Johannes Fried, op. cit., p. 238.
9. Ibid., pp. 268 e 275.
10. Douglas Bullough, op. cit., pp. 100 ss.
11. Sarah L. Higley, *Hildegard of Bingen's Unknown Language: An Edition, Translation and Discussion*. Nova York: Palgrave Macmillan, 2007, p. 151.
12. Uma das figuras a trazer notícias da Andaluzia foi o godo hispânico Teodulfo. Ver Douglas Bullough, op. cit., p. 102.
13. Johannes Fried, op. cit., p. 246.
14. Para uma discussão detalhada das fontes referentes à biografia de Hildegard, ver Michael Embach, "The Life of Hildegard of Bingen (1098-1179)". Em Jennifer Bain (Org.), *The Cambridge Companion to Hildegard of Bingen*. Cambridge: Cambridge University Press, 2021, pp. 11-36, esp. p. 14.
15. Alguns levantam a hipótese de que os pais teriam ficado sem dinheiro. Honey Meconi, *Hildegard of Bingen*. Champaign: University of Illinois Press, 2018, p. 4.
16. Ver São Bento, *The Holy Rule of St. Benedict*. Trad. rev. de Boniface Verheyen. Grand Rapids, MI: Christian Classics Ethereal Library, 1949, p. 67.

[Ed. bras.: *A regra de São Bento*. Trad. de dom João Evangelista Enout. Ed. bilíngue latim-português. Rio de Janeiro: Lumen Christi, 1980.]

17. Godofredo e Teodorico, "Hildegards Leben". Em *Schriften der Heiligen Hildegard von Bingen*. Org. e trad. de Johannes Bühler. Leipzig: Insel Verlag, 1922, p. 18. Ver também Michael Embach, op. cit., p. 17.

18. Para uma descrição do cotidiano num convento, ver Alison I. Beach, "Living and Working in a Twelfth-Century Women's Monastic Community". Em Jennifer Bain, *The Cambridge Companion to Hildegard of Bingen*, pp. 37--51.

19. Richard R. Gombrich, *How Buddhism Began: The Conditioned Genesis of the Early Teachings*. 2. ed. Londres: Routledge, 1996.

20. Peter Harvey, *An Introduction to Buddhism: Teachings, History and Practices*. 2. ed. Cambridge: Cambridge University Press, 2013.

21. Michael Embach, op. cit., p. 20.

22. Alfred Haverkamp (Org.), *Hildegard von Bingen in ihrem historischen Umfeld: Internationaler wissenschaftlicher Kongreß zum 900 jährigen Jubiliäum, 13-19 September 1998, Bingen am Rhein*. Mainz: Philipp von Zabern, 2000, p. 164.

23. Michael Embach, op. cit., p. 24.

24. Victoria Sweet, "Hildegard of Bingen and the Greening of Medieval Medicine". *Bulletin of the History of Medicine*, v. 73, n. 3, outono 1999, pp. 381-403.

25. Peter Dronke, *Women Writers of the Middle Ages: A Critical Study of Texts from Perpetua to Marguerite Porete*. Cambridge: Cambridge University Press, 1984, p. 171. Ver também Faith Wallis, "Hildegard of Bingen: Illness and Healing". Em Jennifer Bain, *The Cambridge Companion to Hildegard of Bingen*, pp. 144-69.

26. Fiona Bowie (Org.), *Hildegard of Bingen: Mystical Writings*. Pearl River, NY: Crossroad Classics, 1990, p. 68.

27. Ibid., p. 73.

28. Alfred Haverkamp, op. cit., pp. 334 ss.

29. Michael Embach, "The Life of Hildegard of Bingen", pp. 21-2.

30. Alfred Haverkamp, op. cit., pp. 289, p. 69. Ver também Lori Kruckenberg, "Literacy and Learning in the Lives of Women Religious in Medieval Germany". Em Jennifer Bain, *The Cambridge Companion to Hildegard of Bingen*, op. cit., pp. 52-84, esp. pp. 54 ss.

31. *Illuminations of Hildegard of Bingen*, com comentários de Matthew Fox. Rochester, VT: Bear, 1985. Ver também Nathaniel M. Campbell, "Picturing Hildegard of Bingen's Sight: Illuminating her Visions". Em Jennifer Bain, *The Cambridge Companion to Hildegard of Bingen*, op. cit., pp. 257-79, esp. pp. 263 ss. Para uma apresentação do uso do scriptorium por Hildegard, ver Margot

Fassler, "Hildegard of Bingen and Her Scribes". Em Jennifer Bain, *The Cambridge Companion to Hildegard of Bingen*, pp. 280-305.

32. Kent Kraft, "Hildegard of Bingen: The German Visionary". Em Katharine M. Wilson, *Medieval Woman Writers*. Athens, GA: University of Georgia Press, 1984, pp. 109-30. Ver também Jennifer Bain, "Music, Liturgy, and Intertextuality in Hildegard of Bingen's Chant Repertory". Em Jennifer Bain, *The Cambridge Companion to Hildegard of Bingen*, pp. 209-33; e Alison Altstatt, "The Ordo Virtutum and Benedictine Monasticism". Em Jennifer Bain, *The Cambridge Companion to Hildegard of Bingen*, pp. 235-56.

33. Marianne Pfau e Stefan Johannes Morent, *Hildegard von Bingen: Der Klang des Himmels*. Colônia: Böhlau, 2005, p. 45.

34. Sarah L. Higley, op. cit.

35. Gerald MacLean e William Dalrymple, *Re-Orienting the Renaissance: Cultural Exchanges with the East*. Nova York: Palgrave Macmillan, 2005, p. 6. Para um artigo excelente que apresenta uma visão geral do Renascimento, com ênfase nas influências e nos paralelos não europeus e na exportação da Renascença por missionários europeus, ver Peter Burke, Luke Clossey e Felipe Fernández-Armesto, "The Global Renaissance". *Journal of World History*, v. 28, n. 1, mar. 2017, pp. 1-30.

36. George Makdisi, *The Rise of Colleges: Institutions of Learning in Islam and the West*. Edimburgo: Edinburgh University Press, 1981.

37. Marcello Simonetta, *The Montefeltro Conspiracy: A Renaissance Mystery Decoded*. Nova York: Doubleday, 2008.

38. Leah R. Clark, "Collecting, Exchange, and Sociability in the Renaissance Studiolo". *Journal of the History of Collections*, v. 25, n. 2, 2013, pp. 171-84.

39. Marcello Simonetta e J. J. G. Alexander (Orgs.), *Federico da Montefeltro and his Library*. Milão: Vatican City, 2007, p. 33.

40. Jan Lauts e Irmlind Luise Herzner, *Federico da Montefeltro, Herzog von Urbino*. Munique: Deutscher Kunstverlag, 2001.

41. James Turner, *Philology: The Forgotten Origins of the Modern Humanities*. Princeton: Princeton University Press, 2014.

42. Rens Bod, *A New History of the Humanities: The Search for Principles and Patterns from Antiquity to the Present*. Oxford: Oxford University Press, 2013, esp. pp. 146 ss.

43. R. W. Southern e outros têm usado a expressão "humanismo escolástico" para descrever o uso de textos clássicos no revivalismo undecentista em universidades e escolas catedralícias. R. W. Southern, *Scholastic Humanism and the Unification of Europe*. Oxford: Blackwell, 1995. v. 1: *Foundations*.

44. Robert Kirkbridge, *Architecture and Memory: The Renaissance Studioli of Federico de Montefeltro*. Nova York: Columbia University Press, 2008.

45. Frances Yates, *The Art of Memory*. Londres: Routledge, 1966. [Ed. bras.: *A arte da memória*. Trad. de Flávia Bancher. Campinas: Ed. Unicamp, 2007.]

10. A CAPITAL ASTECA ENCARA SEUS INIMIGOS E ADMIRADORES EUROPEUS [pp. 209-31]

1. Inga Clendinnen, *Aztecs: An Interpretation*. Cambridge: Cambridge University Press, 1991, p. 32. O melhor livro sobre a cultura asteca que consultei para este capítulo é de Camilla Townsend, *Fifth Sun: A New History of the Aztecs* (Oxford: Oxford University Press, 2019). Ver também o ótimo livro de David Carrasco, *The Aztecs: A Very Short Introduction* (Oxford: Oxford University Press, 2011).

2. As estimativas anteriores de até 200 mil foram revistas e reduzidas. Ver Susan Toby Evans, *Ancient Mexico and Central America: Archaeology and Cultural History*. Londres: Thames & Hudson, 2008, p. 549.

3. José Luis de Rojas, *Tenochtitlan: Capital of the Aztec Empire*. Gainesville: University of Florida Press, 2012, p. 49.

4. Anna McCarthy, *An Empire of Water and Stone: The Acuecuexco Aqueduct Relief*. Dissertação de mestrado, Universidade do Texas, Austin, 2019.

5. Barbara E. Mundy, *The Death of Aztec Tenochtitlan, the Life of Mexico City*. Austin: University of Texas Press, 2015, pp. 46 ss.

6. José Luis de Rojas, op. cit., pp. 5 ss.

7. Inga Clendinnen, op. cit., p. 257. Ver também David Carrasco, *City of Sacrifice: The Aztec Empire and the Role of Violence in Civilization*. Boston: Beacon Press, 2000.

8. Linda Manzanilla, "Teotihuacan". Em Felipe Solis (Org.), *The Aztec Empire*. Nova York: Guggenheim Publications, 2004, pp. 114-7.

9. Elizabeth Boone, *Cycles of Time and Meaning in the Mexican Books of Fate*. Austin: University of Texas Press, 2007, p. 178.

10. Jane S. Day, *Aztec: The World of Moctezuma*. Nova York: Robert Rinehart, 1992, p. 100.

11. José Luis de Rojas, op. cit., p. 13; Inga Clendinnen, op. cit., p. 38.

12. Elizabeth Boone, op. cit.

13. José Luis de Rojas, op. cit., pp. 3 ss. e 73 ss.

14. Bernardino de Sahagún, *General History of the Things of New Spain:*

Florentine Codex. Paleografia, tradução, introdução e notas de Arthur J. O. Anderson e Charles E. Dibble. Santa Fé: School of American Research, 1905-82, v. 12, cap. 3.

15. Peter Hess, "Marvelous Encounters: Albrecht Dürer and Early Sixteenth-Century German Perceptions of Aztec Culture". *Daphnis*, v. 33, n. 1-2, 2004, pp. 161 ss.

16. Martin Puchner, *The Written World: The Power of Stories to Shape People, History, and Civilization*. Nova York: Random House, 2017, p. 159. [Ed. bras.: *O mundo da escrita: Como a literatura transformou a civilização*. Trad. de Pedro Maia Soares. São Paulo: Companhia das Letras, 2019.]

17. Martin Brecht, *Martin Luther: Sein Weg zur Reformation, 1483-1521*. Stuttgart: Calwer, 1981, p. 199.

18. Elizabeth L. Eisenstein, *The Printing Press as an Agent of Change: Communications and Cultural Transformations in Early-Modern Europe*. Cambridge: Cambridge University Press, 1979. 2 v. [Ed. bras.: *A revolução da cultura impressa: Os primórdios da Europa moderna*. Trad. de Osvaldo Biato. São Paulo: Ática, 1998.]

19. Dr. Friedrich Leitschuh (Org.). *Albrecht Dürer's Tagebuch der Reise in die Niederlande*. Leipzig: Brockhaus, 1884. [Ed. bras.: "Diário da viagem aos Países Baixos". Lucas Cavalcanti Botelho (Org.). *Albrecht Dürer: Escritos pessoais*. Publicação independente, 2019.]

20. Ernst Rebel, *Albrecht Dürer: Maler und Humanist*. Gütersloh: Orbis Verlag, 1999, pp. 86-7.

21. Caroline Campbell, Dagmar Korbacher, Neville Rowley e Sarah Vowles (Org.), *Mantegna and Bellini*. Londres: National Gallery, 2018.

22. Para a melhor avaliação da autorretratística durante esse período de formação, ver Joseph Leo Koerner, *The Moment of Self-Portraiture in German Renaissance Art*. Chicago: University of Chicago Press, 1993.

23. Rudolf Hirsch, *Printing, Selling and Reading, 1450-1550*. Wiesbaden: Harrassowitz, 1974, pp. 67-78.

24. Pesquisas recentes sugerem que a parte pró-luterana do diário pode ter sido um acréscimo posterior, inserido por simpatizantes de Lutero. Mas outras fontes confirmam o apoio ou, pelo menos, a simpatia de Dürer por Lutero.

25. Dr. Friedrich Leitschuh, op. cit., p. 58.

26. Hernán Cortés, *Letters from Mexico*. Org., trad. e nova intro. de Anthony Pagden. New Haven: Yale University Press, 2001, p. 45.

27. Barbara Stollberg-Rilinger, *The Holy Roman Empire: A Short History*. Trad. de Yair Mintzker. Princeton: Princeton University Press, 2018, p. 12.

28. Ver também Peter Hess, op. cit., p. 170.

29. Matthew Restall, *When Moctezuma Met Cortés: The True Story of the Meeting that Changed History*. Nova York: Ecco, 2018, pp. 118 ss.

30. Ernst Rebel, op. cit.

31. Ibid., p. 318.

32. Rojas, *Tenochtitlan*, pp. 36 ss.

33. Louise M. Burkhart, "Meeting the Enemy: Moteuczoma and Cortés, Herod and the Magi", em Rebecca P. Brienen e Margaret A. Jackson (Orgs.), *Invasion and Transformation: Interdisciplinary Perspectives on the Conquest of Mexico* (Boulder: University Press of Colorado, 2008), p. 14. Importante por questionar o relato de Cortés sobre o encontro, que apresenta Montezuma em atitude subserviente, é Restall, *When Montezuma Met Cortés*. Mas Restall crê ser verdadeiro o detalhe de que Cortés tentou abraçar Montezuma.

34. Cortés, *Letters*, p. 113.

35. Rojas, *Tenochtitlan*, pp. 38 ss.

36. Relatos sobre a peste datam de uns cem anos depois. É difícil verificar a data exata em que ela começou, mas é provável que tenha desempenhado um papel nessa guerra civil.

37. José Luis de Rojas, op. cit., pp. 38 ss.

38. Viviana Diaz Balsera, "The Hero as Rhetor: Hernán Cortés's Second and Third Letter to Charles v". Em Rebecca P. Brienen e Margaret A. Jackson, op. cit., pp. 57-74.

39. *The Memoirs of the Conquistador Bernal Diaz del Castillo, Written By Himself, Containing A True and Full Account of the Discovery and Conquest of Mexico and New Spain*. Trad. de John Ingram Lockhart. Londres: J. Hatchard and Son, 1844. Ver a edição dessa obra a cargo de David Carrasco, *The History of the Conquest of New Spain by Bernal Díaz del Castillo*. Albuquerque: University of New Mexico Press, 2008.

40. Frei Bernardino de Sahagún, *Historia general de las cosas de Nueva España*. Francisco del Paso y Troncoso (Org.). Madri: Fototipia de Hauser y Menet, 1905. 4 v. Para a melhor apresentação do cotidiano asteca, ver David Carrasco e Scott Sessions, *Daily Life of the Aztecs: People of the Sun and Earth*. Nova York: Hackett, 2008.

41. Thomas Patrick Hajovsky, *On the Lips of Others: Moteuczoma's Fame in Aztec Monuments and Rituals*. Austin: University of Texas Press, 2015, pp. 6 ss.

42. Susan D. Gillespie, "Blaming Moteuczoma: Anthropomorphizing the Aztec Conquest". Em Rebecca P. Brienen e Margaret A. Jackson, op. cit., pp. 25-55.

43. Fábrega teve acesso aos códices conhecidos como Vaticanus B, Vaticanus A e o Códex Cospi, bem como ao Códex Bórgia, ao qual ele dedicou o primeiro comentário importante. José Lino Fábrega, "Interpretación de Códice

Borgiano". Em *Anales del Museo Nacional de México*. v. 5. Cidade do México: Museo Nacional de México, 1900. Ver também Elizabeth Boone, op. cit., p. 6.

44. A interpretação contemporânea mais engenhosa desses códices é de Elizabeth Boone, op. cit.

45. Para uma apresentação fascinante sobre as formas como os nahuas mantinham sua história viva, ver Camilla Townsend, *Annals of Native America: How the Nahuas of Colonial Mexico Kept their History Alive*. Oxford: Oxford University Press, 2016.

11. UM MARINHEIRO PORTUGUÊS ESCREVE UMA EPOPEIA MUNDIAL [pp. 232-54]

1. Henry H. Hart, *Luís de Camoëns and the Epic of the Lusíadas*. Norman: University of Oklahoma Press, 1962, pp. 143 ss. Sobre o tema do naufrágio na obra de Camões, ver o excelente texto de Josiah Blackmore, "The Shipwrecked Swimmer: Camões's Maritime Subject". *Modern Philology*, v. 109, n. 3, 2012, pp. 312-25.

2. Henry H. Hart, op. cit., p. 124. Alguns detalhes se baseiam nessa obra.

3. Ibid., p. 138; Clive Willis, *Camões, Prince of Poets*. Bristol, Hiplan, 2010.

4. Para uma história do mundo mediterrâneo, ver Fernand Braudel, *The Mediterranean and the Mediterranean World in the Age of Philip II*. v. 1. Trad. de Siân Reynolds. Berkeley: University of California Press, 1996. [Ed. bras.: *O Mediterrâneo e o mundo mediterrâneo na época de Filipe II*. Trad. de Gilson César Cardoso de Souza. São Paulo: Edusp, 2016. 2 v.]

5. Henry H. Hart, op. cit., pp. 55 ss.

6. Álvaro Velho, *Journal of Vasco da Gama's Trip of 1497*. Porto: Diogo Kopke, 1838. [Ed. port.: *Roteiro da viagem de Vasco da Gama em MCCCCXCVII*. Lisboa: Imprensa Nacional, 1861.]

7. Ver também Landeg White, introdução a Luís de Camões, *The Lusiads*. Trad. de Landeg White. Oxford: Oxford University Press, 2001.

8. Roger Crowley, *Conquerors: How Portugal Forged the First Global Empire*. Nova York: Random House, 2015, p. 97. [Ed. bras.: *Conquistadores: Como Portugal forjou o primeiro império global*. Trad. de Helena Londres. São Paulo: Planeta do Brasil, 2016.]

9. Ibid., p. 10. Ver também Katharina N. Piechocki, *Cartographic Humanism: The Making of Modern Europe*. Chicago: University of Chicago Press, 2019, p. 30.

10. Joyce Chaplin, *Round About the Earth: Circumnavigation from Magel-*

lan to Orbit. Nova York: Simon and Schuster, 2012, p. 43; Roger Crowley, op. cit., p. 132.

11. Landeg White, op. cit., p. 2.
12. Henry H. Hart, op. cit., p. 144.
13. Ibid., p. 54. Ver também Clive Willis, op. cit., p. 182.
14. Amadeu Ferraz de Carvalho, "Camões em Coimbra". *Instituto Revista Scientifica e Literária*, v. 71, n. 6, jun. 1924, pp. 241-61.
15. Katharina N. Piechocki, op. cit., p. 15.
16. Luís de Camões, *Os lusíadas*, canto 3, estrofe 97.
17. Ibid., canto 1, estrofe 1. Segunda passagem, paráfrase do autor.
18. Ibid., canto 5, estrofe 23.
19. Ibid., canto 5, estrofes 81-2.
20. Ibid., canto 5, estrofe 17.
21. Ibid., canto 5, estrofe 25.
22. Bernhard Klein, "Camões and the Sea: Maritime Modernity in *The Lusíadas*". *Modern Philology*, v. 111, n. 2, nov. 2013, pp.158-80, esp. pp. 163 ss. Para uma apresentação excelente de textos portugueses sobre a África, ver Josiah Blackmore, *Moorings: Portuguese Expansion and the Writing of Africa*. Mineápolis: University of Minnesota Press, 2008.
23. Bernhard Klein, op. cit., p. 176.
24. Para uma crítica mais completa desse poema de um ponto de vista asiático, ver o excelente artigo de Balachandra Rajan, "The Lusiads and the Asian Reader". *English Studies in Canada*, v. 23, n. 1, mar. 1997, pp. 1-19.
25. Luís de Camões, *Os lusíadas*, canto 8, estrofe 68.
26. Henry H. Hart, op. cit., p. 193.

12. O ILUMINISMO EM SÃO DOMINGOS E NUM *SALON* PARISIENSE [pp. 255-76]

1. Christine Levecq, *Black Cosmopolitans: Race, Religion, and Republicanism in the Age of Revolution*. Charlottesville: University of Virginia Press, 2019, p. 76.
2. Madison Smartt Bell, *Toussaint Louverture: A Biography*. Nova York: Pantheon, 2007, p. 76.
3. Robin Blackburn, *The Overthrow of Colonial Slavery 1776-1848*. Londres: Verso, 1988, p. 218. [Ed. bras.: *A queda do escravismo colonial 1776-1848*. Trad. de Maria Beatriz de Medina. Rio de Janeiro: Record, 2002.]
4. Quando Cristóvão Colombo desembarcou na ilha em 1492, havia uma

população estimada de 500 mil tainos. Philippe Girard, *Haiti: The Tumultuous History — from Pearl of the Caribbean to Broken Nation*. Nova York: Palgrave Macmillan, 2005, p. 19.

5. Ibid., p. 20.

6. Laurent Dubois e John D. Garrigus, *Slave Revolution in the Caribbean, 1789-1804: A Brief History with Documents*. Boston: Bedford; St. Martin's, 2006, p. 6.

7. David P. Geggus, "Toussaint Louverture and the Slaves of the Bréda Plantation". *Journal of Caribbean History*, v. 20, n. 1, 1985, p. 35.

8. Sobre a ubiquidade da morte nas sociedades escravistas do Caribe, ver o excelente livro de Vincent Brown, *The Reaper's Garden: Death and Power in the World of Atlantic Slavery*. Cambridge, MA: Cambridge University Press, 2008. Para Santo Domingo, foi um número maior de africanos escravizados do que para os Estados Unidos; Philippe Girard, op. cit., p. 26.

9. Martin Puchner, *Poetry of the Revolution: Marx, Manifestos and the Avant-Gardes*. Princeton: Princeton University Press, 2006. O processo levou mais de cem anos, da Revolução Gloriosa (1688) à Revolução Francesa (1789).

10. Laurent Dubois e John D. Garrigus, op. cit., pp. 25 ss.

11. Ibid., pp. 19 ss.

12. C. L. R. James, *The Black Jacobins: Toussaint L'Ouverture and the San Domingo Revolution*. Nova York: Vintage, 1989, pp. 145 ss. [Ed. bras.: *Os jacobinos negros*. Trad. de Afonso Teixeira Filho. São Paulo: Boitempo, 2000.]

13. Para uma descrição da importância dos *maroons* na revolução haitiana, em especial após o desfecho, ver Johnhenry Gonzalez, *Maroon Nation: A History of Revolutionary Haiti*. Cambridge: Cambridge University Press, 2019.

14. Robin Blackburn, op. cit., pp. 170 ss.

15. Ibid., p. 218.

16. Laurent Dubois e John D. Garrigus, op. cit., pp. 122-5, esp. p. 122.

17. Jean-Louis Donnadieu, "Derrière le portrait, l'homme: Jean-Baptiste Belley, dit 'Timbaze', dit 'Mars' (1746-1805)". *Bulletin de la Société d'Histoire de la Guadeloupe*, v. 170, jan.-abr. 2015, pp. 29-54.

18. Ibid., pp. 40 ss.

19. Laurent Dubois e John D. Garrigus, op. cit., p. 24.

20. Robin Blackburn, op. cit., pp. 224-5.

21. Laurent Dubois e John D. Garrigus, op. cit., p. 124.

22. Janet Aldis, *Madame Geoffrin: Her Salon and Her Times, 1750-1777*. Londres: Methuen, 1905, p. 59.

23. G. P. Gooch, "Four French Salons". *Contemporary Review*, 1º jan. 1951, pp. 345-53.

24. A. Tornezy, *Un Bureau d'Esprit au XVIIIe Siècle: Le Salon de Madame Geoffrin*. Paris: Lecène, 1895.

25. Maurice Hamon, "Madame Geoffrin: Femme d'affaires au temps des Lumières". *Revue Française d'Histoire Économique*, v. 2, n. 6, 2016, pp. 12-25.

26. A. Tornezy, op. cit., p. 46.

27. Janet Aldis, op. cit., p. 137.

28. Maurice Hamon, "Marie-Thérèse Geoffrin, une inconnue célébre?". Em Jacques Charles-Gaffiot, Michel David-Weill e Małgorzata Biłozór-Salwa (Orgs.), *Madame Geoffrin, une femme d'affaires et d'esprit*. Paris: Silvana, 2011, pp. 17-29.

29. Janet Aldis, op. cit., p. 87.

30. Ibid., p. 90.

31. Uma peça de Charles Palissot de Montenoy, chamada *Les Philosophes*, apresentou-a no papel de Cydalise. Ibid., p. 307.

32. Raynal, *A Philosophical and Political History of the Settlements and Trade of the Europeans in the East and West Indies*. Trad. de J. O. Justamond. Londres: A. Strahan, T. Cadell, Jun. e W. Davies, 1798, v. 1, p. 201. 10 v.

33. Ibid., v. 2, p. 403.

34. Raynal também adotava concepções que hoje parecem estranhas, ultrapassadas e racistas, inclusive a ideia de uma degeneração biológica humana nas Américas (entre os quais incluía os colonos brancos franceses). Ele acreditava que a última parte de seu livro tinha ajudado na luta pela independência americana. Ver A. Owen Aldridge, "Raynal, Guillaume-Thomas-François". *American National Biography*, 1999. Disponível em: <https://doi.org/10.1093/anb/9780198606697.article.1602192>. Acesso em: 26 mar. 2024.

35. Raynal, op. cit., v. 8, p. 225.

36. Ibid., v. 2, p. 341.

37. Alguns estudiosos têm dúvidas se Toussaint de fato leu Raynal, segundo afirmava. Há uma outra explicação, igualmente instrutiva. De acordo com ela, Toussaint lançou mão de um artigo escrito por um de seus apoiadores, no qual se destacava sua leitura de Raynal, logo antes de voltar para a França, durante o impasse com Napoleão. Se isso se deu dessa forma, significa que Toussaint usou Raynal para explicar sua rebelião em termos que o francês entendesse, isto é, em termos do Iluminismo e da filosofia "comercial". Philippe R. Girard e Jean-Louis Donnadieu, "Toussaint before Louverture: New Archival Findings on the Early Life of Toussaint Louverture". *William and Mary Quarterly*, v. 70, n. 1, jan. 2013, pp. 41-78, esp. p. 76.

38. Sobre a restauração napoleônica da escravidão, ver Lawrence C. Jennings, *French Anti-Slavery: The Movement for the Abolition of Slavery in France, 1802-1848*. Cambridge: Cambridge University Press, 2000, pp. 5 ss.

39. Laurent Dubois e John D. Garrigus, op. cit., pp. 27 ss.

40. Ibid., p. 30; ver também David Armitage, *The Declaration of Independence: A Global History*. Cambridge, MA: Harvard University Press, 2008. [Ed. bras.: *Declaração de independência: Uma história global*. Trad. de Ângela Pessoa. São Paulo: Companhia das Letras, 2011.]

41. William Wells Brown, *The Black Man: His Antecedents, His Genius, and His Achievements*. Boston: Robert F. Wallcut, 1865.

42. C. L. R. James, op. cit., p. 377.

13. GEORGE ELIOT PROMOVE A CIÊNCIA DO PASSADO [pp. 277-98]

1. George Eliot, *Middlemarch*. Intro. e notas de Rosemary Ashton. Londres: Penguin Classics, 1994, pp. 192-4. [Ed. bras.: *Middlemarch: Um estudo da vida provinciana*. Trad. de Leonardo Fróes. Rio de Janeiro: Record, 1998.]

2. Ibid., p. 63.

3. Ibid., p. 837.

4. Rosemary Ashton, *George Eliot: A Life*. Londres: Penguin, 1997, pp. 164 ss.

5. James Turner, *Philology: The Forgotten Origins of the Modern Humanities*. Princeton: Princeton University Press, 2014.

6. Rens Bod, *A New History of the Humanities: The Search for Principles and Patterns from Antiquity to the Present*. Oxford: Oxford University Press, 2013, pp. 146 ss.

7. David A. Traill, *Schliemann of Troy: Treasure and Deceit*. Nova York: St. Martin's Press, 1996.

8. William Dalrymple, *The Anarchy: The East India Company, Corporate Violence, and the Pillage of an Empire*. Londres: Bloomsbury, 2019.

9. John E. Simmons, *Museums: A History*. Londres: Rowman & Littlefield, p. 150.

10. O termo "museu" já existia antes, mas só agora adquiria seu significado moderno. Em 1755, Samuel Johnson ainda o definia como "repositório de curiosidades cultas", enquanto em 1889 George Brown Goode, secretário-assistente da Smithsonian Institution, descrevia o museu, de forma um tanto jocosa, como uma "coleção de etiquetas instrutivas, cada qual ilustrada com um espécime selecionado", enfatizando o caráter pedagógico do empreendimento. Ver John E. Simmons, op. cit., p. 4.

11. Para uma apresentação das narrativas utilizadas por historiadores oitocentistas, ver Hayden White, *Metahistory: The Historical Imagination in Nineteenth-Century Europe*. Baltimore: Johns Hopkins University Press, 1973. [Ed.

bras.: *Meta-história: A imaginação histórica do século XIX*. Trad. de José Laurênio de Melo. São Paulo: Edusp, 1995.]

12. Robert E. Sullivan, *Macaulay: The Tragedy of Power*. Cambridge, MA: Harvard University Press, 2009, pp. 149 ss.

13. Ibid., pp. 251 ss.

14. Gauri Viswanathan, *Masks of Conquest: Literary Study and British Rule in India*. Nova York: Columbia University Press, 1989. Macaulay defendia a abolição da escravidão no Império Britânico; Robert E. Sullivan, op. cit., pp. 51 ss.

15. Maya Jasanoff, *Edge of Empire: Lives, Culture, and Conquest in the East, 1750-1850*. Nova York: Knopf, 2005.

16. As informações biográficas se baseiam em Rosemary Ashton, op. cit., pp. 33 ss.

17. David Friedrich Strauss, *The Life of Jesus, Critically Examined*. Trad. de Marian Evans. Londres: Edward Chapman and William Hall, 1846.

18. Leopold von Ranke, *Die Geschichten der Romanischen und Germanischen Völker*. Berlim: Reimer, 1824, p. VI.

19. Ludwig Feuerbach, *Vorlesungen über das Wesen der Religion*, vigésima aula, in *Ludwig Feuerbach's Sämmtliche Werke*. v. 8. Leipzig: Otto Wigand, 1851, p. 241.

20. Para uma história e adaptações modernas dessa peça perdida, ver Stephen Greenblatt, *Cultural Mobility: A Manifesto*. Cambridge: Cambridge University Press, 2010.

21. Eric Hobsbawm e Terence Ranger, *The Invention of Tradition*. Cambridge: Cambridge University Press, 2012. [Ed. bras.: *A invenção das tradições*. Trad. de Celina Cardim Cavalcante. Rio de Janeiro: Paz e Terra, 2012.]

22. George Eliot, "Silly Novels by Lady Novelists". Em *The Essays of George Eliot*. Nova York: Funk and Wagnalls, 1883, pp. 178-204.

23. Bruce Robbins, *The Servant's Hand: English Fiction from Below*. Nova York: Columbia University Press, 1986.

24. Um deles era Wilhelm Heinrich Riehl. George Eliot, "The Natural History of German Life". Em *The Essays of George Eliot*, op. cit., pp. 141-77.

25. Ibid., p. 144.

26. Kelly E. Battles, "George Eliot's Romola: A Historical Novel 'Rather Different in Character'". *Philological Quarterly*, v. 88, n. 3, verão de 2008, pp. 215-37.

27. George Eliot, *Romola*. Londres: Smith, Elder, 1863.

28. Andrew Thompson, "George Eliot as 'Worthy Scholar': Note Taking and the Composition of Romola". Em Jean Arnold e Lila Marz Harper (Orgs.), *George Eliot: Interdisciplinary Essays*. Londres: Palgrave, 2019, pp. 63-95.

29. Ibid., p. 65.

14. UMA ONDA JAPONESA VARRE O MUNDO [pp. 299-320]

1. Julie Nelson Davis, *Partners in Print*. Honolulu: University of Hawai'i Press, 2015.
2. David Bell, *Ukiyo-e Explained*. Folkestone: Global Oriental, 2004.
3. Atribuído a Kano Yasunobu (1613-85). Ver Julie Nelson Davis, op. cit., p. 27.
4. Julie Nelson Davis, op. cit., pp. 88 ss.
5. Sarah E. Thompson: *Hokusai*. Com ensaio de Joan Wright e Philip Meredith. Boston: MFA Publications, 2015, p. 16.
6. Matthi Forrer, *Hokusai*. Nova York: Prestel, 2010.
7. Julie Nelson Davis, op. cit., p. 30.
8. Sarah E. Thompson, op. cit., p. 73.
9. Ibid., pp. 21 e 73.
10. Timothy Clark, "Late Hokusai, Backwards". Em Timothy Clark (Org.), *Hokusai: Beyond the Great Wave*. Londres: Thames & Hudson, 2017, pp. 12-27, esp. p. 21.
11. Kenneth G. Henshall, *A History of Japan: From Stone Age to Superpower*. Nova York: Palgrave Macmillan, 2004, p. 43. [Ed. port.: *História do Japão*. Trad. de Victor Silva. Lisboa: Edições 70, 2008.]
12. Kenneth G. Henshall, op. cit., pp. 58 ss. Ver também David J. Lu, *Japan: A Documentary History*. v. 1. Nova York: Routledge, 2015, pp. 220 ss.
13. Para uma apresentação dos tipos de produtos culturais que eram trocados durante o período, ver Marius B. Jansen, *The Cambridge History of Japan*. Cambridge: Cambridge University Press, 2008, pp. 436 ss. v. 5: *The Nineteenth Century*.
14. Julie Nelson Davis, op. cit., p. 63.
15. Ernest F. Fenollosa, *Chinese Written Character as a Medium for Poetry*. Nova York: Fordham, 2008, p. 149.
16. Kenneth G. Henshall, op. cit., pp. 79 ss.
17. Van Wyck Brooks, *Fenollosa and his Circle: With Other Essays in Biography*. Nova York: Dutton, 1962, p. 7. Ver também Kenneth G. Henshall, op. cit., pp. 81 ss.
18. Van Wyck Brooks, op. cit., p. 58.
19. Ibid., p. 34.
20. Ernest F. Fenollosa, *Epochs of Chinese and Japanese Art: An Outline History of East Asiatic Design*. Londres: Heinemann, 1912, pp. XIIIV ss.
21. Ibid., p. 50.
22. Ibid.

23. Ibid., p. 53.
24. Ibid., p. XVIII.
25. Ernest F. Fenollosa, *Chinese Written Character as a Medium for Poetry*, p. 2.
26. Citado em Achilles Fang, "Fenollosa and Pound". *Harvard Journal of Asiatic Studies*, v. 20, n. 1-2, jun. 1957, pp. 123-238, esp. p. 216.
27. Citado em Hugh Kenner, *The Pound Era*. Berkeley: University of California Press, 1971, p. 192.
28. Martin Puchner, *Poetry of the Revolution: Marx, Manifestos, and the Avant-Gardes*. Princeton: Princeton University Press, 2006.
29. Id., *Stage Fright: Modernism, Anti-Theatricality and Drama*. Baltimore: Johns Hopkins University Press, 2002, pp. 119 ss. Carrie J. Preston, *Learning to Kneel: Noh, Modernism, and Journeys in Teaching*. Nova York: Columbia University Press, 2017.
30. Id., *Stage Fright*, p. 145.
31. Id., *Poetry of the Revolution*, p. 205.

15. O DRAMA DA INDEPENDÊNCIA NIGERIANA [pp. 321-43]

1. James Gibbs, *Wole Soyinka*. Nova York: Macmillan, 1969, pp. 117-8.
2. Ver Henry Louis Gates, Jr., "Being, the Will and the Semantics of Death". Em Wole Soyinka, *Death and the King's Horseman*. Simon Gikandi (Org.). Nova York: Norton, 2003, pp. 155-63, esp. p. 155. [Ed. port.: *A morte e o cavaleiro real*. Trad. de Sandra Tamele. Maputo: Ethale, 2021.]
3. Simon Gikandi, introdução a ibid., p. XI.
4. Gauri Viswanathan, *Masks of Conquest: Literary Study and British Rule in India*. Nova York: Columbia University Press, 1989.
5. Para uma apresentação de todo o leque do envolvimento teatral de Soyinka, ver James Gibbs, "From Broke-Time Bar via the Radio-Station Hold-Up to Oyedipo at Kholoni and Thus Spake Orunmila — An Attempt to Establish a More Comprehensive Awareness of Soyinka's Dramatic Work". Em Duro Oni e Bisi Adigun (Orgs.), *The Soyinka Impulse: Essays on Wole Soyinka*. Ibadan, Nigéria: Bookcraft, 2019, pp. 23-79.
6. Henry John Drewal, John Pemberton III e Rowland Abiodun, "The Yoruba World". Em Allen Wardwell (Org.), *Yoruba: Nine Centuries of African Art and Thought*. Nova York: Abrams, 1989, p. 13.
7. Ibid., p. 21.
8. Como o intelectual nigeriano Biodun Jeyifo afirmou de maneira decisiva, o inglês deveria ser considerado uma língua africana. Biodun Jeyifo, "Eng-

lish is an African Language — Ka Dupe!: For and against Ngũgĩ". *Journal of African Cultural Studies*, v. 30, n. 2, 2018, pp. 133-47. Disponível em: <https://doi.org/10.1080/13696815.2016.1264295>. Acesso em: 23 jan. 2024.

9. Essa atitude gerou não só divergências entre Soyinka e Ladipo, mas também com os intelectuais africanos e caribenhos que, nos anos 1930, tinham criado em Paris um movimento chamado *négritude*. Ver Louis Menand, *The Free World: Art and Thought in the Cold War*. Nova York: Farrar, Straus, and Giroux, 2021, p. 398. Soyinka partilhava muitas das intenções desse grupo, mas no fundo achava que, dessa forma, os artistas africanos ficavam restritos a um "papel defensivo", baseado numa oposição simples entre duas entidades chamadas Europa e África. Wole Soyinka, "Myth, Literature, and the African World". Reed. em Wole Soyinka, *I Am Because We Are*. Fred Lee Hord e Jonathan Scott Lee (Orgs.). Amherst: University of Massachusetts Press, 2016, pp. 104-13, esp. 106. Embora louvasse a importância do movimento *négritude*, Soyinka queria mapear outro caminho. (Ele também assinalou que as declarações mais dogmáticas sobre a concepção da *négritude* eram feitas por intelectuais europeus brancos.) Em ibid., p. 109.

10. Toyin Falola e Matthew M. Heaton, *The History of Nigeria*. Cambridge: Cambridge University Press, 2008, pp. 158 ss.

11. Ibid., p. 180. Os horrores dessa guerra foram captados no romance de Chimamanda Ngozi Adichie, *Half of a Yellow Sun*. Londres: Fourth Estate, 2006. [Ed. bras.: *Meio sol amarelo*. Trad. de Beth Vieira. São Paulo: Companhia das Letras, 2008.]

12. Wole Soyinka, *The Man Died: His Classic Prison Writings*. Londres: Rex Collings, 1997. Para uma descrição mais extensa desse período, ver Lucy K. Hayden, "'The Man Died': Prison Notes of Wole Soyinka — A Recorder and Visionary". *CLA Journal*, v. 18, n. 4, jun. 1975, pp. 542-52.

13. O melhor livro sobre o trabalho político de Soyinka é Biodun Jeyifo, *Wole Soyinka: Politics, Poetics and Postcolonialism*. Nova York: Cambridge University Press, 2004.

14. Wole Soyinka, *Death and the King's Horseman*, p. 44.

15. No século XIX, essa abordagem era chamada de evolucionismo cultural.

16. A nova abordagem foi iniciada por Franz Boas, um antropólogo germano-americano, e desenvolvida por A. L. Kroeber.

17. Entre os pioneiros desse movimento estava a antropóloga americana Margaret Mead. Outra variante se chamava antropologia social, desenvolvida pelo estruturalista francês Claude Lévi-Strauss.

18. Raymond Williams, *Culture and Society: 1780-1950*. Londres: Chatto and Windus, 1958. [Ed. bras.: *Cultura e sociedade: De Coleridge a Orwell*. Trad. de Vera Joscelyne. Petrópolis: Vozes, 2011.]

19. Wole Soyinka, *Of Africa*. New Haven: Yale University Press, 2012, p. 177.
20. Id., *Death and the King's Horseman*, p. 23.
21. Ver também Kathleen Morrison, "'To Date Transition': Ogun as Touchstone in Wole Soyinka's 'The Interpreters'". *Research in African Literature*, v. 20, n. 1, primavera 1989, pp. 60-71.
22. Ou melhor, como Ogum também era o deus da metalurgia, ele era uma combinação entre Dioniso e Prometeu. Wole Soyinka, "Myth, Literature, and the African World", p. 141.
23. Para o estudo mais recente sobre Soyinka, ver Bola Dauda e Toyin Falola, *Wole Soyinka: Literature, Activism, and African Transformations*. Nova York: Bloomsbury, 2022.
24. Femi Odugbemi, "Prologue". Em Emily Witt, *Nollywood: The Making of a Film Empire*. Columbia Global Reports, 2007, p. 19. Disponível em: <https://www.jstor.org/stable/j.ctv1fx4h6t.3>. Acesso em: 23 jan. 2024.
25. Holly Williams, "Playwright Ifeoma Fafunwa: 'It Was Permission, All of a Sudden, to Speak'". *The Guardian*, 10 ago. 2019. Disponível em: <https://www.theguardian.com/stage/2019/aug/10/ifeoma-fafunwa-interview-hear-word-ediburgh-festival-nigerian-architect-playwright>. Acesso em: 23 jan. 2024.
26. Ibid.
27. Como diretor do programa de teatro, dança e meios de comunicação de Harvard, eu me senti privilegiado ao conhecer *Hear Word!*, graças ao envolvimento de Diane Borger, produtora-executiva no American Repertory Theater, e Deborah Foster, diretora dos estudos de graduação no programa de teatro, dança e meios de comunicação de Harvard.
28. Chux Ohai, "Cast of Hear Word! Call for Social Change". *Punch*, 16 mar. 2018. Disponível em: <https://punchng.com/cast-of-hear-word-call-for-social-change/>. Acesso em: 23 jan. 2024.

EPÍLOGO: EXISTIRÃO BIBLIOTECAS NO ANO 2114? [pp. 344-62]

1. Exposição baseada no website Future Library. Disponível em: <https://www.futurelibrary.no>. Acesso em: 30 jan. 2022; e no vídeo do dia da entrega de 2015, com Margaret Atwood. Disponível em: <https://vimeo.com/135817557>. Acesso em: 30 jan. 2022.
2. Margaret Atwood, "Future Library". Disponível em: <https://assets.ctfassets.net/9sa97ciu3rb2/2hdAyLQYmEScoeYemIEcm2/09772ac1c62defc7ccf50fe6ea207a83/Margaret_Atwood.pdf>. Acesso em: 30 jan. 2022.
3. *The Book of Record of the Time Capsule of Cupaloy Deemed Capable of*

Resisting the Effects of Time for Five Thousand Years. Preserving an Account of Universal Achievements. Embedded in the Grounds of the New York World's Fair 1939. Nova York: Westinghouse Electric and Manufacturing Company, 1938. Disponível em: <https://en.wikisource.org/wiki/Book_of_Record_of_the_Time_Capsule_of_Cupaloy>. Acesso em: 23 jan. 2024.

4. Carl Sagan, F. D. Drake, Ann Druyan, Timothy Ferris, Jon Lomberg e Linda Salzman Sagan, *Murmurs of Earth: The Voyager Interstellar Record*. Nova York: Ballantine, 1978.

5. "Apollo 11 Goodwill Messages". *Nasa News Release n. 69-83F*. 13 jul. 1969.

6. Eric M. Jones, "Corrected Transcript and Commentary". Washington, DC: Nasa, 1995, 111:36:55. Disponível em: <https://history.nasa.gov/alsj/a11/a11.clsout.html>. Acesso em: 23 jan. 2024.

7. Sian Cain, "'You'll Have to Die to Get These Texts': Ocean Vuong's Next Manuscript to Be Unveiled in 2114". *The Guardian*, 19 ago. 2020. Disponível em: <https://www.theguardian.com/books/2020/aug/19/ocean-vuong-2114-book-future-library-norway>. Acesso em: 23 jan. 2024.

8. Katie Paterson, "An Interview with Han Kang: The Fifth Author for Future Library". Disponível em: <https://vimeo.com/336320261>, 9:00 ss. Acesso em: 23 jan. 2024.

9. Barnaby Phillips, "Western Museums are Starting to Return Colonial-Era Treasures". *The Economist*, 8 nov. 2021.

10. Haerin Shin, "The Dynamics of K-pop Spectatorship: The Tablo Witch-Hunt and Its Double-Edged Sword of Enjoyment". Em JungBong Choi e Roald Maliangkay (Orgs.), *K-pop: The International Rise of the Korean Music Industry*. Abingdon, RU: Routledge, 2015, pp. 133 ss.

11. Eun-Young Jung, "Hallyu and the K-pop Boom in Japan: Patterns of Consumption and Reactionary Responses". Em JungBong Choi e Roald Maliangkay, op. cit., pp. 116 ss. São frequentes as notícias de que os fãs internacionais também sofrem ostracismo; "Introduction", p. 6.

12. Roald Maliangkay, "Same Look Through Different Eyes: Korea's History of Uniform Pop Music Acts". Em JungBong Choi e Roald Maliangkay, op. cit., p. 24. Ver também Gooyong Kim, *From Factory Girls to K-pop Idol Girls: Cultural Politics of Developmentalism, Patriarchy and Neoliberalism in South Korea's Popular Music Industry*. Lanham, MD: Lexington, 2019.

13. Gaik Cheng Khoo, "We Keep It Local: Malaysianizing 'Gangnam Style' — A Question of Place and Identity". Em JungBong Choi e Roald Maliangkay, op. cit., p. 146.

14. Margaret Atwood, op. cit.

Índice remissivo

As páginas indicadas em *itálico* referem-se às figuras

abolição, 261, 274-5
Academia de Platão, 66
adaptação, 22-4
África: colonialismo, 321-4, 326, 328; fronteiras arbitrárias, 329-30; identidades culturais, 323-4; independência, 276, 323-4; Oyo (ver também *morte e o cavaleiro real, A*; Nigéria), 321-2, 327; Portugal e, 176, 236-7, 246-9, 322; *ver também* escravidão, tráfico de escravizados; *países específicos*
Agátocles, 85
agricultura, 82, 147
água, 210-1
Ahuitzotl, 210-1
Ajai-Lycett, Taiwo, 341-3
Ajani Ogun (filme), 340
Aksum, Etiópia, 164-81

Alcuíno, 185
Alemanha, 51, 323
Alexandre, o Grande, 80-2, 95, 96, 150, 168
al-Juzjani, 161
al-Ma'mun, 144-5, 149, 153
al-Mansur, 146
Amarna, 36
ambientalismo *ver* Future Library [Biblioteca do Futuro], projeto
Amda Seyon (rei da Etiópia), 167
Amenotepe III (rei do Egito), 34
americanos nativos *ver* povos indígenas
anamorfose, 206
Andaluzia, 186, 248, 386*n*
Andrônico, Lívio, 97-8
animais e Ashoka, 75

403

Annoying Orange [Laranja Irritante], 359
Antigo Testamento, 169; *ver também* Bíblia hebraica/ Antigo Testamento
antropologia, 333-6; social, 337, 400*n*
Apollo 11, 351
apropriação, 9-10
aquarelas, 300-1
aquedutos, 210
Aquenáton/ Amenotepe IV (rei do Egito), 31, 33-40, *41*, 42-4, 48-51, 369*n*
Arca da Aliança, 165-6, 168, 171
Aristóteles: categorias do conhecimento, 156-7; comentário, 382*n*; descoberta na Europa, 198-9; Império Árabe e, 144, 149, 152-60; preservação, 66
armazenamento: de cereais, 46, 148; destruição e, 66; sustentabilidade ambiental e, 345-6, 353; teatros da memória, 206; visão geral, 21, 23
armazenamento em nuvem, 348
arquitetura: Casa de Menandro, 93; estilo românico, 186; pilares, 69-77, *71*, 80, 83-5, 115; Roma se inspirando na Grécia, 103
Artaud, Antonin, 320
arte: aquarelas, 300-1; em cavernas, 13-20, *19*, 367*n*; escultura (ver também *esculturas específicas*), 31, 37-40, 212, 312-3, 327, *328*; estilo românico, 186; gravuras, 217, 221, 223, *224*, 252, 300-2; e marcas de animais, 13-4, 367*n*; marchetaria, 205-6, *207*; *Nagasaki-e*, 307, *308*; pergaminhos, 138-41, *141*; pinturas ver *pintores específicos*; progresso e, 318; de vanguarda, 317-8

artes liberais, 195
Ashoka, 73-85, 121, 374*n*, 43; animais e, 75; pilares de, 69-73, 75-7, 80, 83-5, 115
Ásia Meridional, 60
Associação Universal para o Progresso Negro, 179
astecas: ascensão ao poder, 209; livros, 212, 228-30; mitologia de Teotihuacán, 212; obras de arte, 219, 221-3; sacrifícios a deuses, 211, 221; *ver também* Montezuma; Tenochtitlán
astrolábio, 208, 245
Atenas, 55-63; *ver também* Grécia
Atlântida, 56
Aton, 35, 39-42, 47-8
atores, 62
Atwood, Margaret, 344-9, 362
Avicena *ver* Ibn Sina

bacantes, As (Eurípides), 338-9
Bagdá: al-Ma'mun, 145; fabricação de papel, 148; geometria, 146; revolução urbana, 147; *summa*, 146, 159, 162; *ver também* Casa da Sabedoria
Bali, 320
bárbaros, 53
Batalha de Isso, *96*
Behaim, Martin, 221, *235*, 238
Belley, Jean-Baptiste (J. B.), 255, *256*, 264, 275
Bellini, Giovanni, 216-7
Bento de Núrsia, 188
Bernard de Clairvaux, 194
Bernardino de Sahagún, 228-9
Bíblia, 218, 351; *ver também* Arca da

Aliança; Bíblia hebraica/ Antigo Testamento
Bíblia hebraica/ Antigo Testamento, 46-9, 98, 168-70, 172-3, 175; *ver também* Arca da Aliança; Bíblia
bibliografias, 161
Biblioteca de Alexandria, 65-6, 148, 150
Biblioteca Vaticana, 277
bibliotecas: acesso à história e, 229; de empréstimo, 290; em Nínive, 147; particulares, 290; da Universidade de Coimbra, 241, 243; *ver também* Biblioteca Vaticana; Casa da Índia; Casa da Sabedoria; Future Library [Biblioteca do Futuro], projeto; mosteiros beneditinos; *studiolo* de Federico
Bizâncio, 150, 153
Boas, Franz, 400n
Bonaparte, Napoleão, 274-6
Brecht, Bertolt, 320
Bréda, Toussaint, 257; *ver também* L'Ouverture, Toussaint
breve história do mundo, Uma (Wells), 372n
Brooke, Dorothea (personagem), 277-8, 296
Brown, William Wells, 276
Bruxelas, 217
BTS (banda), 360
Buda, 132-3
budismo: Ashoka e, 73-5, 77-8, 82-3; comunidade monástica, (*ver também* Ennin), 110; confucionismo versus, 110; declínio na Índia, 122; decretos antibudistas, 134-5; fluxo cultural e, 82-3, 109, 116, 122, 130, 136, 140; memorização e, 79; Raynal e, 270; Rota da Seda e, 83; taoismo e, 134; tradução de textos, 98, 116, 120; Xuanzang e, 111-3, 115-9; zen, 140

caça, 68
caligrafia minúscula carolíngia, 185, 203
Camões, Luís de, 232-5, 239-54, *254*
cantores, 54
cápsulas do tempo, 350, 352; *ver também* Future Library [Biblioteca do Futuro], projeto
Carlos Magno, 182-6, *182*, 187, 207
Carlos v (rei da Espanha), 219-20
Cartago, 92
Casa da Índia, 238-9, 246
Casa da Sabedoria, 148-63, 199
Casa de Menandro, 93
Casaubon, Edward (personagem), 277-9, 289
Casaubon, Isaac, 279
Catão, o Velho, 99
catolicismo, 269-70; *ver também* Vaticano
caverna de Chauvet, 12-20
cavernas de Dunhuang, 119, 378n
Cervantes, Miguel de, 290
Champollion, Jean-François, 280
China: budismo e, 109-10, 116; decretos antibudistas, 134-5; dinastia Tang (*ver também* Ennin), 109, 120; dinastia Zhou, 108; Índia e *ver* budismo; Xuanzang; Japão e (*ver também* Ennin; *livro do traveseiro, O*), 128, 136-9; ópera, 320; saída não autorizada de cidadãos, 105; taoismo, 134-5; *ver também* Confúcio; confucionismo
Cícero, 205

ciência do passado, 283-8, 298, 313;
ver também romances
ciências exatas, 361
Clottes, Jean, 367n
Códex Florentino, 229
coleções, 279, 281-3, 285, 313-5
Colombo, Cristóvão, 221
colonialismo: na África (ver também morte e o cavaleiro real, A), 321-4, 326, 328; antropologia e, 335; coleta e, 85; fim do, 323-4; modernização e, 284; Raynal contra, 269-71; recuperação e, 280, 285; trocas desiguais, 285; visão geral, 23
Companhia Britânica das Índias Orientais, 84, 253, 280
Companhia Holandesa das Índias Orientais (VOC), 307
comunidade monástica, 110, 186-8; ver também Ennin
concílios, 169
Condições nervosas (Dangarembga), 350
Conferência de Berlim, 321-2
Confúcio, 108; clássicos confucianos, 108-9
confucionismo, 110, 117-8, 134
conhecimento (em geral): armazenagem e transmissão (ver também escrita; tradições orais), 14-5, 18, 20-1, 23; islamismo e, 158; know--how, 17; know-why, 16; perda de ver perda; quatro categorias de Aristóteles, 156-7; recuperado (ver também recuperação), 19-20; ver também Casa da Sabedoria
Constantino, 203
conteúdo digital, 23
conto de Genji, O (Murasaki), 137, 289

Convenção de Kanagawa, 310
"conversa por pincel", 129
cópia de textos, 66, 142, 161, 186, 189-90, 202, 382n
Corão, 158, 174
Coreia, 83, 129
Coreia do Sul, 349
Corinto, 92, 96
coroação de Carlos Magno, A, 182, 183
coros, 57-8, 60
Corpus Hermeticum, 279-80
Cortés, Hernán, 219-20, 226-7, 270
covid-19, pandemia de, 352-3
cristianismo: Aton/ José/ Moisés, 48; comunidade monástica (ver também mosteiros beneditinos), 186-8; Cruzadas, 198; Etiópia e, 164-5, 168, 170-3, 175-6, 180-1; Iluminismo e, 269-70; Inquisição, 251; islamismo e, 200, 248-50; judaísmo e, 168; novas versões de Jesus e, 169; perseguido, 135; recusando recuperação, 66; redefinição, 203-4, 218, 286; transcrevendo textos pagãos, 151; ver também Biblioteca Vaticana; Jesus; Vaticano
Cruzadas, 198
cultura: como compartilhamento, 9-10, 22-3, 360; como propriedade, 9-10, 357; definição, 9-10; realizada por todos os humanos, 335-6

d'Alembert, Jean, 269
dança das florestas, Uma (Soyinka), 326
Dangarembga, Tsitsi, 349
Dante, 190
Dario da Pérsia, 96

darma, 74-5, 77-8, 83
David, Jacques-Louis, 256
Declaração de Independência americana, 262-3
Declaração Universal dos Direitos do Homem e do Cidadão francesa, 263
deficiência de vitamina C, 244
Delhi, 68-72; *ver também* Ashoka
democracia, 63
Dengel, Lebna, 175-6
descolonização *ver* independência
Dessalines, Jean-Jacques, 275
deuses, 35, 37, 46-8; ver também *deuses específicos*
Dez Mandamentos, 165, 171
Díaz, Bernal, 227
Diderot, Denis, 269
Dinamene, 233-4, 240
Dioniso, 338, 401*n*
diplomacia das canhoneiras, 309-10, 312
Disibodenberg, 187, 191
Doação de Constantino, 203-4
doença, 43, 82
Dom Quixote (Cervantes), 290
Douglass, Frederick, 276
Dufaÿ, Pierre, 264
Dürer, Albrecht, 215-24, 230

écfrase, 242
Edicts of Asoka, The (Nikam e McKeon), 374*n*
educação (geral), 66, 94-5
Egito: atuação no, 60-1; desafiando o tempo, 34; Grécia e, 53, 55-6, 65; Império Romano e, 87, 91, 376*n*; revolução da armazenagem, 46; tradição cultural duradoura, 54;
ver também Nefertiti (rainha do Egito); Tutemés (escultor)
Elementos (Euclides), 149
Elgin (lorde), 280
Eliot, George, 277-80, 286-7, 289-90, 292-7
Eliot, T.S., 317
Empréstimo como competição, 139-40
Encyclopédie, 268, 271
Eneias, 101-4, 168
Eneida (Virgílio), 100-4
engenharia de Tenochtitlán, 209-12
Ennin, 128-32, 134-6, 140
enxertos culturais, 98-9, 103
epopeia de Sundiata, A, 324
Escócia, 291-2
escola de Atenas, A (Rafael), 268
escorbuto, 244
escravidão: abolição da, 261, 274; crítica do Iluminismo à, 272-3; dramaturgos e, 97; no Egito, 47, 174; nos Estados Unidos, 259, 261, 263, 272; letramento e, 273; em São Domingos (*ver também* L'Ouverture, Toussaint), 260-1, 264, 273-5; sistema econômico e, 273; tráfico de escravizados, 178-9, 181, 256, 258, 270-3, 322
escrita: ampla adoção, 79; caracteres chineses no Japão, 127, 129; Carlos Magno e, 184; críticas de Platão à, 64-5; decifração, 84-5, 185; difusão do alfabeto grego, 80; sobre a exploração portuguesa, 238-9; em folhas de palmeira, 79; na Grécia, 55, 60, 62, 64; na Índia, 373*n*; kana no Japão, 137; longevidade e, 349; na Mesopotâmia, 147; nos pilares de Ashoka, 71-2, 74, 77, 80, 84;

povos nômades e, 334; visão geral, 21; *ver também* letramento; livros
escrita brâmane, 80, 84-5, 281, 373*n*, 374*n*
escritos do cárcere, 329
escultura, 31, 37-40, 212, 312-3, 327, 328; ver também *esculturas específicas*
Espanha, 219, 261; *ver também* astecas; Montezuma; São Domingos (atual Haiti)
espiões, 121
Ésquilo, 58-9
es-Senussi, Mohammed, 29-32, 32, 40
Estado de bem-estar social, 74-6
Estados Unidos, 258-9, 309-15, 318-9
estátua de Lakshmi (estátua indiana em Pompeia), 86-9, 91, 95, 104
estátuas budistas, 113-5, *114*, 122, 132-3, 135
Etiópia: Arca da Aliança (*ver também Kebra Nagast*), 168; cristianismo e, 164-5, 168, 170-3, 175-6, 180-1; Grã-Bretanha e, 176-7; Império Árabe e, 172-5; Jamaica e, 179-81; Portugal e, 176; remota, 177; Santa Maria de Sião, igreja, *164*, 165, 175; *ver também Kebra Nagast* (texto etíope)
etruscos, 96
Euclides, 149
Eugênio II (papa), 194
Eurípides, 58, 92, 338-9
Europa, 198-9; ver também *países específicos*
Evans, Mary Ann (George Eliot) *ver* Eliot, George
evolução, 14
evolucionismo cultural, 400*n*

Eyck, Jan van, 217

Fábrega, José Lino, 229
Fafunwa, Ifeoma, 341-2
Fa-Hien, 116
falsa atribuição, 161
falsafa, 154-5, 157
Federico de Montefeltro, 200-8, *202*
Fenollosa, Brenda, 311
Fenollosa, Ernest, 310-7
Fenollosa, Mary McNeil, 315, 317, 320
Fenollosa-Weld, coleção, 314-5
Feuerbach, Ludwig, 287
filologia, 203-4
filosofia: Academia de Platão, 66; era do Iluminismo, 288; escolha de Platão pela, 63, 65; experimental, 271; moldada por Ibn Sina, 159; natural, 157; pensando historicamente, 288; *ver também filósofos específicos*
final dos tempos, 194
Firuz Shah Tughlaq, 68-72, 85, 122
física, 156
fogo de Santelmo, 244
França, 12-20, 260-1, 274; *ver também* Paris
Franklin, Benjamin, 271
freiras, 186; *ver também* Hildegard de Bingen; mosteiros beneditinos
Freud, Sigmund, 48
Future Library [Biblioteca do Futuro], projeto, 345-54, 362

Gama, Cristóvão da, 176
Gama, Vasco da, 175-6, 236, 241-2, 247, 249-51, 254
"Gangnam Style" (PSY), 357-60
Garvey, Marcus, 179, 276

Geoffrin, Marie Thérèse (Madame), 265-9, 267, 271, 273
geometria, 146
Girodet, Anne-Louis, 256
Go (jogo), 138
Goethe, Johann Wolfgang von, 318
Goode, George Brown, 396n
Grã-Bretanha: coletando artefatos da Índia, 85; colonialismo ver África; Índia; Nigéria; estudando sua história, 335; Etiópia e, 176-7; Grécia e, 280; Império Romano e, 284; Soyinka na, 325-6, 331
"grande hino a Aton, O" (hino), 40, 42
Grande Obelisco, 174
grande onda de Kanagawa, A (gravura de Hokusai), 299, 300, 304, 310, 314
Grandes Dionisíacas, 57, 60
gravuras, 217, 221, 223, 224, 252, 300-2
Grécia: Ashoka e, 374n; cristianismo e, 190; Egito e, 53, 55-6, 65; Grã-Bretanha e, 280; histórias de Platão sobre Atenas, 55-6; Império Árabe e, (*ver também* Aristóteles), 149-50; Império Romano e, 87, 91-104; novas versões de Jesus e, 169; como origem da Europa, 334; Platão e, 64-5; Portugal e, 240-1; redescoberta da cultura antiga, 240-2; revivalismo na Europa, 199-200; teatro, 57-63, 65, 92, 97, 156, 338-9, 370n; *ver também* Atenas
Guerra de Biafra, 329-30
Guerra de Independência americana, 258-60, 263
Gutas, Dimitri, 382n
Gutenberg, Johannes, 203

Haile Selassie, 164, 180
Haiti, 275; *ver também* São Domingos (atual Haiti)
Hallyu, 357-60
Han Kang, 353
Han Yu, 20
Harun al-Rashid, 148, 152-3
Hear Word!: Naija Women Talk True [Escute bem!: As mulheres naijas falam a verdade] (Fafunwa), 341-2
Hegel, G. W. F., 276, 288
herança e cultura, 9
Hildegard de Bingen, 187-8, 191-9, 208
hinduísmo, 249
Histoire philosophique et politique des deux Indes (Raynal), 271
história progressista, 281-5, 288
histórias, 16
historiografia, 283-8, 297, 313; *ver também* romances
Hokusai *ver* Katsushika Hokusai
Homero, 61-2, 100-3, 177, 190, 242-4, 324; *ver também* Ilíada; Odisseia
HQS, 141
Huitzilopochtli, 211
humanidades (em geral), 361
humanismo, 204, 361
humanos pré-históricos, 12-20, 19

Ibn Sina, 153-4, 157-63
Idade Média, 20
igbo (povo), 329
ignorância, 337
igreja de Maryam Syon, 164, 165, 175
Ilíada (Homero), 62, 94, 100, 280; *ver também* Homero
Iluminismo, 262, 268, 270-4, 276, 288
Império Árabe: África e, 247; ascen-

são ao poder, 145, 163; demanda por textos clássicos, 381*n*; Etiópia e, 172-5; Europa e, 198-9; Grécia e (*ver também* Aristóteles), 149-50, 381*n*; religiões no, 248, 381*n*; traduções do *Kebra Nagast* e, 173; *ver também países específicos*
Império Holandês, 307-8
Império Romano: animais exóticos e, 376*n*; cristianismo e, 190; declínio do, 183; Egito e, 91, 376*n*; Grã-Bretanha e, 284; Grécia e, 91-104; imperadores, 386*n*; Império Árabe e, 151; inspirando revolta, 260; Pompeia e, 88, 90; Portugal e, 240-1; produção literária, 183-5; redescoberta, 240-1; renovação, 183-4; revolta contra a escravidão e, 256; teatro, 92, 97; visão geral, 87; *ver também* Carlos Magno
impostos, 259
impressão: em Goa, 252; Gutenberg e, 203; invenção, 203; letramento e, 290; Lutero e, 204, 218; em Nuremberg, 215; como produção em massa, 230; rejeição de Federico, 203
independência, 258-63, 276, 323-4, 326-8, 330
Índia: China e, *ver* budismo; Xuanzang; colonialismo britânico e, 85; elite colonial, 325; escrita, 373*n*; estátua de Lakshmi (*ver* estátua de Lakshmi); Império Árabe e, 149-50; Império Romano e, 87; Portugal e, 233, 236, 249-51; rede eurasiana de intercâmbio e, 81; *ver também* Delhi; Xuanzang
Inquisição, 251

instrumentos, 197
interações de culturas (visão geral), 22
iorubá, povo, 322, 326, *328*, 329, 337-40; *ver também* Oyo
Irlanda, 319
Ísis, 91
islamismo: busca de conhecimento, 152; cristianismo e, 200, 248-50; Cruzadas, 198; disputa religiosa, 152; Etiópia e, 172-3; monoteísmo e, 48; pensamento grego e, 158; portugueses e mercadores muçulmanos, 247-8; surgimento do, 173, 175
israelitas, 165, 167
Itália, 20; *ver também* Império Romano
Ito, Michio, 319

jacobinos negros, Os (James), 276
Jamaica, 178-81
James, C. L. R., 276
jainistas, 373*n*
Japão: aquarelas, 300-1; arte em pergaminhos, 138-41, *141*; budismo e (*ver também* Ennin), 130, 140; China e (*ver também* Ennin; *livro do travesseiro, O*), 127, 136-9; cultura como política de governo, 127; Estados Unidos e, 309-15, 318-9; Fenollosa, 310-4; *Grande onda de Kanagawa, A*, 299, 304; Império Holandês e, 307-8; Irlanda e, 319; Katsushika Hokusai, *299*, 300, *302*, 303-5, 307-8, 310, 314; letramento, 136-7; mundo flutuante, 300, 302; *Nagasaki-e*, 307, *308*; Portugal e, 306-7; teatro kabuki, 300, 302; teatro nô, 60, 312, 318-20; *ukiyo-e*, 302, 310

410

japonaiserie, 309
jesuítas, 269
Jesus, 168-9, 287, 384n
Jinadu (cavaleiro do rei de Oyo), 321-2
"Johnson Style", 359
Johnson, Samuel, 396n
Jornada ao Oeste (Wu), 123
Jornada nas estrelas (série de TV), 253
José, 46-8
judaísmo: cristianismo e, 168; culto a Aton e, 48; Etiópia e, 171; Europa e, 200; no Império Árabe, 248; tradução da Bíblia, 98; vida monástica e, 188; *ver também* Bíblia hebraica/ Antigo Testamento
juízos de valor, 247

kabuki, 300, 302
Kano Tan'yu, 302
Kano, escola, 301
Karnak, templo de, 34-5
Katsushika Hokusai, 299, 300, 302, 303-5, 307-8, 310, 314
Kebra Nagast (texto etíope), 166-8, 170-3, 175, 177
Kibi no Makibi, 138-41
kilts, 291-2
Kitagawa Utamaro, 302
Knausgård, Karl Ove, 349
Kongi's Harvest [A colheita de Kongi] (filme), 340
K-pop, 358-60
Kumarajiva, 116

L'Ouverture, Toussaint, 257-8, 260, 262-5, 273-6, 395n
Ladigbolu I (rei de Oyo), 321, 326, 330-2
Ladipo, Duro, 326, 328, 340, 400n

Leão III (papa), 182
Leben Jesu, kritisch bearbeitet, Das (Strauss), 287-8
Lemonnier, Anicet Charles Gabriel, 266, 267
Lenda de Ashoka (texto budista), 73-4, 77, 115
letrados (*wenren*), 107
letramento: escravidão e, 273; no Império Romano, 183; kana no Japão, 137; mulheres e, 137; na Nigéria, 325; prelo e, 290; textos homéricos e, 62; tradições orais e, 98; *ver também* escrita
Lévi-Strauss, Claude, 400n
Lewes, George Henry, 278
Life of Jesus, Critically Examined, The (Strauss), 287-8
lingua ignota, 198
línguas secretas, 197
linguística, 79
literatura mundial, 318
livro do travesseiro, O (Shōnagon), 124-8, 130, 141-2
livros: arte de Dürer, 217; dos astecas, 212, 228-30; marchetados, 205; produção em massa, 231, 290; queima, 212; romances históricos, 291-8; *ver também títulos específicos*
lógica, 156
Lowell, Amy, 316
lusíadas, Os (Camões), 232, 241-7, 252-3
Lutero, Martinho, 204, 218

Macaulay, Thomas Babington, 284-5, 325
MacKenzie, J. A., 322

Magalhães, Fernão de, 239, 243
Malásia, 360
mal-entendidos, 23
Mali, 324
Man Died, The (Soyinka), 329
mangá, 141
Mann, Thomas, 48
Mantegna, 216
Manuel (rei de Portugal), 238
Maomé, 151, 174
mapas, 235, 237-8, 241, 250
marcas de animais e arte, 13-4, 367n
marchetaria, 205-7, 207
maroons, 261
máscaras, 57, 242, 327, 328, 336, 360
matemática, 156, 195
materialismo, 287
Matrix (filme), 67
McCall, Sydney *ver* Fenollosa, Mary McNeil
McKeon, Richard, 374n
Mead, Margaret, 400n
medicina, 192-3
memorização, 79, 154
Menandro, 93, 94, 97
Menelik, 166-7
Mercator, Gerardus, 251
Mesopotâmia, 147-8; *ver também* Bagdá
metafísica, 156
México *ver* astecas; Montezuma (imperador do Império Asteca)
México, Cidade do, 231
miafisita, 170
Middlemarch (Eliot), 277-80, 289, 295-6
mil e uma noites, As (Harun al-Rashid), 148
Mills, Jean-Baptiste, 264

modernismo, 317, 320
moedas, 85, 87
Moisés, 46-7
monges, 111, 188; *ver também* mosteiros beneditinos
monoteísmo, 47-50
monte Fuji, 304, 307
monte Wutai, 131, 134, 136
Montezuma (imperador do Império Asteca), 209-13, 224-7; *ver também* astecas, obras de arte
morte e o cavaleiro real, A (Soyinka), 330-2, 336-9
mosteiros beneditinos, 186-93, 207
Mu Qi, 302
Muhammad ibn Tughlaq, 163
mulheres, 296, 341-2, 370n
mundo flutuante, 300, 302-3
mundo se despedaça, O (Soyinka), 326
Murana (cavaleiro do rei de Oyo), 322, 330-1
Murasaki Shikibu, 137, 289
Museu de Belas Artes de Boston, 314
museus, 283, 317, 396n
música: em cavernas pré-históricas, 16; na Grécia, 54; Hildegard de Bingen e, 195-7; instrumentos no *studiolo* de Federico, 205-6; K-pop, 358-60

Nagasaki-e, 307, 308
Napier, Robert, 176
Napoleão I (imperador da França), 274-6
naves espaciais, 351-2
Nefertiti (rainha do Egito), 29-45, 32, 41, 47-52
négritude, 400n
Nigéria: Conferência de Berlim, 322; independência, 325-6, 328, 330;

indústria cinematográfica, 340, 342; língua inglesa e, 399n; teatro ver Fafunwa, Ifeoma; Ladipo, Duro; Soyinka, Wole
Nikam, N. A., 374n
Nollywood, 340-2
Norte Global, 349
Noruega, 344-8
Novo Testamento, 169-70, 173
Nuremberg, 215-6, 218, 230

Oba Waja [O rei morreu] (Ladipo), 326
Odisseia (Homero), 62, 98, 100; ver também Homero
Odugbemi, Femi, 341
Ogum, 337, 401n
olmecas, 212
Omeros (Walcott), 324
"Onda Coreana", 357, 359-60
ópera, 320
organização, 281-3
origem, 143
Osíris, 91
Oslo ver Noruega
Oyo, 321-2, 327; ver também *morte e o cavaleiro real, A* (Soyinka)

pagãos, 151, 190
palimpsesto, 191
Panteras Negras, 181
papel, 142, 148, 215, 252
papel velino, 202
papiro, 148
Paris, 265-8, 267, 271, 273
Paterson, Katie, 345-8, 353; ver também Future Library [Biblioteca do Futuro], projeto
Patrimônio Mundial da Unesco, 354

Paulo, o Diácono, 184
peças ver teatro
Pedra de Roseta, 280
perda: cultura bizantina, 151; escrita em folhas de palmeira, 79; escrita grega, 55; escrita sobreposta, 191; ilegibilidade, 348; livros astecas, 228; novos valores/ crenças, 354; primeiras civilizações indianas, 76; visão geral, 22, 24 ver também preservação
pergaminhos pintados, 138-41
Perry, Matthew, 309
persas, Os (Ésquilo), 59
Pérsia, 76, 81, 148
Peste Negra, 216, 391n
Petrarca, 204-5
Piero della Francesca, 177, *178*, 201, 202
pilares, 69-77, *71*, 80, 83-5, 115
pináculos da cultura, 333-4, 336
pintores ver aquarelas; artistas específicos
Platão, 55, 57-8, 61-7, 191
Plauto, 97, 103
Plínio, o Jovem, 90
Plutarco, 103
poesia, 126-7, 142, 239, 284, 316, 319, 324; ver também *lusíadas, Os*
Pompeia, 87-95, 103-4, 375n
Portugal: África e, 236-7, 246-9, 322; Etiópia e, 176; explorações navais, 235-8, 243-50; guerra e nobreza, 253; Índia e, 233, 236, 249-51; Japão e, 306-7; proibição de mapas, 238; redescobertas de culturas antigas, 240-1; relatos de explorações, 238-47; ver também Camões, Luís de

413

Pound, Ezra, 316-20
povos indígenas, 220-2, 257-8; *ver também* astecas
povos nômades, 334
pragas, 216, 391*n*
prelo, 21
prêmio Nobel, 350
preservação: na atualidade, 23; cidades reconstruídas e, 162; cópias, 66, 142, 161, 186, 189-90, 202, 382*n*; destruição ambiental (*ver também* Pompeia), 90-1; escrita versus tradição oral, 349; forasteiros e, 229; ilegibilidade e, 348; incessante, 354; novos valores/ crenças e, 354-5; da obra de Ibn Sina, 160-2; pela produção em massa, 230; *ver também* perda
Preste João, 176, 385*n*
Primeira Lei de Reforma, 295
Prinsep, James, 85
produção literária, 184-5; *ver também* mosteiros beneditinos; prelo
profeta Maomé, 151, 174
Prometeu, 401*n*
propriedade, 143
PSY, 358-60
Ptolomeu, 241
puristas, 355-6

Rafael Sanzio, *182*, 268
rainha de Sabá, 166-7, 171, 175, 177, *178*
Ras Tafari *ver* Haile Selassie
rastafári, 180-1
Raynal, Guillaume Thomas François, 255, 256, 260, 269-73, 395*n*, 37
realidade simulada, 67; *ver também* teatro

realismo, 292-5, 297
Reconquista, 248
recuperação: artes japonesas, 312-3; cartas de Cícero, 205; coleções e, 279-81; colonialismo e, 280; descolonização e, 327; pilares de Ashoka, 69-72, 80-1; recusa, 66; reutilização de material de escrita, 191; visão geral, 19-20, 24
rede de intercâmbio eurasiana, 81
reescrita, 161
Registro das regiões ocidentais (Xuanzang), 107, 121
regula Sancti Benedicti, 188-9, 191-2
relativismo cultural, 335
religião: Ashoka e, 77; caverna de Chauvet e, 15-6; competição, 152; no Império Árabe, 248, 381*n*; ver também *religiões específicas*
remover/ mover cultura, 69-71, 85; *ver também* coleções; pilares
Renascimento, 20, 200-1, 246, 294
Renascimento Carolíngio, 186
Renascimento italiano, 20, 200, 246, 295
Revolução Francesa, 256, 260, 262
revolução urbana, 147
revolução, como termo, 260
Riehl, Wilhelm Heinrich, 293
rinoceronte, 222-4
rituais, 16, 332-6; de apresentações, 336; suicidas (*ver também* Murana), 332-3
romances, 290-5, 325; históricos, 291-8
Romola (Eliot), 294-5
Rômulo e Remo, 99
Rota da Seda, 83, 149
Rotrude, 184
ruínas, 285

sacrifícios, 211, 221
Salomão (rei de Israel), 165-7, 170-2, 175, *178*
salons, 266-8, 267, 272-3
samurai, 300
Santa Lúcia, 324
Santa Maria de Sião, *164*, 165, 175
São Domingos (atual Haiti), 256, 260, 262-4, 273-6; *ver também* Belley, Jean-Baptiste; L'Ouverture, Toussaint
saques, 50
Schliemann, Heinrich, 280
Scott, Walter, 291
Scribbler Moon, 345
scriptorium, 186, 189, 194, 196
Sebastião (rei de Portugal), 252, 254
Segunda Lei da Reforma, 296
Sei Shōnagon, 125-6, 137; ver também *livro do travesseiro, O*
servidão por contrato, 303
Shakespeare, William, 290
show de Truman, O (filme), 67
"Silly Novels by Lady Novelists" [Romances tolos de damas romancistas] (Eliot), 292
símile, 242
Siracusa, 95
Sócrates, 61-4
Sófocles, 58
sofrimento, 74-5, 77-8, 82
Sólon, 53, 55
Soyinka, Wole, 61, 324-6, 328-33, 336-40, 350, 400*n*
Strauss, David, 287
studiolo de Federico, 201-7, *207*
Sudeste Asiático, 83
Sul Global, 349-50
summae, 146, 159, 162-3, 198-9

sumô (luta), 300, *302*, 303
Sutra do Diamante (pergaminho impresso), 378*n*

tainos, 394*n*
Talibã, 113
taoísmo, 134-5
teatro: na Ásia Meridional, 60; críticas de Platão, 64; democracia e, 63; desconfianças de Sócrates, 62; no Egito, 60-1; na Grécia, 57-63, 65, 92, 97, 156, 338-9, 370*n*; no Império Árabe, 156; no Império Romano, 92-3, 97; no Japão, 60, 300, 302, 312, 318-9; local, 343; na Nigéria *ver* Fafunwa, Ifeoma; Ladipo, Duro; Soyinka, Wole; ópera chinesa, 320; realismo ocidental, 319; ritual e, 338-9; de sombras de Bali, 320; *ver também* coros
teatro nô, 60, 312, 318
teatros da memória, 206
tecnologia, 361
Tenochtitlán, 209-12, 221, 224-8, 231, 270
Teotihuacán, 212
Terêncio, 97, 103
terremotos, 88
Tewodros II (imperador da Etiópia), 176
Times New Roman, fonte, 185
Timeu (Platão), 191
Tlaloc, 211
tlaxcalanos, 225
Tokiwa Mitsunaga, 141
tradição inventada, 292
tradições orais: na atualidade, 21; no Egito, 54-5; na Grécia, 54; na Índia, 79-80; letramento e, 98; lin-

guística e, 79; mais duradouras do que a escrita, 84; resistência, 349
traduções: Bíblia de Lutero, 218; *Das Leben Jesu, kritisch bearbeitet*, 287; esquecidas/ omitidas, 120; de Fenollosa, 315-6; ioruba para o inglês, 326; *Kebra Nagast*, 172; da *Odisseia*, 98; textos budistas na China (*ver também* Xuanzang), 116; textos gregos em árabe, 150; textos gregos em latim, 98; textos persas em árabe, 148; *ver também* Casa da Sabedoria
transformações, 283
transmissão, 18, 23; *ver também* tradições orais; escrita
Trinta e seis vistas do monte Fuji (Hokusai), 305, 307-8
Troia, 280
troianos, 102
tufões, 232, 234
Tutancâmon/ Tutancáton, 44
Tutemés (escultor), 31, 33, 36-8, 147

ukiyo, 300; *ukiyo-e*, 302-3, 310
Universidade de Coimbra, 241, 243

Valla, Lorenzo, 204, 279
vanguarda, 317-8
Vaticano, 182, 204

Virgílio, 99-104, 168, 190, 242-4
visões, 193-5
Volmar, 196
Voltaire, 266, 268
voto, 296
vulcões *ver* Pompeia
Vuong, Ocean, 352

Walcott, Derek, 324
Wells, H. G., 372*n*
Wilson, Woodrow, 323
Wu Cheng'en, 123
Wuzong de Tang, 133-4

xilogravuras, 217, 252, 300-1
Xuanzang: budismo e, 111-3, 115-9; China e, 117; escola *mahayana* e, 117; estudo de textos, 107, 109, 111; fama de, 123; pilares de Ashoka e, 72; recuperação de textos, 115-7, 119; *Registro das regiões ocidentais*, 107, 121; riscos da viagem, 112; travessia do Indocuche, 119; travessia do rio Indo, 106-7, 118; visão geral, 105-6

Yeats, William Butler, 319
Yohannis (imperador da Etiópia), 177

zonas climáticas, 81

ESTA OBRA FOI COMPOSTA PELA SPRESS EM MINION E IMPRESSA
EM OFSETE PELA GRÁFICA SANTA MARTA SOBRE PAPEL PÓLEN NATURAL DA SUZANO
S.A. PARA A EDITORA SCHWARCZ EM MAIO DE 2024

A marca FSC® é a garantia de que a madeira utilizada na fabricação do papel deste livro provém de florestas que foram gerenciadas de maneira ambientalmente correta, socialmente justa e economicamente viável, além de outras fontes de origem controlada.